绝对视域中的康德宗教哲学

从伦理神学到道德宗教

An Introductory Study of China's
Cultural Transformation in Recent Times

傅永军 / 著

社会科学文献出版社
SOCIAL SCIENCES ACADEMIC PRESS (CHINA)

国家社科基金后期资助项目
出版说明

　　后期资助项目是国家社科基金设立的一类重要项目，旨在鼓励广大社科研究者潜心治学，支持基础研究多出优秀成果。它是经过严格评审，从接近完成的科研成果中遴选立项的。为扩大后期资助项目的影响，更好地推动学术发展，促进成果转化，全国哲学社会科学规划办公室按照"统一设计、统一标识、统一版式、形成系列"的总体要求，组织出版国家社科基金后期资助项目成果。

全国哲学社会科学规划办公室

目 录

导言　希望与宗教 ·· 1

第一部分　伦理神学

第一章　从道德到宗教 ·· 15
第一节　近代哲学中的目的论思维 ······································ 15
第二节　实践理性的目的性应用 ··· 27
第三节　伦理神学的建构路径 ··· 34

第二章　伦理神学中的绝对 ··· 60
第一节　道德论证的自我理解 ··· 61
第二节　自然目的论、道德目的论与道德论证 ··················· 72
第三节　道德论证的限制 ·· 96
第四节　自然神学与伦理神学 ·· 112

第三章　伦理的神义论 ·· 117
第一节　上帝属性的伦理诠解 ·· 117
第二节　道德智慧与神圣正义 ·· 127
第三节　从伦理神学到道德宗教 ·· 145

第二部分　道德宗教

第四章　道德宗教的任务与实践取向 ····························· 153
第一节　道德宗教的旨趣 ··· 153

第二节 道德宗教的基督教资源 …………………………………… 163
第三节 道德宗教的主题及其实践解决 …………………………… 182

第五章 善、恶与人的自我救赎 …………………………………… 189
第一节 作为道德概念的善和恶 …………………………………… 190
第二节 善之禀赋与恶之倾向 ……………………………………… 198
第三节 恶之起源与恶原则的宰制 ………………………………… 212
第四节 道德救赎与上帝恩典 ……………………………………… 222

第六章 至善的现实性：自由与希望 ……………………………… 246
第一节 人的两种伦理状态 ………………………………………… 247
第二节 真正的教会 ………………………………………………… 259
第三节 信仰的二律背反及其实践解决：上帝之国的可能性 …… 274
第四节 在已然和未然之间的"上帝之国" ……………………… 282
第五节 历史、自由与希望 ………………………………………… 290

第七章 回归真正的信仰 …………………………………………… 308
第一节 宗教中的启示与理性 ……………………………………… 309
第二节 双重视角中的基督教 ……………………………………… 317
第三节 事奉上帝的方式 …………………………………………… 327
第四节 良知与信仰 ………………………………………………… 345

结语 以自由为灵魂的信仰 …………………………………………… 353

参考文献 ………………………………………………………………… 365

索　引 …………………………………………………………………… 374

后　记 …………………………………………………………………… 380

导言　希望与宗教

康德在《纯粹理性批判》第二部分"先验方法论"之第二篇"纯粹理性的法规"中，用如下语句描述了他个人的理性旨趣，他指出：

> 我的理性的全部旨趣（既有思辨的旨趣，也有实践的旨趣）汇合为以下三个问题：
> 1. 我能够知道什么？
> 2. 我应当做什么？
> 3. 我可以希望什么？①

在接下来的解释中，康德更为具体地分析了理性的这三个旨趣。依照康德对理性所进行的批判考察，第一个问题（"我能够知道什么？"）是纯然思辨的。所谓"纯然思辨的"，就是说人类理性对于能够认识到什么只具有理论方面的兴趣，仅仅关心我在"何种范围内"对"什么"能够真正地知道。康德对此的回答清晰、确定且充满自信②：人类有限的理性只能认识现象界中的"显象"，或者说，"我们关于事物只是先天地认识我们置于它们里面的东西"③。

第二个问题（"我应当做什么？"）是纯然实践的。所谓"纯然实践的"，必然是离开了单纯思辨的范围而与自由的行为相关联，从而彰显人类理性中纯然存在的"善"的兴趣。康德对实践问题的解答同样是清晰而确定的：作为意志自由的主体，人类应该并且能够做出于责任的行为，也就是说，人类应该并且必须排除一切欲望偏好（支配行为的经验

---

① 〔德〕康德：《纯粹理性批判》，李秋零译，中国人民大学出版社，2004，B833（中文版第591~592页）。
② 康德自夸"已经穷尽了对这一问题的所有可能回答"。参见〔德〕康德《纯粹理性批判》，B833（中文版第591~592页）。
③ 〔德〕康德：《纯粹理性批判》，BXVIII（中文版第16~17页）。

性动机）而按照理性的纯粹道德命令行事。因此，"并非是那些归根到底由欲望和激情、同情感和厌恶感等力量或者占统治地位的风俗习惯所规定的人，也并非是那些为了预定的目的不断寻找最佳手段的人才绝对合乎理性地行动。从概念的最严格的即道德的意义上来说只有遵循从自律的而不是他律的意志中产生的生活原则的人才是负责任的人"①。

  第三个问题（"我可以希望什么？"）既是实践的，同时又是理论的。从形式上看，康德对第三个问题的这种表述似乎是一种"正反合"式的辩证表达。实际上，这种表述的根据主要来自问题自身，而非来自问题的形式安排。"希望"是康德给出的涉及人类理性兴趣的三个问题中的最后一个问题，事实上也是最重要的一个问题。从康德所擅长的目的论思考方式看，纯粹理性全部努力所最终指向的目标显然不会是理性思辨使用的结果，因为能够认识到什么对于包括人类在内的有理性者来说终究只具有工具性意义，也就是说，有理性者对所要认识之物的认识总有一个目的性限制——为了自身更好地生存，并为人类的生存寻求意义。与之同理，纯粹理性全部努力所最终指向的目标也不会是理性之实践使用的结果。按照康德的观点，理性的实践使用最终解决的是人类行为之为善的理性根据，证明了人类因为拥有人格尊严，故而能够超越经验性生存的限制，获得自由地支配自己行为的能力，从而成为理智世界中按照道德法则自由行动的理性存在者。但是，正如奥特弗里德·赫费在《康德：生平、著作与影响》一书中所指出的那样："人永远是一个有需求的、历史的和社会的存在者，所以道德心对于人来说原则上具有命令的意义；它是一种任何人都不可能始终肯定会遵循的绝对要求。作为自律的道德心就是对自己承认自己的需求和社会依附性，甚至肯定它们，但又不让它们成为生活的最终规定根据。自律意味着多于做一个单纯的有需求的存在者和社会存在者，并且在这个多于中——康德的挑衅就在此——达到他原本的自我，即有道德的存在者、纯粹的实践理性。"② 可见，理性的实践使用并不能满足人作为"一个有需求的、历史的和社会的存在者"的在世生存的最终目标。康德并不否认俗世生活对人类的积

---

① 〔德〕奥特弗里德·赫费：《康德：生平、著作与影响》，郑伊倩译，人民出版社，2007，第182页。
② 〔德〕奥特弗里德·赫费：《康德：生平、著作与影响》，第182～183页。

极意义。"人有肉体且生活在人造的制度中。"① 因此，追求世俗生活的幸福源自人类在世的自然本性，从人性要求和自然意图以及人类对完善性未来的追求等角度看，它同样有着充足的理性根据。诚如康德所言："凡是在我们的力量的本性中有其根据的东西，都必定是合目的的，并且与我们的力量的正确应用一致，只要我们能够防止某种滥用，并找到它们的真正方向。"② 对此可以给出的进一步解释是，理性的纯粹的实践使用尽管能够使有理性的人成为一个比"单纯的有需求的存在者"更高的"道德存在者"，但人生在世的目的绝不仅仅是成为一个"道德的存在者"，追求幸福与成为道德的人不仅同样在理论上是理据充足的③，而且在实践上也是可能的，关键是如何去追求幸福。

据此，康德将第三个问题更为具体地表述为如下条件句："如果我如今做我应当做的，那么我在这种情况下可以希望什么？"④ 这样，"实践的东西只是作为导线来导向对理论问题的回答"⑤。这就是说，实践的东西不是希望的目标，但却是合理地实现作为目标的希望所必需的前提条件。当人追求指向幸福的希望时，做应当做的，就成为人有理由期待在道德和幸福之间因果性关联的逻辑根据。当然这种关联不是自然因果意义上的，"因为道德为道德法则所要求，但幸福无待于我们的行为，而毋宁为自然的因果性所产生或者为它所阻碍"⑥。道德与幸福的联结是基于逻辑的概念联结，这种联结不过表示我们只有道德地行动才能成为幸福的配享者。也就是说，只有行为合乎道德法则的人，才有希望分享幸福。如此建构道德与幸福之间的关联，反映了作为道德上严格主义者的康德

---

① 参见 Chris L. Firestone and Stephen R. Palmquist, eds., *Kant and the New Philosophy of Religion*, Bloomington and Indianapolis: Indiana University Press, 2006, "Foreword", p. xvi.
② 〔德〕康德：《纯粹理性批判》，B670（中文版第496页）。
③ 在《学科之争》（1798）中，康德这样说："我从《纯粹理性批判》中学到，哲学绝不是一门表象、概念和理念的科学，或者是一切科学的科学，或者是其他类似的东西；而是人、人的表象、思维和行动的科学；——它应当按照人的一切组成部分，如人所是和应当是的那样，也就是说，既按照人的自然规定性，也按照人的道德性境况和自由境况来展示人。"见〔德〕康德《学科之争》，李秋零译，载《康德著作全集》第7卷，中国人民大学出版社，2008，第68页。
④ 〔德〕康德：《纯粹理性批判》，B833（中文版第592页）。
⑤ 参见〔德〕康德《纯粹理性批判》，B833（中文版第592页）。
⑥ 〔德〕汉斯·M.包姆嘉特纳：《康德〈纯粹理性批判〉导读》，李明辉译，联经出版事业股份有限公司，1988，第136页。

对人的道德行为之后果的理性追问。康德期望建构一个道德与幸福成比例匹配的现实世界，以此保持道德的魅力，并使希望问题以一种结构性方式表达出来。"道德"和"幸福"作为这个结构性问题的两个核心概念，它们之间形成一种条件性关系，在这种条件性关系上应用实践智慧，成为从实践理性的道德使用切入解决希望问题的不二法门①。康德因此断言：

> 据此我说：正如按照理性来看在其实践应用中道德原则是必要的一样，按照理性来看在其理论应用中也同样有必要假定，每一个人都有理由依照他在其行为中使自己配享幸福的同等程度来希望幸福，因此，道德性的体系与幸福的体系密不可分地结合在一起，但却惟有在纯粹理性的理念中才是如此。②

---

① 国内著名的康德哲学研究专家，为康德著作汉译作出卓越贡献的学者李秋零教授对康德这一观点持有异议。在《道德并不必然导致宗教——康德宗教哲学辩难》一文中，李秋零教授将康德"道德必然导致宗教"命题分解为以下几个子命题：
"有德之人必然提出对德福结合或者德福相配（至善）的诉求，而且这种诉求必须得到满足。
至善在感官世界或者显象世界没有必然性。
为使至善成为必然，就必须提出一个全能、全知、公正的上帝存在的'公设'。后者是导致前者的原因，因而是'源始的至善'，而前者则是'派生的至善'。"
李秋零教授通过自己的细致论证得出结论：康德对每一个子命题的论证都没有满足论证逻辑所要求的真理性条件，即没能排除与之对立的其他命题的可能性，故，在理论意义上，康德的命题是不成立的。实际上，"道德与宗教之间有千丝万缕的联系，却根本不存在康德所说的这种具有'必然性'的联系"。在李秋零教授看来，"康德把信念与知识领域剥离开来，以此来为信念腾出地盘，实际上也就是把宗教信仰划归了自由的领域，宗教信仰就是一种自由选择的结果。康德委实没有必要耗费如此巨大的精力来论证这种信仰的'必然性'。然而，康德的这种做法在一定意义上又是不得已而为之"。也就是说，康德之所以坚持从道德引申出宗教，除了他的理性主义情怀使其拒绝将信仰确认为理性的道德的根基之外，还有一个不得已的苦衷，即为"为自己的虔诚信仰寻找一个根据罢了。可惜的是，康德虽然有这番良苦用心，基督教神学却并不买账"。（见李秋零《道德并不必然导致宗教——康德宗教哲学辩难》，载金泽、赵广明主编《宗教与哲学》第二辑，社会科学文献出版社，2013，第145~158页）
我并不完全同意李秋零教授的观点，但他的观点对我的思考产生了重要影响。在我看来，康德通过"至善"概念所引申出来的"德福关系"，并不是一种自然学意义上的因果关系，而是目的论意义下的条件性关系，借助因果关系说明它们，不过是为了凸显其基于先验条件关系的"必然关联"而已。有关的论证在本部分有着纲要性的说明，而某种意义上说，本书的一个目的就是要为康德的这个命题提出一种论证。

② 〔德〕康德：《纯粹理性批判》，B837（中文版第594页）。

由此可见，"希望的对象存在于一种总体性中，但不像在'辨证论'中那样存在于一种认识的总体性之中，而是存在于值得追求之物的总体性即至善的理想之中"①。这种总体性的理想既包含与人性的自然欲求相契合的感性性好的满足即幸福，也包括与人的崇高的人格性相契合的完全理智的善之状态的实现即德性。分开来看，无论幸福还是德性就自身而言都不是至上的，只有将幸福与德性相匹配，才能构成至上的值得期待之对象，它就是一种与道德相符合、能保证有理性的人可以按照与德性所形成的正比例而得以配享的幸福。这种幸福就是理性所欲追求的第三种旨趣——可以在经验中显现出来的希望的对象。

康德所说的"希望的对象"，不是日常经验所追逐的满足感官愉悦之后的快活状态，也不是通过精神活动而获得的心灵的自我满足，更不是一种情感、一种幻想中的愿望，而是人既自律地遵循道德法则，践履道德行为，又快活地享受感性生活，且将二者合一而达致的一种满足及愉悦的状态，这种状态能够通过经验的方式呈现出来并对人的生存产生直接的感性影响。因此，这种将道德与感性满足及愉悦联合在一起的对象，指向纯粹理性之唯一的、至上的永福概念，即至善②。康德如是说："幸福只有与理性存在者的道德性精确相称、理性存在者由此配享幸福时，才构成一个世界的至善。"③

按照赫费的观点，至善作为希望的对象，表明康德注意到希望概念不可避免地与情感因素联系在一起，因为希望概念必须与理性存在者对幸福的渴望密不可分，而对幸福的渴望受人这种有理性者自身的有限性

---

① 〔德〕奥特弗里德·赫费：《康德的〈纯粹理性批判〉》，郭大为译，人民出版社，2008，第302页。
② 至善（highest good）概念，国内哲学界也有人将其翻译成"圆善"，以便突出该概念所蕴含的"圆满"之意，并以此与"至高"概念区别开来，避免"至高"概念可能引起的歧义。因为，按照康德说法，"至高的东西可以意味着至上的东西（supremum［最上面的东西］），也可以意味着完满的东西（consummatum［完成了的东西］）。前者是这样一种条件，它本身是无条件的，亦即不从属于任何别的条件（originarium［原初的东西］）；后者是这样一个整体，它不是某个同类的更大整体的一个部分（perfectissimum［最完备的东西］）"。（见〔德〕康德《实践理性批判》，李秋零译，载《康德著作全集》第5卷，中国人民大学出版社，2007，第117页）但是，鉴于国内哲学界普遍接受了将"highest good"翻译为"至善"这一现实，且这个概念的内涵厘别清晰，不会产生理解上的混乱，故笔者在本书还是坚持使用"至善"概念。
③ 〔德〕康德：《纯粹理性批判》，B842（中文版第597页）。

和来自本性的需要所规定,因而是有其理性根据的。由此决定了希望的本质就在于"道德合理性与情感的一种独特综合",这种综合直接指向了希望问题的解决与宗教在认识上的有效性关系①。赫费指出:"康德在此既不诉诸宗教经验,也不诉诸对于帕斯卡尔式的打赌模式的一种实用考量,即或许会存在着一种永恒的生命,它因而更明智地信仰上帝。他的希望哲学并不包含任何感情的环节或幸福的考虑,它存在于一种纯粹的道德宗教中。"② 应该承认,赫费准确地勾勒出康德解决希望问题的逻辑进路,当他指出康德的希望问题的本质在于"道德合理性与情感的一种独特综合",并且这种综合直接引向从实践有效性角度解决希望与宗教的内在关系时,康德回答希望问题的逻辑步骤就被明白地展示了出来:以理性的实践行动为导线导向对实践理性对象问题的追问(作为希望对象的至善的提出),而至善问题的解决(至善何以可能)就自然而然地回答了宗教何以可能。显然,"至善何以可能"问题更为根本。

"至善何以可能"这个问题之所以必须实践地解决,可以根据康德给出的解决希望问题的方式做出解释。在"论作为纯粹理性终极目的之规定根据的至善理想"部分,康德用较大篇幅论述了解决至善问题的批判哲学方案,其中一段论述在这个方案中起到了画龙点睛的作用。康德原话是这样的:

> 对纯粹理性涉及实践旨趣的两个问题中第一个问题的回答是:去做那使你配享幸福的事情吧。现在,第二个问题问道:如果我现在如此行事,使我并非不配享幸福,我如何也可以希望由此能够享有幸福呢?对这个问题的回答取决于:先天地制定这一法则的纯粹理性的原则是否也必然地把这种希望与这一法则联结起来。③

十分清楚,康德实际上是将至善概念中德性与幸福之间的关系置于一种因果结构之中。达到至善的前提是按照道德法则去行动,因为有理性的存在者只有在道德法则指导下自身才是自己的,同时也是别人的永久福祉

---

① 参见〔德〕奥特弗里德·赫费《康德的〈纯粹理性批判〉》,第307页。
② 参见〔德〕奥特弗里德·赫费《康德的〈纯粹理性批判〉》,第307~308页。
③ 〔德〕康德:《纯粹理性批判》,B836~837(中文版第594页)。

的创造者，一切来自自然的原因（欲求对象的福利性诱惑和人性的意愿倾向）都不能保证获得幸福的希望和配享幸福的不懈努力之间的必然性联结能够得到理性的认知性确证。然而，道德与幸福的这种不可分离的必然性联结不过是人追求至善理想所必需的一个实践上必然的理念，是一个只在道德世界（理智世界）才具有有效性的理念，而道德世界与有理性的存在者（人）所实际生存其中并在其中采取行动的现实世界迥然有别，它决然没有经验世界的实在性。所以，为了至善，必须在道德和幸福之间建立一种因果性联结，并且必须把道德理解为有理性的存在者配享幸福的原因，这是不容争议的，且可以实践地证成。但是，道德与幸福之间必然性联结的先验根据却依然隐晦不明。"所以无论是从世上事物的本性出发，还是从行动本身的因果性及其与道德性的关系出发，都未确定行动的后果与幸福将如何相关。"① 而如何理性地认识道德与幸福之间因果联结的必然性，遂成为解决至善如何可能这个棘手问题的关键。

依照康德，解决至善如何理性地可能问题，依旧必须采取先验路线。在《实践理性批判》论及"纯粹理性规定至善概念时的辩证法"部分，康德指出，至善概念把两个规定（道德与幸福）作为根据和后果联结在一起，构成一种结构，一种关系统一体。"这个统一体要么被视为分析的（逻辑的联结），要么被视为综合的，前者依据的是同一律，后者依据的是因果律。"② 显然，道德与幸福相互联结的统一体不是一种分析关系，因为，"幸福和道德是至善的两个在种类上完全**不同的要素**，因而它们的结合不能被**分析地**认识到（例如，如此寻求自己的幸福的人在他的这个行为中通过对其概念的纯然分解就会发现自己是有德性的，或者如此遵循德性的人在对这样一种行为的意识中就会发现自己已经实际上有福了）"③。既然道德与幸福相互联结的统一体不是一种分析关系，那就是一种综合关系。而依照先验要求，在一个表现为因果联结的判断中，主词（原因）与谓词（结果）的必然性综合必须先天地完成，任何按照经验原则完成的联结都是偶然和任意的。所以，在道德与幸福双方都不可能作为对方成为可能的必要条件的情况下，它们之间的先天联结自然需

---

① 〔德〕康德：《纯粹理性批判》，B837（中文版第595页）。
② 〔德〕康德：《实践理性批判》，第118页。
③ 〔德〕康德：《实践理性批判》，第120页。

要一种理性演绎，就像通过意志自由产生出至善那样，必然存在一种必要的条件，成为至善所以可能的先天根据。那么，什么样的存在（理性）有资格成为至善所以可能的先天根据呢？这样的存在一方面必须能够知悉"最内在的意向及其道德价值"，总是按照道德法则发布命令（是为全知），另一方面又能够对自然做创造性的介入，以便"整个自然及其与德性在世的关系都服从于它"（是为全能）。显然，这种存在绝不会是在尘世中活动的理性，因为这种存在者既不能"通过自己的意志成为这个自然的原因"，"也不能从自己的力量出发使这个自然与他的实践原理完全一致"① 而获取自己的幸福。这种存在必然是一种"最高理性"，它同时能够成为道德世界与自然世界存在的原因。如此一来，就像康德所说的那样：

> 整个自然的一个与自然有别的原因的存在也就被**公设**了，这个原因包含着上述联系亦即幸福与道德性精确一致的根据。但是，这个至上的原因应当不仅包含自然与理性存在者的意志的一种法则一致的根据，而且还就这些理性存在者把这一法则给自己设定为**意志的至上规定根据**而言包含着自然与这一**法则**的表象一致的根据，从而不仅包含着自然与道德在形式上的一致，而且还包含着自然与道德在作为他们动机的他们的道德性上的一致，也就是说，与他们的道德意向的一致。因此，惟有假定自然的一个拥有与道德意向相符合的因果性的至上原因，尘世中的至善才是可能的。现在，一个能够按照法则的表象采取行动的存在者就是一个**理智**（理性存在者），而且这样一个存在者按照法则的这种表象的因果性就是他的**意志**。因此，自然的至上原因，就其为至善而必须被预设而言，就是一个通过**知性**和**意志**而是自然的原因（因而是创造者）的存在者，亦即上帝。所以，**派生的至善**（最好的世界）的可能性的公设同时就是一个**源始的至善**的现实性的公设，亦即上帝的实存的公设。现在，对于我们来说，促进至善本就是义务，因而预设这种至善的可能性就不仅是权限，而且也是与作为需要的义务相结合的必然性；既然

---

① 〔德〕康德：《实践理性批判》，第132页。

至善惟有在上帝存在的条件下才是成立的，所以上帝存在的预设就与义务不可分割地结合在一起，也就是说，假定上帝的存在，在道德上是必然的。①

由此可见，道德与幸福的结合形成至善理想，而至善何以可能的根据在道德和幸福之外。相信一个完满的存在源始的至善理想，人才能在现实世界（当然人还相信自身并非仅能在此世期待至善，而且还有理由假定有一个来世，让有德之人配享所应得的福分）期望与德性相称的幸福。正如著名的康德研究专家艾伦·W. 伍德（Allen W. Wood）所言，至善理性实现的前提是享有它的人必须是自我德性完满的人，"因为我们能意识到这道德目的的可能性只能假定：假若我们竭尽所能，我们道德上的不足将被非我之类的公正者所补充"，所以，"有理由要求信仰一种上帝的恩典，人在道德上的完满才能因而获致"②。继续沿着这种逻辑推论下去，必然得出上帝存在的结论，而随着上帝概念的理性推出，至善作为希望的对象就不能仅仅在伦理学脉络中谈论了，由道德而进入宗教就是必然的了。这样，希望问题就成为康德跨越道德哲学而进入伦理神学和道德宗教的转捩点，同时也成为康德宗教研究的主题③。用康德本人的话说就是，"当此前没有一个自私的灵魂能够产生的促进至善（给我们带来上帝之国）的道德愿望被唤醒，并为了这个愿望迈出了走向宗教的步伐之后，这种道德学说才能够也被称为幸福学说，因为对幸福的希望是随着宗教才开始的"④。

著名的康德宗教哲学研究者艾伦·W. 伍德对此评论道："康德据此将道德的人描述为这样一个人，在他关注获得道德完善理想的同时也明白自

---

① 〔德〕康德：《实践理性批判》，第 132~133 页。
② Allen W. Wood, "Rational Theology, Moral Faith, and Religion", in Paul Guyer, ed., *The Cambridge Companion to Kant*, Cambridge: Cambridge University Press, 1992, p. 403.
③ 1800 年，康德的《逻辑学》问世，在这部后期著作中，康德再次重申了自己一生关注的哲学问题，明确将希望问题与宗教联系在一起。康德说："在这种世界公民意义上的哲学的领域可以归为以下问题：1. **我能够知道什么？** 2. **我应当做什么？** 3. **我可以希望什么？** 4. **人是什么？** 形而上学回答第一个问题，道德回答第二个问题，宗教回答第三个问题，人类学回答第四个问题。"（〔德〕康德：《逻辑学》，李秋零译，载《康德著作全集》第 9 卷，中国人民大学出版社，2010，第 24 页）
④ 〔德〕康德：《实践理性批判》，第 138 页。

己总是在朝向这个理想的'路途'中，他的行为与这种神圣的理想并不相称。如果道德的人要继续理性地追求其人格的道德完善，那么他必须维持这样一种希望，即以某种方式通过自己的不断进步以满足完善之理想。"①

完成由道德而入宗教的转换之后，康德哲学就直接面向"绝对"而思了。但要注意，康德在宗教哲学中所说的"绝对"，不是那种终极的、不变的、主宰性的、包罗万象的单一实体，无论这种实体是物质性的，还是精神性的，抑或位格性的（人格性的）。对于这种用完美、永恒、完满、自因、无限、现象根基、第一因等概念来描述的"绝对"，纯粹理性在认识领域的自我批判已经证明，对于这种"绝对"，人既不能肯定其存在也不能否定其存在，它不过是一种主观必然的理想。康德哲学意义上的"绝对"是在根据、条件和目的意义上所说的"绝对"。"绝对"因此可以被理解为一种在理性中有奠基意义的最高根据，一种能够使有条件者"安居于大地"的无条件者，亦是在目的论思维支配下理性存在者所追求的最终目标，这个最终的目标也自然而然地成为思考人类圆满生活的最高根据。就此而言，在康德那里，能够被称为"绝对"的就只能是作为最高理想的上帝理念和作为一切派生的善之根源的始源性的至善理想（指向未来的人和人类的绝对完满）。这种绝对只在意志的规则行动中是必然的，在道德应用中具有客观实在性，在实践的意图中获取宗教所需要的有效的证明根据。

康德宗教哲学②就是在这种绝对视域中展开的。从道德入手论证宗教的必然性，寻求宗教的理性奠基，构成康德宗教哲学的第一个部分：伦理神学③。从道德目的论角度论证上帝存在和从实践理性角度对上帝

---

① Allen W. Wood, *Kant's Moral Religion*, Ithaca and London: Cornell University Press, 1970, p.177.
② 康德对宗教的关注贯穿其学术生涯的始终，在"前批判时期"，他就写作了《证明上帝存在惟一可能的证据》（1763）、《关于自然神学与道德原则之明晰性的研究》（1764）、《一个视灵者的梦》（1766）等论著，可以说，康德的宗教哲学是其哲学体系中一个重要的部分。由于本书主要关注康德思想成熟时期的宗教哲学思想，因此本书所要研究的康德宗教哲学，主要是 1781 年之后康德有关宗教的思想。
③ 伦理神学（ethicotheology），又称道德神学（moral theology），康德基本上是在同一种意义上使用这两个术语。在《判断力批判》之"目的论判断力的方法论"部分，康德较为详尽地阐释了一种可能的关于上帝存在的道德论证，进而建立了一种以自然中的理性存在者的道德目的为根据的神学——在那里，康德多是使用"伦理神学"来指称这种神学。有鉴于此，我在本书中采用了"伦理神学"这个术语。

的属性及其正义问题做出伦理诠释是伦理神学的核心议题,"宗教何以可能"(宗教的道德奠基)是它的主要问题意识,神论(上帝论)是它的核心。

上帝的道德性证成,确立了至善理想的理性必然。一个德福一致的现实世界作为派生的善就是源始的善之理想的经验呈现方式,这也是希望所指向的尚未存在的东西,它"开辟了人类生活的未来、历史和意义解释的维度"[①]。这个问题实际上是基督教神义论(神正论)问题的道德表达,论述在理想的状态下(上帝的正义与恩典)人类自我救赎的可能性(造就道德上的好人)。这些内容构成康德宗教哲学的第二个部分:道德宗教。基于纯然理性的解读主要是通过基督教教义呈现出来的宗教信仰(它的原理、原则及其价值和意义),讨论至善的现实性是道德宗教的核心议题,"宗教何为"(宗教的现实意义)是它的主要问题意识。

据此,我把康德宗教哲学分成伦理神学和道德宗教两个部分,我首先要讨论的是康德的伦理神学。

---

① 〔德〕奥特弗里德·赫费:《康德:生平、著作与影响》,第221页。

第一部分

伦理神学

第一章　从道德到宗教

　　康德不止在一个地方说，道德并不需要宗教，是宗教需要道德。由道德进入宗教是批判哲学所能证明的理性宗教的可能建构路径，批判哲学对于如何在道德基础上建构宗教给出了两种基本思路：《纯粹理性批判》和《实践理性批判》通过对纯粹实践理性对象的无条件总体（至善）如何可能的解决，追寻出一个"更高的、道德的、最圣洁的和全能存在者"的必然性，将纯粹理性关注的目光引向宗教。这是一条从通过理性的实践使用导向宗教的思路，这条思路逻辑地给出了道德如何必然是宗教基础的简要说明，但这种说明概括而言是原则性的。在道德与宗教、至善与上帝、希望与理性的终极目的之间建立的逻辑关系在理性方面的论证亟须加强，以便将实践理性的合理性建立在理性合法论证基础之上，这个任务最终借助《实践理性批判》的中介而在《判断力批判》中完成。在《判断力批判》中，康德通过分析理性的最终目的将"应当"问题转换成"希望"问题，又通过批判自然目的论而走向道德目的论，从而将上帝的存在论证为永福（至善）可能的存在根据；将永福（至善）的可能论证为证明上帝存在的认识根据，最终完成伦理神学乃至道德宗教的建构——这是一条通过理性的实践使用论证宗教的思路。在"导言"部分，为了引出本书的问题，我已经十分简略地讨论了第一条思路（导向以道德为中心的宗教的思路），本章的任务是讨论康德建构宗教的第二条思路（证成以道德为中心的宗教的思路）。

第一节　近代哲学中的目的论思维

　　对康德来说，一门致力于对人类福祉做出贡献的哲学，其目标不是构建"概念的理性知识的体系"，而是要致力于探索"人类理性的最终目的"①。前者被康德冠以"学院哲学"之名，后者是康德本人心仪的"世间哲学"。世间哲学之所以重要，是因为唯有"这个崇高的概念赋予哲学以尊严，亦即一种绝对的价值"；而哲学只有拥有了这种内在价值，它才能"赋予其他一切知识以价值"②。显然，人类理性的最终目的不能是那种需要自身之外的他者作为自身可能条件的目的，它只有在完全为自身的必然状态中才会成为可能，因而构成有理性者使用理性的最终根据。这即是有理性者反思活动的全部源泉，故超出了有理性者在感性自然中观察到的一切可能性，有理性者只能理性地推想或者先验地假定这个最终目的可以与自己独特的生存－历史经验的多样性在实践上相调和。就此而言，（人类理性）最终目的不过是一个实践性的理念，这个理念的实践作用不可低估。有理性者通过这个理念使自己对世界的理解不仅可能而且有效，至少在实践上是客观有效的，且具有实践上的实在性。当然，这种实践上的客观有效性与严格知识学意义上的经验实在性完全不同，后者是通过有理性者的立法行为对人类理性的对象进行先验建构的产物，而前者却不能从理论理性那里获得客观的有效性解释③。从这个意义上说，有关人类理性最终目的的一切先验阐释不是一个理论理性问题，而主要是一个实践理性问题④。但不可否认的是，虽然这个实践理性问题不能为理论理性所证明，但却需要理论理性的思辨诠释。

对实践问题的理论理性之思辨诠释，一方面要提供批判哲学阐释实践领域中人类理性最终目的的诠释架构，根据人类理性最终目的所呈现的理性旨趣确定对其进行批评分析的先验原理；另一方面，要解决实践

---

① 参见〔德〕康德《逻辑学》，第22页。
② 参见〔德〕康德《逻辑学》，第22～23页。
③ 从理论理性使用的消极意义上看，理性的立法能力是通过知性实现的，但是，知性只是对于现象才具有立法功能，即"仅当现象处于直观形式之中时，知性才对其立法"。（Gilles Deleuze, *Kant's Critical philosophy*: *The Doctrine of Faculties*, London: The Athlone Press, 1984, p. 62.）能够被称之为人类理性最终目的那些对象（道德的人、至善）显然都不能出现在直观形式中。
④ 康德指出："哲学在该词的字面意义上，作为智慧学说，却具有一种**无条件的**价值；因为它是关于人的理性的终极目的的学说，这个终极目的只能是一个惟一的终极目的，所有别的目的都必须次于它或者被置于它之下，而且完满的**实践哲学家**（一个理想）是在自己身上践履这个要求的人。"（〔德〕康德：《赖因霍尔德·伯恩哈德·雅赫曼的〈康德宗教哲学检验〉前言》，李秋零译，载《康德著作全集》第8卷，中国人民大学，2010，第454页）

问题何以为真之问题。一般认为，真的问题是理性认识能力批判所解决的问题，似乎与理性的实践能力无关。实际上，实践领域中理念的真理性同样是一个重要问题，因为理念视之为真的问题得不到解决，实践意图的合法性根据就不充分，道德和自由的根基就不牢固。但需要注意区别的是，实践领域中理念的真理问题是一个形而上学的真理问题，与能否在经验领域获得客观有效性无关，其关键在于实践上所使用的这些理念能否在理论上得到理性辩护①。由于人类理性最终目的问题的实践属性，对它的思辨诠释就不是理性的建构能力所要解决的问题，因而与规定的判断力无关。这个问题只能放在反思判断力之下，在目的论视域内加以解释。

用目的论解释与人类理性最终目的相关的实践问题，是康德哲学的一大特色②。这个特色又因为尊崇数学分析和科学实验的近代科学革命背景，以及致力于追求确定性的近代哲学对存在于（自然）世界中的机械原则的迷恋而显得格外突兀孤高，以至于为同时代及后世大多数哲学家所批评。哲学在古希腊时期的发展清晰而明确地显示，被亚里士多德概念化的目的论曾经是对世界进行理性解释最为成功的理论图式。亚里士多德坚持一种内在目的论的观点，认为事物的存在都是为自己的存在，在自身中有着内在的合理性，不能被用作其他事物或存在的手段——也就是说，事物的存在不是为了一种为"它"的存在。推而广之，整个世

---

① 关于第二个方面，康德在《纯粹理性批判》第二部分"先验方法论"第二篇"纯粹理性的法规"和《判断力批判》第91节中都有专门的论述。实践领域中理念的真理性，逻辑上只有在该理念被理性诠证之后才能被提出。有鉴于此，此处无须做过多分析，留待后面相关部分做专门处理更为恰切。

② 在《论目的论原则在哲学中的应用》一文中，康德开宗明义地指出："如果人们把**自然**理解为按照法则确定地实存的一切东西的总和，把世界（作为真正所说的自然）与其至上原因放在一起来看，那么，自然研究（它在第一种场合是物理学，在第二种场合是形而上学）就可以沿着两条路径来尝试，即或者沿着纯然**理论**的路径，或者沿着**目的论**的路径，但沿着后一条路径，作为**物理学**，就只是把通过经验能够为我们所知的这样一些目的用于它的意图，与此相反作为**形而上学**，与其使命相符就只能把通过纯粹理性而确定的一个目的用于它的意图。我在别的地方指出过，理性在形而上学中沿着理论的自然路径（就对上帝的知识而言）不能如愿达到其**全部**意图，因此对它来说就只剩下了目的论的路径；而这样，就必须不是仅仅基于经验的证明根据的自然目的，而是一个先天地由纯粹实践理性来规定而被给予的目的（在至善的理念中）来弥补不充分的理论的缺陷了。"（见〔德〕康德《论目的论原则在哲学中的应用》，李秋零译，载《康德著作全集》第8卷，中国人民大学出版社，2010，第158页）

界（宇宙）就是一个融贯的整体，所有的存在物——无论是有机物还是无机物——都是这个整体的一个部分、一个环节，都内在地从属于整体的活动。整个世界是生机勃勃的，一个有着自己的存在目的的生命体，其生成变化的运动不是一种机械的物理运动，而是一种自己推动自己、自己产生自己的自我实现运动。对此，黑格尔曾经有过精彩的评价。黑格尔指出："亚里士多德的主要思想是：他把自然理解为生命，把某物的自然（或本性）理解为这样一种东西，其自身即是目的，是与自身的统一，是它自己的活动性的原理，不转化为别物，而是按照它自己特有的内容，规定变化以适合它自己，并在变化中保持自己；在这里他是注意那存在于事物本身里面的内在目的性，并把必然性视为这种目的性的一种外在的条件。"① 当然，对世界的目的论解释由于关心的是事物存在的最终原因，而不是事物即时的发生原因和产生机制，因而无论是内在目的论还是力图在事物之外为事物寻求存在根据的外在目的论，都必然要确立一种自身就是最终目的而不再以任何事物为存在根据的完美存在为世界的终极理由，否则就无法终结无限后退的机械因果序列，陷理性于无可奈何之窘境中。正因为人类理性在认知上的这种有限性，所以才迫使思想家从理性认知的立场转向理智的思想立场，立足人类思想的无限性思考终极目的与终极存在。亚里士多德对世界的目的论解释就是基于思想对于存在的完善性思考，推出了作为第一原因和完全的现实性之"不动的动者"，也就是"神"这个概念。这个"不动的动者"作为最高的善，既是事物运动的最初原因，又是事物追求的最终目的，还是事物的最高本质，它成就了最完满的现实性，达到了自我的完全统一。在亚里士多德看来，唯有纯粹的思想才能被称为"神"，即"不动的动者"。这就是说，"不动的动者"只能以思想的形式存在，除此之外，它别无其他存在方式。亚里士多德说："神是赋有生命的，生命就是思想的现实活动，神就是现实性，是就其自身的现实性，他的生命是至善和永恒。"② 就此而言，确如中国学者聂敏里所说的那样，亚里士多德的

---

① 〔德〕黑格尔：《哲学史讲演录》第2卷，贺麟、王太庆译，商务印书馆，1997，第309~310页。
② 〔古希腊〕亚里士多德：《形而上学》，苗力田译，载《亚里士多德全集》第7卷，中国人民大学出版社，1993，第279页（1072b28-30）。

"神"不是别的,"就是自己思想自己的思想活动本身"①。

然而,随着欧几里得几何学数学分析方法和牛顿物理学科学实验方法在自然研究领域的成功,一种新的关于自然研究的观念渐成主流,甚至逐步成为支配时代的意识形态。这种把人的思想牢牢凝固的观念就是:学问上的成功主要是方法上的成功。正像康德后来在《纯粹理性批判》二版序言开宗明义所声称的那样,一切能够走向科学康庄大道的学问,关键在于找到了正确方法,而正确方法的确立保证了一门学问必然能够获取客观有效的知识即真理。因此,在古代哲学中盛极一时的目的论已成为阻碍学问进步的羁绊,摆脱以亚里士多德目的论为代表的思想框架,成为近代哲学重拾自信的不二途径。近代哲学在近代自然科学的耀眼光芒中迷离了智慧的双眼,理智的思想功能完全被放逐,将理智的思想平庸化为理性的认知功能,成为17世纪以来哲学回应近代科学革命所带来的理智难题的基本思路选择。按照这种思路,人类身处其中的世界是由数学语言写就的、有必然性联系的世界,通过对被观察到的现象的感性接近以及理性的归纳分析,就可以发现世界自身的因果性结构,让理性之光照亮以机械论方式表现出来的原本神秘的宇宙。对于这样的世界或者宇宙,目的论解释完全是多余的,对于说明事物之间存在的因果关系必然链条毫无意义。数学的逻辑分析以及物理学的还原论式因果追溯方法面对机械论的世界更有价值和意义,它使得诉诸人类理性建立普遍必然性知识的理想不再是幻想,而成为一种现实。这种没有形而上学绚丽色彩的朴素理论不仅让人类能够理解这个世界,而且通过理解活动张扬了人类的主体性和自由精神。卡西尔(又译卡西勒)在《启蒙哲学》中指出:"由于自然在它不断呈现的景象中如此精心地隐藏起它的机制,这就增加了我们认识这种机制的困难,以致我们须得花费许多世纪才能发现引起它活动的神秘的发条。只是到了近代,人类才有可能看透这些场景。科学不但看见了现象本身,而且看见了产生这些现象的发条装置。这样的洞见远不是减少了戏剧的魅力,而是大大提高了它的价值。许多人错误地认为,对宇宙据以活动的结构的知识贬低了宇宙的尊严,因为这种知识将宇宙化为一架时钟装置。封德奈尔则写道:'我对宇宙的评价

---

① 张志伟主编《形而上学的历史演变》,中国人民大学出版社,2010,第86页。

要高得多，因为我已认识到宇宙有如一架钟表。令人如此赞叹的自然竟是以如此简单的东西为基础的，这真是令人惊叹不已。'"① 这样，机械论就取代目的论成为对世界进行解释的主流概念思维方式，这种思维方式直接导致在近现代影响深远的机械论世界图式。丹尼尔·加伯和米歇尔·艾尔斯（Daniel Garber and Michael Ayers）指出："在17世纪，人们认识到'微粒论的'（corpuscularian）或'机械论的'哲学浮现出来了，它远比以往的任何科学或哲学在解释自然的特殊现象方面都成功得多，而且作为关于物理世界的一般性思想框架，不断指导着直到今天的哲学和科学探究。"②

机械论作为解释世界的一般性思想框架，是一种在研究旨趣与理解（认知）方式上迥异于希腊哲学中以亚里士多德为代表的目的论的世界解释图式。机械论的世界解释图式将世界理解为一部由不活跃的惰性物体组成的自然构成物，如同心灵没有诸如广延、形状、硬度等物理属性那样，由不活跃的惰性物体组成的世界也不可能具有心灵应该拥有的属性，因而机械构成的世界自身中是不存在使自身运动的原因，自然是没有活力的。较为彻底的机械论者甚至将这种观点推广至人类的主观世界和社会世界，不仅用机械的原则解释心灵的构成、意识活动以及意志行动，还进一步将机械原则用于人类社会，即按照物理学解释自然的方式解释国家、社会以及人类行为。例如，霍布斯在他的闻名遐迩的政治学著作《利维坦》中就是这样解释国家这种人造物的。在该书的"引言"部分，霍布斯这样说：

"大自然"，也就是上帝用以创造和治理世界的艺术，也象在许多其他事物上一样，被人的艺术所模仿，从而能够制造出人造的动物。由于生命只是肢体的一种运动，它的起源在于内部的某些主要部分，那么我们为什么不能说，一切象钟表一样用发条和齿轮运行的"自动机械结构"也具有人造的生命呢？是否可以说它们的"心

---

① 〔德〕卡西勒：《启蒙哲学》，顾伟铭、杨光仲、郑楚宣译，山东人民出版社，1988，第48页。

② Daniel Garber and Michael Ayers, *The Cambridge History of Seventeenth-Century Philosophy*, Cambridge: Cambridge University Press, 1988, p. 33.

脏"无非就是"发条","神经"只是一些"游丝",而"关节"不过是一些齿轮,这些零件如创造者所意图的那样,使整体得到活动的呢？艺术则更高明一些：它还要模仿有理性的"大自然"最精美的艺术品——"人"。因为号称"国民的整体"或"国家"（拉丁语为 Civitas）的这个庞然大物"利维坦"是用艺术造成的,它只是一个"人造的人"；虽然它远比自然人身高力大,而是以保护自然人为其目的；在"利维坦"中,"主权"是使整体得到生命和活动的"人造的灵魂"；官员和其他司法、行政人员是人造的"关节"；用以紧密连接最高主权职位并推动每一关节和成员执行其任务的"赏"和"罚"是"神经",这同自然人身上的情况一样；一切个别成员的"资产"和"财富"是"实力"；人民的安全是它的"事业"；向它提供必要知识的顾问们是它的"记忆"；"公平"和"法律"是人造的"理智"和"意志"；"和睦"是它的"健康"；"动乱"是它的"疾病",而"内战"是它的"死亡"。最后,用来把这个政治团体的各部分最初建立、联合和组织起来的"公约"和"盟约"也就是上帝在创世时所宣布的"命令",那命令就是"我们要造人"。[1]

显然,机械论的世界解释图式钟情于对自身所欲研究的对象进行规律与秩序的说明,它借鉴物理学对自然现象研究的力学模式,主要寻求在现象之间建立起因果解释的可能性,而不关心现象之于人这种存在者应该具有且能够显现出来的意义。因此,机械论对世界的解释只是探讨了现象间即时的原因和事件发生的机制,其对世界的解释只是要说明现象之间在科学意义上的事实关系,并进而希求对世界做出一种真理性的理解。机械论的世界解释图式不能阐释意义——换句话说,机械论的世界解释图式不关心也不能够对世界存在的价值以及历史显示出来的意义给出解释,人生活在世界上的意义这类问题也不在其视域之内。面对世界存在的终极原因和人类行为及其历史的终极意义这类超越性问题,机械论解释图式显然无能为力。因为,机械论对世界的解释图式是一种追

---

[1] 〔德〕霍布斯：《利维坦》,黎思复、黎廷弼译,杨昌裕校,商务印书馆,1986,第1~2页。

溯世界自然延展状态的说明方式,这种说明方式把世界形构为一个无限展开的必然性系列,但却不能将世界纳入一个整体性的视野予以整全把握。就此而言,机械论世界解释图式是从人类理性有限性观点对世界所做的经验说明,它至多为人类通过技术支配世界以获取世俗幸福提供了知识论保障。因此,机械论世界解释图式属于"人类的学问",而不是"神启的学问"。所谓"神启的学问",其学问目标是理解并诠释世界存在的价值、人类存在的意义和历史的终极意图,它们又都恰恰是人类理性所终极关怀的问题,人们甚至可以将这些问题理解为人类理性所欲追求的最终目的。显然,这些问题超出了机械论世界解释图式所能解决的范围,也就是说,机械论世界解释图式无力说明人类理性的最终目的,因为机械论世界解释图式关心的是经验可及的现象世界。对于经验的现象世界,人们只需使用有限的理性就足以应付一切,但是对于理解人类理性的最终目的,则需要使用人类所具有的那种无限的理性能力,而一种无限的理性能力只能出现在"全知全能全在的至上者"那里。人类作为有限的存在只能具有有限的理性,这决定了人类只要思考自己理性的最终指向和思考无限、超越及大全问题,就必须将自己的思考置于目的论原则之下。

一般而言,对世界及其人类历史的机械论解释在欧洲历史上是较为晚期的事情,而对世界和人类历史进行目的论解释的历史几乎与西方文明本身一样古老。人类"作为尘世惟一具有知性,因而具有任意地自己给自己设定目的的能力的存在者"[1],在欧洲文明的曙光期——古希腊时代就把类似生命的活动赋予万物,万物的存在由此显示出一种自然而然地实现自我完善之内在趋向。当然,万物存在的这种内在根据不能通过感性的方式呈现并被确认,目的论思维只能存在于理性思维之中——或者说,目的论不过是人类理性有机而整体地思维对象世界的一种方式。作为一种思维方式,目的论是人类对自己所欲认识和理解之物持有的最具善意的诠释方式,也是人类善意解释自己的理性能力和意志能力的概念图式或韦伯意义上的理想型(ideal-type)。这样一种概念图式或理想

---

[1] 〔德〕康德:《判断力批判》,李秋零译,载《康德著作全集》第5卷,中国人民大学出版社,2007,第449页。

型，无关乎人类的经验知识，也不允诺满足人类智力上的知识性诉求。目的论只关心人类对自己存在境况及其历史的善意理解和神义论式解释，以及基于这种理解和解释而理性设定的人类的终极意图。因此，目的论充满感情色彩和值得期待的希望，绝不会对人类的哀怨不闻不问或无动于衷。目的论关注人类的既存状态，但更关注人类的未来生活，其常常用理性可以论辩的方式向人类许诺永久的和平与德福一致的至善。尽管这些理性的希望因为在现实上很难经验地呈现而常常受到质疑，但毋庸置疑的是，这种在理论上可能的希望可以在实践上纾解现实的苦难，让人类对自身可能进入不断进步的历史过程抱有信心。人类可以在理性的预期中无限接近希望的目标即至善理想，为此，人类必然要信仰上帝。相信上帝存在具有理性上的必然性，才能保证这项理性追求的希望目标不致落空。这就是说，只有当有理性的人类知道并确信自然或者世界有一个确定的目的和意图后，人类的理性才能够根据这个目的和意图规范自己的使用以合乎大自然（世界）的目的性要求。在此意义上，理性只是为了实现人类的合目的性要求而使用自身。就此而言，对理性最终意图的目的论解释完全不同于对理性使用的因果性解释，后者认定只要人们了解了一个事物或一种行为何以如此发生，就可以精确地预测到这一事物或这一行为必然导致的结果。因为因果关系所规定的推理是这样一种推理，即"是以一种像计算器的输出结果导因于内在于它的数据处理一样的自然的、定律性的方式进行的"① 推理，而目的论解释却不能在两种现象之间提供这种按照"自然的、定律性的方式进行的"推理。目的论解释可以被理解为一种特殊形式的因果解释，它虽然不能让人们"知道"什么样的行为者意图、信念或者现实因素决定了某种行为或者事物必然出现，但却可以提供"一个关于为什么行为者如他们做的那样行为的一个完美而又真切的解释"②。这种解释能够让人们清楚地明了理性应当把什么当作自己的最终意图，从而让人们明白什么样的意图将会以什么样的方式满足理性的无限性追求。如此一来，在人类理性最终意图问题上伴随着因果解释合理性的丧失，也就同时敞开了从理性自身所

---

① 参见〔美〕布鲁斯·昂《形而上学》，田园、陈高华等译，中国人民大学出版社，2006，第226页。
② 参见〔美〕布鲁斯·昂《形而上学》，第226页。

指向的最终目的这样一种视域透视理性何为之可能性。可见，康德为思考人类理性的最终意图提供了一个极佳的目的论透视视域，这个透视视域并非任意拣选的，而是契合人类理性的兴趣，并植根于作为一个生物种属的人类理性之有限性这一现实之中。因而，从根本上说，这是一种可以为信念提供真理性证成的视域。

综合论断，在康德那里，因果性认知和目的论思维是人类对象性活动的两种主要的形式[①]，它们相应于不同的对象（现象与物自体，或者因果性与自由），在不同的论域（经验与超验）用不同的方式（建构与范导）以实现理性之不同的旨趣，并达成不同的目标。对于现象之间因果性关系可能性的认识，必须基于经验视野将这种因果认识的可能性建立在与知性先天概念相应之直观能够被先天地给予之上，因此脱离不了感性的限制，只不过更为积极的是，这类知识虽开始于经验，但经验直观对显象的接受随后不仅要被先天的直观形式所整合，更必须被知性概念按照先天的规则所建构，而透过先天知性概念所建构的理性知识就是数学和自然科学知识。可见，因果性认识表现了人类理性具有一种基于人类认识能力的批判考察所确认的对现象集合意义上的自然做结构化处理的经验能力。与人类所具有的这种对自然做结构化处理的能力相区别，在目的论视域下运思的人类理性能力，是对深不可究的超越之无限物做反思性规定的一种高级能力。这种思考虽然也必须借用先天的概念或范畴，但为思考所使用的先天概念或范畴所规定的内容却不能为感性直观所证实，因此，目的论思维所要求的客观有效性不可能获得经验方面的支持。对于目的论思维所要求的客观有效性，是通过有理性者对这种超越的认识能力之特性进行反思而得以证成的。职是之故，在这里我必须再一次强调我在上面的论述中一再阐述的一个观点，即目的论思维不是一种将现象之物进行建构性思维的运思方式，它的作用不是在现象中认识那些我们所先天放置进去的东西，将自然建构成一个因果必然的序列。

[①] 奥特弗里德·赫费指出，"康德并没有企图打断自然界普遍性的因果联系，相反他的批判性目的论是旨在对目的论进行补充和指出方向。目的论思维的必然的但仍然仅仅是调节性的性质，让我们去寻找对一切自然过程的一种单纯因果性的解释，并且还附加为有机体世界要求受一种客观的、实在的和内在的合目的性理念约束的更高的判断原则。生物学中因果性的和目的论的思维并不是互相排斥，而且是互相补充的。"（〔德〕奥特弗里德·赫费《康德：生平、著作与影响》，第259页）

目的论思维面对超越之物进行反思，意在将一个中断了因果联系而在互为因果的有机系统中展示自身的本体世界呈现为一个理念原因的联结，引导我们依照"是其所是"的方式思维那些完全超越而非内在的超验对象，探究这些超验对象何以能够被如其所是地观察与思考。在《判断力批判》第74节中，康德在论述自然目的之不可解释问题时明确指出：对于自然目的，人类理性只能在范导意义上进行反思性规定的论述。这可以看作对上述分析的一种文本支持，现引述如下：

> 但是，一个作为自然目的的事物的概念虽然是一个经验性地有条件的概念，也就是说，是一个惟有在某些于经验中被给予的条件之下才可能的概念，但毕竟不是从经验中抽象出来的概念，而只是按照评判该对象时的一条理性原则才可能的概念。因此，它作为这样一个原则，根本不能在其客观实在性上被看出并独断地建立起来；而且我们并不知道，它只是一个玄想的、客观上空洞的概念（conceptus ratiocinans［进行推论的概念］），还是一个理性的概念，一个建立知识的、由理性得到证实的概念（conceptus ratiocinatus［推论出来的概念］）。因此，不能为规定性的判断力而独断地处理它，也就是说，不仅不能澄清自然事物作为自然目的来看为其产生是否需要一个完全特殊类型的因果性（根据意图的因果性）；而且就连对此追问也不能，因为自然目的的概念在其客观实在性上是根本不能通过理性来证明的（也就是说，它并非对于规定性的判断力来说建构性的，而只是对于反思性的判断力来说范导性的）。①

由此可见，由于目的论思维仅仅是范导有效，而不是建构有效，所以，康德是把目的论思维当成"'已被证明'的自然探索的'线索'"，他在这种思维中"发现了那个'唯一既对普遍知性同样也对哲学家有效的、证明世界整体有赖于并起源于一个在世界之外存在的……有理智的存在者的根据'。因此目的论思维除了在神学中以外找不到任何其他的完

---

① ［德］康德：《判断力批判》，第412页。

满"①。但是，正如赫费所指出的那样，这绝不意味着康德放弃了批判思维，重新回到形而上学的神学环抱之中②。实际上，由于康德意下的（合）目的性概念既不是目的性经验的普遍化，也不是一个纯粹的知性概念，它不过是一种指向理想性的目的或绝对目标的思维范式，"给感性自然以一种要被实现的最后目的"③。因此，"康德绝对不是要恢复传统的形而上学神学。他以毋庸置疑的明确性对目的论的神学上的完满具有某种客观认识的等级提出质疑"④，目的论思维遂被改造成能够实现康德的伦理神学和道德宗教之实践旨趣的方法原则。

需要指出的是，单纯从类比意义上说，康德的目的论思维方式类似于马克斯·韦伯在社会科学研究中所使用的"理想型"（ideal-type，又译"理念型"）方法，其主要是一种具有主观必然性的价值理论和思想模式。研究者借用这种"理念型"理性地对被研究对象进行符合自身理性要求的主体性建构，即有理性者通过使用范导性概念于超验存在之上以进行信以为真式的确认，从而联系理性使用的最终目的而将超验物思之为可以理性讨论的信仰的对象，并赋予实践理性超验使用这些对象的合法权利。所以，对超越对象进行目的论思维，就类似对其进行理想型分析（ideal-typical analysis）。这不是做客观事实的描述，也不是用研究者的观念系统（无论是先验的还是经验的）去建构或理解经验事实，而主要是确立一种可以理性批判的研究视野，并从这种视野出发开辟出诠释人类终极存在之意义的存在论维度，且希望其能够落实在实践理性的行动之上，最终在伦理神学中满足人类理性之纯粹运用的最后目的。犹如马克斯·韦伯本人所说："实在本身具有无限多方面的联系，这种无限多的联系对于任何无前提的认识者来说都是一个混沌的世界，人们如果试图要获得对于它的清楚认识，那么就必须找到一个着眼点，并且确定所要清楚地认识的范围。理想类型的建立也就确立了文化科学某一种研

---

① 参见〔德〕奥特弗里德·赫费《康德：生平、著作与影响》，第259页。
② 参见〔德〕奥特弗里德·赫费《康德：生平、著作与影响》，第260页。
③ Gilles Deleuze, *Kant's Critical Philosophy: The Doctrine of Faculties*, trans., Hugh Tomlinson and Barbara Habberjam, London: Athlone Press, 1984, p.45.
④ 〔德〕奥特弗里德·赫费：《康德：生平、著作与影响》，第260页。

究的视野。"① 就此而言，康德宗教哲学中的目的论思维方式所指向的理性与超验物之间的关系主要不是一种认知关系，而是一种存在论关系。实践理性在宗教领域的目的性使用使得理性与超验物之间的存在论关系成为可能，并因之而达成了人类理性应用的最终目的。

第二节 实践理性的目的性应用

根据上一节的分析，实践理性在宗教领域中的使用，如同在道德领域中的使用一样，不是建构性的，而是范导性的；它在理性与超验物之间所建立的不是认知关联，而是存在关联。而这种对超验物的存在论关照在满足人类对理性最终统一性追求的同时，也确定了上帝作为人类有哲学根据的希望对象的可能性，从而保障了由心灵转变（由恶迁善）的希望的道德宗教取代祈求得福（借助遵守戒律与顶礼膜拜）的启示宗教的合法性。克莱门·C.J. 韦伯（Clement C. J. Webb）在《康德的宗教哲学》中指出："对康德在宗教哲学史上的地位进行评价，记住他对人类理性的旨趣进行了三重划分——科学的旨趣、道德的旨趣和宗教的旨趣——是十分有益的；并且还要记住哲学的特殊事业是追问最终的统一，缺少这种统一——或者说，至少没有对其存在（发现最终的统一是为了满足理性）的确信——我们的思想将不安宁和不满足，既不能把握那区别于我们道德判断和道德渴望而存在的世界，也不能领会责任的律令，这种律令在真实世界条件下规定行为过程，更不能希望成功地获取自己的对象。对康德来说似乎很清楚的是，当我们不放弃对这样一种统一性的追问时，科学方法根本上对其无能为力，它就只能由信仰来把握，或者换句话说，它就属于宗教领域。"②

在宗教领域，实践理性（包括判断力的实践使用）的应用如同它在道德领域的应用一样，不是基于实践理性所指向的目标或者目的，而是从主体的意愿（情感上说）或者意志（理性上说）开始的，但是，肇始

---

① 〔德〕马克斯·韦伯：《社会科学方法论》，韩水法、莫茜译，中央编译出版社，1999，第18页。

② Clement C. T. Webb, *Kant's Philosophy of Religion*, London: Oxford University Press, 1926, pp. 2–3.

实践理性运作的意愿或者意志却是指向特定的理性目标或者目的的。也就是说，"这种意愿期望确信和针对的是产生或创造存在于未来的对象——这些对象当下和现在不是现实，仅存于理想性的目的或目标的形式之中，而我们则开始设法实现这些目标"①。可见，实践理性自身具有目的性诉求，它的使用总是联系着目的论思维并最终指向经验中不能呈现的理想存在，显示在主体的理性活动中具有主观必然性的无条件者作为有条件者存在根据的价值和意义。关于这一点，康德在《什么叫做在思维中确定方向？》一文中这样指出："关于一个最初的原始存在者的概念则与至上的智性完全不同，同时也与至善完全不同。因为不仅仅是我们的理性已经感到一种需要，即把不受限制者的**概念**奠定为一切受限制者，因而一切别的事物的概念的基础；这样，这种需求也关涉不受限制者的**存在**的预设，没有这种预设，理性关于世界上的事物实存的偶然性就根本不能给出任何令人满意的根据，但最不能给出令人满意的根据的，是人们以如此令人惊赞的程度（在微观上更甚于宏观，因为微观更接近于我们）到处发现的合目的性和秩序。不假定一个有理智的初创者，即便不陷入全然的荒唐，至少提不出**任何可理解的**根据；而且尽管我们不能**证明**这样一种合目的性不可能没有一个最初的**有理智的原因**（因为在这种情况下，我们就会没有作出这种描述的充分客观根据，并且不需要诉诸客观根据），虽然有这种洞识的缺乏，毕竟假定这个原因的一个充足的主观根据依然在于，理性**需要**预设某种对它来说可理解的东西，以便由此解释这个被给予的现象，因为它通常以一个概念与之结合的一切，并不能满足这种需求。"②

诚如康德所言，理性的实践应用（包括判断力的实践性应用）需要一种目的论思维，以便为客观解释可理解的东西（不是可认识的东西）提供先验根据。由于康德严格区别了对自然研究的纯然理论路径和目的论路径，而对自然研究的纯然理论路径总是经验地可能的，也就是将通过经验能够为人类所知的那些法则用于对现象界的解释之上，以便形成对现象世界的法则性认知，因此，没有人能够先天地看出存在于自然物

---

① 参见余纪元、张志伟主编《哲学》，中国人民大学出版社，2008，第438页。
② 〔德〕康德：《什么叫做在思维中确定方向？》，李秋零译，载《康德著作全集》第8卷，中国人民大学出版社，2010，第138~140页。

之间的目的性关系，人类可以先天看出的只是在自然之中必定存在原因与结果这类经验之先验联结。"因此，目的论原则在自然方面的使用任何时候都是有经验性条件的。"① 与纯然理论路径的现象学研究不同，康德所说的目的论路径是应用在形而上学问题上，它指向自由的目的，意在表明"有一些纯粹的实践原则，理性通过它们被先天地规定，因而它们先天地说明理性的目的"②。由于理性的目的不受经验的限制，说明它们的目的论原则就不能是受经验条件所局限的有限原则，因为有限的经验原则不能完备地成为说明事物之合目的性的元始根据。能够说明理性目的的原则必然是完备而纯粹的，它能够提供一种关于纯粹目的的诠证学说，而所提供的诠证学说的原则必然先天地包含一般理性与一切目的的整体关系的先验说明，且可以实践地可能。唯其如此，这个具有先验品格的目的论学说才能被称为纯粹的、实践的目的论，成为一种必然能够实现自身理性诉求的目的论。这种目的论对于康德的实践哲学（广义上包括道德哲学、历史哲学、政治哲学，特别是宗教哲学）尤为重要。因为只有保障了这种纯粹的、实践的目的论在世界中的可能性，即"无论是就其中给定的**终极原因**而言，还是就**至上的世界原因**与作为结果的一个一切目的的整体的适宜性而言"，"实践的纯粹目的学说在实施时就客体的可能性，亦即它规定要在世界之中实现的目的的可能性而言具有客观的实在性"③，才能建立起关于人类理性使用之最终目的形而上学，为人类在历史进步中无限接近至善的实现提供有理性保证的希望。

在《什么叫做在思维中确定方向？》一文中，康德更具体地阐释了实践目的论在宗教领域中的价值和意义。康德依然通过理论与实践的二分切入论证，在他看来，理性在理论应用中的需求远没有其在实践应用中的需求重要，因为理性在理论应用中的需求是有条件的，而在实践应用中的需求是无条件的。如果人们要对一切偶然存在物的最初原因，尤其是现实世界中所表现出来的目的秩序做出判断，就必须预设上帝的实

---

① 〔德〕康德：《论目的论原则在哲学中的应用》，第181页。
② 〔德〕康德：《论目的论原则在哲学中的应用》，第181页。
③ 〔德〕康德：《论目的论原则在哲学中的应用》，第182页。

存，将自然的目的因果性转变为一种先验的合目的性原则①。先验的合目的性原则将自然的合目的性当作反思判断力的一个超验原理。在批判哲学系统内，这个原理被规范地使用，以提供联结主体所接受表象的主观理由，从而使得这种联结仿佛有着客观的理由一样。就此而言，自然的合目的性概念，并没有对作为对象的表象（客体）本身进行规定，只不过提供了一个主观的解释原则，仿佛理智有理由能够将多样性的经验世界设想为统一的系统，由此使得反思判断力能够在自己的理性应用中，可以借助自己的理念（先验的合目的性概念）寻求对象的系统统一。当然，只有把自然理解为"一个有理智原因的作品"，即上帝的创造物，自然才能够最终被看做是一个完整的目的系统。并能在超感性基底中找到作为一个完整目的系统存在的最终根据。也就是说，"如果对于作为显象的外部对象而言根本不可能找到一个与目的相关的充足理由，相反这个也在自然之中的充足理由却必须只在自然的超感性基底中去寻找，但我们对这个基底的一切可能的洞识都被切断了，那么，我们就绝对不可能为目的结合获得取自自然本身的解释根据，而且按照人类认识能力的性状，在一个作为世界原因的源始知性中去为此寻找至上的根据，就是必然的"②。而承认上帝这位直接创造了自然各种形式的最高建筑师的存在，并且是自然表现出完善目的性的源始根据，尽管不能促进我们对自然的知识，但却十分重要。因为，"如果我们由于相信在经验对象的形式中发现了合目的性，为了解释这种合目的性，而想从这些形式自下而上地（后天地）援引一个按照目的起作用的原因，那么，我们就会是在完全同义反复地作解释，用语词来欺骗理性，更不用说当我们以这种解释方式迷失在自然知识不能追随我们前往的那种越界的东西之中时，理性就被诱入诗意的狂热"③。

从第一批判开始，康德就将理性在超验领域因误用而必然导致的这种"诗意的狂热"与道德领域和宗教领域的思想丑闻（思辨理性对自由证明的无能以及在信仰问题上的迷信和狂妄自大）联系在一起，要求以"苏格拉底的方式"，即"通过最清晰地证明对手的无知来结束一切针对

---

① 参见〔德〕康德《什么叫做在思维中确定方向？》，第140页。
② 〔德〕康德：《判断力批判》，第427页。
③ 〔德〕康德：《判断力批判》，第427页。

第一章 从道德到宗教

道德性和宗教的异议",并借助"堵塞错误的来源而一劳永逸地取消它的一切不利影响"①。他强调指出,这是哲学"最初也是最重要的事务"②。在1786年发表的《什么叫做在思维中确定方向?》一文中,康德还从建设性角度阐释明确了目的论在实践领域应用的重要意义。文章中,康德这样说:

> 一种纯粹的理性信念就是路标或者罗盘,思辨的思维者在超感性对象领域里做自己的理性漫游时用它来确定方向,但具有普遍的,却毕竟(道德上)健全的理性的人,则无论在理论方面还是在实践方面都能够与他的规定性的整个目的相符合地标出自己的道路;而这种理性信念也就是必须奠定为任何别的信念,甚至任何启示的基础的那种理性理念。③

在目的论思维之下的理性理念作为无条件的绝对存在者(上帝和不朽的灵魂),是指向理性所要求的希望即至善理想的"路标与罗盘",它指引出使希望成为可能的唯一道路。这样一种道路昭示出,只有在信仰领域才能找到希望问题的解答,而对希望问题的回答意味着人类理性完全显示出自己的最高兴趣,就此而满足了人类纯粹理性运用的最后目的。康德认为,纯粹理性只有在这种意义上才会预感到对它来说的具有重大旨趣的对象,纯粹理性的思辨使用只不过是为了接近这些对象。在理论视域内,这些对象极力地逃避纯粹理论理性对它的好奇性追求,目的只有一个,就是进入

---

① 参见〔德〕康德《纯粹理性批判》,BXXXI(中文版第24页)。
② 康德在《纯粹理性批判》BXXXIV和BXXXV部分指出,所有哲学学派都有义务"通过对思辨理性权利的缜密研究,来一劳永逸地预防甚至民众也由于形而上学家们(而且最后还有作为形而上学家的神职人员)不经过批判就不可避免地卷入、事后又伪造出自己的学说的那些争论而迟早必然遇到的那种丑闻。惟有凭借批判,才能甚至连根铲除可能普遍有害的**唯物论**、**宿命论**、**无神论**、自由思想的**无信念**、**狂信**和**迷信**,最后还有更多地对学派有害而难以进入公众的**唯心论**和**怀疑论**。如果各国政府认为关心学者们的事务是好的,那么,就它们对科学和人们的睿智关怀而言,促进惟一能使理性的工作立足于一个坚实基础之上的这样一种批判的自由,要比支持各学派可笑的专制更为合适得多,这些学派在人们撕裂其蛛网时就大声疾呼公共的危险,而公众却对它们的蛛网毫不在意,因而也绝不会感受到它们的损失"。(参见〔德〕康德《纯粹理性批判》,BXXXIV~BXXXV〔中文版第25~26页〕。)
③ 〔德〕康德:《什么叫做在思维中确定方向?》,第143页。

它所希望的唯一道路，即纯粹理性的实践应用道路。在实践理性视域内，原本在理论探究中没有客观实在性，只能作为一种主观必然的理念出现的这些绝对者，现在却在与实践的关系中显示出一种客观实在性，因为，纯粹理性不是在思辨应用中，而是在实践应用中，也就是在道德应用中包含了经验的可能性的原则，即理性可以发现那些在人类道德行动中实际发挥作用从而使人的道德性显示出来的道德规范，由此决定一些行动应当按照道德的绝对命令而必然地发生。就此而言，"某个特殊种类的系统统一性，即道德的系统统一性，必须是可能的"，尽管这种系统的统一性不能在思辨意义上因果地发生，它只能在实践意义上自由地发生，但由此却证明了道德原则可以产生自由行动，"据此，纯粹理性在实践应用中，尤其在道德应用中的原则具有客观的实在性"[①]。这种道德原则实践应用的客观性，保证了纯粹实践的理性可以内在地应用于超越的对象，引发我们实践理性的无限动力，在"配享幸福"的"至善"理想中使得联系着"道德信仰"的伦理神学成为可能[②]。康德本人这样说：

  在这个世界里，种种目的的系统统一性也必然导致种种事物的合目的的统一性（种种事物构成这个大全，依照的是普遍的自然规律，就像前一种统一性依照的是普遍必然的道德法则一样），并把实践理性与思辨理性结合起来。世界如果应当与这种理性应用（没有

---

① 参见〔德〕康德《纯粹理性批判》，第 B823－837（中文版第586~594页）。
② 在《为康德的宗教辩护》（*In Defense of Kant's Religion*）一书中，两位作者费斯顿和雅克比（Chris L. Firestone and Nathan Jacobs）指出，康德在第一批判中批判和否定了传统神学，但仅仅据此不能理解康德在宗教问题上的转向。这种转向必须联系第二批判和第三批判才能得到更好的理解。两位作者特别引用了格林（Green）和戴维多维奇（Davidovich）的相关论述来支持自己的观点。格林认为，"当实践哲学在其实际应用中向我们呈现一个有关正当行为之道德的和谨慎的争论时，为了仲裁争论，康德批判方法背后的逻辑转向了理性的宗教信仰。按照格林的解释，当实践理性和人类的倾向与人类的经验主义实在遭遇时，理性因之逻辑地转向宗教信仰"。可见，格林是基于康德批判哲学的逻辑对康德的宗教哲学做出理解的，他主要关注了来自实践理性批判的工作。但是，在费斯顿和雅克比看来，戴维多维奇则是关注了康德美学与目的论中的"创造逻辑"，"借助第三批判和康德批判哲学中的目的论，戴维多维奇主张理性的宗教是针对在自然与自由之间架设桥梁之恢弘思维过程中的一个部分，宗教因此被解读为康德对宗教作为意义——一种关于康德与目的相关的神学与伦理哲学的认知拓展——王国的一种沉思呈现"。(Chris L. Firestone and Nathan Jacobs, *In Defense of Kant's Religion*, Bloomington & Indianapolis: Indiana University Press, 2008, p. 47.)

第一章 从道德到宗教

这种理性应用，我们就会认为自己不配拥有理性），也就是道德的理性应用（道德的理性应用是绝对依据至善的理念的）相一致的话，就必须被表现为出自一个理念。这样一来，一切自然研究就获得了朝向一个目的体系的形式的方向，并在其扩张到极点时成为自然神学。但是，由于这种自然神学毕竟是从作为一种基于自由的本质的、并非通过外在的诫命偶然地建立起来的统一性的道德秩序开始的，所以它就把自然的合目的性引导到必然先天地与事物的内在可能性不可分地联结在一起的根据，引导到一种**先验神学**，这种先验神学以最高的本体论的完善性这一理想作为按照普遍的和必然的自然规律把一切事物联结起来的系统统一性原则，因为一切事物的起源都在一个惟一的元始存在者的绝对必然性之中。①

通过上述分析，我们揭示出康德建构区别于传统神学的批判神学（伦理神学）的基本思路。在这个基本思路中，联系着纯粹理性运用之最终兴趣的实践理性的目的性应用是一个关键性因素。正是理性在目的论思维下对作为自己最后目的的至善的具有实践必然性的回答，使得在理性思辨应用中不可能具有客观实在性的自由而绝对的超验物有了存在的必然性。换句话说，如果至善应该是实践上必然的，那么，作为道德世界的原因，上帝的存在也一定是必然的。因为，"能够并且有权根据来自道德-实践理性之责任法则（绝对命令）支配所有有理性者的存在者，就是上帝"②。也只有承认上帝存在，"道德行动者拥有一个终极目的，不仅关涉到世界中的善的建立，而且拥有一个至上的、无条件的目的，关涉到个人的道德之善"③。有鉴于此，康德在《实践理性批判》中坚定而明确地将指出，必须将上帝概念固定在实践理性的客体之上，从道德意义上建构伦理神学才有其可能。因为，对实践理性的目的论应用的研究将发现，"道德原理惟有在预设一个具有**最高完善性**的世界创造者的情况下才允许这个概念是可能的。这个世界创造者必须是**全知的**，以

---

① 〔德〕康德：《纯粹理性批判》，B843-844（中文版第598~599页）。
② Immanuel Kant, *Opus Postumum*, eds., Eckart Forster, trans., E. Forster and Michael Rosen, Cambridge: Cambridge University Press, 1993, p.200.
③ Allen W. Wood, *Kant's Moral Religion*, p.177.

便在一切可能的场合和在一切未来都认识我的行为,直到我的意向的最深处;他必须是**全能的**,以便赋予我的行为以适当的后果;他同样必须是**全在的、永恒的**;等等。从而,道德法则就通过作为一种纯粹实践理性之对象的至善的概念规定着作为**最高存在者**的元始存在者的概念,这是理性的物理学进程(并更高地延伸到形而上学进程),因而其全部思辨进程所无法做到的"①。由此得出的结论就是,"道德不可避免地要导致宗教"②。

第三节 伦理神学的建构路径

由道德进入宗教,这是康德通过对纯粹理性运用的最终目的的分析得出的结论,它指引出通向康德宗教哲学的路径。一般来说,康德的宗教哲学包括伦理神学和道德宗教两个部分,前者是关于康德宗教哲学中神学部分的理论建构,后者是关于康德宗教哲学中道德部分的实践应用。对康德的宗教哲学进行考察,须先进入伦理神学,而后再进入道德宗教。据此,我先分析考察康德的伦理神学。

根据康德入路宗教的设想,本节先解决伦理神学研究中的第一个问题:康德建构伦理神学的路径问题。这个问题是康德"由道德进入宗教"设想的具体落实。

我们可以把康德建构伦理神学的路径分解为两条路线:否定的路线和肯定的路线,其中否定的路线通过批判传统神学而探寻构建神学建构中批判路径。费尔斯通和雅各布斯(Chris L. Firestone and Nathan Jacobs)指出:"第一批判标明了一种迹象,即康德的哲学促进了对传统神学努力方向的否定以及新的先验研究路径在神学领域中的流行。"③ 而其肯定的路线构划出从自然目的论到道德目的论,从道德目的论到伦理神学的道德化神学建构路径,以此路线,康德意欲利用"充分的哲学资源来为宗教信仰在理性中奠基。"④ 我们先分析康德伦理神学建构中的否定路线。

---

① 康德:《实践理性批判》,第 148 页。
② 康德:《纯然理性界限内的宗教》,李秋零译,载《康德著作全集》第 6 卷,中国人民大学出版社,2007,第 7 页。
③ Chris L. Firestone and Nathan Jacobs, *In Defense of Kant's Religion*, p. 46.
④ Chris L. Firestone and Nathan Jacobs, *In Defense of Kant's Religion*, p. 46.

一 伦理神学建构的否定路线

奥特弗里德·赫费认为，在神学或者宗教领域，康德同样不容忽视。自柏拉图和亚里士多德以来，许多杰出的思想家殚精竭智，"力求使用自然理性的手段来阐明上帝的本质"，康德则在有关宗教和神学的哲学启蒙之历史进程中，通过批判这种种或经验或先验建构起来的自然神学而为神学（宗教）"带来了一次决定性的转折。这一转折甚至达到了革命的级别，当然是哲学神学内部的典范性变化的级别"①。奥特弗里德·赫费把康德所批判地打造出来的新神学分解为四个组成部分，他指出，"康德的神学新取向由四个部分构成。第一，康德驳斥整个自然神学及其要客观地认识上帝，特别是要证明上帝之存在的企图。与传统相一致，康德承认上帝是一切思维的最高目的，但是对这个目的是一个可以承认或否认其实存的对象这一点有争议。第二，代替作为一种超验理念的上帝的是先验的理想，这个理想作为认识的完备性原则完成了经验的形而上学，但是它与一种宗教的上帝表象没有多大关系。第三，第一批判与启蒙时期的道德解释相一致……为一种道德神学准备了基地……康德的哲学神学的典范性变化就在于此：不再是理论理性，而是纯粹实践理性，即道德理性才是合法的上帝问题的原生地。第四，康德在宗教著作中，但也在《人类历史起源推测》中根据他的道德性的上帝信仰对犹太基督教启示录基本说法进行了解释……"②

赫费所指出的康德新神学的这四个构成部分，前三个部分与我所说的康德的伦理神学相关联，解决的是康德如何从对传统神学批判走向新神学即伦理神学的建构；第四个部分与我所说的康德道德宗教直接相关，它关注的主要问题是康德如何通过对基于启示的基督教传统，特别是它的教义进行道德化诠释，从而对人类在世之历史使命做出神学正义论解释。因此，赫费所指出的康德新神学取向的前三个部分实际上解决的是伦理神学的建构问题，其中前两个部分又与康德建构伦理神学的否定路线直接相关。根据对康德相关文本的分析以及大多数康德实践哲学研究

---

① 〔德〕奥特弗里德·赫费：《康德：生平、著作与影响》，第136页。
② 〔德〕奥特弗里德·赫费：《康德：生平、著作与影响》，第136页。

者的研究结论，康德构建伦理神学的否定路线的核心是，通过对传统神学有关上帝存在的代表性证明的批驳来证伪传统神学，从而开放道德地建构伦理神学的肯定路线①。

按照康德本人的说法，他所处的那个时代虽不能说是一个完全启蒙了的时代，但的的确确是一个正在启蒙的时代，因而是一个深受启蒙思想影响的时代，一个崇尚批判敬畏理性的时代②。这种时代特征在宗教领域中最令人瞩目的变化是，哲学家要求按照思辨神学所以可能的理性方式阐明自己存在的理由，不再是依照一个超越的主宰意志要求，运用理性去理解和诠释神秘显示出来的绝对者及其真理性表现。可见，康德的那个时代不是一个拒绝一切宗教的无神论时代，而是一个拒绝盲信的理性信仰时代。基于自然理性的自然宗教更合乎哲学家的理性思考旨趣，

---

① 还是奥特弗里德·赫费，他在自己的著作中这样指出："康德的哲学神学的新范例建立在对旧范例的某种破坏之上，按照那种旧范例上帝应该可以通过思辨（从理论上）得到证明。对所有的上帝证明的不可能性康德并不是从一开始就坚信的。不仅在1755年（Ⅰ395页以下），而且在1762年（Ⅱ70页开始）他还是**毫不怀疑地坚持上帝的客观实在性**的。但是到60年代他就开始从事上帝的非客观化研究，这种非客观化在第一批判中达到了高峰：上帝是理性必然的客观认识的理想，但不是一种被客观地认识的理念。"（〔德〕奥特弗里德·赫费：《康德：生平、著作与影响》，第136～137页）
　　艾伦·伍德的观点与赫费基本一致。他这样指出："康德理性神学最著名的部分是其消极的部分：对公认的上帝存在证明的著名反驳。首先，随着海涅戏剧性地将批判哲学植入他所处的时代以及随后的时代，从康德立场看，他的批判哲学产生了'世界性破坏'影响。但是，康德在此处的目的依然如此，是尽可能追求系统性和完整性。他对思辨一神论的批判不是简单地反驳那些为此前哲学家所提出的特殊的一神论论证。其目的是要表明不仅像一神论提出的那类证明事实上没有取得成功，而且关于上帝存在的任何思辨证明都没有取得成功的前景。"（Allen W. Wood, *Kant's Rational Theology*, Ithaca and London：Cornell University Press, p. 95.）

② 在《回答这个问题：什么是启蒙？》一文中，康德这样说："如果现在有人问：我们目前是生活在一个**已启蒙**的时代吗？那么回答就是：不是！但却是生活在一个**启蒙**的时代。说人们如目前的情况，在整体上看，已经处在或者哪怕只是能够被置于在宗教事务中无须他人的指导而自信妥善地使用自己的理智的水平上，还相差甚远。然而，现在毕竟为人们敞开了自由地朝此努力的领域，而且普遍启蒙或者走出人们咎由自取的受监护状态的障碍逐渐减少，对此我们却毕竟有清晰的迹象。"（〔德〕康德：《回答这个问题：什么是启蒙？》，李秋零译，载《康德著作全集》第8卷，中国人民大学出版社，2010，第45页）而在《纯粹理性批判》"第一版前言"的一个注释中，康德写下了这样一段描述时代特征的名言："我们的时代是真正的批判时代，一切都必须经受这种批判。通常，**宗教**凭借其**神圣**，**立法**凭借其**威严**，想要逃脱批判。但在这种情况下，它们就激起了对自身的正当怀疑，并无法要求获得不加伪饰的敬重，理性只把这种敬重给予能够经得起它的自由的和公开的检验的东西。"（〔德〕康德：《纯粹理性批判》，"第一版前言"注释，A：Ⅻ［中文版第5页］）

基于神圣经典（比如《圣经》）、神迹以及神秘宗教经验的启示宗教则不合乎哲学的理性口味，所以就思想领域而言，在康德时代，最为流行的是将宗教信仰建立在自然的普通理性基础上的自然神学。就此而言，康德不是把启示宗教当作论战的主要敌人，而是把批判的矛头直接指向基于自然理性的自然神学。其辩论的主要问题是，自然神学声称的建立在自然理性基础上的宗教信仰是否真的能够得到理性的辩护，即从理性的自我审查角度看，自然神学的宗教信仰（集中在上帝存在的思辨论证上）是否可能。针对自然神学的观点，康德提出了批判质疑，并进而导向自己在神学问题上的决定性转折。

按照康德的观点，神学是一种关于元始存在的知识。一般来说，有两种神学，一是出自纯然理性的神学，一是出自启示的神学。启示神学将神圣的宗教经典、神秘的宗教经验以及至高存在的神迹表现设定为神圣真理的来源，因而启示宗教存在的基础不是人类理性，它总是基于某种超自然的启示（这些启示总是通过神圣经典、先知的言辞或者教会的权威教义传达出来）为上帝的存在及其真理进行辩护，也总是借助启示理解和解释上帝的神意行动。与启示神学不同，自然神学是一种推崇理性原则，把神（上帝）解释为极端的完美存在者、非人格的万有始因的宗教哲学理论。自然神学有两个鲜明的特征：第一，自然神论是一种有神论，它把上帝理解为"世界的理性"或"有智慧的意志"，是一种可以理性把握的世界"原初原因"；第二，自然神学反对从启示、神秘经验、神迹等角度理解上帝和证明上帝存在，它力图用人类的自然理智来证明上帝的存在，解释上帝的属性，理解上帝的真理。因此，自然神学是一种理性神学，或者说是一种自然神论，而启示神学是一种"超自然神论"。作为一种用标准的推理规范和经验材料证成神学的理性学说，"自然神论者就是一神论者，其相信上帝的仁慈和眷顾，但拒绝信奉以基督教的圣经传统为基础的启示宗教。换句话讲，自然神论者是这样的一群人，他们信奉建立在独立理性基础上的自然宗教，而不信奉启示宗教。这里的启示宗教是指将自身建立在经由圣经获得的超自然启示之上的宗教"[①]。

[①] Allen W. Wood, "Kant's Deism," in Philip J. Rossi and Michael Wreen, eds., *Kant's Philosophy of Religion Reconsidered*, Bloomington and Indianapolis: Indiana University Press, 1991, p.2.

这就是说，自然神学相信仅仅依靠自然的人类理智，而无须启示帮助，就能够为宗教提供可靠基础，也能证成全知、全能、全善的上帝的存在；同样，单凭理性能力人类就能够与上帝沟通，理解上帝向人类显示出来的神意行动并按照上帝的意愿建立正义秩序。

在近代理性主义和启蒙运动背景之下，许多著名的哲学家和科学家，如托兰德、约翰·洛克、艾萨克·牛顿、伏尔泰、孟德斯鸠、卢梭等，在宗教问题上大都坚持自然神学立场，主张用"理性宗教"代替"天启宗教"，从而开启一种与理性主义和启蒙精神相符合的关于神性的哲学思考。按照上面的分析，自然神学也属于有神论的一种形态，在将上帝理解并诠释为这个世界的初始动因和创造根源上，自然神学与启示神学并无二致。无论是启示神学，还是自然神学，都坚信"上帝是极端完美的必然存在物，是一个超越现世的存在"，认为上帝不可改变、不可超越、全知全能、无所不在、无所不能，并永恒地存在于世间，是这个世界的创造者和形成的根源[①]。只不过启示神学坚持认为上帝作为世界的存在根据，既超然于（完全独立于）这个宇宙，又内在于（存在于）这个宇宙，其不但创造了这个世界，而且还治理这个世界；而自然神学则只是把上帝看作世界的创造者而不是治理者。也就是说，作为世界的始因和创造者，上帝创造了这个世界但却不照管护理这个世界，任其发展。自然神学就这样重建了上帝与世界之间的关系，并且上帝与世界的这种关系无须依赖任何特殊的启示或宗教经验，只需借助理性反思就能得到理解与诠释。由此，上帝及其他与世界（宇宙）的关系的神秘性被理性地破除。作为一种有关神性的哲学思考，自然神学用哲学上的绝对者取代了启示宗教中以绝对者身份出现的唯一神。神（上帝）被解释为自己创造物的内在的生成原因和最终的存在根据，但是，按照自然神论的逻辑推演下去就会发现，作为绝对的创造根据，上帝自身失去了自明性存在的必然性，因为，自然神学的上帝只有在自己的创造物（世界或者宇宙）身上显示其存在的价值和意义。这就是说，上帝的独立存在性是通过它的创造物（世界或者宇宙）而得以证成的。既然拒绝了借助特殊启

[①] Allen W. Wood, "Kant's Deism," in Philip J. Rossi and Michael Wreen, eds., *Kant's Philosophy of Religion Reconsidered*, p. 1.

示（如神在基督与圣经中的自我启示）提供上帝存在的证据，自然神学就必须提供自己的关于上帝存在的证明，而源自自然合目的性的上帝证明就是最适合普通人类理性的证明方式。正是在这个问题上，康德与自然神学发生了根本性分歧，由此也引发了康德对自然神学的批判，并由此走向将自然神学发展成为伦理神学的道德化宗教之路。

对康德来说，自然神学让人不能容忍的缺陷来自它对上帝存在问题采取一种认知主义态度。自然神学把上帝看作一种可以被客观认识的对象，表达出一种要求客观地证明上帝存在之知识性冲动。在对流行的有关上帝存在的种种证明进行批判之前，尽管没有必要一一详尽地列举出支持这些证明的所有证据并加以辨析，但"设法获得一个有关一切凡是能够想到的上帝证明的梗概"[①] 还是十分必要的，为此，康德研判了自然神学中流行的有关上帝存在的三种证明方式：本体论的、宇宙论的和自然神学的[②]。这样三种不同的证明，在论证方式和论证层次以及所提供的论据等方面都有着明显的差异，正像赫费所指出的那样："上帝存在的证明根据要么是对感性可感知到的世界的体验，要么撇开一切经验是一个单纯的概念。在经验范围内证明根据要么在某种特定的经验中，即对世界的秩序和合目的性的经验中，要么撇开一切合目的性的观念而在对某一种存在的不确定的经验中。"[③]

然而，康德所批判的这三种证明也并非完全殊异，赫费就认为，所有这三种证明都有一个悠久的历史[④]。上帝存在的自然神学证明与古代哲学中的目的论思维密切相关，是一种最古老、最明白且最合乎普通理

[①] 〔德〕奥特弗里德·赫费：《康德：生平、著作与影响》，第137页。
[②] 康德在《纯粹理性批判》第三篇"纯粹理性的理想"用四章篇幅（第三、四、五、六章）详尽地对这样三种从纯粹理性出发的上帝存在证明方式进行了批判。由于本部分作者关注的重点是康德如何通过批判传统神学而走向自己的新神学范式的，因而，本部分的主要任务是，基于康德批判宗教的立场，揭露其所批判的神学范式的缺陷，并进而阐明康德道德地为宗教奠基的必然性，揭示出康德建构伦理神学以及道德宗教的批判路径。就此而言，在本部分中，作者就无须过多地关注康德有关上帝存在的三种证明方式的批判分析，特别是康德所作出的批判分析之细节，更遑论众多前辈学者在这个方面已经作出了许多卓越的工作。
[③] 〔德〕奥特弗里德·赫费：《康德：生平、著作与影响》，第137页。
[④] 关于上帝存在的三种证明方式的历史溯源，赫费在其著作中有过精彩论述，作者的分析论述深受赫费的影响。赫费的有关论述请参见《康德：生平、著作与影响》第137~148页。

性要求的证明方式。虽然我们无法确认首次提出这种证明的思想家，但至少在古代哲学中，尤其在亚里士多德哲学中我们能够发现它的萌芽状态。此后，在《圣经·新约全书》的《罗马人书》中自然神学的证明得到了经典的神学式表达。在该篇章的1：20部分有这样一段文字："自从造天地以来，神的永能和神性是明明可知的，虽是眼不能见，但藉着所造之物就可以晓得，叫人无可推诿。"[1] 这表明人们可以从上帝的创造物那里认出上帝的存在。中世纪著名经院哲学家托马斯·阿奎那提出了关于上帝存在的"五路证明"，其中，"自身必然性的论证"被众多神学家认为是最有说服力的证明，理应属于托马斯自然神学的核心内容。近代自然科学的兴起以及理性主义和启蒙运动的发展，使得有关上帝存在的自然神学证明更加深入人心。

上帝存在的宇宙论证明同样可以在柏拉图和亚里士多德哲学中发现萌芽状态。特别是亚里士多德，他在《形而上学》（第12卷，第6－7章）和《物理学》（第8卷）中，推出"不动的动者"是"一切动者"的第一推动者，因而成为整个自然界的根据。他的理论虽然不为启示宗教所接受，但却是对神（上帝）存在的宇宙论证明的最初表达，当然是一种粗糙的表达。因为，亚里士多德的论证不是以分析神（上帝）的本质属性为依据，而是以宇宙或者世界的本性为基础[2]，但这满足了从万物存在的最高理由反思性获得绝对存在的基本论证之逻辑要求。在此之后，从托马斯·阿奎那到近代的笛卡尔、莱布尼茨、洛克所提出的各种不同版本的宇宙论证明都不过是亚里士多德粗糙证明的精致化，其核心内核并没有改变。

上帝存在的本体论证明是一种纯然思辨的论证，它抽掉了被论证者与一切经验的联系，完全先天地从关于被论证者的纯然概念规定出发推论出一个绝对者的必然存在。这个论证由基督教神学家独立提出的历史可以追溯至11世纪，当时坎特伯雷的安瑟尔谟在他的《宣讲》中首次系统地提出了这个论证，之后为近代哲学家笛卡尔和现代美国宗教哲学家

---

[1] 《罗马人书》，见《圣经·新约全书》（神版），中国基督教协会印发，1989，第168页 [罗1：20]。

[2] 参见〔美〕尼古拉斯·布宁、余纪元编著《西方哲学英汉对照辞典》，人民出版社，2001，第209页。

普兰丁格所继承和发扬。这个论证较之前两个证明历史虽然最为短暂，但却最为有名，因为它引入许多对未来哲学沉思有启发意义的问题：像"存在是否是一种特性"、"必然真的存在命题是否存在"和"在'是'的什么意义上，我们能够说某物不存在"等等。而这些问题如果不能得到解决，人们将依然不能完成对本体论证明的真切分析[①]。除此之外，还有一个原因。依照康德的分析，自然神学的证明和宇宙论证明都立足经验基础（自然神学证明立足关于自然秩序和自然合目的性这样一种特殊经验，而宇宙论证明立足于关于自然必然性这样一种存有经验），自然神学的证明从自然界的秩序和合目的性表现中推出一个有目的地、有秩序地创造这个世界的拥有最高智慧的绝对者；宇宙论证明从世界的非必然性推导出绝对必然的存在者，然后从其出发，推论出作为最高实在的存在者（上帝）。然而，单就自然神学证明来说，它所要证明的是，具有实存性的上帝不是犹太基督教传统中那个全知全能全在的世界创造者，而是这个秩序井然的世界的伟大建筑师。自然神学证明对这个建筑师存在的确认"要么建立在单纯经验基础上，这样它就会失去它的神学目的，即那个不只是一个比一切已知东西更伟大的力量、智力和智慧，不单纯是一个世界建筑师的上帝。要么人们力求通过非经验性的根据来弥补经验上的不足"[②]。但是如此一来，自然神学的证明就与宇宙论证明并无二致，而宇宙论的证明一旦采用这种论证策略，就意味着论证是要"从绝对必然的存在这概念中推导出最实在的存在者的概念"[③]，与自己主张的经验立场相违背，实际上也是从单纯概念中推论出最高的绝对者。因为按照上述证明的推理方式，"证明根本不是建立在未被使用而完全作为前提条件的经验概念之上，而是完全与笛卡尔学派的证明一样，仅仅从人们自以为于其中可以在谓词的同一或者冲突里面发现一个存在者的存在的概念出发的"[④]。这样，宇宙论证明最终蜕变为本体论证明，不过是

[①] 参见〔英〕尼古拉斯·布宁、余纪元编著《西方哲学英汉对照辞典》，第706页。
[②] 参见〔德〕奥特弗里德·赫费《康德：生平、著作与影响》，第147页。
[③] 更为详尽的论述，请参见〔德〕康德《纯粹理性批判》第三篇"纯粹理性的理想"之第五章"论上帝存在的宇宙论证明的不可能性"。
[④] 〔德〕康德：《证明上帝存在惟一可能的根据》，李秋零译，载《康德著作全集》第2卷，中国人民大学出版社，2004，第163页。

"一种隐蔽的本体论证明"而已。所以,康德一针见血地指出:"关于一个作为最高存在者的惟一元始存在者的存在,自然神学的证明以宇宙论的证明为基础,而宇宙论的证明则以本体论的证明为基础;而既然除了这三种道路之外再也没有给思辨理性留下道路,所以,只要在任何地方有一种关于一个如此高出于一切经验性的知性应用的命题之证明是可能的,那么,完全从纯粹理性概念出发的本体论证明就是惟一可能的证明。"①

对上帝存在的三种证明方式所进行的历史性考察有着重要意义。它首先向我们表明,出自纯粹理性的上帝存在的证明方式由来已久,它所包含和显露出来的哲学和哲学家的野心不言而喻;自然的井然有序和人类对自然这种奥秘的理性好奇一直刺激着人类,作为这个世界上唯一的可以摆脱感性限制并且可以拨开种种现象迷雾而追寻万有之根基的有理性者,人类一直致力于运用理性自身而不假借任何神秘之物之方式,给出一种关于这个世界绝对根据的合乎逻辑的解释,以满足人类理性对统一性、整体性和无限性的认知要求,打破有限性对人类的限制。其次,它同时也为理性地驳斥上帝存在的种种证明提供了最大的便利。因为,按照康德分析,出自纯粹理性的证明上帝存在的方式只有本体论证明、宇宙论证明和自然神学证明三种,而宇宙论证明和自然神学证明无非是本体论证明的变体。因此,只要解构了本体论证明,也就意味着解构了宇宙论证明和自然神学证明。由于证明上帝存在是康德所批判的传统神学(以自然神学为代表)的核心内容,事关其能否成立,在此意义上,证伪了出自纯粹理性的上帝存在的本体论证明,也就证伪了自然神学。

众所周知,虽然上帝的本体论证明难获大多数哲学家的认同,但要想逻辑有力地驳倒这个证明也非易事。康德的批判不仅巧妙,而且也极为犀利。上帝存在的本体论证明属于一种先验的证明,它从纯粹概念的理性分析开始,坚持上帝存在是从"概念中真实的",即"从可能性的真实实存"中直接认知出来的。"换句话说,上帝的存在是可被认知的。并且,他的存在的'认知理由'在己内,即是在其'反之不可能'。简

---

① 〔德〕康德:《纯粹理性批判》,第 489 页(B658)。

单说，他的不存在不可思"①。可见，上帝存在的本体论证明在将存在属性赋予上帝这一观念之后，从上帝观念中推出其具有存在属性就是自然而然的事情，这就像我们接受了三角形有三个角这样一个概念规定之后，三角形必定有三个角就是必然的。中世纪哲学家高尼罗式的反驳（通过同样的论证也可能证明荒谬事物的存在，譬如最大可能的海岛）和近代哲学家伽桑狄式的反驳（上帝的完美、崇高、至善超出人的思想，人对上帝完满的认识来自常识，因此，上帝不是一个可以先天得到的概念）都不构成对上帝存在本体论证明的有效反驳。对上帝存在的本体论证明的有效反驳应当是一种逻辑反驳，即分析本体论证明可能存在的逻辑错误。

康德借助传统逻辑有关主词和谓词关系来界定上帝和它的属性（本质）之间的逻辑关系。从完善的上帝概念中推出属于上帝的存在本性，就如同从一个谓词推出主词一样，这种推论在逻辑上似乎没有太大问题，但是这个推论中的关键词"存在"却存在歧义。在本体论证明中，由一个完美存在概念推论出一个完美的上帝必然具有存在本性，是在主词和谓词之间建立起一种必然关系的逻辑表述，而本体论证明最终要证成的是上帝的存在具有现实必然性。显然，从逻辑角度看，"存在"一词不过代表一个判断中的系词，它只是设定了谓词与主词之间的关系，并没有为这个命题增加新的含义——也就是说，从存在的逻辑必然性析取不出它的现实必然性。艾伦·伍德给出了这样的评论："康德所坚持观点——所有真实的谓词都要求主词指涉的某些物实际存在——也有助于弄清楚他在《纯粹理性批判》这个部分所言及的某些问题。紧接着他表述了这种观点：'是（being）'不是实在的谓词，不过是'对一个事物或者某些规定性的肯定'。康德进一步深化了这个观点：'上帝是全能的，这一命题包含了两个概念，它们各有自己的对象：上帝和全能；小词是仍然不是在这之上的一个谓词，而仅仅是以与主词相关的方式设定谓词的东西。'取消关于连系词'是'和本体论论证无关的这些评论是吸引人的（且我最终相信是正确的）。本体论证明根本上说与用来连接主词和其他谓词的动词'to be'的用法无关，而与（据称）自身充分的谓词

---

① 张雪珠：《哲学家论上帝——亚里士多德、多玛斯、康德、黑格尔论证上帝》，唐山出版社，2013，第167页。

的用法相关。但是，这个段落所表明的是，对康德来说，系词'是'（is）像仅仅断定它的主词的存在的'is'一样，具有在真实世界'设定'和我们的概念相对的某物的功能。对康德来说，'是'（在）在'上帝存在'中没有给主词添加什么谓词，而是'设定'一个与主词概念相对应的对象。"① 康德用一个形象的比喻说明了这一思想。100个现实的塔勒与100个塔勒的纯概念存在着不言而喻的差别，因此，谁都知道概念上拥有100个塔勒对于改善自己的财产状况没有丝毫的增益，这就好似一个商人靠给自己的库存现金账添上几个零来增加自己的财产一样，不仅白费力气，而且还是一种愚蠢的行为。由此必然得出这样的结论："本体论论证因此建立在一个概念的或语法的错误上。从上帝的概念中抽取出存在是一个错误，因为上帝的概念并不包含着存在。"②

康德对上帝存在的本体论证明的解构，对建立在自然理性基础上的神学来说是致命的，它证明了基于理性的自然神学并不理性，至少让人们清楚看到，在神学关键性问题上，自然神学家错误使用了理性。从建构真正理性神学角度说，批驳上帝存在的本体论证明并不是康德宗教建构的主要目的，由批判走向分析理性在宗教领域中的正确使用，进而找到宗教在纯然理性范围内何以能够理性建构的路径，才是康德将哲学的批判思维应用到宗教领域的真正目的。

依照这个思路剖析康德对传统宗教所做出的批判，可以看出，现象界与本体界的划分、认识与思维的区别以及建构与范导的差异制约着康德，上帝作为只能出现在本体领域的绝对超越性的最高存在，不可能被人类理性认知性地把握。因此，对上帝存在的本体论证明（当然也包括其他两种证明）的批驳，只是证明了人类不能理性地认识上帝，或者说，对上帝不能进行客观化的研究。但是，上帝存在不可能理性地证成，只是证明了人类不可能拥有关于上帝存在的知识。断定上帝存在不可知不等于断定上帝不存在，人类无限理性面对上帝这种完美的超越性存在，既不能证成其存在，也不能证成其不存在。这当然不能仅仅以理性的丑闻来掩盖或者给予解释——即使说这是理性的丑闻，也不是理性本身的

---

① Allen W. Wood, *Kant's Rational Theology*, pp. 115 – 116.
② 〔美〕查尔斯·塔列弗罗:《证据与信仰——17世纪以来的西方哲学与宗教》，傅永军、铁省林译，山东人民出版社，2011，第204页。

第一章 从道德到宗教

丑闻，而是人类滥用理性的丑闻。就此而言，我完全赞同麦克斯·冯特（Max Wundt）如下观点：康德的《纯粹理性批判》的主要任务，不仅仅在于探索知识的可能性，也不仅在于规定理性的界限，而是在"哥白尼式革命"之后，要给形而上学一个新的说明[1]。按照康德给出的新说明，上帝及其一切类似的理性理念都不是可认知的，因为它们均不是人类之感性直观的对象。对于人类理性来说，上帝作为先验的理念既不可经验，也不可认知，它们不过是一些在人类理性内部具有主观必然性的纯理念而已。作为纯理念，它不过是依照理性的意志，按照先验的原则而自行限定自身的最高完善性显现，而无意于从自身的主观规定性推出自身的存在。因为，作为纯理念，它自身的真实性不在于它直接涉及某个对象，而在于它提供了最大的概念图式帮助理性实现对经验世界的最完整的统一性。借助这个起着范导作用的理性统一性图式，人类对世界的经验统一性以及世界的目的性存在能够做出虚拟式的观察及理念把握，这种观察和把握进一步将人类引向最高智慧必然存在的实践性思考。这样，"康德不仅批驳了思辨神学，而是也批驳了一种断言上帝不存在的思辨性的无神论，除此以外还批驳了一种认为上帝的表象不可思议，而理性的表象则不足取的实证主义"[2]。康德只是认为理性对至高存在者（上帝）的认知性探究是一种无意义的劳作，这种劳作既不能证成上帝存在，但也不能因此推论出上帝不存在。思辨地证明上帝存在的论证与思辨地证明上帝不存在的论证一样，都是独断而有违理性的。但是，康德绝不因此而低估上帝存在的意义。在他否定了传统的上帝存在证明之后，他改变了证成上帝的方式，却没有改变上帝的内容。上帝虽然不再是一个可以客观化的存在对象，但仍然是一切可能的谓词的总体，即上帝不仅是一切可能性的总和（最完善的存在），而且是一切可能性的根源（最真实的存在）。为此，理性是不会容忍让自己仅仅停留在对上帝的主观把握情

---

[1] Max Wundt, *Kant als Metaphysiker*, *Ein Beitrag Zur Geschichte der Philosophie im 18. Jahrhundert*, Hildesheiim Zurich New Yo oge rk: GerOlms Verlag, 1984, S. 188–189. 我们必须给予"康德的新说明以高度重视"。可以说，这种新的说明开辟了实践理性的新视域，成就了康德的道德哲学、宗教哲学、法哲学和历史哲学，最为真切地体现出康德本人献身哲学的动机——贡献于致力人类福祉的学术事业。

[2] 〔德〕奥特弗里德·赫费：《康德：生平、著作与影响》，第147页。

状之中，被当作一种与经验必然相连接的先验理想，一种借助自己的主观范导作用造就可能的经验总体的必然原则。人类理性一定会另辟蹊径，给上帝存在一种理性的确信。既然思辨地建立基于纯然理性的宗教（神学）不可能，那么实践地建立基于纯然理性的宗教（神学）是否可能？对人类理性所进行的理论批判告诉我们，上帝虽然不能被思辨地认知，但却可以无矛盾地出现在思想之中，也就是说，我们完全可以根据我们生存其中的世界的秩序和合目的性中推出一个智慧、至善、全能的存在者，而不会置人类理性于矛盾之中。就此而言，"上帝的概念是一个原初就不属于物理学的概念，亦即不是对思辨理性来说的概念，而是一个属于道德的概念"①。康德由此宣布：

> 我现在断言：理性在神学方面的一种纯然思辨的应用的一切尝试都是完全没有结果的，就其内部性状而言是毫无价值的，而它的自然应用的原则却根本不导致任何神学；因此，如果人们不把道德原则作为基础或者用做导线，那么，在任何地方都不可能有理性的神学。②

这样，康德终结了建立在思辨理性基础上的神学的认知模式，但同时也开启了建立在实践理性基础上的神学的道德模式。就像艾伦·伍德所指出的那样："康德真正的目的不是摧毁神学，而是用批判的神学取代教条的神学：从完全思辨的科学将理性神学转变为对人类理性不能避免且不能解决的问题进行批判审查，并且对在自律理性指导下表述我们的道德渴望之媒介进行批判审查。"③ 所以，可以肯定的是，"对康德来说，唯一真正可以接受的宗教是纯粹理性的宗教。他自己只是蔑视教条，而教条主要吸引我们病态的情感并为了那在对神秘的通往神学的疯狂追求中发现自身的系统性狂热"④。

---

① 〔德〕康德：《实践理性批判》，第148页。
② 〔德〕康德：《纯粹理性批判》，第493页（B664）。
③ Allen W. Wood, *Kant's Rational Theology*, p.17.
④ Allen W. Wood, *Kant's Rational Theology*, p.16.

二 伦理神学建构的肯定路线

总体来说,康德对自然神学的批判,属于"家族内部的争吵"。康德反对自然神学用思辨方式认知地论证上帝存在及其属性与情状,但赞同自然神学为神学寻求理性奠基的基本主张。在康德看来,自然神学运用理性的思辨功能认知上帝的失败,不仅直接证明了理性无法将自己的纯然思辨功能应用于一个至上存在者,而且间接产生了一个十分大的效用,"即纠正可能从别处得来的对该存在者的知识,使其与自身以及任何理知的意图一致,并且使其免除一切可能与一个元始存在者相悖的东西和经验性限制的一切掺杂"[①]。这就从批判哲学角度彻底堵死了任何思辨地论证神学最高命题(即上帝存在)的一切可能,无论这种论证是纯然经验的还是纯粹概念的,抑或是这两种论证方式的结合,但并不是堵死一切有关神学最高命题的理性论证。由于出于理性理由而成为可能的宗教所信奉的上帝,不是亚伯拉罕、以撒和雅各的上帝,而是"哲学家们的上帝",而与这样的上帝相对应的不是某种单纯理性的信仰,而是一种道德信仰,因此,哲学完全可以从道德角度提供一种关于上帝存在及其真理的认识(实践上视之为真)。这就是说,存在着与自然神学相对应但又有着明显不同的另外的一种神学——伦理神学(道德神学)。康德说:

> **自然的神学**从在这个世界中被发现的性状、秩序和统一性出发推论到一个世界创造者的属性和存在,而在这个世界中必须假定两种因果性及其规则,也就是说自然和自由。因此,它从这个世界上升到最高的理智,要么是把它当做一切自然秩序和完善性的原则,要么是把它当做一切道德秩序和完善性的原则。在前一种场合它叫做**自然神学**,在后一种场合它叫做**道德神学**。[②]

由此可知,道德神学,或者说伦理神学,就是一种将信仰建立在人

---

① 〔德〕康德:《纯粹理性批判》,B667~668(中文版第495页)。
② 〔德〕康德:《纯粹理性批判》,B660(中文版第490页)。

类理性的道德实践基础上的宗教学说，这种宗教是康德唯一可以接受的宗教。这种宗教不仅是纯粹理性的宗教，而且蔑视那种迷信神学教条的宗教，因为这种宗教只关注如何吸引人们的病态情感并喜欢疯狂地追求神秘的通神论①。而在康德所认可的宗教学说中，"上帝存在"这个核心命题的必然性在实践理性基础上得以确立，因而是基于道德经验和道德的普遍要求而可能的。因此缘故，康德一再强调，就此而言，道德绝对不需要宗教。相反，恰恰是宗教本身必须以道德为基础才能经得起人类自然理性的检视，因为，"宗教是把对上帝的一切崇拜的**本质性东西**置于人的道德性之中的信仰"②。可见，对上帝的信仰不应该包含任何非道德的其他动机，无论这种动机是有外在对象根基的客观需求，还是有主体内在倾向支持的主观意愿；如果我们对上帝的信仰总是与这些动机联系在一起，那就意味着"我们仍然行动在'感性的'或'感觉的世界'中；也就是说，我们仍然在现象的世界，在时间和空间中行动，所以被自然律所决定。与之相类似，行动被自然的倾向所决定，被难以驾驭的欲望或被任何构成肉体的非道德或不道德的东西所决定"③，我们所需要的上帝就依然是行奇迹和施恩惠的上帝，是为满足我们无限私利而需要的功能化上帝。显然，这不是康德所需要的上帝。康德的上帝应该是神圣的立法者、仁慈的统治者和公正的审判者，因而必然是一种为至上的道德理想所丰富了的神圣图像。对于这种哲学化的上帝，只能存在道德化诠释一种路径。

  从《纯粹理性批判》开始，经过《实践理性批判》和《判断力批判》到《纯然理性界限内的宗教》，康德一直致力于阐明、修正、补充自己为上帝存在提供的道德证明，完善伦理神学的道德建构。尽管由于康德本人思想的复杂晦涩又历经变化修正，研究者很难在这些文本中梳理出康德一以贯之的观点，但康德有关上帝存在的道德证明所持有的基本立场却是始终如一的。这个基本立场受制于目的论思维，将道德上证成上帝存在的根据，与人类理性上能够形成一个以德性为前提的至

---

① Allen W. Wood, *Kant's Rational Theology*, p. 16.
② 〔德〕康德：《学科之争》，第46页。
③ Pamela Sue Anderson and Jordan Bell, *Kant and Theology*, London & New York: T & T Clark International, 2010, p. 30.

第一章 从道德到宗教

善——它是实践理性（意志）的最终目的——联系在一起，形成一个关于上帝存在的目的论论证。这个论证的优势在于，它与康德关于道德与宗教关系的基本逻辑保持一致。对康德来说，道德来源于理性，根据于人的自由，表现为按照先验的道德法则而采取的自主性行动。就此而言，有理性的人之所以选择道德化的生存和道德化的行为，既不是因为道德能够带给人以感性快乐和世俗幸福，也不是因为道德可以满足来自人自身的主观偏好和意愿倾向，而是因为遵守道德是理性向有理性者发出的理性的绝对命令，而人所遵守的道德的绝对命令又是理性的人自由地为自己订立的。道德因此是自律和自足的，它无需在理性之外寻找自己的存在基础和发挥作用的条件。在《纯然理性界限内的宗教》"第一版序言"中，康德这样说：

> 既然道德是建立在人这种自由的存在者的概念之上的，人这种存在者又正因为自由而通过自己的理性使自己受无条件的法则制约，那么，道德也就既不为了认识人的义务而需要另一种在人之上的存在者的理念，也不为了遵循人的义务而需要不同于法则自身的另一种动机。至少，倘若人有了这样一种需要，而且在这种情况下又不能借助别的什么东西来满足这种需要，那么，这就是人自己的过错；因为不是产生自人自身和人的自由的东西，也就不能为人缺乏道德性提供补偿。——因此，道德为了自身起见，（无论是在客观上就意愿而言，还是在主观上就能够而言）绝对不需要宗教，相反，借助于纯粹的实践理性，道德是自给自足的。[①]

显然，这样的道德是无需神助的。这种道德的形式主义特征表明，道德行为的发生，只有当行为者的行为所遵守的准则同时也是对所有的其他行为者都有效的法则的时候，也就是行为者的意志被立法的纯粹实践理性所规定，而将自己纳入自我立法之下的时候。在这种道德系统中，无需上帝提供外在强制力，道德就可以发挥约束行为的规范效力，这样上帝就自然而然地被排除在自律的道德系统之外。遵守道德法则的行动

[①] 〔德〕康德：《纯然理性界限内的宗教》，第4页。

的强制力量根据于自由意志，根源于人类的天性；人类作为有理性者，可以摆脱感性世界的限制而有尊严地生存在理智世界。作为理知识界中的成员，人类有理性，故可以对情感、直觉和冲动等加以自制，选择一种自我约束的生活；人类有自由，故可以不受刺激－反应的模式控制而做出理性决断，过一种体现人之尊严的生活。由此可见，根据道德法则行动的人，是自我完善的人，是精神自由的人，其可以最大限度地体现出人作为终极目的自身的存在价值[①]。

如果再进一步追问，为什么恪守道德法则是人的一种自由自觉的意志决断？即意志自由如何可能？这个问题实际上就是要解答意愿（意念）为什么会服从意志所发布的绝对命令，或者是要说明行为者为什么会将自己行为的准则接榫客观必然的道德法则。康德的回答是，关键在于德性主体对道德法则产生了炽热的"兴趣"，"而这种兴趣的基础为'道德感情'（das Morlische Gefühl）"[②]。当然，这种"道德情感绝不是产生于人们的道德心理活动及其过程中的一般感性的或本能的情感"，而是"一种尊重理性自律而产生的对道德法则敬重的情感，它服从并听命于理性。通过道德情感，行为者能够真切地在心灵中体察到道德法则的威严和壮丽"[③]，并内心充满敬重地将道德感情的理性作用呈现在感性的情感层面，由此在将客观必然的道德法则转变为对行为者主观有效的行为准则，建立德性行为所必需的动机。"所以，在感性方面对道德上的自我赏识的要求的贬低，亦即使之谦卑，就是在理智方面对法则本身的道德赏

[①] 关于形式主义的道德法则的必然效力问题，康德在《道德形而上学的奠基》的"第二章"中有过集中论述。在这个部分，我们可以读到这样的论述："任何一个理性存在者作为目的自身，无论它所服从的是什么样的法则，都必须能够同时把自己视为普遍立法者，因为正是它的准则对普遍的立法的这种适宜性，把它凸显为目的自身；此外，这个存在者自己的超乎一切纯然自然物的尊严（特权），使它必须在任何时候都从他自己的观点，但同时也从其他任何有理性的、作为立法者的存在者（他们因此也叫做人格）的观点出发来采用自己的准则。"随后，康德又指出："就我们自己的意志仅仅在一种因其准则而可能的普遍立法的条件下才去行动而言，这个在理念中对我们来说可能的意志是敬重的真正对象，而人性的尊严正在于这种普遍立法的能力，尽管是以它同时服从这种立法为条件。"（〔德〕康德：《道德形而上学的奠基》，李秋零译，载《康德著作全集》第 4 卷，中国人民大学出版社，2005，第 446～448 页 [4：438，440]。）

[②] 郧芷人：《康德伦理学原理》，文津出版社，1992，第 139 页。

[③] 傅永军、尚文华：《道德情感与心灵改善——兼论康德理性宗教的道德奠基》，《山东大学学报》（哲学社会科学版）2012 年第 5 期，第 21～22 页。

识、亦即实践赏识的提高,一言以蔽之,就是对法则的敬重,因而也是一种就其理智原因而言的肯定性情感,这种情感是被先天地认识到的"①。由此可见,无论从人的理性本质来说,还是从人的道德情感来说,德性行为都是意志自由地恪守道德法则的行为,"正如知性范畴替对象经验的可能性具体规定了先天条件那样,绝对命令以及它导致的特殊绝对命令把一些先天限制注入了经验实践理性可行的练习之中(因为我们的行为准则必须为绝对命令程序所认可)"②。就此而言,道德的确不需要宗教,从康德伦理学的形式主义特征以及其伦理学中意志自由理论的核心位置看,自律的道德也不会将自己引至宗教。

虽然说在理性自足意义上,康德形式主义的自律伦理学否认需将道德法则的客观必然性建立在宗教信仰基础之上,但这并不意味着康德由此将宗教从道德领域完全驱赶出去。按照我们所熟悉的康德一贯主张,宗教需要建立在道德基础之上。从形式主义自律伦理学的自足特征排除了宗教之于道德的传统奠基作用(这是有着悠久理性主义传统的西方最为古老的一种见识),反过来敞开了另一种见识的可能性——宗教必须奠基在道德之上。康德通过探究实践理性的对象(至善),并将遵守道德法则作为实现至善的条件,而形成了这样一种的观点:既然道德法则不能单纯分析地必然引至宗教,那么至善问题的引入就在道德法则和神圣存在之间架起了通达的桥梁③。于是"以道德法则为线索,加上人性追求幸福本能的需求,也就是德福一致的最高善"④,就足以为宗教的必然性奠定实践理性之根基。为了清楚地还原康德道德地建构伦理神学的逻辑,有必要对康德的观点做出一个较为细致的分析讨论。

---

① 〔德〕康德:《实践理性批判》,第84页。
② 〔美〕约翰·罗尔斯:《道德哲学史讲义》,张国清译,上海三联书店,2003,第337~338页。
③ 台湾学者赖贤宗在《康德、费希特和青年黑格尔论伦理神学》中有专章论述该问题。请参见氏著《康德、费希特和青年黑格尔论伦理神学》,桂冠图书公司,1998年,第15~50页。另一位台湾学者王志铭的论文《道德神学在道德上是必然的吗?》对此问题进行了很好的分析讨论。请参见《台大哲学评论》2005年第29期,第65~98页。还可见参阅台湾学者张雪珠教授在《哲学家论上帝——亚里士多德、多玛斯、康德、黑格尔论证上帝》(唐山出版社,2013)中的相关论述,具体见氏著"康德的上帝观"部分的"第六章"。笔者从这些论著中获益颇多,特此致谢。
④ 王志铭:《道德神学在道德上是必然的吗?》,第71页。

至善概念，是作为实践理性对象的无条件总体在道德哲学中出现的①。在理性上自足的康德伦理学需要这个概念，这是康德对实践理性问题进行先验的批判考察所必然导致的一个后果。

众所周知，康德在道德问题上是一位严格主义者（rigorist），他在道德问题上拒斥宽容主义（latitudinarianism），也就是说，在康德看来，"道德范畴可以完全运用于其上的一切行为以及一切道德行为者，都必须被刻画为不是善的即是恶的"②，不存在中间立场。具体到康德本人，他坚定地贯彻批判的先验原则，拒绝在感性意义上解释道德。对康德来说，

---

① 德福一致的最高善即至善。康德对这个概念的解释是复杂的。康德对至善概念的理解是否前后一贯？康德对至善概念的不同理解是否包含着思想的逻辑矛盾？这种逻辑矛盾是否影响了康德哲学系统的严密性？康德对自己哲学可能存在的这种逻辑漏洞是否进行过修补？修补后对其道德哲学及宗教哲学产生过什么样的影响？张雪珠教授在自己的著作（《哲学家论上帝——亚里士多德、多玛斯、康德、黑格尔论证上帝》）中做过详尽的研究。张教授指出，康德对至善概念的理解在《纯粹理性批判》、《实践理性批判》和《判断力批判》中是有区别的。在"第一批判"中，康德将至善理解为"理性在其理论应用中建立于道德法则的一个系统统一的目的性理念，简单说，它是综合道德系统与幸福系统、自由系统与自然系统的一个理想理念"。而在"第二批判"中，至善被理解为作为"实践理性之对象的无条件总体"。虽然这种区别不影响至善作为道德论证的出发点，但是必然对论证的效力产生影响。如若将至善理解为系统统一的目的性理念（条件者所追求的无条件之绝对总体），由于此理念要求预设上帝为道德法则的约束性提供根据。这样，就会与《道德形而上学的奠基》中形式主义的自律道德系统的自足性规定发生矛盾，有将上帝理解为道德法则具有约束力的他律因素之嫌。"第二批判"将至善理解为实践理性之对象的无条件总体，就是为了克服"第一批判"对至善理解所造成的上述矛盾。但是，"第二批判"对至善的理解又会造成纯粹理性理论应用与纯粹理性实践应用之间的分裂。"第三批判"（《判断力批判》）重新搭建起两者之间的联结，"尝试借助上帝是一切存在的唯一来源的证明"，以说明道德世界与自然世界的系统统一性存在，因此，在"第三批判"中，至善被解释为实践理性观点下，反思判断力超验的最终目的之理念。（请参阅《哲学家论上帝——亚里士多德、多玛斯、康德、黑格尔论证上帝》，第 257～305 页）由于笔者在本部分的论述主要是分析康德道德地建构伦理神学的肯定路线，因此，分析康德在至善问题上的思想变化不是论述的重点，笔者论述的重点是分析还原康德在道德法则、至善及上帝存在之间搭建的逻辑联系，即阐明康德关于由道德导致宗教之观点，而康德将宗教建基在道德基础之上的思想，主要是在"第一批判"和"第二批判"中阐发的，直接建立在"第二批判"关于"至善是实践理性对象的无条件总体"理解之上。职是之故，在本部分的论述中，我主要接受康德在"第二批判"中对至善的定义。而在本书第二章，讨论康德关于上帝存在的道德证明及其相关的伦理神学问题时，我就会相应地采纳康德对至善概念的第三种解释。对康德至善概念感兴趣的读者，可以阅读张雪珠教授的著作，相信张教授细致而材料丰富的分析将有助于后续研究者对该问题的厘清和进一步的探讨。

② 〔美〕亨利·E. 阿利森：《康德的自由理论》，陈虎平译，辽宁教育出版社，2001，第216页。

道德的纯洁性就在于它完全与经验无涉。康德既反对自伦理学在希腊产生以来就存在的幸福主义，也反对在英国理想主义后期出现的自我实现的伦理学，还反对在苏格兰启蒙运动中盛极一时的情感主义伦理学。从人性角度解释道德行为，康德不接受；在启示宗教基础上建立的神学道德，亦为他所摒弃。依照康德的先验哲学，决定意志的根据完全在于理性，而意志基于理性的自由决断又决定了行为的道德属性。这意味着，行为者的实践能力只有接受理性的规制才是一种道德能力，在此种意义上，"道德意识自身确认为绝对的实践理性。首先，道德意识将善等同于'良好意志'或者善的意志之所是的行动，而不是等同于客观的实践材料（知觉）或者主观的实践材料（被追求的幸福）。其次，道德意识将被意愿的善等同于义务，要求为意愿而意愿，为行动而行动。最后，道德意识将义务等同于义务的形式（法则），而不是等同于其特殊化的内容；从而，从实践上将理性普遍性加以绝对化"①。这样，一个人的道德行为就完全摆脱了外在的限制（无论是利欲的诱惑，还是禁忌与惩罚的威慑以及敬拜、救赎、忏悔和自我实现的种种诉求），仅仅依照道德义务的要求并且只是为了义务之故而去行动——这种行动当然只能是意志自由的行动。

按照康德道德哲学的逻辑，只有当有理性的人把自己视作理智存在者，将自己归属于理智世界，人才能摆脱感性世界中自然法则的束缚获得自由，出自自由意志的道德行为才有其可能。可见，"意志的自由便从分析'理性存在物'这个概念就能够获得。也就是说，如果我们视自己为理性存在，那么，我们也必然地'存想'自己是具有自由意志的存在物"②。但是，这样一种"存想"不是被理性认知能力把握的真理，而是实践理性所需要的一种必然的假设，这种假设奠基在理智世界和感性世界的批判性划分上。而双重世界的划分，单就道德意义来说，它是意志自由能够成立的形而上学根据，因而也是人能够过一种道德生活的形而上学根据。道理十分明显。如果人只把自己归属于感性世界，视自己为一种被动地按照自然法则生活的欲望存在物，那么人就与那些一切意欲

---

① 〔法〕贝尔纳·布尔乔亚：《德国古典哲学》，邓刚译，人民出版社，2013，第78页。
② 郦芷人：《康德伦理学原理》，第136页。

好恶皆受自然法则所支配的禽兽无异，行为就无道德意味，也无责任（义务）问题；如果人完全把自己归属于理智世界，视自己为一种自主地按照自由的法则生活的理智存在物，那么人就类似上帝，一切行为必然完全出自纯粹意志的自律原则，无一例外。因此，完全以理智存在物面貌存在的人，其行为亦无道德意味，也无责任（义务）问题。所以，人无论是完全属于理智世界（如理智世界的上帝），还是完全沉沦于感性世界（如感性世界的禽兽），都无所谓责任（义务）问题，遂与道德生活决绝。人身处两个世界之中，故能够在自由与自然的张力之间真实地生存，一方面遵行自然法则，不刻意贬低感性生活的意义，另一方面又能将自己从感性世界中超拔出来，让自己成为属于理智世界的理性存在，成为意志自由的行动者。如此一来，人必然能够把来自纯粹理性的道德法则视作支配自己行为的绝对命令，又把服从道德法则的行为视为责任（义务）。

然而，当康德基于人和世界两分为理性的实践使用的正当性辩护时，不可回避的一个问题出现了："在理性的实践运用中，康德允许、并且实际上要求了他在理性的思辨运用中否认的东西。"① 也就是说，批判要求人类理性在理论领域中的使用必须被严格限制在感性经验界限内，但人类理性的实践使用即道德运用，则不可避免地要打破感性经验的限制而进入超验领域。之所以有这种变化，关键在于，批判在分析理性的实践使用时，十分明确地将道德与人类的理性存在联系在一起，并坚持认为道德生活与人类的任何欲望生活无关。但实际上，人类的理性生活固然重要（这是人之为人的根本，也是人格完整性和人之尊严之所系），但感性完满的生活也是有限的理性存在者所希望追求的。康德指出，"成为幸福的，这必然是每一个有理性但却有限的存在者的要求，因而也是他的欲求能力的一个不可避免的规定。因为他对自己的整个存在的满意绝不是一种源始的财产，不是以他的独立自足性的意识为前提条件的永福，而是一个由他的有限本性强加给他的问题，因为他有需要，而且这种需要涉及他的欲求能力的质料，亦即一种主观上作为基础的愉快或不快的

---

① 〔美〕大卫·高蒂尔：《理性的统一：对康德的颠覆性重释》，载徐向东编《实践理性》，浙江大学出版社，2011，第146页。

情感相关的东西，由此他为了对自己的状态感到满意而需要的东西就得到了规定。"① 由此可见，感性所欲求的东西（被称为幸福）有自身存在的必然性，它才是有限的理性存在者所追求的合适对象。因为，"我们人类——合理性和有限性的结合——不同于理性但自足（self-sufficient）的存在者，后者满足于自己的存在，而这个满足被看做是与生俱来的，不是某些要被获得的东西。他们并不欲求幸福，而是在享受幸福；他们不具有欲望。我们人类也不同于有限但非理性的存在者，后者缺乏关于对自己的存在感到满足的任何概念……因为他们无法设想自己所有欲望的满足；他们无法在思想中统一自己的欲望"②。而可以生活在双重世界的人类，因其是不自足的有限存在者而有欲望，又因其是理性存在者而能够把自己关于种种欲望的概念统一在思想中，从而把幸福设想为欲望的恰当对象，而"当应用于有限性时，合理性就让满足我们所有欲望的观念成为必然，也使得幸福观念成为必然"③。

这样，对于有限而不自足的人类来说，道德是人类最高的实践概念，幸福是人类欲望的必然对象。人类的实践理性不仅要把行动与自由（道德法则）联系起来，也必须把行动与自然欲望的满足（现实幸福）联系起来。尽管实践理性的自由使用并不会受到作为欲望对象所给予东西的限制，但是，一个不争的事实是，"如果道德的最终结果不能带来幸福甚至还与幸福相反的话，的确会削弱意志在道德方面的决心"④。所以，道德的最高理想一定是一种"最高的善"，即至善。这种道德的最高理想"要求将非道德的善引入到道德条件之下，并且这个与各种类型的善的系统联结有关的概念就是作为至善（bonum supremum）的道德性的先天综合联结的概念，它使自身与其他善（概括为'幸福'）的总体在一个所谓完成的善（bonum consummatum）或完备的善的总体中获得了联结"⑤。

---

① 〔德〕康德：《实践理性批判》，第26页。
② 〔美〕大卫·高蒂尔：《理性的统一：对康德的颠覆性重释》，载徐向东编《实践理性》，第146~147页。
③ 〔美〕大卫·高蒂尔：《理性的统一：对康德的颠覆性重释》，载徐向东编《实践理性》，第147页。
④ 王志铭：《道德神学在道德上是必然的吗？》，第75页。
⑤ 〔美〕刘易斯·贝克：《〈实践理性批判〉通释》，黄涛译，华东师范大学出版社，2011，第299页。

至善概念的提出，完成了从道德引至宗教的最后一步。根据康德的看法，至善概念不是意志借以得到决定的动机，而是实践理性的对象。康德用无条件者的总体来指称它，以表明至善是一个相关于实践上的有条件者，从"自然的倾向和欲望出发而为它们要求"一个无条件总体的理想，因而，是一个"包含着完全道德或者说德行的实现这个概念和完整的幸福这个概念"于自身的最高目的概念①。但是，在至善概念中统一起来的道德与幸福，并不是分析地联结起来的。无论基于道德而先天地联结幸福，还是基于幸福先天地联结道德，所建立起来的判断都不可能是一种先天综合判断，因此在理性面前是不可能的。也就是说，"单纯从义务或道德法则自身，不可能分析地与幸福相关联；反过来，由主观终极目的——幸福出发，也无法分析地与道德相关，最多只能达到经验地综合"②。当然，即便不能在道德和幸福之间建立起先天综合关系，但道德作为实现幸福的前提条件还是为理性所肯定的。因为，从根本上说，幸福本身不是善，只有在在追求它的行为本身与道德法则相一致的前提下，幸福才变现为善。"幸福赋予最高的善和德性某些东西，生成至善，但是若无至善的引导，幸福自身就不能成为善：'幸福并非……独自就绝对善并在一切考虑中都善的东西，而是在任何时候都以道德上的合乎法则的行为为前提条件。'一个无赖的幸福不是理性认可的善。所以，幸福成为善的一个必要条件是，它被一个总是追求德性的人所追求。康德也清楚地知道，成为一个道德个体，或者至少成为道德共同体的一员，是最终达至幸福的必要条件。"③ 康德本人这样说："如果德性和幸福在一个人格中共同构成对至善的拥有，但此处完全精确地与道德（作为人格的价值及其对幸福的配享）成正比来分配的幸福也构成一个可能世界的至善，那么，这种至善就意味着整体，意味着完满的善，但德性在其中始终作为条件是至上的善，因为它不再有在自己之上的任何条件，幸福则始终是某种虽然使拥有它的人惬意、但却并非独自就绝对善并在一切

---

① 〔加拿大〕约翰·华特生：《康德哲学讲解》，韦卓民译，华中师范大学出版社，2006，第321页。
② 王志铭：《道德神学在道德上是必然的吗？》，第73页。
③ Peter Byrne, *Kant on God*, Hampshire & Burlington: Ashgate Publishing Limied/ Ashgate Publishing Company, 2007, pp. 105 - 106.

考虑中都善的东西，而是在任何时候都以道德上的合乎法则的行为为前提条件。"① 这意味着只有建立在道德基础上的幸福才是值得追求的。德福一致的至善构成了人的希望，而希望什么是以我们做了什么为前提得到回答的。虽然说只要我们的行为出自纯粹的道德法则，就无需考虑行为的目的，但从我们的道德行为中究竟将产生什么，将导致怎样的后果，以及我们将根据什么行为目的调整自己的所作所为，以便使我们的感性与理性更加协调，依然是我们必须正视的重要问题。就此而言，为实践理性设定一个目的，一个客体的理念，"这个客体既把我们所应有的所有那些目的的形式条件（义务），同时又把我们所拥有的一切目的的所有与此协调一致的有条件的东西（与义务的那种遵循相适应的幸福），结合在一起并包含在自身之中"②。这便是至善概念所表达的实践理性的最终目的。

对康德来说，这个至善概念必须是可能的，才能在理性上为道德法则的客观有效性提供根据，在感性上为配享有价值的幸福提供保障，让德福一致成为现实。因此，"为了遵守道德律，我必须使至善成为我的目的。如果我要使至善成为我的目的，我必须认为至善有获得的可能性。也就是说，我必须相信这样一种情形，即我的道德行为作为一个整体而存在。并且这样看待此情形，即至善对我来说是实践上可能的"③。可见，全部问题的解决取决于至善如何可能。康德的回答是：

> 为使这种至善可能，我们必须假定一个更高的、道德的、最圣洁的和全能的存在者，惟有这个存在者才能把至善的两种因素结合起来。④

但是，如果应该把最严格地遵循道德法则设想为造成至善（作为目的）的原因，那么，由于人的能力并不足以造成幸福与配享幸福的一致，因而必须假定一个全能的道德存在者来作为世界的统治者，使上述状况在他的关怀下发生。这也就是说，道德必然导致宗教。⑤

---

① 〔德〕康德：《实践理性批判》，第118页。
② 〔德〕康德：《纯然理性界限内的宗教》，第6页。
③ Allen W. Wood, *Kant's Moral Religion*, p.154。
④ 〔德〕康德：《纯然理性界限内的宗教》，第6页。
⑤ 〔德〕康德：《纯然理性界限内的宗教》，第8页页下注。

由此可见，至善必然与有理性者的责任联系在一起；有理性者的理性正当地要求至善变为现实，在其中幸福按照道德的比例圆满地实现。有权将道德与幸福按准确的比例联系在一起的根据决然与个人无关，也决然与自然的原因无关。它只能是这样一种根据（存在），它既是自然体系的创造者，同时又使自然与行动者的道德品格相一致，因而不只是理智的，而且是道德的。也就是说，"这样的一位存在者，既然是由规律的意识而行动，就是一个有理性的存在者，就是智慧；而那存在者的因果性，既然像它实际上那样，预先假定有规律的意识的，就是意志"①。可见，至善概念必然蕴含一位绝对者的存在。赫尔曼·诺雅克有言如此："当然上帝的确信并不是直接从道德法则推出，因为道德法则的可能性建基于实践理性的自我立法，而是起源于与道德法则相交涉的最高善问题。"②

　　从最高的善（至善）引申出上帝存在，在逻辑上是清晰而明确的：至善是有理性者必欲追求的实践理性的对象，促进至善实现又是有理性者的责任，责任这个概念则赋予有理性者以权限，假定至善可以得到实现，而至善的实现必然要求上帝存在，故上帝存在是实现至善所必然要求的理性之前提条件。如此一来，结论一目了然："以这样的方式，道德法则就通过至善作为纯粹实践理性的客体和终极目的的概念导致了**宗教**。"③

　　毋庸置疑，康德最终能够将宗教奠基在道德之上，根本上得益于他对宗教与道德关系做出了一种新诠释。与此前大多数哲学家，特别是神学家用宗教来解释道德不同，康德反对神学道德。在康德看来，道德规范或者道德法则不能从关于上帝的知识中推导出来，这些道德规范或者道德法则是有限理性者意志自由的结果；道德责任，虽然被解释为神圣的诫命，但却不能被等同于来自超验的绝对意志的教义训喻、道德箴言，它不过是有理性者根据道德命令而行动的一种纯粹义务。因此，上帝存

---

① 〔加拿大〕约翰·华特生：《康德哲学讲解》，第327页。
② Hermann Noack, "Die Entwicklung der Religionsphilosophie bis 1792," in Kant, Immanuel, *Die Religion innerhalb der Grenzen der bloßen Vernunft*, Hamburg: Felix Meiner, 1978, Einleitung XX.
③ 〔德〕康德：《实践理性批判》，第137页。

在的假定不能成为有理性者服从道德法则的根据，因为服从道德法则来自有理性者之理性的意志自觉。然而，也必须看到，虽然上帝不是道德法则的制定者，也不是有理性者担承道德责任的根据，但上帝的存在却依然是有限理性者遵守道德法则，承担责任的理性保障。有理性者不存在对上帝的责任，也没有义务相信上帝的存在，"但将一切义务视为仿佛是道德上完善且全能的关于自然和道德的神圣诫命，就可以将道德意向与对至善的希望关联起来，并且，在对法则的敬重之外，还可以用对上帝的爱与崇敬的观念作为补充"[1]。就此而言，康德在宗教与道德关系上坚持一种有鲜明的理性主义特征的启蒙立场。道德的确不需要宗教，但由于宗教的本质性因素完全植根于道德之中，理性的宗教之于道德仍然具有重要的意义。因为，上帝存在的设定和有理性者的责任意识（实现至善自觉）结合在一起，就必然使得信仰成为纯粹理性的一种需要。在此意义上，宗教除了确认道德神圣性外，就没有任何其他的东西[2]。宗教也就不再是一种规定我们在宇宙中的位置，赋予我们的生活以意义的单纯信仰系统，凭借神圣的仪礼遵从、神秘的教义的启示以及心灵生活的控制而维持一种秩序，驯化民众。康德意下的宗教不过是一种允诺人们只要道德地做，就必然能享应得之福的哲学学说。

---

[1] 〔美〕刘易斯·贝克：《〈实践理性批判〉通释》，第347页。
[2] 台湾学者王志铭指出，在康德那里，"宗教的必然性不是客观的，而是道德上主观的一种确信。从而这种宗教信仰的需要，即在于扫除道德障碍乃至激励道德决心，而不可反过来将道德法则的客观必然性建立在宗教信仰的基础上。在这种理性信仰中，人所应关切的仍只是：是否成为有德而配享幸福，而不是如传统基督教信仰那样仰望奇迹、神恩，乃至救赎与祈祷"。（参见王志铭《道德神学在道德上是必然的吗？》，第71页）

第二章 伦理神学中的绝对

伦理神学实际上就是一种道德神论，它的核心问题是提出一种从道德角度可能的上帝存在证明，分析上帝的属性及其伦理意涵。康德伦理神学的建构主要由《判断力批判》完成。从《纯粹理性批判》就开始的神学（宗教）革新之路，经由《道德形而上学的奠基》和《实践理性批判》等著作的发挥，其论证的思路和要达成的目标越来越清晰。伦理神学被康德纳入实践理性范围，在此领域内，实践理性不受纯粹理论理性批判所划定的界限限制，对超验存在物采取的是目的论探究方式。基于此，上帝不再被看作超验存在的实体，而是其存在有着主观必然性的理念，是理性所要求的唯一能使希望变成现实的绝对的理性条件；上帝也不再是外在于有限理性存在者的神秘的全能力量，它凭借自己的恩典、正义与仁慈就能够直接改变世界的现有样式以及人类的物理和心理条件，或降福我们，或惩戒我们。但上帝不过是理性的公设之一，并不能被带入人类的知识限度之内。人类决意需要一个上帝，意味着决意在自己的实践行为中找到一种强有力的理性保证：善行必有福报。这样，信仰上帝不过意味着在上帝的福佑中，幸福成为人自己的事情。"这样，康德把我们引向一个道德世界统治者的'任务'，这个任务不是发现'上帝自身是什么'，而是发现'对作为道德存在的我们，上帝意味着什么'。"[1]

康德关于上帝的这样一种新诠释，相应地必然决定他会对神学或者宗教做出新的诠释。这势必要涉及一系列重要的神学问题，譬如，在否定了传统自然神学的上帝存在的证明之后，康德会提出一种什么样的证明，康德证明上帝存在的方式有何限制，在什么意义上我们能获得关于上帝的"视之为真"的"知识"，等等。这些就是本章所要重点研究的问题。

---

[1] Allen W. Wood, *Kant's Moral Religion*, p.163.

第一节 道德论证的自我理解

前面的论述已经指出了伦理神学确认上帝的道路，但严格说来，被确认的道路不过是走向更好的上帝存在证明的一种指引，它起着路标的作用；从批判哲学角度看，它证成了上帝存在的道德证明是一种理由更为充足的证明。但是，这种论证相比较于传统的论证，其所提供的论证理由为什么更为优越、更为具体的论证尚暂付阙如，需要研究者通过爬梳康德的思想予以还原出来。

从康德批判哲学的立场出发，要证成上帝存在的道德论证是一种更好的理性证明，第一，需要说明关于上帝存在的道德证明是理性之实践使用所必需的（没有上帝，有理性的人照样可以道德地做；但没有上帝存在，有理性的人能否有总是道德地做的信心以及能否有坚决道德地做的决心，这就成为疑问）；第二，需要说明这种证明可以满足理性批判的要求，为批判哲学建构完整而统一的体系所必需。第一方面的问题在上面的论述中已经在多处被论及，并且这个问题贯彻康德宗教哲学之始终，属于核心论题之一。有鉴于此，本部分将不会把分析讨论的重点放在这个问题上，但对于这个问题，我将会在以后的论述中提及并继续给出强化论证。本部分所要分析讨论的重点是第二个方面的问题，这个问题存在于第一批判和第二批判之间，因批判对世界的二分而产生，又因对一元哲学系统的追求而成为亟待解决的难题。

德国著名学者里夏德·克朗纳（Richard Jacob Kroner）认为，自古以来，哲学中最有意义的问题之一就是探究一元的世界系统。但近世以来的哲学对一元世界观的理解往往是肤浅的。"现代哲学鲜有人能体会到那必须被转化为一项统一性的真正的二元论。它把物理层面与心理（心灵）层面（psychical）的对比理解为最高的对比，因而力求两个层面之统一。这即是说，力求透过奋斗去掌握一能协助吾人整体地理解世界一'心物兼具'的实体（psycho-physical substance）或能量。然而，借着纯然分辨及统一躯体与心灵，或分辨及统一自然与心灵，我们是不能全面地掌握世界的。"但是，康德却不同，"康德所注意到的，而且特别强调的，是一项更为深远的对比：即自然与道德之间的对比，或曰，实然与应然之间的,又或曰是必然性与自由之间的对比"①。

康德在自然和自由、实然与应然、感性化存在(情感)与理性化存在(道德)之间植入二元区隔,是近代理性主义哲学和启蒙理性有着充分自信的一种表现。就像他的精神在现代德国的杰出传人、享誉世界的德国哲学家哈贝马斯所说的那样:"在世界知识(Weltwissen)变得自主,并且它自身作为世俗知识也不再需要进行辩护之后,举证责任(Betweislast)就颠倒过来了"②,即一切非世俗的神圣知识以及一切非经验的超验知识,都必须经过理性批判证明自己配得上知识名号。康德经过理性批判得出的结论现在已成为哲学中的常识。他通过划分理性的思辨使用和超验运用,证明了同一个理性在理论和实践两个领域的使用,不仅在使用方式上存在差别和不同,而且各自拥有自己的法则,更拥有自己不同的对象(感性的现象世界是理论理性驰骋的场域,本体的理智世界则是实践理性的用武之地),从而形成两个独自的系统。理性在感性的现象世界中的经验使用,建构出一个揭明自然之井然秩序和必然性的知识系统,一个有规则的自然世界;理性在本体的理智世界的道德应用,形成一个呈现意志自由和自主性的实践系统,一个自律的道德世界。正像理性的理论使用和它的实践使用是两种不同的使用那样,自然系统和自由系统也是两个不同的系统,不存在从一方到另一方的过渡,而过渡不过意味着两个不同系统被结合或组织在一起,来表现人类理性系统最终应是统一的。

显然,批判地厘别同一种理性的两种不同使用,通过分析理性理论使用和实践使用的后果,明了自然世界与道德世界之间的分离与差异,并不是批判哲学最后的宿命。从根本上说,康德是一个一元论者,他相信分离的两个世界最终会统一起来。当然,两个分离的世界的统一不能由理性的理论功能来完成,因为根据对纯粹理论理性的批判,康德坚决否认作为有理性的有限存在的人对两个世界的统一可以具有任何理论知识之可能性。两个世界统一根据不能出现在经验领域,而只能存在于超

---

① 〔德〕里夏德·克朗纳:《论康德与黑格尔》,关子尹编译,同济大学出版社,2004,第69页。

② 〔德〕尤尔根·哈贝马斯:《在自然主义和宗教之间》,郁喆隽译,上海世纪出版集团、上海人民出版社,2013,第175页。

验领域，事实上可以被看作形而上学对象。形而上学对象总是以理念的方式呈现出来，是一个理性事实。根据康德的论证，形而上学对象作为理念，作为一种理性事实，固然可以在实践上有效，但理论上却无法被确认为有效。就此而言，形而上学对象在理论领域中只是发挥着防止理性僭越使用之消极作用，并无任何积极的应用。它的真实性，因而不能得到理论理性的肯认，但也不能给予否认。据此可以推定，两个分离世界的统一只能建基在实践理性之上，通过自由的道德指引出来。由此可见，"康德通过对理论理性运用的限制，希望得到一种哲学——它迄今为止都只是在形而上学的战场上蹒跚摸索——来开启'科学的安全通道'。对形而上学的解构（Destruktion）也应该用以释放出一种自主的、奠基于纯粹实践理性之上的道德"①。

安德森和贝尔（Pamela Sue Anderson and Jordan Bell）在《康德与神学》一书中指出，尽管人作为有理性的有限存在，在感性意义上生活在感性的自然世界之中，因受到自然因果律的支配而谈不上自由，但人类毕竟是有理性的，拥有道德存在者的身份而生活在理智世界，因而有行动的自由。"大体上说，这意味着人类主体是感性的且被自然倾向所支配；然而，只要人类不单纯从自然和自然的因果律角度考量，就可以道德地行动，或者理性地行动；也就是说，人类行为者是双面主体。当她的行为依据人类的普遍法则时，她是一个道德的和理性的主体，但她在时间和空间中的行为即她的个体的肉体行为，依然受她的自然倾向支配。肉体受制于个体化；而理性又体现在每一个人身上；因此缘故，我们分享内在于我们作为理性存在者本性中的'道德律'。使我们自由的是律法，我们按照我们为自己立定的律法行为，即为自律地行为。"②

可见，当康德把自由与道德行为奠基在人的理性之上，与理智世界相联系，并解释为有理性的人按照道德的绝对命令所发出的自由行为时，他实际上并没有把道德绝对命令看作是实践理性的终极原则。因为，与理性的绝对命令直接对峙的，是与行为者的感性倾向相联系的行为准则。这意味着康德在道德哲学中依然保留着"性好"与"责任"、情欲与意

---

① 〔德〕尤尔根·哈贝马斯：《在自然主义和宗教之间》，第176页。
② Pamela Sue Anderson and Jordan Bell, *Kant and Theology*, p.31.

志、自然与自由的二元分离，统一两者就必然需要更高的超感性的存在——一种作为其他一切存在之终极基础的最高存在。克朗纳对康德道德哲学的分析也明确认识到这一点，他指出："如果道德抉择与道德行为是产生于一个对它们来说是全然陌生的世界中的话；又或如果道德意向与一超越于其上的客观层次根本没有任何关系可言的话，又或当我们无法再相信吾人类之意志是一神性的意志所支撑的话，则道德抉择与行为便会失去其意义。康德是坚信一超感性的领域之能自道德之中透显出来的，而使得道德活动成为具备形而上意义的，便正是康德这一种信念；康德的主要论点乃是：道德领域指向了一切存有与一切存在之终极基础。"[1]

但是，需要注意的是，康德的道德哲学指引出超越的永恒存在者，并不是为了给道德提供神学（宗教）的根基，将道德置于神学（宗教）基础之上。将道德建立在神学（宗教）基础上的道德，被称为神学道德，它与康德所主张的道德神学完全不同。神学道德以对超越的绝对存在者为根据，认为对上帝的信仰是人类坚持和维护道德价值观的动力，信奉上帝启示出来的真理，遵行神学的礼仪，恪守上帝的诫命，按照宗教信条和教义行事，就是合乎道德要求的行为。显然，在批判哲学看来，神学道德是一种他律的道德，它不仅将道德法则的来源从人的自由意志转挪到一个超越的绝对存在者那里，而且总是借助一种外在力量和保障维持道德规范人类行为之功能。其最常见的方式就是借助超越的绝对存在者的"补偿"功能来维持道德规范的有效性，即践行神学的道德规范，会得到超越的绝对存在者所给与的诱人的补偿。于是，今生积善积德，恪守上帝诫命，虔敬事奉，洗涤罪念，就会获得它的宽恕，灵魂得救，成为义人，获得福报，进入天堂。反之，违反神学的道德规范，就会得到超越的绝对存在者所施加的恐怖的惩罚。于是，今生今世作恶多端，抵抗神恩，沉沦罪念，不守神的诫命，虚伪逢迎，必将为神所唾弃，堕入地狱。但无论是哪种补偿，都意味着他律原则支配了伦理生活。

康德反对神学道德，他始终主张自律是道德最根本性的特征。自律的道德必然将道德法则的来源归结为人的自由意志，其将守法的道德行

---

[1] 〔德〕里夏德·克朗纳：《论康德与黑格尔》，第69~70页。

为理解为完全不受控于内在（内部性好）和外在（外部福利）因素的干扰，而是一种来自理性之自由决断的责任行为。按照康德的解释，"德性（Virtue/Tugend）是有限的理性存在物所瞄准的道德完善的状况，圣洁（Holiness/Heiligkeit）只对上帝而言是可能的。德性是完善的道德力量之状态，为善者所追求，完全拥有这种道德力量将保证人类的行动完全合乎道德法则的要求，因为拥有这种道德力量者有一种道德勇气可以抵抗一切诱使人类做出与律法相冲突行为的动机因素（譬如倾向）"①。这就是说，人是有限的存在，但却是有理性的有限存在。而"根据康德，这样的存在是一种自律的行为者，一种规定自身目的的理性法则的自主性源泉。质言之，对人而言的最高善不在于将自己带入与外部给予秩序（自然的、社会的或者超自然的）的和谐之中，毋宁说是生成自己的秩序并将其自由地加于自己的行为及其世界"②。由此可见，康德必然坚持一种将宗教奠基在道德之上的道德神学（伦理神学）——这种神学通过实践理性的对象性使用，为有理性的人主观地建构出一个最高智慧的绝对存在者，由此表达出来的是理性与上帝的理念关系，并不考虑上帝的实存问题。人的所有义务都可以根据它与上帝的关系来思想（配享幸福以人的道德担当为前提条件，而这种逻辑上的必然关联是由上帝来保证的），在理性可以证成的范围内，人把上帝理解为以神圣的命令对自己行为进行正义评判的理性力量。上帝绝"不是一个特殊的进行审判的存在者在实施这种正义……而是**正义**就像是如同古代的哲理诗人的命运（厄运）一样还在朱庇特之上的实体（通常被称为**永恒的**正义），按照铁一般的、不可扭转的、对我们来说无法进一步探究的必然性作出判决"③。按照这种观点，可以说，尽管道德义务本质上不是神的诫命，超越的绝对存在者的存在也不是有理性的人服从道德法则的根据，但人仍然有理性根据主观地认为上帝的存在是必要的。通过设定上帝这一最高智慧，使得遵行道德而配享幸福成为一种现实的可能性，即实现和促进至善。这样，最高智慧的设定就和人的责任意识结合在一起，好像义务来自上

---

① Peter Byrne, *Kant on God*, p. 110.
② Allen W. Wood, *Kant's Rational Theology*, p. 20.
③ 〔德〕康德：《道德形而上学》，张荣、李秋零译，载《康德著作全集》第6卷，中国人民大学出版社，2007，第499页。

帝的诫命①，当然，这是从主观角度和逻辑角度的解释。在这种解释中，虽然不能将伦理学扩展到通过交互性表现出来的人类义务界限之外，但却可以把原本处在纯粹理性知识活动界限之外的上帝请到纯粹理性实践活动界限之内，这样，康德让上帝承担起一种新的义务。如果说道德法则的立法者有权将幸福给予那些恪守道德法则的人，那么上帝的意志就决定为那些服从道德法则的人而行动，因为只有上帝才有力量按照以德配福的方式将幸福赐给有德性的人，并且只有上帝才能赐福于人，并把以德配福作为一个条件，保证所有服从这个命令的人都得到上帝的赐福。由此可见，在这种解释中，上帝成为一位责任者，它有义务保障德福一致，它也有尺度即保证幸福按照与道德的正向比例而正义地获取。就此而言，在实践领域内，"上帝是这种义务——遵行道德法则并且通过惩罚而服从道德法则（特别联系着顺从道德法则获取幸福，而不顺从则失去幸福）的立法者，它给予我们一种遵行道德法则的动机"②。我们还可以在《道德形而上学》中读到类似的话：

——所有人类义务都应当按照这种**形式的东西**（这些义务与一个属神的、先天地被给予的意志的关系）来思想，这样做的根据只是主观的和逻辑的。也就是说，不在这里设想一个**他者**及其意志（普遍立法的理性只是他的代言人），亦即神，我们就不能完全使义务的承担（道德的强制）对我们直观化。——只有这种**就神**（真正说来是我们给自己制作的关于这样一个存在者的理念）**而言**的义务才是人对自己的义务，也就是说，不是客观的、对一个他者提供某种服务的责任，而只是主观的、在我们自己的立法理性中强化道德动机的责任。③

---

① 康德在《实践理性批判》中指出："以这样的方式，道德法则就通过至善作为纯粹实践理性的客体和终极目的的概念导致了**宗教**，也就是说，导致了一切义务是神的诫命的知识，这些诫命**不是强迫命令**，亦即不是一个外来意志的**任意的、自身偶然的指令**，而是每一个自由意志自身的根本**法则**，但尽管如此却必须被视为最高存在者的诫命，因为我们惟有从一个道德上完善的（神圣的和仁慈的），同时也是全能的意志那里才能希望至善，从而通过与这个意志的一致才能希望达到至善，而把至善设定为我们追求的对象，则是道德法则使之成为我们的义务的。"（见〔德〕康德《实践理性批判》，第137页）
② Peter Byrne, *Kant on God*, p. 132.
③ 〔德〕康德：《道德形而上学》，第497页。

于是，一种伦理神学得以证成。在这种神学中，至善作为人的一种联系着实践理性终极目的的形而上学道德义务（责任），由于自身包含了道德以及因道德而应该得享的幸福，从而指引出自由法则与自然法则的统一。一个最高智慧的存在使得自由法则与自然法则的统一，不仅仅是应然的，而且是能够成为实然的。由此可见，"对自然和自由之间的一个超感性的统一的信念乃是康德的整个系统的必要后果"①。

然而，要使得这个"必要后果"在理论上基础雄厚，康德还必须解决一个问题：被理性设定的上帝不仅是实践理性目的性使用的最终根据（在此种意义上可以把上帝解释为道德世界的"立法者"，因为它立定了一个强化道德动机的动力法则：福报源自德行），而且应当是自然世界的"创造者"（上帝的存在使得自然界的合目的系统得到解释），也就是说，上帝的存在应该成为诠释两个世界系统统一的最后理由②。在第一批判即《纯粹理性批判》中，康德能够通过伦理神学将自然世界和道德世界衔接起来，是因为康德将建立在上帝存在基础上的至善理念，解释为一个可以把一切物依照普遍的自然合目的性统合起来的系统统一理念，借此实现理性的理论使用和实践使用的统一。而在第二批判即《实践理性批判》中，"至高善的理念已经失去在理性两个应用中之间的中介传达作用，它现在只是纯实践理性的一个理念，即纯实践理性之对象的无条件总体的理念。至高善在理性应用上的这一个转变是可以理解的，因为借着将这个系统统一的理念限制于纯理性的实践应用，至高善才能够被界定成为在道德法则下的一个特殊命令，然后由之要求上帝的存在。但是这个新的措施却失去了衔接纯理性两种应用的可能性，因此在《实践理性批判》也看不到物理神学③论证与道德论证的连接"④。这样，在第一批判和第二批判所提出的论证之间搭建衔接的桥梁，超越纯粹理性理论使用和实践使用的区隔，

---

① 〔德〕里夏德·克朗纳：《论康德与黑格尔》，第77页。
② 台湾学者张雪珠教授对其问题有过细致的分析，我关于此问题的思考深受张教授的影响。张雪珠教授的相关论述请参见氏著《哲学家论上帝——亚里士多德、多玛斯、康德、黑格尔论证上帝》，第258~282页。
③ 物理神学，也就是自然神学（physicotheology）——笔者注。
④ 张雪珠：《哲学家论上帝——亚里士多德、多玛斯、康德、黑格尔论证上帝》，第276页。

实现自然世界与自由世界的系统统一,就成为摆在第三批判即《判断力批判》面前最为重要的任务。

按照张雪珠教授的研究,康德为完成这个任务,尝试借助将上帝解释为万有的唯一来源之证明,希望将两个世界的统一建基于上帝存在之上。为此,康德首先要排除"挡在论证路中的障碍","其中最主要的障碍,即来自纯理性的理论应用与其实践应用之间的分隔"①,表现为纯粹理性在自然世界和自由世界各自具有不同的立法,由此造成纯粹理性理论使用和实践应用的分裂,其直接后果就是自然世界和自由世界的各自为政,独立而不交错。但是,这种理性不同应用在不同领域的"自治状态"并不表明它们之间存在不可逾越的鸿沟,康德给出两个理由说明存在于理论与实践之间的鸿沟可以被超越和克服。第一,尽管"知性和理性在经验的同一个地域上有两种不同的立法,一种立法不可以损害另一种立法。因为自然概念对于通过自由概念的立法没有影响,同样,自由概念也不干扰自然的立法。——至少无矛盾地设想两种立法以及属于它们的能力在同一主体中的共存,其可能性是《纯粹理性批判》所证明的,《纯粹理性批判》通过揭示反对的理由中的辩证幻相而摧毁了这些反对的理由"②。第二,虽然自然概念只能在直观中表现感官经验,不能表现超感性的物自体,而自由概念也只能在自己的客体中表现物自体,而不能直观地将其表现出来,它们之间的确存在一道鸿沟,典型地表现为自然概念的领域对自由概念的领域不能产生影响。但是,反过来却可以发现自由世界会对自然世界产生影响,"也就是说,自由概念应当使通过它的法则所提出的目的在感官世界中成为现实;因此,自然必须也能够这样来设想,即它的形式的合法则性至少与要在它里面造就的目的按照自由法则的可能性相协调"③。这无非是说,在自由的因果性概念内,按照自由法则所实施的行为所导致的目的,虽不受自然法则所支配,但也绝不能与自然法则相背离;与之相应,按照自然法则采取行动,其法则所指向的目的,至少也使得自然的法则与自由的法则相协调,而不是

---

① 张雪珠:《哲学家论上帝——亚里士多德、多玛斯、康德、黑格尔论证上帝》,第276页。
② 〔德〕康德:《判断力批判》,第184页。
③ 〔德〕康德:《判断力批判》,第185页。

相互冲突。由此康德断定，作为自由世界在实践上可能所必需的超感性的存在，同时也就是作为自然世界之基础的超感性存在，这种超感性的存在以最大可能的系统统一方式，将整个世界建基在上帝存在之上。虽然我们对这个根据概念既没有理论上也没有实践上的一种认识，"但却仍然使按照一方的原则的思维方式向按照另一方的原则的思维方式的过渡成为可能"①。

康德借助判断力并从其引出"合目的性"概念作为连接两个世界或两种论证方式的中介概念。在康德的理性功能系统中，判断力是一种独特的理性功能。与知性和理性不同，判断力没有自己特殊的对象领域，没有自己独特的立法权能。在理性这种"高等认识能力的家族中"，判断力的种种特殊性也就使得它具有了一种独特的功能——它是将知性和理性联结起来的理性功能。惟其判断力有此定位，才能借助它实现从自然概念的领域向自由概念的领域的过渡，亦如其在逻辑应用中使知性过渡到理性②。

判断力联系着普遍（规则、原则、法则）和特殊。如果判断力是把特殊的东西归摄到普遍之下，即让特殊的东西归属于普遍的规则（原则和法则），它就被称为规定的判断力（die bestimmende Urteilskraft；determining power of judgement）；如果反过来判断力是从特殊的东西中找寻普遍的东西，它就被称为反思的判断力（die reflectirende Urteilskraft；reflecting power of judgement）。规定的判断力应用知性提供的普遍的先验法则去规定感性质料，无须为自己提供用于规定特殊的先天法则。康德将判断力的规定使用主要解释为一种知识活动，是使自然界成为一个规则系统所必需的理性能力。判断力的反思性使用则从自然中的特殊的东西上升至普遍的东西，目的不是建构关于自然的知识，而是要说明一切经验原理的统一，或经验原则被整合为彼此相属的原理系统的可能性。这样，理性就可以用系统统一的眼光审视特殊的经验法则，仿佛它们是由一个超越的东西所给予，使得自然界的系统完整的统一性能够在知识意义上被诠释和理解。为此，反思的判断力需要一个原则。对于这个原则，

---

① 〔德〕康德：《判断力批判》，第185页。
② 〔德〕康德：《判断力批判》，第186~188页。

判断力既不能从经验中借来,也不能从知性法则直接拿来,它只能被当作法则"自己给自己确立"。反思判断力自己为自己确立的先验原则不是知识的建构原则,而是一个指引出理解自然界系统统一性和自然原理彼此系统地相属的范导原则。这个在理性使用中起着榜样示范和规范指引作用的先验原则,就是所谓"自然的形式合目的性的原则",简言之即"合目的性原则"①。

"合目的性原则"作为反思判断力的一个先验范导原理,是一个特殊的先天概念,人的理性使用这个概念不是要规定自然的种种经验的现象,将其纳入一个在现象界可以使用的法则之下,获得关于自然现象的知识。人的理性使用这个概念,是为了让显象(现象)在自然中按照经验性法则已经给出的那种联结方式来反思自然,正是在这种反思中,自然在其杂多中显示出合目的性,就好似在这个概念中被反思的所有经验对象,都为了一个在理性中正当呈现的目的概念而和谐地联合在一起②。不仅如此,这种合目的性原则不仅游刃有余地被使用于自然领域,而且也能在自由领域大展身手。法国著名哲学家德勒兹曾就康德目的论发表过这样的评论:"最后目的之理念蕴含着自然与人的终极关系;但是,这种关系只有借助自然的终极目的性使之可能。严格地说,这种关系,就其自身而言,独立于感性自然而必然地由人来建立与设定(参见《判断力批判》,第83节)。终极关系的建立是要形成一种完善之公民宪政秩序:这是文化的最高目标,历史或者真正的地上世俗王国的终极目的(参见《判断力批判》,第83节以及《关于一种世界公民观点的普遍历史的理念》,命题五—命题八)。"③ 可见,合目的性原则既与自然世界关联,表现出自然的合目的性原理,又和自由世界关联,表现为道德的合目的性原理。按照张雪珠教授的说法,自然的合目的性原理涉及经验的理论知识的先验条件,道德的合目的性原理关涉着对意志对象加以实践

---

① "自然的形式合目的性的原则"中包含了"目的""合目的性"等重要概念,要理解"自然的形式合目的性的原则"是属于判断力的何种先验原则,必须对这些概念有透彻了解。但由于本节论述的重点是对康德道德论证做出本质分析和特征分析,而康德道德论证的逻辑与结构以及对该论证的批评分析,是由以下两节完成的,相应地我会在那里阐释康德的"目的"概念和"合目的性"等概念。

② 〔德〕康德:《判断力批判》,第188~190页。

③ Gilles Deleuze, *Kant's Critical Philosophy: The Doctrine of Faculties*, p. 74.

限定的先验条件。由此可见,"合乎目的性概念,当作反思判断力的一个先验主观原理,跨足于自然的与实践的两个领域,而开启了一个新的可能性,能够将自然概念的领域与自由概念的领域给联结起来,一并归因上帝的存在。依据自然合乎目的性原理的,是物理目的论;建立于实践合乎目的性原理的,是道德目的论。前者导出物理神学,后者建立道德神学"①。

张雪珠教授由此进一步得出结论:康德在《判断力批判》中对自然与自由关系的探讨,将统一两者的基础既不再放置在先验观念论之上(《纯粹理性批判》的解决方式),也不再放置在先验实践观念之上(《实践理性批判》的解决方式),而是建基在先验目的论之上。这样,"当作道德论证出发点的至高善概念,现在既不是《纯粹理性批判》里纯理性目的系统统一理念,也不是《实践理性批判》里纯实践理性之对象无条件总体的理念,而是在实践观点下,反思判断力超验的最终目的的理念。经由这个理念所要求的上帝存在,能够是唯一道德的世界创造者,也就是说,他既是自然世界的创造者,同时是自由世界的创造者。因为藉反思判断力跨领域的合乎目的性理念,物理神学与道德神学能够再度相互衔接"②。不过,不再像《纯粹理性批判》那样,自然神学(物理神学)论证接榫道德论证,现在是先从自然合目的性理念出发,探讨自然神学,而后进入伦理神学,最终完成上帝存在的道德论证。康德有关上帝存在证明思想的这种变化,既反映出康德整合自然神学论证和道德论证之雄心,也反映出道德哲学在康德哲学体系中的确占据核心位置。对康德来说,神学总是建立在一种目的论基础之上的,但从自然目的论只是走到自然神学,这种论证总还是停留在经验性的调控中,是完全不充分的,无法向人们显示最高智慧创造行动的最终目的。必须看到,"自然的目的是可能性的基础;一个最后的目的是实存的理由。一个终极目的是自身就拥有实存之理由的存在。但那种目的是终极目的吗?唯一可能的是人能够把握的目的概念;人只有作为理性存在才能在自身中发现自己存在的目的"③。或许这就是康德关于上帝存在的道德论证所

---

① 张雪珠:《哲学家论上帝——亚里士多德、多玛斯、康德、黑格尔论证上帝》,第279页。
② 张雪珠:《哲学家论上帝——亚里士多德、多玛斯、康德、黑格尔论证上帝》,第279页。
③ Gilles Deleuze, *Kant's Critical Philosophy: The Doctrine of Faculties*, p.71.

真正要追求的目的,也是哲学可以被称为献身人类福祉事业之学问的根本性理由。

第二节　自然目的论、道德目的论与道德论证

康德从《纯粹理性批判》开始自己的理性批判工作。这个工作总的目的是对独立于一切经验而能够合法使用的纯粹的一般理性能力进行批判考察。在西方哲学传统中,从古希腊开始到康德时代,人类所拥有的一般的理性能力基本上被分作两种使用:一是使用理性的理论功能,获取亚里士多德所说的"为着自身而被追求的知识"即理论(思辨)知识(theoretike),也就是满足人类控制和利用外部世界需要的实证性知识;一是使用理性的实践功能,获取亚里士多德所说的"为着行动而被追求的知识"即实践知识(praktike),也就是指导人类正确生活和正确行动的应用性知识。在诸价值领域分化,统一的形而上学系统或者宗教系统不复存在的今天,前一种知识与"真"这个价值概念相关,而后一种知识则与"善"这个价值概念相关。当现代性精神完全浸入现代知识系统,使得诸知识形态各自成为自主性知识体系之后,这些各自独立的知识体系就不再需要从一个更高的精神系统寻求合法性辩护,这样,诸知识体系就成为各自具有自己价值追求和合理性标准的知识系统。近代知识谱系的这种分离状态最终成就了近世哲学的格局,康德的理性批判强化了这种知识分野。理论知识和实践知识不仅对象领域不同(现象/本体),而且各自直接联系着的人类理性功能也不同(知性/理性),获取的知识形态也判然有别(自然的因果/自由的因果)。康德的理性批判的一个非常重要的消极后果就是抵制"理性的僭越"。所以,在理性功能及其合法使用的清单中,我们会看到这样一张记载清楚的理性应用"流水账":"当知识的能力在其最高形式中被把握时,知性通过此能力进行立法;当欲求能力在其最高形式中被把握时,理性通过此能力进行立法。"[1]

---

[1] Gilles Deleuze, *Kant's Critical Philosophy: The Doctrine of Faculties*, p. 61.

第二章　伦理神学中的绝对

按照康德理性批判所追求的"完备性要求"①，这张关于理性功能及其合法使用的清单，应该包含对一种可以在类比理智意义上使用的"感性"功能的批判。当然，这里需要批判的是独立的"感性"功能，而既不是在纯粹理论理性批判中作为知识活动组成部分的感性，也不是在纯粹的实践理性批判中作为欲望基础的感情。在这两个场合中出现的感性，既没有把自己显现为一种独立的主体能力，也没能将自己与为人所熟知的两类与世界打交道的方式——知性地掌控和利用世界的方式和理性地生存在世界上的方式——区别开来。实际上，在认识和实践之外，人类应该有一种另外的与世界打交道的方式，这是一件不言而喻的事情。这种与世界打交道的方式既不把世界当作工具，只关心人类和它之间的控制与反控制，利用与更好的利用之间的关系；也不是只考虑与人和人的本性相关的问题，关心如何有尊严地幸福地生存在这个世界中。这种与世界打交道的方式只要求站在世界中"看"这个世界，既不需要向外将这个世界肢解为向"我"显现的繁多经验，也不需要向内建立与这个世界理性打交道的行动法则。"看"意味着拒绝分割，拒绝抽象，也拒绝规定和理性建构，"看"就是要与这个世界整体地处于直接关系中，欣赏这个世界，理解这个世界。这，便是理性事业的第三部门②：感性学

---

① 在《纯粹理性批判》"第一版前言"中，康德言简意赅地论述了理性批判的缘起，界定了何为理性批判及理性批判所要完成的任务、将取得的成果等之后，他从技术层面提出了完善理性批判的一般性要求。其中，"完备性"是一项重要的要求。他指出："在达到**每一个**目的时注重**完备性**，与达到**一切**目的时注重**详尽性**相结合，这些并非一种任意的决心，而是知识本身的本性作为我们的批判研究的题材交付给我们的任务。"（〔德〕康德：《纯粹理性批判》，A：XIV［中文版第6页］）

② 我把第三批判称之为康德批判哲学中的"第三部门"，可能会遭到众多康德研究者的批评。因为，在《判断力批判》"导言"中，康德本人明确根据人类理性的功能将哲学划分为两个部门：理论哲学和实践哲学。康德指出："我们的全部认识能力有两个领域，即诸自然概念的领域和自由概念的领域；因为认识能力是通过这两者而先天地立法的。现在，哲学也按照这一点分为理论哲学和实践哲学。"（〔德〕康德：《判断力批判》，第183页）从康德建构批判哲学系统的逻辑看，判断力不属于独立的理性认识能力，因为它不似知性能力和理性能力那样，具有一种关于对象的立法能力。人类理性"通过自然概念来立法，这是通过知性发生的，并且是理论的。通过自由概念来立法，这是由理性而发生的，并且是纯然实践的。"（〔德〕康德：《判断力批判》，第184页）这就是说，在人类理性系统中，判断力是一种特殊的能力，它在知性和理性之间发挥中介作用，将两者联结起来，从而实现自然世界和自由世界的统一。也就是说，《判断力批判》在《纯粹理性批判》和《实践理性批判》之间构成过渡，搭建起沟通的桥梁。就此而言，可以首先在形式上将《判断力批判》看成是批判哲学的（转下页注）

(Aesthetics)，即美学。众所周知，美学一词就来源于希腊语aisthetikos，意指"感性""感知"，因此，aisthetikos最初的意义就是"对感观的感受"，讨论的就是对世界的感性知识或者非逻辑的艺术感知。18世纪，美学在德国哲学家鲍姆加登那里成为一门独立学科，他在自己的著作《对诗的反思》（1735）中提出美学概念，并将其界定为"感性知识的科学"，专事研究艺术和感性知识。

康德接受了鲍姆加登的观点，从批判哲学呈现的形式上看，他的确是在双重意义上探究Aesthetics。一方面，在《纯粹理性批判》对知识能力展开的分析中，康德以"Transcendental Aesthetic"（先验感性论/先验美学）开篇，讨论感性的先天形式；另一方面，在《判断力批判》中，他又以"Critique of Aesthetic Judgement"（审美判断力批判）开篇，讨论审美之鉴赏判断、崇高、天才和艺术等。当然，对知识活动中感性作用的分析，不是我在此处分析康德"感性学"的重点，因为它与宗教问题的实践理性取向相去甚远。而狭义地在现代美学意义上分析康德的"感性学"也与我在此处所预设的研究目标不甚合拍。我在此处的工作类似于康德学者戴维多维奇（Adina Davidovich）曾经做过的工作，即在第三批判中发现康德神学或宗教的理性基础[①]。做好这个工作的前提，就是

（接上页注②）第三部门，如邓晓芒先生所说："第三批判在前两个批判之间构成过渡，构成一个桥梁。这样一来，他的批判哲学的根基就打牢固了，三足鼎立了。当然它们不是完全平等的鼎立，前两个是主要的，但是最后这一个呢，也是不可缺少的，它作为一个纽带，甚至于在某种意义上它使得康德三大批判最终获得了巩固。"（邓晓芒：《康德〈判断力批判〉释义》，生活·读书·新知三联书店，2008，第37页）其次，从康德批判哲学的完备性和批判哲学对其后续的广义实践哲学影响来说，将第三批判理解成康德批判哲学的第三部门，意义更为重要。因为，在我看来，第三批判的确阐发了一种"观看"世界和理解世界的理性目的论方式，这种理解方式拒绝把我们生存其中的世界解释为对象性的存在（无论是理论对象还是实践对象），对它采取一种客体化的透视视野；而是把它理解为映照人性高低的镜像（世界只有在我们的道德视野中才有了神性尊严和自足的魅力及美丽），和人类诗意化生存的神圣栖息地。（赵广明先生对此有过精深的研究，请参阅氏著《康德的信仰》，"卷三"、"卷四"、"卷五"，凤凰出版传媒公司/江苏人民出版社，2008，第103~203页）我会在下面的论述中继续展开我的观点。

① 戴维多维奇（Adina Davidovich）的相关论述，请参见她的著作 *Religion as a Province of Meaning*: *The Kantian Foundations of Modern Theology*, Minneapolis: Fortress Press, 1993。有关戴维多维奇观点的评论，请参见 Chris L. Firestone and Nathan Jacobs, *In Defense of Kant's Religion*, pp. 62 – 68。

要把对康德判断力的研究从狭义的美学意义中解放出来，透视其作为一种理性能力在对自然世界进行目的论整体思考中的功能表现。

戴维多维奇在自己的研究中注意到，判断力这个概念，在第一批判和第二批判中，其建构功能并没有充分被重视，从而没有开显出来；但是，在第三批判中，这种局面被完全打破，由于判断力的建构功能被开发出来，并成为联结自然与自由的理性功能，判断力的沉思功能也就激发出来，成为宗教思维中的重要的因素。费尔斯通和雅各布指出："在第三批判中，审美判断与目的论判断结合在一起形成了一种明断推理。根据戴维多维奇，判断力是理性的最高的能力，理性的明断推理是理性的最高应用。它们保证了人类有诗意地糅合情感与概念进行沉思或反思的能力，借此促成自然与自由的和谐一致。戴维多维奇表明，'康德达到了这样的境界，我们的独特性是沉思优于实践关切和科学关切标示出来的。'她构建出明断沉思的著作与关于宗教的著作的联系。如此一来，沉思就是作为意义领域的宗教的构成性特征，是康德宗教哲学所重点阐发的一种中介，一种架通理论与实践的桥梁。"[1] 戴维多维奇之所以这样认为，是因为她在自己的研究中发现，康德之所以强调实践理性优于理论理性，是为了在道德哲学思考中消除意愿倾向与道德法则之间的紧张和冲突，这种紧张和冲突在第三批判中被自然和自由之间的张力所取代，因此，批判哲学诸理性功能的和谐取决于存在于自然与自由之间的鸿沟能否为理性的判断力所抹平。这样，"在第三批判中，康德转向情感去解决鸿沟问题。对康德来说，情感不被限定在经验脉络内，相反更多地被看作是一种在希望和至善脉络之内的审美经验和崇高经验"[2]。

由此可见，在第三批判中的情感，就是作为审美判断根据的愉快。愉快是一种高级形式的情感，也是一种纯粹的情感，它不是一种因感性对象的诱惑而产生的经验性兴趣（情欲与倾向），它也不是一种因敬重道德法则而油然生发出来的实践兴趣（道德情感）。愉快情感应该是"纯然主观地、亦即无须关于对象的一个概念来思考"，因而"无非是

---

[1] Chris L. Firestone and Nathan Jacobs, *In Defense of Kant's Religion*, p. 62.

[2] Chris L. Firestone and Nathan Jacobs, *In Defense of Kant's Religion*, pp. 62–63.

在表象力的相互关系中所遇到的那个心灵状态","这个表象中的心灵状态必定是各种表象力在一个被给予的表象上要达成一般知识而进行的自由游戏的情感状态"①。由此分析可知,首先,对愉快情感来说,重要的不是表现客体的存在逻辑,而是在审美判断中将表象与主体联系在一起,即让"表象在愉快或者不快的情感的名义下完全是与主体相关,确切地说与主体的生活情感相关"②。其次,愉快情感是一种"纯然主观的心灵状态"。它作为产生自审美判断的愉悦情感,"是一种没有兴趣的和**自由的**愉悦"③。这种愉悦"公正无私",只要掺杂了丝毫兴趣,不管这种兴趣是纯粹思辨的,还是纯粹实践的,就是一种有条件的愉快,因有私而偏袒某些对象物而不再是鉴赏判断。"人们必须对于事物的实存没有丝毫倾向性,而是在这方面完全无所谓,以便在鉴赏的事情上扮演裁决者。"④

审美判断所包含的这种愉快情感,因此并不反映在反思判断力中发生作用的认识能力与这些认识能力所朝向的那个客体之间的逻辑关系,而是反映它们之间在主观联系状态中的某种协调性。具体说,就是反映在一般反思对象的形式中表现出来的想象力和知性的协调。这就是说,审美判断所引起的愉快情感,不过表达了客体对审美主体所显现出来的合乎其主观形式的美学意象,并表现出这些美学意象仿佛就是客体本身所具有。但实际上这些美学意象并不属于客体,只不过是客体的表象符合审美主体的主观的目的,显示出一种"主观形式的合目的性",从而造就出一种审美的愉快情感。这种审美的愉快情感具有对每一个判断者都适用的普遍性,但由于这种普遍性立足于审美判断在经验性运用中对

---

① 参见〔德〕康德《判断力批判》,第 225 页。
② 〔德〕康德:《判断力批判》,第 211 页。
③ 〔德〕康德:《判断力批判》,第 217 页。康德还谈到了其他两种愉悦方式,即"适意者"和"美者"。康德是这样区别三种不同愉悦方式的,他指出:"适意者和善者都与欲求能力有一种关系,而且就此而言,前者带有一种生理学上有条件的愉悦(通过刺激,stimulos),后者带有一种纯粹的实践的愉悦,这不仅是由对象的表象,而且同时是由主体与对象的实存被表象出来的联结来规定的。不仅对象,而且对象的实存都让人喜欢。与此相反,鉴赏判断纯然是静观的,也就是说,是一种对一个对象的存在漠不关心、仅仅把对象的性状与愉快和不快的情感加以对照的判断。"(〔德〕康德:《判断力批判》,第 217 页)
④ 〔德〕康德:《判断力批判》,第 212 页。

"主观形式的合目的性"的适应，被看作客体的表象对审美主体的迎合，因而只是一种主观的普遍性。康德说：

> 如果对一个直观对象的形式的纯然把握（apprehensio）无须直观与一个概念的关系就为了一个确定的知识而有愉快与之相结合，那么，这个表象就由此不是与客体相关，而是仅仅与主体相关；而这愉快所能表达的就无非是客体与在反思性的判断力中起作用的认识能力的适应性，而且是就这些能力在其中起作用而言的，因而所表达的纯然是客体的主观的、形式的合目的性。①

这样，康德就实际地回答了自己在《判断力批判》中必然要提出的那个问题：

> 在高等认识能力的家族中毕竟还有知性和理性之间的一个中间环节。这就是**判断力**，关于它人们有理由按照类比来猜测，它即便不可以先天地在自身包含着一种自己的立法，但却同样可以先天地在自身包含着一条它所特有的寻求法则的原则，也许是一条纯然主观的原则。这个原则虽然不应有任何对象疆场作为它的领域，但毕竟能够拥有一个地域，而对于该地域的某种性状来说，恰恰惟有这条原则才会有效。②

康德为判断力所寻找到的先天原则就是"自然的形式合目的性原则"。这个原则不是在自然身上发挥构成作用的建构原则，而是在对自然的理解上发挥调节作用的范导原则，它广泛适用于反思判断力，也就是说，对审美判断力和目的论判断力都有效。而二者的区别仅仅在于，对"通过愉快或者不快的情感来评判形式的合目的性（通常也被称为主观的合目的性）的能力"即审美判断力来说，这个先天的原则是内在的，是审美判断力出于反思"自然之美"而自己颁布给自己的；

---

① 〔德〕康德：《判断力批判》，第199页。
② 〔德〕康德：《判断力批判》，第186页。

而对"通过知性和理性来评判自然的实在的合目的性（客观的合目的性）的能力"[1]即目的论判断力来说，这个先天原则是外在的，是目的论判断力出于反思"自然之目的"的需要，以类比的方式从审美判断力那里借得并应用于多姿多彩的自然界，获得关于自然的系统、完整、统一的理解。

一 自然目的论

判断力以"自然的形式合目的性"作为自己反思自然的先天原则；判断力依据这个先天原则展示自己的立法功能。但是，必须清楚的是，判断力的立法功能与知性的立法功能和理性的立法功能完全不同。"知性对于作为感官客体的自然是先天地立法的，以达到在一种可能的经验中对自然的理论知识。理性对于作为主体中的超感性东西的自由及其固有因果性是先天地立法的，以达到一种无条件实践的知识。"[2]而判断力的立法功能则不能施予客体，也就是说，反思判断力的立法活动不能将经验的普遍统一性根据提供给那些无限多样的特殊经验，因为反思判断力并没有将特殊经验归摄到普遍的概念之下的规定功能。反思判断力所具有的功能是将自然中的特殊上升到普遍，从而为特殊多样的经验寻找普遍性的统一性原理。因此，反思判断力的立法功能为特殊多样的经验提供普遍的统一性原理，是在一种比附意义上说的。用康德本人的话说，反思判断力依据一个先验原则，为特殊多样的经验"相互之间的系统隶属的可能性提供根据"。"这个原则不可能是别的，而只能是：既然普遍的自然法则的根据在我们的知性里面，所以知性把这些法则指定给自然（虽然只是按照自然之为自然的普遍概念），而特殊的经验性法则，就其中通过那些普遍的自然法则仍然未得到规定的东西而言，必须按照这样一种统一性来考察，就好像同样有一个知性（即便不是我们的知性）为了我们的认识能力而给予了这种统一性，以便使一个按照特殊的自然法则的经验体系成为可能似的。这并不是说好像必须以这种方式现实地假设一个这样的知性（因为这只是反思性

---

[1] 参见〔德〕康德《判断力批判》，第203页。
[2] 〔德〕康德：《判断力批判》，第204页。

的判断力，这个理念把它用做原则，是为了反思，而不是为了规定）；相反，这种能力由此是给自己立法，而不是给自然立法。"① 可见，反思判断力不是针对客体立法，而是针对自己立法；它借以实现立法功能的先天原则既不得自于自然，也不能颁布给自然，它完全只是为了在知觉向人类呈现的特殊多样的经验上面发现普遍的东西，在相互分离的经验之间发现彼此隶属的系统统一性，以便使一个按照特殊自然规律的经验系统成为可能，也就是使一个协调一致的自然秩序成为可能，一个系统统一的整全自然秩序成为可能。这就是康德所谓"自然的形式的合目的性原则"。

"自然的形式的合目的性原则"是判断力自己给自己提供的一个规则，其意义在于成就理性把握一个对象的可能性。因为，如果人类的理性不能在判断力上实现这种功能，人类的理性就无法把自然界无穷尽的显象把握在一个统一的概念之中。经验世界所拥有的无穷尽地偶然表现的可能性，必然让人类理性陷入经验对象混沌无序、杂乱无章的黑暗海洋之中而不能自拔。正是为了防止人类的理性陷入经验世界混乱的暗夜，判断力提供了一种在自己功能之内，"就显象在自然中按照经验性法则已给出的那种联结而言来反思自然"② 的规则。这个规则借助"目的"、"合目的性"和"自然的合目的性"等概念，要求在知性能够提供规则式规定思维（认识活动）之外，对气象万千的自然世界提供一种目的论的反思性思维。康德在《判断力批判》"导论"之第四小节中，给予"目的"、"合目的性"和"自然的合目的性"三个概念以集中阐述。他指出：

> 现在，由于关于一个客体的概念，只要同时包含着这个客体的现实性的根据，就叫做目的，而一个事物与各种事物的那种惟有按照目的才有可能的性状的协调一致，就叫做该事物的形式的**合目的性**，所以，判断力的原则就服从一般经验性法则的那些自然事物的形式而言，就是**自然**在其杂多性中的**合目的性**。也就是说，自然通

---

① 〔德〕康德：《判断力批判》，第189～190页。
② 〔德〕康德：《判断力批判》，第190页。

过这个概念被如此表现，就好像有一个知性包含着它的经验性法则的杂多之统一性的根据似的。①

显然，由"目的"、"合目的性"和"自然的合目的性"三个概念所负载的目的论思维是一种特殊的"认知"自然的活动，被"认知"的自然的规律性要求并不构成对这种目的论思维的限制。也就是说，在对自然进行目的论"认知"时，认知者按照自然的原本形状运转人类的思维，即把自己借以整合对象的先天概念"当做自然在自然产品上与目的的关系来赋予自然产品"②。相反，这种目的论"认知"活动是按照目的概念要求（一个对象的概念，就在其自身中包含了对象的现实性根据，因此，被思维的对象必须按照思维者已有的有关它的概念来呈现自身）运转自己对自然的判断力的——它不是把目的归于被"认知"的对象，而必须来自一个先行的理性。这个理性借助判断力将目的概念和合目的性要求注入作为对象的自然，这样按照目的要求进行的"认知"活动不是要求客观地在自然身上发现自然万物的和谐一致和隶属一个统一系统的目的性联结，而是按照人类理性内表象联结的主观理由将其理解为一个仿佛拥有经验法则多样统一的整体。康德说：

> 因此，我们必须在自然中就其纯然经验性的法则而言来思维无限多样的、对于我们的见识来说仍然是偶然的（不能被先天地认识到的）经验性法则的一种可能性；而且就它们而言，我们把根据经验性法则的自然统一性和经验（作为根据经验性法则的体系）的统一性的可能性评判为偶然的。但是，由于毕竟必须必然地预设和假定这样一种统一性，若不然，就不会出现使经验性知识成为一个经验整体的普遍联系了，因为普遍的自然法则虽然按照事物作为一般自然物的类提供了事物中间的这样一种联系，但却不是特别地按照其作为这样一些特殊的自然存在者的类提供的，所以，判断力为了其自己的应用，必须假定这一点是先天原则，即特殊的（经验性

---

① 〔德〕康德：《判断力批判》，第190页。
② 〔德〕康德：《判断力批判》，第190页。

的）自然法则中对人的见识来说偶然的东西，在把它们的杂多结合成为一个就自身而言可能的经验时，仍然包含着一种对我们来说虽然无法探究、但毕竟可以思维的合法则的统一性。①

总而言之，"自然的形式的合目的性原则"是一个先验的原则，它提供先天地反思经验客体的普遍条件，但这个原则不是自然界本身的建构原则。人类理性认定自然界是一个目的性的存在，这个反思论断只在判断力自身的主观考量中有效。判断力用目的论思维界定自然，不是为了给自然指定经验上可能的法则，而是为了对自然进行反思而自己给自己指定法则。借助这一指定法则，判断力使得经验杂多的多样性从属于人类知性所认识到的秩序。但是，在批判哲学有关理性功能的系统论证中，反思判断力的合目的论性原则毕竟只是一个主观原理，正像康德所说的那样："如果我们在纯然经验性的法则中找到这样一种系统的统一性，我们也感到高兴（真正说来是了结了一种需要），就好像这是一个幸运的、对我们的意图有利的巧合似的；尽管我们必须必然地假定，它是这样一种统一性，我们毕竟不能看出和证明它。"② 就此而言，康德认为，合目的性这个先验原则只能被视为"可利用"，但却不是不可缺少。因为，人类理性表明，人类固然可以按照目的论要求将自然理解为一个经验多样性依据经验性法则统一起来的系统，系统中的存在物可以被解释为互为因果和有机联结，但我们决不能根据这个原则实际地将自然建构成这样一个系统，并确信自然以有机方式存在，其彼此间具有内在的目的关系且互为目的与手段。对于这样的结论，我们不必悲观，因为在随后的论述中，我将从自然目的论前进到道德目的论，从中引出一种有希望的信仰生活或者朝向至善的生活。而从知识论角度看，自然目的论的意义也不容忽视。康德说：

  如果人们说：自然按照对我们的认识能力来说的合目的性原则，也就是说，为了在其必要的工作上适应人类的知性，即为知觉呈现

---

① 〔德〕康德：《判断力批判》，第193页。
② 〔德〕康德：《判断力批判》，第194页。

给它的特殊的东西找到普遍的东西，并为不同的东西（虽然对于每一个属来说是普遍的东西）又找到在原则的统一性中的联结，使自己的普遍法则特殊化，那么，人们由此既没有给自然指定一个法则，也没有通过观察从自然学到一个法则（尽管那个原则可以通过这种观察得到证实）。因为它不是规定性的判断力的一个原则，而纯然是反思性的判断力的一个原则；人们只是希望，自然尽可以随意地按照自己的普遍原则建立起来，人们却绝对必须按照那个原则和建立在它上面的那些准则去探究自然的经验性法则，因为我们惟有在那个原则成立的范围内才能凭借运用我们的知性而在经验中前进并获取知识。[1]

二 从自然目的论到道德目的论

反思判断力的合目的性原则，提供了将自然看作一个统一体的理性先天根据，在自然这个统一体中，自然事物之间的结合表现为一种区别于因果联系的目的性联系。由于事物在观念中联结的方式是时间性的，因此，空间中存在的自然事物的联系一般表现为因果性作用关系。这就是说，自然事物的目的性关系也表现为一种因果结合，但却是一种与自然事物的因果关系不同的一种因果结合形式。因果关系是自然事物之间单向度的决定与被决定关系，结果完全受制于原因；而目的关系则是存在于自然事物之间的双向互动关系。在人们按照关于目的的理性概念所形成的自然事物结合序列中，自然事物之间既有一个下降的依赖性，也有一个上溯的依赖性，"在其中一度被标明为结果的事物，仍然上溯而理应得到它是其结果的那个事物的一个原因的称号"[2]。自然事物之间除了这样两种关联性的因果关系之外，再无第三种关联性关系。人类理性既可以对自然事物的目的关系做外在考察，也可以做内在考察。康德主张，对自然事物目的性关系的考察，不能仅仅停留在对其相互作用关系做外在的描述，应该超越外在目的论而

---

[1] 〔德〕康德：《判断力批判》，第 195~196 页。
[2] 〔德〕康德：《判断力批判》，第 387 页。

考察自然事物的内在目的论。自然事物真正的内在目的关系须满足以下两个要求：第一，自然事物之间的目的关系其根据在自身之中，而没有外在的根据（以外在于己的理性存在者概念为自己存在的原因性）；第二，更为重要的是，自然事物的各个部分能够相互成为自己形式的原因和结果，并因此结成一个系统完整的统一体。在康德看来，自然事物的内在目的性只有在有机存在的自然物身上才能体现出来。有机的自然事物被康德称为"生命的类似物"，它被康德定义为一种有组织的和自组织的存在者，它不需要外部推动力就能自行地把自己组织成为相互依存的整体。因此，可以把评判有机自然事物的原则（也是它的定义）表述为："**自然的一个有机产品就是在其中一切都是目的并且交互地也是手段的那种产品**。在它里面，没有任何东西是白费的、无目的的，或者应归于一种盲目的自然机械作用的。"①

康德进而将自然目的观念从有机的自然事物引向整个自然界。依照目的论原则推展我们对自然的理性知识，我们完全可以将内在的合目的性从有机自然物，推衍至自然万有之间，推衍至自然万有与人类的存在之间，发现包括人类在内的自然系统是一个合目的性系统。在这个系统中，"作为自然目的之产物中的任一部份不只经由（durch）另一部份而在，不只是为了（um willen）另一部份与为了全体而在（如此尚只是工具而已），并且各部份对于其他任何部份有互为产生出来或带出来（hervorbringendes）的性质，它们是被他者以及被自己做有机化实体（organisiertes und sich selbst organisierendes Wesen）"②。这样一种理解自然的方式，与按照知性的先天规则规定自然的认知方式不同，是一种按照自然事物之间相互规定的新的法则秩序来观察自然的新方式。据此，"这个概念必然导致全部自然是一个按照目的规则的系统的理念，于是自然按照理性的诸原则的所有机械作用都（至少为了在这上面拿自然显象作尝试）必须服从这个理念。理性的原则作为只是主观的，亦即作为准则而隶属这个理念：世界上的一切都为了某种东西是好的；没有任何东西在世界上是白费的；而且人们凭借自然在

---

① ［德］康德：《判断力批判》，第391页。
② 汪文圣：《对康德的自然科学哲学之探讨》，《哲学与文化》，革新号第357期，2004，第149页。

它的有机产品上提供的例子,有理由,甚至有职责从自然及其法则那里仅仅期待在整体上合目的的东西"①。由此可以断定,反思判断力关于内在合目的性原则,虽然只是有关自然的范导性原则,没有建构功能,但它依然可以被理解为不仅是对自然的认知基础(在目的概念下将复杂多样的自然经验整合成为系统统一的自然整体),而且还是自然存在的实存基础,或者说存在基础②。

反思判断力的合目的性原则因此为解决康德理论哲学中的一个重要问题——自然问题中的机械论与目的论的二律背反——提供了形而上学基础。因为,它证成了机械论必须隶属于目的论,只有在此前提下,才能实现无机自然与有机自然合乎目的的统一;另一方面,自然被视为一个完整的目的系统。接下来必然要追问,自然之中的事物有没有最后的终极目的?这是从自然目的论跃进到道德目的论的关键一问。

所谓终极目的,也就是最终目的,康德的定义是,"**终极目的**是这样一种目的,它不需要任何别的东西作为它的可能性的条件"。具体可做如下解释:"一个事物,必然地由于其客观性状而应当作为一个有理智的原因的终极目的而实存,就必须具有这样的性质,即它在目的的秩序中不依赖于任何其他方面的条件,而只依赖于自己的理念。"③ 可见,终极目的是无条件的目的,它不仅可以解释自身为何存在,也可以解释包括有机体在内的自然万物为何存在。因此,"终极目的不能从基于理论理性的解释原因中取得,否则落入康德批评的理性主义或观念主义;终极目的也不能鉴于机体性自然的系统内彼此奠基之高低关系,而求之于自然对

---

① 〔德〕康德:《判断力批判》,第394页。
② 康德有关此观点的论述,主要集中在《判断力批判》的第10节和第65节。在第10节中,康德这样表达自己的观点:"如果人们要按照目的的先验规定(不以某种经验性的东西为前提条件,这类东西是愉快的情感)来解释目的是什么,那么,目的就是一个概念的对象,只要这概念被视为那对象的原因(它的可能性的实在根据);而一个**概念**在其客体方面的因果性就是合目的性(forma finalis [目的性的形式])。因此,在绝不仅仅是关于一个对象的知识,而且作为结果的对象本身(这对象的形式或者实存)都被仅仅设想为通过这结果的一个概念而可能的地方,人们就设想有一个目的。在这里,结果的表象就是这结果的原因的规定根据,并且先行于它的原因。"(见〔德〕康德《判断力批判》,第227~228页)
③ 〔德〕康德:《判断力批判》,第452、453页。

象本身"①。因为,后者的做法会使得人类理性陷入无限倒退的追问中,最后成就的只能是自然事物之间的手段关系而陷入一个不可逆的序列之中,为外在目的论所控制。只有在那能将自己存在的目的系于自身的存在体那里才能发现终极目的,也就是说,没有任何自然事物能够成为自然或自然事物的终极目的,只有能够设定目的概念并借助合目的性先天原则将自然系统解释为一个系统完整的目的世界的存在才能够被当作终极目的。这种自在自为的存在就是人。康德用下面一段论述,阐述了如何从感性的自然界出发,追溯出自然的终极目的。兹将这段重要论述引述如下:

> 如果看一看植物界,那么,人们一开始就可能由于它借以差不多散布到任何地面上的那种无法测度的能产性,而产生这样的思想,即把它视为只是自然的机械作用的产品,自然在矿物界的形成中就表现出这种机械作用。但对植物界里面那种无法描绘的睿智的有机化的进一步认识,就使我们不固执于这种思想,而是引发出这样的问题:这些造物是为了什么而存在呢?如果人们回答说:为了以它们为生的动物界,以便动物界能够以如此多种多样的种类散布到地球上,那么就又出现这个问题:究竟这些食草动物是为了什么而存在呢?回答也许会是:为了那些只能以具有生命的对象为生的食肉动物。最终的问题是:这些食肉动物连同前面的几种自然界为了什么而是善的呢?是为了人作多种多样的利用,是人的知性教给它对所有那些造物作这样的利用的;而人就是创造在这尘世上的最终目的,因为人是尘世惟一能够给自己形成一个关于目的的概念,并能够通过自己的理性把合目的地形成的诸般事物的集合体变成一个目的系统的存在者。②

现代思想家大都批评康德论述中透显出来的强烈的人类中心思想,但在康德那个时代,这却是人文主义思想的最强音,也是启蒙之后重建

---

① 汪文圣:《对康德的自然科学哲学之探讨》,第152页。
② 〔德〕康德:《判断力批判》,第444页。

以人为中心的世界秩序的哲学宣言,更是给出了现代性境遇中进行价值批判的规范尺度。此处我无意对康德的思想给出评论,我关心的依然是康德对道德目的的论证。

康德将人解释为自然的终极目的,但不可否认的是,人虽然可以成为尘世上一切自然事物的最终目的,也可以成为构成一个目的系统的整体自然世界的最终目的,但人的自然属性也规定人成为一种自然目的。因此,理论上人可能会依据两种方式成为其他自然事物和自然世界的最后目的:一是人"通过自然的仁慈而得到满足";一是人能利用自然达到"各种各样目的的适应性和技巧。前一种自然目的将会是幸福,后一种自然目的将会是人的文化"①。幸福显然是与人之所有的目的在质料上相联系,它把人永远当作自然链条上的一个环节,因而不能被当作终极目的。而文化因其涉及的是人之所有目的中的主观形式条件,可以满足把人当作终极目的三个基本条件,即:"1. 在自然这方面,必须能够提供人达到此目的所需要的。2. 人必须自己做,以成为最终目的。3. 此目的的可能性,不是建立于只从自然可期待之物"②。所以,康德把文化解释为自然的最后目的,他说:"一个有理性的存在者一般而言对随便什么目的的适应性(因而是在他的自由中的适应性)的产生就是**文化**。因此,惟有文化才能够是人有理由就人类而言归之于自然的最终目的(而不是他自己的尘世幸福,或者根本不只是在外在于他的无理性自然中建立秩序和一致性的最重要的工具。"③

但是,这里还有一点需要辨明。文化(主要指的是康德所说的高级文化形式即艺术和科学)作为人化自然的自由的目的性活动,是人借以摆脱动物性本能的支配,超出自然界中支配现象的那些规律的控制,是能够自觉地追求自由所设定的更高的目的的一种现实形式。就此而言,文化是人的意志能够摆脱外在限制而内在地、意志自觉地实现人所选择的理性目的的一种自由能力,因而也就是"人类意识到并发展出自身所隐藏的更高目的、终极目的的一种准备"④。人只有道德地做,超越欲望

---

① 〔德〕康德:《判断力批判》,第 447~448 页。
② 张雪珠:《哲学家论上帝——亚里士多德、多玛斯、康德、黑格尔论证上帝》,第 284 页。
③ 〔德〕康德:《判断力批判》,第 449 页。
④ 邓晓芒:《康德〈判断力批判〉释义》,生活·读书·新知三联书店,2008,第 348 页。

地对待自然的感性生存，成为道德的本体存在者，将道德法则设定为这个世界中的最高善，并成为这个世界存在的最终根据，才能无愧地被当作自然的终极目的。所以康德宣布，唯有被当作本体来看的人，唯有能认识到存在一种超感性自由的人，唯有认识到至善的人，才是自然的终极目的。康德说：

> 现在，关于作为一个道德存在者的人（同样，关于世界上的任何有理性的存在者），就不能再去问：他是为了什么（quem in finem [为何目的]）而实存的。他的存在在自身中就具有最高的目的，他能够尽自己所能使整个自然都服从这个最高目的，至少他可以坚持不违背这个最高目的而屈从于自然的任何影响。——如果这个世界的事物作为在其实存上有所依赖的存在者而需要一个按照目的来行动的至上原因的话，那么，人就是创造的终极目的；因为若是没有这个终极目的，相互隶属的目的的链条就不会被完备地建立起来；而惟有在人里面，但也是在这个仅仅作为道德性的主体的人里面，才能发现目的方面的无条件立法，因此，惟有这种立法才使人有能力成为终极目的，整个自然都是在目的论上隶属于这个终极目的的。[①]

三 道德目的论与道德论证

艾伦·伍德在他的著作《康德的道德宗教》中，对康德的至善概念进行了深入分析，在他看来，康德的至善概念可以溯源至古代哲学家那里。康德认为，古代哲学家的伦理学研究总是联系着一个最高的道德目标，这个最高的道德目标为人类所努力追求，因为通过对这个最高目标的定义或者诠释，可以对人的行为的正当性做出道德评估。然而，古代哲学家为了将自己的伦理学学说奠定在一个基础之上，他们坚持至善概念的同一性，而拒绝将至善概念理解为一个包含异质因素于自身的复杂概念。而这一点恰恰不能为康德所接受。康德本人对至善的解释，很大

---

① 〔德〕康德：《判断力批判》，第 453～454 页。

程度上源自他对古代哲学家有关思想的批判①。与之相关，古代哲学家在伦理学上所犯的第二个常见的严重错误是将终极目的概念解释为道德研究主题，导致他们从道德对象或者目的角度，而不是从道德法则角度解释道德最高原则的可能性，剖析人类道德行为的动机。而在康德看来，恰恰因为道德的最高原则被形式化为道德法则之后，道德的最高目的才能被定义。虽然康德指出了古代哲学伦理学的上述错误，但他始终认为古代哲学对至善的思考以及为人类定义最终目的的思想洞察力值得尊重，这实际上触及伦理学的核心问题②。伍德引用了康德的一段话佐证自己的观点，这段话来自《实践理性批判》的第一章"纯粹实践理性的一般辩证论"部分。兹引述如下：

  在实践上、亦即为了我们的合理性的行为的准则而充分规定这个理念，这也就是**智慧学**，而智慧学作为科学又是古人理解这个词的意义上的**哲学**，在古人那里，哲学曾是对至善必须在其中设立的那个概念和至善必须借以获得的那个行为的指示。如果我们让这个词保留它的古代意义，即作为一种至**善的学说**，那就好了，只要理性致力于在其中使至善成为**科学**。③

---

① 康德在《实践理性批判》第二卷第二章"纯粹理性在规定至善概念时的辩证论"部分，对理解至善的两种伦理传统进行了比较分析。他指出："在古希腊各学派中，真正说来只有两个学派，虽然它们在规定至善概念时就它们不承认德性和幸福是至善的两个不同的要素，因而按照统一性的规则来寻求原则的统一性而言遵循着同样的方法；但就它们在二者中间以不同的方式选择基本概念而言，它们又分道扬镳了。**伊壁鸠鲁学派**说：意识到自己导向幸福的准则，这就是德性；**斯多亚学派**说：意识到自己的德性，这就是幸福。对于前者来说，**聪明**就等于为道德；对于为德性选择了一个更高尚的称谓的后者来说，惟有**道德**才是真正的智慧。"他们有一个共同点，就是将幸福和德性分离开来。为了在两者之间苦思冥想同一性，他们"一派把自己的原则设定在感性方面，另一派把它设定在逻辑方面；一派把它设定在感性需要的意识中，另一派则把它设定在实践理性对一切感性的规定根据的独立性中……也就是说，如果二者中的各个部分被以完全不同的方式结合在一个整体之中的话。斯多亚学派主张德性就是**整个至善**，幸福只不过是对拥有德性的意识，属于主体的状态。伊壁鸠鲁学派主张幸福就是**整个至善**，德性只不过是谋求幸福这个准则的形式，也就是说，在于有理性地使用达到幸福的手段。"（〔德〕康德：《实践理性批判》，第118~120页）
② Allen W. Wood, *Kant's Moral Religion*, p.90.
③ 〔德〕康德：《判断力批判》，第115页。

希腊哲学家对至善的讨论，在康德那里成为他进一步讨论的出发点。在道德哲学中，康德将至善当作实践理性的对象概念，它表达出建立在实践理性自身实现要求基础上的对象的整体性诉求，并通过引入纯粹理性的公设（上帝存在、灵魂不朽和自由），以保证自身不仅在理智世界具有实在性，而且能够在现实世界中实现。由于至善包含了德性和幸福两个因素，且至善只有在"以德配福"前提下才能实现，从而在德性和幸福之间构成这样一种条件关系：有德行才有幸福。所以，道德法则作为决定意志的根据，实际上也是至善实现的根据，因而又可以被看作道德终极目的实现的根据，当然，这里的根据意义是条件性的，反映的是道德法则与作为至善的终极目的之间的先验关系。由于这种先验关系是逻辑性的，它不过表明，在先天意义上它与至善在理智世界实现的逻辑可能性必然相关，并且这种相关性不需要得到自然经验的证实。这是康德先验论的优势所在，但同时也带来了一种理论论证上的短板——由于道德法则和意志自由尚不足以保证至善在经验世界中获得现实性，因而也不能保证世界依循终极目的的实在性（也就是说，就人性而言，人真的是去恶从善的吗？就人类整体而言，人类真的意图成就互为目的的伦理共同体吗？就人类历史来说，人类真的要走入至善的终极状态吗？[1]）。由此必然提出一种要求：即从实践需要和理论认知双重角度证成上帝存在，以保证至善不仅实践地可能，而且理论地可能。这样，在道德目的论视域内讨论至善，进而提出一种关于上帝存在的道德论证，建构一门建立在道德基础上的伦理神学就成为目的论判断力自我检视的最后任务。如艾伦·伍德所说："康德的至善概念定义了理性目的论在其伦理学中的作用，并通过定义道德努力所指向的无条件目的和联系着人类行为的最后目的，在其实践应用中完成了理性批判计划。"[2]

---

[1] 康德不仅把至善理解为一个人在实践理性上所要追求的最终目的，而且是人类有尊严的生活在世界中的道德要求，也是人类在自身历史发展中朝向的终极目标。所以，道德哲学中讨论人之尊严，宗教哲学讨论善的希望——通过伦理共同体实现内在自由的可能性，历史哲学和法哲学讨论善的希望——通过伦理共同体实现外在自由的可能性。可见，在康德那里，人作为理性的存在，预设了一个与自身生存联系着的目标，即在至善理想引导下面向道德化生存而不断改善自己。康德将这种道德努力看作是"人作为上帝之子"必然追求的一种理想，也是上帝所满意的人类的理想。

[2] Allen W. Wood, *Kant's Moral Religion*, p. 90–91.

反思判断力通过对有机自然整体如何可能的批判考察,理性地推衍出自然目的论,又从自然目的论推衍出道德目的论。道德的人成为唯一适合被当作创造的终极目的的存在者。这个存在者因其存在的本体价值而超越了自然给予的限制,成为一个自我赋予自己以绝对之位格价值的自由的实践主体。因此,从无机的自然界追溯到有机的自然界,最终落实到有自由意志而道德化存在的人,"存在何为"之问就必然能够追溯出一个可以赋予自然事物意义的存在者。这个存在者无须再被追问存在何为,而仅能够在描述意义上被当作拥有最高的目的存在者,而自然世界在目的论意义上的隶属关系则因其而可能。因为,没有作为终极目的存在的道德的人,内在合目的性的自然世界就得不到理性的完整说明。所以,道德目的论必然要将终极目的解释为一种超出自然的目的,而这种超出自然的终极目的能够将自己预设为实践理性的最高客体即世界上的至善。犹如艾伦·伍德所指出的那样,"我们看到,在康德那里,好(善)人(the good man)不仅与其自身意志的善相关,而且与那个在世上积极建构善的善良意志自身相关。更进一步说,我们看到,道德的人对道德目的的关怀,并不受他时常为自己设定的那个个别目的的局限;超越它们,道德的人建立善的世界的有目的的行动,是为了实现作为所有特殊的目的之整体和根据的最终的目的"[1]。

　　对康德来说,作为实践理性的完整对象,至善是一个"目的的系统统一体",它包括所谓"道德的善"和"自然的善"——前者是一种无条件和不受限制的善,后者是一种有条件和受限制的善;前者来自人的道德理性,后者是由人的本能欲求(自然目的)所构成。有理性的存在者在道德的自由意志引导下,理性地权衡或平衡来自自然本性的目的性追求并形成一个稳定的和整体的至善观念。这个稳定的和整体的至善观念是一个无条件的观念,也就是实践理性先验追求的最终目的。"如此一来,至高善不只是判断力在道德目的论的应用中的一个超越最终目的,而且还是道德行为的一个内在对象[2]";它作为"创造的最终目的不只是实践理性的一个概念,而且与道德法则相关联。换句话说,至高善不只

---

[1] Allen W. Wood, *Kant's Moral Religion*, p. 156.
[2] 张雪珠:《哲学家论上帝——亚里士多德、多玛斯、康德、黑格尔论证上帝》,第287页。

是反思判断力在实践观点下的一个目的概念，同时也是一个义务概念"①。

康德把实现至善当作道德行为者的一个义务，一种责任，但康德区别开了道德法则要求我们去做的（能够做到的）和道德法则要求我们去追求的（成为我们的目的）。促进或者实现至善是一种要求性的义务，起着一种引导的作用（责任），即责成或者命令我们承担起实现至善这样一种目的性任务。关键在于我们自觉承担，而不在于我们能够完成任务。如果我们把实现至善当作道德法则所下的一个必须完成的任务（经验性命令），那么至善将会被错误地理解为能够在我们的自然追求中实现的经验性目标，它的确能够提供一个强有力的理由说服我们去遵行道德法则，但却会实实在在地摧毁道德法则的尊严。因为，如果我们这样来理解促进至善与道德法则之间的义务关系，那么至善就不再是一个结合了所有纯粹实践理性条件的最高理念，而成为我们明智选择的一个对象，一个可以通过暂时克制我们的经验欲望而获取的更大利益。这样，遵行道德法则就成为获取理智计算之利益的经验根据，在"如果……那么……"条件关系中得到履行，遵行道德法则不再成为承担义务的先验理由。依照康德对道德义务提出的纯洁性要求，促进至善作为道德法则规定的一个义务，不过意味着道德行为者需要将至善看作约束自己服从道德法则的一个先验的限定理由，它提供的是一种能够聚合所有出自自然本能行为的观念范式，即一种结合了所有实践理性行动条件的哲学理想（理念）。道德行为者在自己追求至善的行动中只需考虑接受这个哲学理想的引导，无需考虑这个哲学理想是否能够变成现实。事实上，因为人的有限性，因为幸福追求的经验性，至善的实现既不能在实践上现实可行，也不能在理论上得到先验证成。这种来自人性中善与恶的冲突在人的至善追求中形成一种内部的结构性冲突，它"引导我们必然走向道德希望"，以解除"人类在道德改善追求中所遭遇到的'特殊脆弱性'②之困

---

① 张雪珠：《哲学家论上帝——亚里士多德、多玛斯、康德、黑格尔论证上帝》，第287~288页。
② 人类的脆弱性，在这里指的是人性中善恶冲突、至善中的德福矛盾以及人类理性能力的不足等性状。

扰",而这种困扰在启示宗教中并不存在[1]。"所以如果我们是要满足理性的一切要求,而且至善(summum bonum)在它的两种意义上得为有效,我们就必须假定有一个不同于自然的原因使道德和幸福这两个目标彼此协调,而这个原因必须设想为道德的,因为不然的话,我们所肯定的就只是一个自然的即机械的原因而已。所以一个绝对目标这个概念就是说绝对道德律为它们本身就是目标的存在者所自由地实现的可能性这个概念,是预先假定一个道德的原因或者说世界创造者的存在的;换句话说,它是预先假定上帝的存在的。"[2]

康德在此处提出的上帝存在的道德证明,与第二批判中的上帝存在的证明有所不同。如果说在第二批判中上帝的出场,是实践理性的对象追求必须现实化这样一种情势——变道德绝望为道德希望——"倒逼"之结果,那么,在第三批判中出场的上帝则是人协助"上帝牧羊"——管理这个世界——这一人道主义观念召唤之结果。因此,第三批判的上帝存在的道德论证必须从世界(自然)出发。康德本人在《哲学神学讲演录》(Lectures on Philosophical Theology)中这样说:"上帝概念不是一个自然概念,并且从心理学角度看也不是一个必然的概念。因为在心理学和知识的本质中我决不能直接接近上帝,尽管我可以把握美和和谐。这是一种懒惰的理性,它乐意免除对自然结果之自然原因的一切进一步探究。这种境况下我必须转向可以进一步培育我的理性的方法,并且我必须在自然本身寻找产生这种结果的近似原因。"[3]

所以,在标题为"论上帝存在的道德证明"部分(87节),康德从分析自然目的论与道德目的论关系入手,分析出从道德角度证明上帝存在的必然性;之后,他使用自己所惯用的先验回溯方法,从自然目的回溯至道德目的,再从道德目的前进到创造的最后目的直至尘世中的最高善——德福一致的至善。对至善何以可能的条件性分析,康德得出的结

---

[1] Christopher McCammon, "Overcoming Deism: Hope Incarnate in Kant's Rational Religion," in Chris L. Firestone and Stephen R. Palmquist, eds., *Kant and the New Philosophy of Religion*, Bloomington and Indianapolis: Indiana University Press, 2006, p. 81.

[2] 〔加拿大〕约翰·华特生:《康德哲学讲解》,韦卓民译,华中师范大学出版社,2006,第406页。

[3] Immanuel Kant, *Lectures on Philosophical Theology*, trans., Allen W. Wood and Gertrude M. Clark, Ithaca and London: Cornell University Press, 1978, p. 109.

果是:"我们必须假定一个道德的世界原因(一个世界创造者),以便按照道德法则为我们预设一个终极目的;而后者在多大程度上是必要的,假定前者也就在多大程度上(亦即在同样的等级上和出自同样的理由)是必要的:也就是说,有一个上帝存在。"①

康德的论证逻辑简明,推论清晰②。这个论证带有强烈的理性主义和世俗化印记,尽管视上帝为世界的神圣护佑者这一关于上帝的传统理解依然是论证所依赖的核心观念,但康德却将其转换为一种道德意义。这样一来,对上帝概念进行道德化解释,不仅是出于实践理性的需要,某种意义上也是出于理论理性的需要(人类需要对自己的德性品质以及道德行为做出一种符合理性的说明,而不能仅仅是实践上可行)。我们只有清楚了创造者(上帝)与被创造者(世界)的关系才能对正确行动以及正确行动的最终目的形成清楚的观念。由此可见,证明上帝存在的确更容易从道德角度得到解释。

从批判哲学角度看,对上帝存在进行道德解释,绝不是要证明上帝如同我们在现象界感受到的自然法则那样,是一种必然对我们起作用的客观的绝对在者;也不是要证明上帝像道德法则那样,是一种对我们的道德实践具有主观有效性的理性力量。实践哲学之所以需要证明上帝的存在,是因为要给这样一个问题一个理由充足的回答。这个问题就是,一个人能够持久地保持服从道德法则的动机是否需要一种外在的正义的绝对力量?

出于道德哲学的形式主义要求和纯粹先验性要求,康德将道德行为与道德法则经由意志自由而联系起来,道德表现为一种出于责任(义务)的行动,这种行动形式上体现为对道德法则的无条件服从。因此,道德与道德行为追求的目的无关,哪怕道德行为所追求的目的是融德性与幸福于一体的至善。如此看来,"上帝存在的假定仅说明至高善作为道德必然的最终目的的可能性和实践真实性,并非说明道德法则的约束性"③。上帝存在可以保证人类承担促进至善的义务,但却不能成为一个

---

① 〔德〕康德:《判断力批判》,第470页。
② 关于这个论证,邓晓芒先生在他的《康德〈判断力批判〉释义》中有过基于文本的细致步骤分析。读者欲了解康德论证的逻辑推论过程,请参阅《康德〈判断力批判〉释义》,第355~358页。
③ 张雪珠:《哲学家论上帝——亚里士多德、多玛斯、康德、黑格尔论证上帝》,第290页。

人可以持续地服从道德法则的理由。如果人类遵行道德法则的动机总是由人类抽象的善良意志维持，依靠人类自身的理性纯洁，那么，一种被称为道德绝望的状态就会出现，而且动摇人们持守道德法则的决心。

康德描述了这种道德绝望。在他看来，即使现实世界存在着这样一种诚实的人——他不相信上帝存在，但却对神圣的道德法则心怀敬意；他遵行道德法则，并致力无私地促成善。然而，面对世俗世界的复杂多样，面对有理性者的有限性，我们不得不承认，他的坚守及道德决心还是有其局限的，他会因为种种困厄而遭遇怀疑论的挑战。康德指出了这样一种现实：

> 他虽然时而能够指望本性提供一种偶然的支持，但却永远不能指望它提供与他觉得有义务并且敦促去实现的目的的一种有规律的、按照恒常的规则（如他的准则内在地是并且必须是那样）来印证的一致。虽然他本人是正直的、和气的、善意的，欺诈、暴行和嫉妒也将总是在他周围横行；而且他在自身之外还遇到的那些诚实的人，无论他们怎样配享幸福，却由于对此不管不顾的自然，而仍然与地球上的其他动物一样，遭受着贫困、疾病和夭亡这一切不幸，而且就一直这样下去，直到一个辽阔的坟墓把他们全都吞噬掉（在这里，正直还是不正直都是一回事），而那些能够自信是创造的终极目的的人们被抛回到他们曾经从中超拔出来的物质无目的的混沌的深渊为止。①

面对道德绝望，人们就对世界中存在的善的力量发生怀疑，意志软弱问题就会凸显，个体既不可能在自己的本性中找到遵行道德法则的根据，也不可能在自己的行为中发现德性与幸福的合目的性的一致以维系对道德最终目的的相信，即对做道德之事抱有希望。一旦进入这种对道德的绝望状态，一个人就进入两难选择之困境：或者选择做一位"空想家"，继续保持自己行为与道德法则的一致，追逐一个不可能实现的空幻的目标；或者选择做一个"恶棍"，遗弃对道德法则的恪守，放弃对道德终极目的的追求，沉沦俗世，醉生梦死。如果一个人否定了道德终极

---

① 〔德〕康德：《判断力批判》，第472页。

第二章　伦理神学中的绝对

目的的实践可能性，放弃了对道德法则的遵从，实际上就等于他放弃了作为一个有理性者存在的资格。

因此，从道德角度证明上帝存在，绝不仅仅是为了保证实现实践理性终极目的的可能性和现实性，还在于克服道德绝望，在于为每一个人能够持久地保持服从道德法则的动机提供形而上学根据。为此，康德必须完成的任务是："为了遵守道德法则，我必须使至善成为我的目的。如果我要使至善成为我的目的，我必须认为至善有获得的可能性。也就是说，我必须持有这样的信念，即把我的道德行为的境况看成一个整体。"① 这意味着，康德的宗教伦理思想可以用三个核心概念联系成一个整体，这三个概念是**责任（义务）、道德法则和上帝**，它们可以分别被表述为如下三个命题：

（1）人必须承担道德义务或者责任（意志自由地服从道德法则）；

（2）需要上帝存在为实践理性的终极目的提供实现的保证（以德配福强化道德动机）；

（3）人们把践行义务或承担责任视作上帝的意志（道德上逻辑一贯的思必须将上帝存在命题纳入实践理性的准则之中）。

服从道德法则的行为就是义务行为，而上帝要求我们履行义务行为则是我们依据上帝具有的绝对的完美性、纯粹而健全的理智以及责任与理性不可分这些事实推断出来的，并基于这种推断而为道德行为者的道德动机提供使其可以持续性保持下去的客观根据。由此可知，康德证明上帝存在的目的，不是借助一种完全外在道德主体的意志力量，或以威慑惩治方式警告那些信念不坚定者，或以佑护方式诱惑那些信念不坚定者，将其行为限制在道德法则之下，而是对"道德上的内在规定的召唤保持忠诚，不让道德法则直接为了得到遵从而灌注给他的那种敬重因惟一适合其高尚要求的理想终极目的的无效而受到削弱"②。通俗点说，就是强化有理性者抵抗世俗实质目的的影响而培固自己的道德决心，坚信尘世的最高福祉就植根在有理性者对有限目的的追求中，从而将幸福与道德相匹配并服从道德法则，实现实践理性对终极目的与世俗实质目的

---

① Allen W. Wood, *Kant's Moral Religion*, p. 154.
② 〔德〕康德：《判断力批判》，第 472 页。

有机统一。正如美国学者查尔斯·塔列弗罗所指出的那样，在关于上帝存在的道德论证问题上，"康德采纳了一个原则，可以把它简述为'应当蕴含能够'。如果我应当做 X，那么必定**我能够做** X；如果我不能做它，那我就没有责任做它。仅当有一个全能的、正义的自然世界的上帝，它确实意欲这个理想的目的，我的意志的全部善的目标（幸福和美德和谐一致）才是可能的。上帝能够使我们的道德的、理性的理想可以理解。因此，康德主张，一个理性的、道德的主体应该设定一个正义的、全能的上帝，它意欲美德和幸福和谐一致"[1]。

由此可见，与道德哲学中的至善概念相同，康德的上帝概念也是由推论而来的，是一个主观必然的先验概念。这种上帝概念与启示宗教中的上帝（全知全能全在的绝对在者）相去甚远，它除了能在理性使用中显示外，并没有其他显示方式。所以，康德的上帝不是超越的实存，不是"自有永有"的绝对真理，更不是在世上进行救赎的救主，引导有限的理性存在者弃绝现世而在彼岸实现超越。"康德似乎并不承认上帝可能亲临或亲身向人们传达他的救赎真理，而上帝亲临的凭证仅仅是让我们相信他的亲临——全然不顾人们理性上存有的顾虑，或让我们仅仅通过他施予的恩泽就坚定地信仰他，这种恩泽能轻而易举的击破人类不堪一击的脆弱理性。"由此再进一步，"康德让我们反思上帝究竟是什么样的存在，他能创造人类这种生灵，他们自由、理性、带着自律、自我思考的神召，并用行动履行神的旨意。上帝这一全能的存在必然有能力屈尊现身，亲临教导他的理性臣民，但真正对上帝的亵渎恰在于宣称上帝已经这样做了"[2]。

第三节　道德论证的限制

按照批判哲学的方法论要求，有关上帝存在的道德证明也应该有一个关于自身有效性的批判审查。这种考察至少要达到两个目的：（1）上帝存在的道德论证在何种意义上（或什么范围内）有效；（2）上帝存在的道德论证在什么意义上被看作一种"真理性的知识"。

---

[1] 〔美〕查尔斯·塔列弗罗：《证据与信仰——17 世纪以来的西方哲学与宗教》，第 213 页。
[2] Allen W. Wood, "Kant's Deism", in Philip J. Rossi and Michael Wreen, eds., *Kant's Philosophy of Religion Reconsidered*, p. 20.

一 上帝存在的道德论证的客观有效性

关于上帝存在的道德论证的客观有效性，康德在《判断力批判》第87节的一个小注中写下了这样一段话，他指出："这种道德的论证不是要提供上帝存在的一种**客观**有效的证明，不是要向信念不坚定的人证明有一个上帝存在，而是要向他证明，如果他想在道德上始终如一地思维，他就**必须**把这一命题的假定**接受**进他的实践理性的准则中去。——这也不是要说：假定一切理性的尘世存在者都有符合其德性的幸福，乃是**为了道德性**而必要的，相反，它是**由于道德性**而必要的，因此，它是一个**主观**上为了道德的存在者而充足的论证。"①

从这段论述中可以看出，康德不把他的论证看作一种有关上帝的理论知识，因为，这类知识既不能为了从理论上得到确证而从经验材料中推论出来，也不能为了从逻辑上得到确证而从概念中先天地演绎出来。康德通过论证将上帝诠释为一个对实践理性而言主观必然的概念，意味着他将这个概念只是当作一个适用于道德意识的概念。依照这个概念，有限的有理性者能够按照与道德相一致的方式进行思维，将实践理性的最终目标（《实践理性批判》中的总体对象概念变成《判断力批判》中的终极目的）按照道德法则的要求应用到道德行动之中。可见，上帝的存在，是应道德实践追求至善目标的要求而在实践理性层面证成的，作为一个主观必然的理性概念，它与人的意志的自由行动（任何意志主体遵守道德法则的自律行为）无关，因为道德法则之于人的意志自由的行动，始终是一种形式的规定，并且无条件地发布命令，与实践理性的对象性追求（作为意志主体之意愿的质料）即道德目的无关。上帝存在这一命题的道德必要性在于，它意在为道德践行者提供一种可以通过自己的道德行动实现实践理性终极目的的保证，因此，是主观上为了道德存在者提供一种充足而必要的论证。也就是说，上帝存在的道德证明在实践理性层面直接地与实践理性的终极目的相关，间接地与道德法则相关。当然，说上帝存在的道德论证间接地与道德法则相关，有一个明确的限制：这种相关性是在至善

---

① 〔德〕康德：《判断力批判》，"第87节"小注，第470页。

理想与道德的合法则性必然结合这一前提下成立的。康德说："终极目的就像实践理性为尘世存在者所规定的那样，其惟一的要求就是通过他们（作为有限的存在者）的本性而置入他们里面的一个不可抗拒的目的，理性只想知道这种目的从属于**作为**不可违反的**条件**的道德法则，或者按照道德法则成为普遍的，并如此把促进与道德性相一致的幸福作为终极目的。"① 在这样的前提规制下，人的实践能力，作为一种通过纯粹理性的理念（实践理性的终极目的）来规定自身之自由因果性的意志行为，不仅在自己的道德法则中包含着一种促进行动的范导性原则，"而且还由此同时在一个只有理性才能思维、应当通过我们的行动在世界上按照那个法则予以实现的客体的概念中提供了一个主观的建构性原则"。② 这意味着，有关上帝存在的道德论证只是相对于道德实践主体的道德意志具有实在性，而在道德实践的经验方面，只能是一个理想的预期，绝不能被看作客观现实的对象。而"按照道德法则运用自由时的一个终极目的的理念具有主观的**实践的**实在性"③。

　　康德进一步分析，由于终极目的的概念一端联系着幸福，而幸福的可能性总是经验地有条件的（受制于自然境遇，无法在理论上给出实现它的确切知识），一端联系着道德，而道德的可能性则是理性地规定的（不受制于自然境遇，可以先天地由理性成就），"因此，就像终极目的的理念只存在于理性之中一样，这种终极目的就其客观可能性而言，只能并且必须在理性存在者里面寻找"④。并且，纯粹的实践理性不仅能够先验地推论出终极目的的理念，而且总能够把这个理念的使用与使其可能的条件——在与道德相一致的方式上进行思维——内在联结在一起，从而客观地使用这个理念于道德实践之中。也就是说，依照此种要求思考上帝存在及其终极目的，一个虔敬的人就会发现上帝存在之假定和终极目的之预期，在自己的道德实践中与持守道德法则不仅不存在矛盾，而且与之完全可以和谐并存。因此，一个虔敬的人自然会决意始终忠于他自己内心的道德命令，不让道德绝望侵蚀自己的善良意志，动摇自己的

---

① 〔德〕康德：《判断力批判》，第 471 页。
② 〔德〕康德：《判断力批判》，第 472~473 页。
③ 〔德〕康德：《判断力批判》，第 473 页。
④ 〔德〕康德：《判断力批判》，第 473 页。

道德决心，他相信，"上帝存在这个假定可以使他形成一个在道德上给他规定的最后目的的可能性的概念"①。

康德强调，关于"创造的一个终极目的的概念的客观实在性"②，不可能得到理论理性的充分阐明，因为，我们并不能从经验可能的角度，按照世界的一个终极目的概念来理解世界。"创造的一个终极目的的概念"是一个实践理性概念，只能按照道德法则应用于实践理性。也就是说，我们不可能设想世界按照一个终极目的实现自身，但却可以拥有道德上的理由，设想一个世界可以按照一种创造的终极目的实践上可能。这当然是基于反思判断力而不是规定的判断力所做出的一种先验阐释，其目的不是从道德目的论推出一种神学，也不是推论出一个道德的世界创造者的存在，而只是推论出"创造的一个以这种方式被规定的终极目的"③。如此一来，我们不仅有道德根据假定"创造的一个终极目的"，而且有道德理由假定一个"道德存在者"作为创造的元始根据。反过来说，"**按照我们的理性能力的性状**，没有一位世界的创造者和同时是立法者的统治者，我们就根本不能使自己理解这样一种**与道德法**则及其客体相关的、存在于这种终极目的中的合目的性的可能性"④。所以，康德结论是，"一个最高的道德上立法的创造者的现实性只是**对于我们理性的实践应用**来说才得到了充分的阐明，并没有就这位创造者的存在而言在理论上规定什么东西"⑤。

康德提醒我们，思辨理性要是把上帝观念当作认识的对象，意图对上帝做出客观性解释，那就意味着人们试图超越感性经验的限制，允许"在超出感官世界的事物方面的玄想的虚骄和狂妄"进入理论的思辨考量之中，也就是允许"夸口说洞察到神的本性的存在和性状，洞察到他的理智和意志、二者的法则以及从它们流溢到世界上的种种属性"⑥ 在理论上得到认知性规定。这样做的结果当然是突破了理性理论使用的界

---

① 李艳辉：《康德的上帝观》，北京师范大学出版集团/北京师范大学出版社，2010，第73页。
② 〔德〕康德：《判断力批判》，第474页。
③ 〔德〕康德：《判断力批判》，第475页。
④ 〔德〕康德：《判断力批判》，第475页。
⑤ 〔德〕康德：《判断力批判》，第475～476页。
⑥ 〔德〕康德：《判断力批判》，第480页。

限限制。早在《纯粹理性批判》中，康德就指出了理性僭越应用的危害，也指出了理性僭越使用的不可能性。因为，在理性的这种僭越应用中，或者理性沉沦于先验幻相，对任何东西都不能从理论上得到客观有效的规定；或者假定理性包含一个不为我们所知且尚未被利用的知识宝库，它们是为我们和我们的后代保存下来的，但却不能为我们所知，因此对我们也没有人任何应用价值，实际上等于无。由此可见，我们绝不能将任何超越的概念（上帝、自由和灵魂）放到理论理性层面去解释和认知，而只能在实践理性层面，应用超越概念去规定人的意志以促进至善的达成。这是上帝这类超越概念所具有的范导作用的积极意义，它的显而易见的用途被康德表述如下：

  它防止**神学**上升迷失于**神智学**中（迷失于搅乱理性的越界概念中），或者沉沦为**鬼神学**（对最高存在者的一种神人同形同性论的表象方式）；防止**宗教**陷入**招魂术**（一种狂热的妄想，以为能够感觉到别的超感性的存在者并对之施加影响）或者陷入**偶像崇拜**（一种迷信的妄想，以为能够不通过道德意向而通过别的手段来取悦于最高存在者）。①

  总而言之，可以用一句话来概括上帝存在的道德论证在康德实践哲学（主要是道德哲学与宗教哲学）中的积极用途：它保证了外在任意的立法（通过引入一个至上的存在者而可能）不会取代理性内在的必然立法，在纯然理性界限内可能的必然是以道德为基础的宗教，而绝不是以神学（宗教）为基础的道德。

二 上帝存在的道德论证的确信方式

  现在，有关上帝存在的道德论证，康德还需要回答最后一个问题：在什么意义上，以何种方式确认上帝存在是真实的。对于浸淫在理性主义传统和启蒙精神中的康德来说，是不能容许仅从主观特殊的情状出发为上帝存在的论证提供根据，将论证与某种私人的信念联系在一起。也就是说，

---

① 〔德〕康德：《判断力批判》，第479~480页。

第二章 伦理神学中的绝对

一种关于超验存在物的论证，无论是通过直接经验性地描述完成证成，还是通过理性地先天地从原则出发逻辑地证成，都不能"仅仅是赞同的一种主观的（审美的）规定根据（纯然的幻相），而是客观有效的，而且是知识的一种逻辑根据"[1]，因此，是一种确信（überzeugung/convince），而不是一种臆信（überredung/persuade）。

在上帝存在的论证问题上，臆信源自证明之证据的不充分，知性为这些不充分的证据所迷惑就会被引领至虚假逻辑之中。只要出自主观臆想的证据自身无矛盾，在逻辑上一贯，即使这些证据出自信者的偏见，甚至与理性可以轻易发现的其他证据相冲突，信者也往往视而不见以致常常隐瞒自己论证逻辑中的弱点。在康德所批判的对象中，自然神学从自然目的论角度为上帝存在所提供的证明就具有这样的性质。自然神学的上帝存在论证，从目的原则出发附会出自然事物及其秩序存在一个作为根据的最终目的的因，其核心论据——世界的目的秩序中推导出上帝存在——具有类比之附会性质，它的关键之处不在于自然世界存在一个目的秩序或整体等级结构，而是秩序和整体等级结构被引向目的。但是，这种将世界秩序引向秩序的设计者，或者将秩序引入目的系统中给出起源解释的做法，在理性上并不具有客观实在性。它依据的与其说是因果解释，不如说是理性解释，不过，这种理性解释是理性主观任意使用的结果，其根据在于信者所坚持的偏见，这些偏见排斥了其他理性解释，并且能够得到完全主观的融贯性解说[2]。可见，自然神学有关上帝存在

---

[1] 〔德〕康德：《判断力批判》，第482页。
[2] 康德在《纯粹理性批判》"先验方法论"相关章节（第三章论意见、知识和信念），就阐述过"臆信"概念。这个概念是批判区分知性知识和理性"知识"的必然结果。我们知道，康德在现象和本体经验与超验之间划定界限，并将知性的认知能力限制在现象界，在这个领域知性使用范畴规定经验杂多，建构在经验意义上具有客观性的知识。理性在本体领域没有认知能力，它在本体领域的使用只能造就在思维中具有主观必然性的理念。作为无条件整体的理念，只有在实践领域才能取得实践上的客观有效性。对于这种实践上的客观有效性，理性要求它在做出判断的人的心灵中需要一种主观原因。如果这种主观原因对每一个具有理性的人都有效就是客观有效的，它的根据在客观上就是充足的，它所导致的视之为真就是确信。而仅仅在主体的特殊性状中才有自己的根据，就被称之为臆信。康德认为，臆信是一种纯然的幻相，只有私人有效性，而且臆信的视之为真也不能传达。"检验视之为真是确信还是臆信的试金石在外部是传达它的可能性，以及发现这种视之为真对每个人的理性都有效的可能性"。（参见〔德〕康德《纯粹理性批判》，B848（中文版第601页））

的论证并没有让人信其为真的充足理由,更有甚者,为了强化论证的说服力,自然神学将自己的论证与所谓"心灵的道德动机"联系在一起,将否认上帝是自然秩序之缘起根据的观点看作一种渎神行为,通过引入道德目的论来弥补自然目的论在上帝存在论证上遭遇到的逻辑诘难。然而,这势必在自然神学的上帝存在论证中混淆自然目的论与道德目的论这样两种不同的理论,进一步加剧自然神学论证的确信危机。

从批判哲学角度分析,自然神学论证的确信危机根源于对确信的错误理解和对确信方式的误用。按照康德分析,我们把确信理解为对一切有理性者都客观有效的相信。这意味着,对某物(事)的相信不是根据主观的偏好,哪怕这种主观偏好在信者那里得到的情感支持多么强烈,给出的信赖理由多么五彩斑斓。确信意味着被相信的某物(事)符合理性要求的论证逻辑,能够获得普遍有效的理由支持,经得住最为严格的批评与检验。而人类理性能够给出的具有确信性质的证明有两种方式:"要么是一种应当澄清对象**就自身而言**是什么的证明,要么是一种应当澄清对象按照我们对它作出判断所必需的理性原则对于**我们(一般而言的人)来说**是什么的证明(一种 χατ' αληθεια〔就真理而言〕)的证明或者一种 χατ' ανθρωπον〔就人而言〕的证明,后一个词是在对一般而言的人来说的普遍意义上采用的)。它在第一种场合是建立在对规定性的判断力来说充足的原则之上的,在第二种场合则是建立在仅仅对反思性的判断力来说充足的原则之上的。"① 这样,联系着反思判断力的第二种确信证明方式,就是一种建立在实践理性基础上的道德确信,具体落实到上帝存在的论证上,"对于人类理性来说,关于作为一个神祇的元始存在者的存在,或者关于作为一个不死精神的灵魂的存在,哪怕只是为了造成最低程度的视之为真,在理论方面也绝不可能有任何证明"②。这就是说,以反思判断力的原则为根据的对超验存在的确信方式,是一种经由实践信念的视之为真的方式。

在"经由实践信念的视之为真的方式"下,那些与我们的主观表现表象能力的方式相关联的存在物被当作知识的客体,就此而言,用于理性活动的概念就不是与客体打交道,而是仅仅与我们的认识能力及其对

---

① 〔德〕康德:《判断力批判》,第 483~484 页。
② 〔德〕康德:《判断力批判》,第 488 页。

象被给予的表象被规定的方式打交道。这种打交道方式显然是先验性的，它只相关于我们对客体的知识，而与客体本身是否可能并无任何关系①。必须清楚的是，康德在这里的提问方式，仿照并复制了《纯粹理性批判》有关知识如何可能的提问方式。众所周知，康德在《纯粹理性批判》提出的知识问题是，经验的杂多表象在什么方式下能够成为认识的对象；"哥白尼式革命"将造就认识对象的方式归于主体条件，由此提出从认识能力（而非从外在主体的客体，特别是不可知的物自体）方面做出理性审查之任务。这种提问方式被移至对实践问题的真理性批判考察之上。"经由实践信念的视之为真的方式"就是要讨论实践理性的客体即理性理念问题，回答理性理念在什么条件下如何为实践的主体"视之为真"。

康德指出，被反思的客体（理性理念）通常以三种方式被认识，即"**意见之事**（opinabile［可推测之事］）、**事实**（scibile［可知之事］）和**信念之事**（mere credibile［纯为可信之事］）"②。那么，这些被反思的理性理念究竟在什么意义上被归属于何种客体？也就是说，它们会在什么样的方式中被如何认知？

当某物被当作可能的经验知识的客体即感官世界的对象，在认识层面被谈论时，它可能会被划归"意见之事"。我们能够对之有所意见的事物总是可能被经验到的，只是暂时尚未经验到而已，如外星人和近代物理学们所说的"以太"等。对完全不可知的东西谈不上经验，就此而言，理性的理念的对象，如断言非物质的灵魂实体在物质世界存在，就不是"意见"而是臆想。由此推论，非经验给予的理念也不能列入"意见之物"。

一个客观性可以被证明的概念，其对象就是"事实"。而证明概念的客观性的过程，是通过两种方式——或通过纯粹的理性（包括理论的和实践的），或通过经验（必须借助一种与概念相关的直观）——来完成的。如数学中的几何事实就符合理性先天构造直观之要求，而物理学

---

① 我们知道，康德在《纯粹理性批判》提出的知识问题是，经验的杂多表象在什么方式下成为认识的对象，而"哥白尼式革命"将造就认识对象的方式归之于主体条件，因而应该从认识能力方面做出批判考察，而非针对外在的客体（特别是物自体）做出理性审查。在这里，康德将同样的批判方式应用于实践问题，将实践中的真理问题表述为"经由实践信念的视之为真的方式"，就是从实践主体主观表现表象能力角度讨论理性理念在什么条件下被"视之为真"。

② ［德］康德：《判断力批判》，第488页。

中的物体及性质等概念则是通过经验直观而成为事实。康德特别指出了一种事实,即被称为理性事实①的自由。自由作为一种特殊的因果性,"其实在性可以通过纯粹理性的实践法则,并按照这些法则在现实中的行动中,因而在经验中得到阐明"②。这也证明了自由是纯粹理性所有理念中,其对象可以归入"可知之事",被看作"事实"③的唯一理念。

最后是在纯粹实践理性合乎义务的应用中被先天地思维到的"信念之事"。"信念之物"与理性的实践应用相关,而不能出现在理性的理论

---

① 康德在《实践理性批判》第7节的"附释"中,对纯粹实践理性的基本法则即"普遍立法原则"进行了细致阐释。他认为实践规则是无条件的,表现为定言的先天的实践命题,它是纯粹的实践理性直接立法的结果。在这种立法行动中,纯粹意志被设想为被法则的纯然形式所规定,而规定纯粹意志的纯形式的法则则是一切准则的最高条件。理性清楚地意识到规定一般法则的客观形式的规定根据,就是先天规定行为准则的意志规则,这是一个理性的事实。康德说:"人们可以把这条基本法则的意识称为理性的一个事实,这不是因为人们能够从理性的先行资料出发,例如从自由的意识出发(因为这个意识不是被预先给予我们的)玄想出这一法则,而是因为它独立地作为先天综合命题把自己强加给我们,这个先天综合命题不是基于任何直观,既不是基于纯粹的直观也不是基于经验性的直观,尽管当人们预设意志的自由时它会是分析的,但这种意志自由作为积极的概念,就会要求人们在这里根本不可以假定的一种理智直观。不过,为了把这条法则准确无误地视为**被给予的**,人们还必须注意:它不是任何经验性的事实,而是纯粹理性的惟一事实,纯粹理性借此宣布自己是源始地立法的(sic volo, sic jubeo)[我如何想,便如何吩咐])。"([德]康德:《实践理性批判》,第34页)刘易斯·贝克(Lewis Beck)认为,关于何为理性事实,康德本人似乎并未下定决心给它一个最佳解释,康德时而把它解释为"关于法则的意识",时而把它解释为"道德法则自身",时而把它解释为"自律"。实际上,第二种解释和第三种解释可以合并为一种解释,即把自律的道德法则本身当作一个理性的事实。这样,康德是在两种意义上使用理性事实这个概念。第一,意志的纯粹形式规定(道德法则)作为规定行为准则成为法则的最高条件,能够被实践主体意识到,于是,实践主体感受到责任的召唤,这是一个理性事实。换句话说,并非道德法则本身是一个理性事实,而是说,道德法则的森严及其强制作用能够被意识到,于是对道德实践者产生一种神圣的召唤,使其自由地按照道德法则行动,这是一个理性的事实;第二,理性自身给理性自身颁布的道德法则是作为直接的对象而被认作理性的事实。(见[美]刘易斯·贝克:《〈实践理性批判〉通释》,黄涛译,华东师范大学出版社,2011,第202-208页。)在我看来,有关理性事实的这样两种不同理解,并没有根本性差异,可以在反思意识中统一起来。也就是说,道德法则,作为一种非经验证成而理性上必然的事实,惟有作为理性为自身所颁布的绝对命令,才能被纯粹的实践理性先天地认识到,并成为一个纯粹的理性事实。

② [德]康德:《判断力批判》,第490页。

③ 康德在论述"事实"的相关章节中加了一个小注,陈明自己对"事实"这一概念的通常含义进行了扩展,事实不再仅限于指称与我们的认识能力相联系着的现实经验,还包括纯然可能的经验。

关系之中（也就是说，它超越理性的理论使用而不能被当作认识对象），因此，它作为实践理性之义务行动的后果或者根据，唯有在实践关系上具备了"理论上充分的理由"，才能成为能够引起真正的确信（信服/信服）的"信念之事"。"信念之事"的对象虽然不能存在于我们任何可能经验中，但能够在实践理性的应用中最大可能地实现实践理性的目的，因此必须被假定有其可能性。至善概念，以及为保证至善能够实现的上帝存在和灵魂不死，都是应实践理性目的性行动之要求而需要确信的"信念之事"。当然，这种确信不是理论上的认其为真，而是道德上的一种信念，不是理论知识，而是实践义务的知识。康德这样说：

> 在信念之事中的视之为真是纯粹实践方面的视之为真，也就是说，是一种道德的信念，它不为理论上的纯粹理性知识证明任何东西，而只为实践上的、针对其义务的遵循的纯粹理性知识作证明，而且根本不扩展思辨或者按照自爱原则的实践上的明智规则。如果一切道德法则的至上原则是一个公设，那么，这些法则的最高客体的可能性，从而还有我们在其下思维这种可能性的条件，也就因此而被一起公设了。这样一来，这种可能性的知识对于这些条件的存在和性状来说，作为理论的认识方式，就既不成为认知也不成为意见，而只是在实践的，并且为了我们理性的道德应用而要求如此的关系中的假定而已。①

可见，只有这第三种认其为真的方式，才是完全"经由实践信念的视之为真的方式"。这种方式绝不会导致在理论上形成一个关于上帝的确定概念，相反，这个概念被确信，只当其被解释为道德世界的创造者才有可能。因为，只有在此种情势下，上帝存在才是至善可能的先天条件。"因此，关于上帝的概念惟有通过与我们义务的客体的关系，作为实现这种义务的终极目的之可能性的条件，才获得在我们视之为真中被视为信念之事的优先权。"②

从康德的论述中能够得出如下的结论：从自然目的论中并不能找到

---

① 〔德〕康德：《判断力批判》，第491~492页。
② 〔德〕康德：《判断力批判》，第492页。

有关上帝"视其为真"的认知方式,只有道德目的论才能担承这种责任。道德目的论以实践理性为根据,将上帝解释为我们生活中的义务和责任的颁布者和最后完成的可能性条件,并因为义务的担承而使得德福一致的最高福祉能够达成。这样,在上帝的绝对视域中,自然概念得到了说明,自由概念也得到了说明,上帝存在因此成为世界万有的唯一理由,借助道德论证最终确认了上帝存在的必要性和必然性,尽管只是出于实践的需要。但正是在这种满足实践需要的信仰中,"万物一如"成为一种有充足理论理由的实践智慧。

三 有关康德道德论证的一个讨论分析[①]

康德关于上帝存在的道德论证,如同他的其他学说,在思想史上扮

[①] 有关康德关于上帝存在的道德论证,国内学界也有一些批评,其中尤以李秋零教授的批评最为尖锐,学理性强,富有启发意义。李秋零教授指出,康德的上帝存在的"道德证明"有一个重大缺陷,"那就是他重复了自己批判过的上帝存在的宇宙论证明的错误"。按照李秋零教授的分析,康德在批判"上帝存在的宇宙论证明"时指出,"这种证明方式就是'如果某种东西实存着,那就必定也有一个绝对必然的存在者实存着。现在,至少我自己实存着,所以一个绝对必然的存在者实存着。小前提包含着一个经验,大前提则包含着从一个一般经验到必然者的存在的推论'。(见〔德〕康德《纯粹理性批判》,B632-633〔中文版第473页〕)也就是说,这是一种从可以经验的事实出发的由因到果的推理证明,并证明出的终极原因称为上帝。对于这种证明,康德指出它是'思辨理性的一个狡计',即它事实上是以它'其实是要避免的'本体论证明为基础的。也就是说,这种证明充其量能够推论出世界的一个终极因,但这个终极因具有什么样的属性,却是它无法说明的,因而仍然需要求助于本体论证明的上帝概念。而康德的道德证明,却能够从德福相配的要求出发,除了'公设'出上帝的存在之外,还'公设'出上帝的一系列属性,因而不同于宇宙论证明。"但是,在李秋零教授看来,康德有关上帝存在的道德证明,与他所批判的"上帝存在的宇宙论证明"并没有实质性的不同。按照他的分析,康德发现,"上帝存在的宇宙论证明"包含着"这样一种'辩证的僭妄',即'从偶然的东西推论到一个原因的先验原理,这个原理惟有在感官世界才有重要性,在它之外却连一种意义也没有。因为偶然事物的纯然理智概念根本不能产生综合的命题,例如因果性的命题,而因果性的原理除了仅仅在感官世界中之外,也根本没有重要性和其使用的标志;但在这里,它却恰恰被用来超越到感官世界之外'。(见〔德〕康德《纯粹理性批判》,B637~638〔中文版第476页〕)而康德的上述回答,不正是把因果性的原理'用来超越到感官世界之外吗'?"(见李秋零:《道德并不必然导致宗教——康德宗教哲学辩难》,载金泽、赵广明主编《宗教与哲学》第二辑,社会科学文献出版社,2013,第156~158页)

考虑到本书叙述结构的逻辑要求,本部分主要是借助讨论希克对康德道德论证的批评,引申出作者本人对康德道德论证的基本观点,故没有专门就李秋零教授的批评作出评论,实为遗憾之事,只有留待合适机会另文专门讨论李秋零教授的批评。

演着复杂的多种角色——赞同者追随之，反对者批评之，通过与其对话而进一步引申问题意义者也不乏其人。当代德语基督新教神学家潘能伯格指出："在哲学的讨论中，康德对上帝信仰的道德哲学新论证还在康德的生年，亦即在十八世纪的最后十年，就成为深刻批判的对象。"① 在康德批评者中，希克（John Hick）对康德道德论证的批评值得给予更多关注，因为希克的批评解构的是康德道德论证的论证逻辑，而批判哲学恰恰最为重视自己论证是否能够经得起理性的批判。

希克把康德的道德论证归属于"公设性的道德论论证（Postulational moral argument）"。"但在希克看来，这种论证形式根本就不是一种严格意义上的证明，因为此类论证只不过表明了如下主张：只要严肃对待道德价值，将其奉为人生应遵循的最高要求，那么，任何人都会相信，道德价值具有某种超人类的、实在性的根基，那就是宗教所信奉的'上帝'。正是出于这样一种主张，康德才争辩道，'灵魂不朽'和'上帝存在'是道德生活的两个公设。也就是说，如果把'责任'看做理应承受的'无条件的要求'，一个人便有理由断言，这两个公设是'道德生活的先决条件'。"② 由此可见，康德的道德论证不过是"公设性"和"实践性"的，当代著名的天主教思想家汉斯·昆（Hans Kung）持有与希克相同的观点③。

在我看来，希克（汉斯·昆应当被视为他的同盟军）对康德道德论证的批评，其捍卫信仰主义的动机十分明显。他指责康德有关上帝存在的道德论证不是一种严格意义上的证明，因为康德并没有在"客观道德法则"和"神圣的立法者"之间有效地建立一种逻辑推论关系。按照康德对纯粹理性在实践领域中的道德应用的规定，借助理性普遍立法的单

---

① 〔德〕潘能伯格：《神学与哲学：从它们共同的历史看它们的关系》，李秋零译，道风书社，2006，第215页。
② 张志刚：《宗教哲学研究：当代观念、关键环节及其方法论批判》，中国人民大学出版社，2009年增订版，第85～86页。
③ 汉斯·昆认为，康德将上帝存在作为至善可以实现的最高根据，但又把道德行为看作是"无条件的应当"。康德并没有将道德的先天条件和至善的先验根据融贯地结合在一个统一的理性根据之中。人们会追问，服从道德法则就能获得幸福吗？人们发现，假定上帝存在，将遵守道德法则与获得幸福之间的"应然关系"转变为一种"实然关系"，并不比相反的主张更具有说服力，或者说，在理性上有更充足的理由。（见〔瑞士〕汉斯·昆《论基督徒》，杨德友译，生活·读书·新知三联书店，1995，第59～60页）

纯形式性要求，人们可以从"客观的道德价值"推论出"某种先验的价值根据"（先验自由），但是，进一步的推论（从先验价值根据到实体性的正义力量）则不可能。因为依照康德的论证逻辑，"即使道德价值指向某种'先验的基础'，那也不能一直推导下去，最后准确无误地把道德价值归因于基督教的崇拜对象，即那个无限的、全能的、自存的、有位格的世界创造者"[①]。由此导致的直接后果令人万分忧虑，人们不仅看到道德责任的最高权威受到理性主义者的怀疑，而且还会看到一种导向道德无神论的思想倾向就会滋生蔓延[②]。按照希克的观点，康德有关上帝存在的道德论证之所以会造成这样的后果，其主要原因就在于，康德的实践哲学先验地假定了人的理性中存在着一种必须无条件遵从的道德义务，一种绝对先天的道德命令或者一种与任何感性情感及内心意愿相决绝的道德法则，而这种纯粹义务、绝对命令或理性法则本身是自足的，并不需要在自身之外的任何超越人类的、实在性的根基。因此，道德的确不需要宗教，上帝在道德领域存在的确无任何理性能够给予的必然性的逻辑理由。

从康德批判哲学立场看，希克的批判构不成真正的威胁。批判哲学的"哥白尼式革命"在表明自己对待理性之理论使用的态度的同时，也敞开了理性之实践使用的可能领域与方式。在康德哲学中已经成为常识的一个基本观点是，从一种被经验到的局部现象或者表象，推展并跃进到同一种未被经验到的更具普遍意义（甚至是整体意义）的现象总体是不可能的，遑论从经验领域跨越到与其完全不同的超验（超越）领域。

[①] 张志刚：《宗教哲学研究：当代观念、关键环节及其方法论批判》，第86页。
[②] 潘能伯格也认为，康德关于上帝存在的道德论证很容易导致道德上的无神论。按照他的分析，康德关于上帝存在的道德论证一经提出就遭到批判。"这种批判集中在由康德所主张的道德理性的自律和它对人们的说服力对信仰尘世中的至善的所谓依赖性之间的张力上——不假定一个统治世界进程的上帝，至善就显得不能实现。康德本人试图通过松解道德法则的权威与上帝存在的公设之间的纽带来排除自己的论证的这种弱点，但二者之间的联系却在根本上日益遭到他的批评者们的反对。既然按照康德对传统有神论形而上学的批判，他在道德上对上帝观念的论证体现为坚持这种思想的唯一出路，所以，对康德的道德神学的批判就很容易导向一种道德上的无神论，例如在世纪之交前不久在福贝格（F. K. Forberg）那里以及在费希特的无神论之争中，如果人们不像雅各比（Friedrich Heinrich Jacobi）那样宁可诉诸情感也不诉诸理性来跃入信仰的话。"（见〔德〕潘能伯格《神学与哲学：从它们共同的历史看它们的关系》，第215～216页）

任何能够在经验中给予我们的对象总是被局限在时间和空间中的，有限性构成了其最主要的特征。我们不可能在经验中把握全体，即无条件的物自身。由此决定了人类将知识活动和思想（维）活动区别开来。尽管人的理论推理原则可以被同等地应用到知的世界和思的思想，但是，由于作为有限的理性存在者，人不可能拥有关于那些超出自己时空视域之外的事物的知识，对于超越自己时空视域的对象，人的理性不能使用规定性的宾词，而只能使用设想的宾词来规定对象之间的必然性关系。所以，在现象领域，人类的理性推论原则是知识地成为可能，理性的使用局限在认识论视野；而在超验（超越）领域，人类的理性推论原则是实践地成为可能，理性使用超越认识了而进入形而上学领域。在形而上学领域，人类理性从观念到观念的推论，从一种绝对到另一种绝对的推论，更准确地说，从有条件者回溯到绝对的无条件者的先验推论过程，只需一种实践上的充足理由即意味着为此种推论提供了"在理论上充分的理由"。而出于实践需要的"理性上的充足理由"，只是表达了行动能够满足理性的需要。因此有采取如此行动的充足理由或者根据，并不意味着如此行动符合事情本身，在事情自身那里有其客观必然性。由此可见，给出实践上的理由，所根据的不是人对事情本身的客观认识，而是根据人对事情本身所持有的一种形而上学态度。正是人所具有的形而上学态度决定了人所能给出的实践理由。就此而言，康德关于上帝存在的道德论证，与其说是一种理性推论式的论证（argument），不如说是一种倾向于以论证方式表达的理性宣称（claim）①。这种理性宣称不是一种"意

---

① 按照佛申库伦（W. Vossenkuhl）的总结，康德《判断力批判》中的上帝存在的道德论证根据，"根据建立在道德的目的论之上的伦理神学，可被表述为如下三个基本命题：1）道德法则是必然有效的。2）道德法则先天地决定一最后目的（经由自由而实现在世界上的最大的善）。3）如果最后目的应该是在实践上必然的，那么，主体的采取一个道德的世界原因也是必然的"。（见 W. Vossenkuhl, "Die Paradoxie in Kants Religionsschrifft und die Anspr Ansprueche he des moralischen Glauben," Friedo/Francioìs Marty [Hrag.], *Kantüber Religion*, In: Ricken [Hg.], 1992, 转引自赖贤宗《康德、费希特和青年黑格尔论伦理神学》，桂冠图书公司，1998，第 68 页）哈贝马斯普遍语用学所提出的，一切以理解为目的的话语交往必须满足的四项有效性宣称："可领会性宣称、真实性宣称、真诚性宣称和正确性宣称"，与康德的这三个命题可谓异曲同工。康德断定，这三个命题是理性在实践上必然接受的，故，上帝论证有其理由。哈贝马斯断定：只有言语行为符合这四项宣称，才能发展出合理的同意和共识。正因为此，我关于康德对上帝存在的道德论证称之为"倾向于以论证方式表达的理性宣称"。

见",因为它有着实践上的形而上学理由,因而是一种在实践上"视之为真"的信念。这就是说,在道德领域,上帝存在是不是一个理性必然认定的绝对的理念,它的现实性只能是一种实践的现实性。它不是从道德法则推论出来的(如希克所希望的那样),而是道德上确定的。当然,这种确定不是一种逻辑确信,而是一种满足了实践需要的道德确信。尽管这种确信绝无任何客观上的理论证据和知识上的客观证成,但它依然让有限的理性存在者对上帝的存在心悦口服,主观上能为自己提供充分的信仰理由(信仰毕竟是"个人的主观上的事情")。"因此,恰当的理解是,道德论证不是只去证明需要接受某些思辨命题,而是要证明思辨理性在其中发挥着突出作用的一种'道德观照',一种'道德信仰'。"①而在艾伦·伍德看来,康德所说的"对上帝的道德信仰是一种世界观,一种看待、解释、评估和判断世上事件的方式。它不是——也不可能——由经验证据或反思证明来证成,但它构成了道德的人为理性地追求自己的最终目的所必须拥有的世界观(Weltanschauung)中的一个部分。这样,可以借用黑尔(R. M. Hare)②的术语,将它称之为道德'信念'(blik)。但是,对康德来说,对上帝的道德信仰同时是一个人对上帝的善和智慧的信赖,是对神圣意志的虔敬服从,也是对终极的道德目的最终会在作为一个整体的世界中实现的希望"③。

作为启蒙的旗手和启蒙精神最好的阐释者,康德在宗教问题上完全排除信仰主义和神秘主义,坚持一种彻底的理性主义立场,既是他的哲学革命的具体体现,也是他那个时代精神发展的一个必然趋势。正如美国哲学家阿尔文·普兰丁格(Alvin Plantinga)所说,启蒙运动所倡导的"经典基础主义"使得基督教信念(可将其扩展为一般宗教信念)"……被认为(尤其在学术界和知识精英的圈子里)是一种信仰的跳跃,往黑暗中的跳跃,越出了理性可接受的范围,充其量只有边缘的合理性,难以在理智上予以尊重"④。因此,我们必须从彻底的理性主义立场来理解

---

① Allen W. Wood, *Kant's Moral Religion*, p. 154.
② R. M. 黑尔(R. M. Hare, 1919—),语言分析学派伦理学的主要代表人物,英国牛津大学道德哲学教授,著有《道德语言》《自由与理性》《道德思维》等。
③ Allen W. Wood, *Kant's Moral Religion*, p. 176.
④ 〔美〕普兰丁格:《基督教信念的知识地位》,"中文版作者自序",邢滔滔、徐向东、张国栋、梁骏译,北京大学出版社,2004,第3页。

第二章 伦理神学中的绝对

康德的伦理神学，将其看作现代性精神在神学中的一种典型表现。这一方面意味着康德把启蒙的思想、精神及价值系统[①]接受为批判哲学的观念基础，另一方面意味着康德要求自己要始终以理性思考者的身份，从事理性的哲学思考。因此，在康德哲学思考中，无论思考对象是后天的经验的对象还是先天的超验对象，无论是现象之思还是本体之思，理性本位始终是占支配地位的原则。当康德在实践领域进行哲学思考时，一切关涉实践行为的根据性思考（作为希望之可能性的根据）都必须在纯然理性范围内理性地解决，这是一个不可违背的最高命令。具体到伦理神学有关上帝存在的证明这个必须联系实践理性才能理性解决的问题，康德的理性主义态度是一贯而坚决的。如美国学者埃万斯教授所言，在康德看来，"道德的存在"并没有为有神论提供"理论依据"，相反，正是因为人有理性，能克服本能和感性的限制而担承道德责任，上帝才成为道德上必需的"公设"。可见，根本无需在上帝与道德法则之间建立一种理论方面的必然联系，需要的是在道德行动者与上帝之间建立一种实践上的必然联系。就此而言，上帝存在甚至都不是一种理性事实，它不过是一种存在于理性地逻辑构造理念的能力之中，作为信仰的对象与有限的理性者相关联。只要能够在实践上作为信仰对象被视之为真，它的现实性就实际地为实践理性所证成，如此看来，希克的"担忧"就是多余的。康德十分智巧地解决了上帝存在的道德论证的客观有效性问题，他告诉我们，假定上帝存在是尘世中至善能够实现的条件，不过是基于理性人前提而得出的一种自由的实然信仰。这样，康德就将"启蒙运动以有神论的方式论证的形而上学溶解和转换为对经验意识的一种人类中心主义的描述"[②]，在这种以人的理性为中心的描述中，自由是行动之事，上帝和灵魂不朽是信念之事即信仰的对象。能行动且按照道德法则行动其根据系于自由概念，而能思及且所相信的至善则在上帝存在（还

[①] 康德对启蒙主要精神和价值观念的接受是批判反思性的，某种意义上说，批判哲学的整个工作就是为了检视启蒙的主要理性观念，并为新时代确立时代精神。康德很好地完成了这个任务，他的哲学体系既是为启蒙精神与价值观念系统进行辩护，也是为了确证这些精神及价值系统对于造就现代性社会的思想建构作用。正是在康德以及他前后的伟大思想家们的努力下，现代性社会从观念到结构，从精神到制度逐渐变成现实，并取代传统社会而成为直到今天支配着人类生活的基本方式。

[②] 〔德〕潘能伯格：《神学与哲学：从它们共同的历史看它们的关系》，第209页。

有灵魂不朽）概念范导规制下获得客观实在性。"所以康德一方面说'信仰是一种道德的理性思维方式'（die moralische Denkungsart der Vernunft），另一方面也说：信仰就是一种信任（Vertrauen），是对于由义务去促成之目的在虽不可见及、但仍具可能性的信任。"① 从这个意义上说，上帝存在的确信最终还是建立在道德法则基础之上，以自由为前提而成为可能的。

第四节　自然神学与伦理神学

在《判断力批判》第 85 节，康德开宗明义定义了两种神学：自然神学和伦理神学。康德写道：

> **自然神学**是理性从自然的种种目的（它们只能经验性地被认识）推论到自然的至上原因及其属性的尝试。一种**道德神学**（伦理神学）则是从自然中的理性存在者的道德目的（它能够先天地被认识）推论到那个原因及其属性的尝试。②

按照这个定义，自然神学和伦理神学本质上都是理性神学，因为无论是从自然目的论引申出的自然神学，还是从道德目的论引申出的伦理神学，都是"建立在自然理性之上，而不是建立在超自然启示基础上"③。在自然理性视域中，神学不是一种敬畏及膜拜超越现实世界的非自然神秘力量（决定自然进程、支配人世命运的绝对实体）的灵智观念系统，也不是一种建立在启示、圣典以及仪礼规制等对于民众的既不可证明亦不可解释的神性情感；神学是一种信念知识，是一种不取决于任何外部力量而与纯粹实践理性相匹配的反思性信念知识。这种信念知识被德里达称为"反思性信仰"，与那种臣服于历史性启示的教条性信仰

---

① 汪文圣：《对康德的自然科学哲学之探讨》，第 154 页。
② [德] 康德：《判断力批判》，第 455 页。
③ Allen W. Wood, "Kant's Deism," in Philip J. Rossi and Michael Wreen, eds., *Kant's Philosophy of Religion Reconsidered*, p. 7.

相区别①。反思性信仰相关于人的善良意志，是基于意志自由而形成的一种对绝对的思，或如黑格尔所说，"……是一种有教养的心灵，一种唤醒了觉性的精神，一种经过发展教导的内容"②。从根本上说，它渴望那种使得"我们理解自己生命以及周围世界的知识"；它坚持价值的重要性，拒绝"完全陷于生活琐事而仅仅随波逐流"；它以持守一种信念的方式，"规定了我们在宇宙中的位置，赋予了我们的生活以意义"③。保证人能够超离尘世俗念的束缚，从整体的生命意义角度思考世界，用一种更为宏大的存在视野透彻地审视我们的生活。从这个意义上说，反思性信仰是实践理性的"一种主观上实用的倾向"④，提供人类关于存在以及一切与存在相关的事物的合乎价值和合乎理性的回答⑤。在康德那里，就是按照道德要求回答一切来自实践理性的问题。所以，我们看到，康德一再强调，无论是把上帝看作道德的立法者，还是把理性看作道德的立法者，道德法则的内容都不会改变——对行为者来说，它一方面依然是可以运用规定行动的纯粹的形式条件，另一方面依然是奠基在意志自由之上的理性立法的对象。这证明了道德的生活方式有着内在的价值。人是自己能否成为道德的人的决定者，无需任何外在的东西为他提供帮助，无论这种帮助是积极的还是消极的。对此，哈贝马斯给出了这样的评论："为了认清道德法则，并承认其具有绝对约束力，作为造物主的上帝信仰，和带着永生希望的、作为救世主的上帝信仰，都不是必

---

① 德里达在他的文章《信仰和知识——纯然理性限度内的宗教的两个来源》中指出：在康德看来，知道上帝可以为救赎做什么或曾经做过什么并不重要，重要的是为了获得上帝的救赎，我们做了些什么。"康德于是规定了一种'反思的信仰（reflektierende），这个概念能够打开我们的讨论空间。因为反思的信仰从根本上讲不取决于任何历史的启示，并且与纯粹实践理性配当。反思的信仰有利于超越知识的善良意志。它因此反对'教条性信仰'。如果说它与这种'教条性信仰'决裂，那是因为教条性信仰企求知识，而对信仰和知识之间的差异却一无所知。"（见〔法〕雅克·德里达、〔意〕基阿尼·瓦蒂莫主编《宗教》，商务印书馆，2006，第14页）
② 〔德〕黑格尔：《小逻辑》，"第二版序言"商务印书馆，1980，第12页。
③ 〔美〕罗伯特·所罗门：《大问题：简明哲学导论》，张卜天译，广西师范大学出版社，2004，第5页。
④ Allen W. Wood, "Kant's Deism", in Philip J. Rossi and Michael Wreen, eds., *Kant's Philosophy of Religion Reconsidered*, p. 7.
⑤ 傅永军：《宗教与哲学互动关系刍议》，《求是学刊》2014年第1期，第29页。

需的。"①

当然，由于人在道德上的改善是一切理性神学的真正目标，所以实践理性只有将批判的道德理论运用于神学之上，才能将义务看作上帝诫命，在将神学与道德从纯然形式方面（神学显然有目的方面的实质追求）区别开来的同时，也为"通过由道德产生的上帝理念而给予道德以对人的意志的影响，去履行其所有的义务"②开辟了道路。这条道路指向一个"终点"，这个终点表明世上只存在唯一的一种神学（宗教），而且不存在不同的神学（宗教）。但康德也不否认"有对神的启示的不同信仰方式及其不可能产生自理性的规章性学说，亦即神的意志的感性表象方式的不同形式，以便赋予神的意志以对众心灵的影响"③。职是之故，自然神学就不是真正的神学。

如我在上面的分析所指出的那样，康德通过证成上帝存在建立神学，所采用的论证方式是目的论的。康德通常是在两层意义上使用目的论论证，即自然目的论论证和道德目的论论证。康德支持道德目的论论证而拒斥自然目的论论证。但是，自然目的论论证却也十分重要，因为它指引出了道德目的论论证，证成了唯一存在的神学是伦理神学。康德认为，自然界中显示出来的井然秩序、无处不在的美好以及存在物的奇妙，似乎让世人相信，存在一种广博和深邃的智慧，以至于人们只能用全知全能全在的世界创造者来称呼它，用它来解释自然。但是，这种在自然作品身上表现出来的目的关系，只能以自然本身为条件，不论我们通过经验追寻到多远，对自然的理论规定永远不能用自然整体和它的产物向我们显示存在一个在自然之外的作为自然实存根据与目的的概念。也就是说，"自然神学无论被推进多远，毕竟不能关于创造的一个**终极目的**为我们显示任何东西"④。自然的元始根据依然悬而未决。就此而言，自然神学"始终不过是一种自然目的论而已"，它并不能达到奠立一门自然神学的意图。所谓自然神学，不过是一种被误解了的自然目的论，它的积极意义就在于能够指引出真正的神学，即伦理神学。

---

① 〔德〕尤尔根·哈贝马斯：《在自然主义和宗教之间》，第177页。
② 〔德〕康德：《学科之争》，第32页。
③ 〔德〕康德：《学科之争》，第32页。
④ 〔德〕康德：《判断力批判》，第455页。

第二章 伦理神学中的绝对

伦理神学的出发点是作为世界终极目的的人。"如果没有人,整个创造就会是一片纯然的荒野,就会是白费的,没有终极目的。"① 但是,人不能把自己的幸福理解为终极目的,他必须把善良意志当作终极目的②。为了确保这个创造的终极目的能够得到实现,必须设想整个目的王国有一个至上的根据——这个至上根据不仅要被设想为理智的,能够为自然立法的,而且要被设定为道德的目的王国的立法者。这个自然世界和道德世界的立法者是全知全能全善全在的,"以这样的方式,**道德目的论**就弥补了**自然目的论**的缺陷,才建立起**一种神学**"③。

必须指出的是,伦理神学不是拓展我们神性知识的一种神学,而是为在主体旨意下对理性的道德使用发挥实践效应的神学。正如康德本人所说:

> 道德教导我将上帝认作一个完善的存在。由于上帝必须根据道德原则审判我,决定我是否应得幸福。假如我如此行事,上帝应当使我能够分享幸福。这样的上帝必须了解我内心最隐秘的驿动,因为这决定了我行为的价值。他也必须掌控自然之整体,好像他能够根据一个计划在其进程中安排我未来的幸福。最后,他不得不安排和指导我的不同经验状态所导致的后果。一句话,他无所不知,无所不能,永恒,而且无时间性。④

可见,康德伦理神学将道德行动所指向的希望(至善)的实现奠基在绝对的无条件者之上,虽然希望(至善)的实现以人的道德和自由意志为前提,伦理神学绝不是仅从实践理性发展出来的道德形而上学的一

---

① 〔德〕康德:《判断力批判》,第461页。
② 康德在《判断力批判》第86节中明确指出:"我们与之相关而设想创造的终极目的已被给予的东西,也不是快乐及其总和的情感,也就是说,我们据以估量那种绝对价值的,不是安康,不是享受(无论是肉体的还是精神的),一言以蔽之,不是幸福"。因此,"一种善良意志是他的存在能够具有一种绝对的价值所惟一凭借的东西,而且惟有与这种东西相关,世界的存在才具有一个**终极目的**。"(〔德〕康德:《判断力批判》,第461、462页)
③ 〔德〕康德:《判断力批判》,第463页。
④ Immanuel Kant, *Lectures on Philosophical Theology*, trans., Allen W. Wood and Gertrude M. Clark, Ithaca and London: Cornell University Press, 1978, p.111.

部分。通过将上帝的恩典（对至善可能性的实践理性允诺）让自然与道德浸淫在神圣的立法者所创造的和谐之中，道德诠释的上帝得以"道成肉身"。神圣、仁慈和正义，它们构成了整全的上帝概念的道德属性，这表明，康德试图用一种道德理性主义修正传统的神义论，其将宗教道德哲学化的决心愈加坚定。

第三章 伦理的神义论

依据学界通常的理解，神学（Θεολογια）一词源自古希腊，由 Θεο（神/上帝）和 λογο（道/话语/理论/研究）两个希腊语词组合而成，其字面就有言说神（上帝）之意。因此，神学就是一种关于神的话语。神学不仅要言说和解释那些在建构一种宗教过程中所必需的教义、学说和实践活动，而且更重要的是要阐释神（上帝）性，理解神（上帝）的公正，证成超越正义。康德的伦理神学，亦需言说上帝。通过对上帝属性的道德化解释，康德将道德证成的上帝由犹太－基督教的位格神改铸成一种德性力量的象征。"人们在这里马上意识到，关于道德价值的主体事实上将凸显出康德的神概念的主要特征。尽管迄今为止他还没有对自己的神做出描述；'从他人行为不可能判定其德行，因为那个洞识所有心灵的判决者为自己保留着那种审判'，神显现在每一个具体的事物中，因为他彻底涵摄这个事物的内在关联，还有它与其他实存事物的关系。这是值得理性的和道德的存在者注意的神的特征，当然也是康德那乐观主义世界观中最具重要性的特征。"①

本章首先讨论康德关于上帝的属性的思想，随后对康德伦理神学的神义论思想做出批判分析。在此之后，我将讨论康德宗教哲学从伦理神学到道德宗教的过渡。

第一节 上帝属性的伦理诠解

上帝（YHWH）是西方宗教（犹太教和基督教）中的创造宇宙的神，被视为宗教信徒至高无上的信仰对象②。但是，"（这是）哪一位上

---

① 〔英〕劳德斯：《康德与约伯的安慰》，张宪译，载刘小枫、陈少明主编《康德与启蒙——纪念康德逝世二百周年》，华夏出版社，2004，第65页。
② 被称为基督教徒信仰要点的"使徒信经"，首先就陈明："我信上帝，全能的父，创造天地的主。"实际上，就像麦格拉思所指出的那样，"基督教是以耶稣基督为中心的一种生活方式。理解世界的方式是这种生活方式的一个组成部分，包括如何（转下页注）

帝呢？这位上帝是什么样的呢？"①一般来说，为犹太教和基督教所理解的上帝是一位有位格的神，而不是一个抽象的无位格的理念。麦格拉思这样说："从旧约和新约关于上帝的用词中，可以清楚地知道这一点。例如，二者在描述上帝的属性和品格时，都使用了极为人格化的语言。上帝可以被说成是'信实的'和'慈爱的'（这些词汇直接意味着一种个人关系）。许多基督教作者指出，祷告者模仿了小孩子和父母的关系。祷告表达了一种亲切的关系，即'对一位有位格的对象的单纯信赖，他为我们所做的一切表明他完全值得信赖……而且，保罗关于耶稣死于十字架上的后果的一个最重要思想就是，这带来了'和好'。这一深刻的神学思想显然模仿了人类的人际关系。它意味着上帝与罪人的关系，因着信，发生了改变，就像两个人（或许是疏离的丈夫和妻子）重新和好一样。"②更进一步，上帝还被称为"父"，这意味着它的子民即人类来源于上帝，上帝爱人类，犹如慈父爱子。

除了从位格角度将上帝看作一位充满活力的神之外，还可以用诸如"简单性、非物质性、永恒性、无限性、完善性即荣耀等"这些"通常被认作人类理性把握神性本身的多种不同方式"来描述上帝；而更常见的方式，则是从神"与世界和造物的关系中思考上帝本性"，用类比的语言，"如神的因果性、全能、全在、全知、爱、公正和仁慈等"③，将上帝描述成一位伟大的绝对在者。

《理性与宗教信念——宗教哲学导论》的作者，用一章的篇幅（第四章　上帝的属性：上帝像什么？）讨论了传统一神论（犹太教、基督教和伊斯兰教）所秉持的上帝观念，按照作者们的观点，"一神论的上帝是一个超越的灵性存在，他是全能的、全知的、全善的"④。归之于上

（接上页注②）理解上帝的属性、人类的起源和命运、人死后彼岸世界。"所以，"基督教信经不仅陈述了上帝存在这一信念，而且开始阐发基督教对这位上帝的属性和品格的独特理解。"（〔英〕麦格拉思：《基督教概论》，马树林、孙毅译，北京大学出版社，2003，第199~201页）

① 〔英〕麦格拉思：《基督教概论》，第200页。
② 〔英〕麦格拉思：《基督教概论》，第201页。
③ 美国大不列颠百科全书出版公司编《西方大观念》，陈嘉映等译，华夏出版社，2008，第452页。
④ 〔美〕麦克·彼得森、威廉·哈斯克、布鲁斯·莱欣巴赫、大卫·巴辛格：《理性与宗教信念——宗教哲学导论》，孙毅、游斌译，中国人民大学出版社，2005，第11页。

帝的属性如下：第一，上帝是完美的与值得敬拜的。上帝是一切存在中的最伟大者，因为没有超越它的东西存在，故为绝对完美者，我们必须全身心地投入对它的敬拜。第二，上帝是必然的与自足的。这意味着上帝是"一个只依自身而立的存在；而且，只要它存在，那么，它在过去即永恒存在，并将在未来永远存在下去"。第三，上帝是人格化的、自由创造者。这意味着"上帝有知识与意识；上帝有行动；在其所做的行动上，上帝是自由的；并且上帝能够进入与人的关系之中，而不是只停留在自身"。故，"创造物的存在每时每刻都全然依赖于上帝"。第四，上帝是全能（all powerful）、全知（all-knowing）与全善（perfectly good）的。"所谓上帝的全能是指：上帝能做任何与逻辑相符，与上帝自己的本性相符的事"；而对"上帝全知的最明白的表述方法就是说：上帝知道一切，或者最好说：上帝知道一切真实的命题，因为只有真实的命题才能被知道"；至于上帝的全善，可以从两层意思上理解。第一层意思是，"上帝要在道德上值得敬拜的话，他必须能够作恶，虽然他事实上从不作恶"；第二层意思是，"上帝在本质上道德全善，他的本性如此，以至于他不可能做出道德错事来"。第五，上帝是永恒的存在。上帝始终存在，并将一直存在，上帝不受时间性限制。① 如中世纪哲学家奥古斯丁所说："你的岁月无往无来，我们的岁月往过来续，来者都来。你的岁月全部屹立着绝不过去，不为将来者推排而去，而我们的岁月过去便了。你是'千年如一日'，你的日子，没有每天，只有今天，因为你的今天既不递嬗与明天，也不继承着昨天。你的今天即是永恒。"②

无论对上帝的属性做出多么复杂的理解，一神论的宗教关于上帝属性的描述可以分成两类：指向超越层面的上帝的形而上学属性（绝对的完美存在者、人格化的自由创造者、永恒的存在者、全能、全善、全知等），和指代上帝伦理功能的道德属性（神圣、爱、公正、仁慈、信实等）。一神论者从形而上学层面描述上帝的属性给出信仰上帝的充足理由，从道德层面描述上帝的属性给出信仰上帝的必要理由。

---

① 〔美〕麦克·彼得森、威廉·哈斯克、布鲁斯·莱欣巴赫、大卫·巴辛格：《理性与宗教信念——宗教哲学导论》，第75~99页。
② 〔古罗马〕奥古斯丁：《忏悔录》，第11卷，第13章，周士良译，商务印书馆，1996，第241页。

在强调信仰功能的神学中，对上帝形而上学属性的描述为上帝行公义（道德功能的发挥）提供了哲学根据。只有首先对上帝的本性做出一种形而上学理解，才能将上帝这种值得全身心敬拜的对象置于一个更大的、救赎性的和启示的信仰语境中，使之真正成为必需的。因为，依照关于神学的信仰观点，上帝所具有的形而上学属性之所以对人具有吸引力，其最深层的原因可能来自这样一个信念：唯有存在这样一个绝对的存在者，才能将奖励与惩罚与一个公正的绝对意志联系在一起。这样，上帝就是一个拥有变易性特征的存在，而上帝作为"最真实的存在"就容易引起人们的怀疑，那么，上帝在世上行公义的道德功能就不能得到很好地实现。我们对上帝的信赖就是有条件的——它总是与惩罚的恐惧联系在一起，而对上帝的谄媚就成为人们最为常见的行为方式。如此一来，敬拜上帝的行为就很难在人身上发生培育道德意识之效果，反而会产生败坏人之德性的恶劣效应。以此观之，以信仰为主的神学对上帝道德属性的强调纯然出于确证实体性上帝的需要，也出于强化人对超自然神秘力量纯然信仰之需要。许志伟先生指出："一般来说，形而上的属性比较强调上帝的超越性（transcendence），道德性的属性则比较直接地描述上帝的临现性（immanence），但二者都与上帝的位格性没有冲突。通过上帝直接与人建立关系，人经历上帝的道德属性；但在人与上帝建立关系的过程中，人亦察觉到上帝有异于人的独特'位格'，一种超越人的形而上属性。"[①] 显而易见，上帝的道德属性是其形而上学属性的最好注脚，这样的上帝是神学家心目中的实体化的上帝，而不是哲学家心目中的哲学化的上帝。

康德强调神学的伦理意义，这决定了他对上帝属性的理解也是道德性的。由于康德一再强调，人类根本不可能从理论上确认真有一个具有上述属性的上帝存在，理性所能确信的是一个以理念形式存在的上帝——这个上帝不是犹太-基督教传统意义上的上帝，而是"哲学家的上帝"。也就是说，康德的上帝"不过是一个抽象的哲学概念"[②]。人类需要这样一个上帝不是为了谄媚它，盛赞对它的尊崇，并通过阿谀奉承、歌功颂德来祈求它的恩惠；人类是把它看作"心灵中的法官"，以一种

---

① 〔加拿大〕许志伟：《基督教神学思想导论》，中国社会科学出版社，2001，第47页。
② Stephen R. Palmquist, *Kant's Critical Religion*, Burlington: Ashgate Publishing Company, 2000, p. 140.

人类根本不知道,也根本不必要知道的方式,补充人类在道德活动中因为自身的脆弱所必然缺少的东西,并减弱对神学道德所提供的东西——宗教(基督教)福音方面的道德训喻——的依赖,以此凸显理性的道德信仰的优越性。"而道德上的信仰的优越性,正在于我们的一切努力都被集中到我们信念的纯洁性以及对一种端正的生活方式的责任心之上。"[①]因此,在道德上成善,并不取决于上帝做了些什么,而是取决于我们必须做什么。这就是说,只要我们谦恭地信仰上帝的意志,并且无条件地信赖上帝的意志,而不是好奇地试图去了解上帝如何造就了自己的作品,并以一种通灵的方式向上帝祈求一种来自它的超自然的物理力量,就可以圆成自己的在世幸福。这样,康德就型构出一个扬弃世上一切宗教训诫和道德劝喻的纯洁神学,上帝所具有的形而上学属性——全知、全能、全在(永恒)——由此就变成了一种可以被道德地解说的上帝的本质属性。康德在《判断力批判》第86节有一段集中的论述,他指出:

> 从元始存在者的因果性这条被如此规定的原则出发,我们将必须把这个存在者不仅设想成理智,设想成为自然立法的,而且也设想成一个道德的目的王国中的立法元首。与惟有在他的统治下才可能的**至善**相关,也就是说与服从道德法则的理性存在者的实存相关,我们将把这个元始存在者设想成**全知的**,为的是甚至意向的最内在的东西(这种东西构成了理性的尘世存在者的行动的真正道德价值)对它也不隐藏;把它设想成**全能的**,为的是它能够使整个自然都适合这个最高的目的;把它设想为**全善的**、同时又是**公正的**,因为这两个属性(**智慧**把它们结合起来)对于作为服从道德法则的至善的世界来说构成了它的一个至上原因的因果性的条件;此外在它那里还必须设想所有其余的先验属性,例如**永恒性、全在性**等(因为善与公正是道德属性),它们全都是与这样一个终极目的相关被预设的。[②]

由此可见,康德一直寻求将上帝设定为一种理智的神——它并不是

[①] 〔德〕康德:《致约翰·卡斯帕尔·拉法特》,载《康德论上帝与宗教》,李秋零编译,中国人民大学出版社,2004,第507页。
[②] 〔德〕康德:《判断力批判》,第463页。

一种威严的外在力量,通过改变人周遭的物理境况而影响人去改变自己的心理境况;它的存在不过让人类确信,人的道德的意志与在世的福分的联结是理性上必然的,道德的人只对作为道德实践的神有一种出于理性考量的无条件的信赖。对于不受时空限制的、无处不在的永恒的绝对来说,只有根据道德法则才能看到它的意志与功能的整体和谐。所以,"认同这点就等于同意康德说,在一切把神视为宗教对象的东西中体现出三种道德属性:神圣法则给予者和创造者;善的管理者和保护者;正义的审判者"[①]。康德在许多著作中都谈到上帝的这样三种道德属性,但在1791年发表的论文《论神义论中一切哲学尝试的失败》和后来整理出版的讲稿《哲学神学讲演录》(Lectures on Philosophical Theology)中,康德对上帝的三种道德属性给出了系统表述。

在《论神义论中一切哲学尝试的失败》中,康德指出,上帝作为创造世界的最高智慧,相对于道德上与目的相悖的东西(真正的恶,罪)相对于自然的与目的相悖的东西(灾祸,痛苦),以及相对于与目的相悖的东西(罪与罚的不相称),具有如下三种特性:

第一,与世界里面道德上与目的相悖的东西相对立,世界创造者作为**立法者**(造物主)的**神圣**。

第二,与理性的世间存在物的无数灾祸和痛苦相对照,世界创造者作为**统治者**(维持者)的**仁善**。

第三,与世界上放荡的人不受惩罚和他们的犯罪之间的不和谐所表现出的弊端相比,世界创造者作为**审判者**的**正义**。[②]

在《哲学神学讲演录》中,康德指出:

任何意图将客观实在性赋予道德责任的存在必定不受限制地拥有神圣、仁慈和正义之道德完善性。这三种属性构成了上帝整全的

---

① 〔英〕劳德斯:《康德与约伯的安慰》,载刘小枫、陈少明主编《康德与启蒙——纪念康德逝世二百周年》,第94页。

② 〔德〕康德:《论神义论中一切哲学尝试的失败》,李秋零译,载《康德著作全集》第8卷,中国人民大学出版社,2010,第260页。

道德概念。在上帝那里它们结合为一体,当然在我们对他们的表象中,它们不得不彼此区别开来。这样,经由道德,我们知道上帝是神圣的立法者,世界的仁慈维持者,和正义的审判者。①

就人类理性对上帝的理解——无论这种理解是出自理论理性,还是出自实践理性——来说,似乎可能将更多的属性赋予上帝。但是,从道德上看,毕竟只有神圣、仁慈和正义三种性质被赋予上帝。因为只有上帝才配称不受任何限制的唯一神圣者、唯一永福者和惟一智慧者②。这也就是说,将神圣、仁慈和正义三种性质赋予上帝,当作上帝的属性,是基于道德方面的考量。将宗教奠基在道德之上的建构原则决定了伦理神学关心的只是上帝的道德属性,这不仅因为,通过道德属性规定创造的最高智慧,透显出康德伦理神学(道德宗教)最根本的意图——神所造世界的最终目的,应当符合通过神圣意志而显示出来的神规定世界的实践性要求;而且还因为,通过道德属性规定创造的最高智慧,还能透显出上帝成为伦理神学对象的秘密——"与上帝的道德完善相对立,理性提出了许多有足够的力量将许多人带入歧途和落入陷阱的反对意见。正是由于这个原因,上帝道德上的完善性成为众多哲学研究的对象"。③由此看来,康德有着充分的根据将神圣、仁慈和正义三种性质视为指称着上帝之为上帝的属性,甚至可以把道德的上帝是否拥有这些属性当作衡量宗教之形而上学完美意义的标准。

在康德看来,这样三种道德属性共同构成了道德上的上帝概念。需要指出的是,这样三个道德属性代表着上帝不同的道德之实践性要求,它们绝不可以从其中的一个回溯到另一个,例如,从正义回溯至仁慈。这种用回溯方式为上帝的特性寻找根基的做法,只能将上帝概念弄得越来越狭小,干瘪到失去鲜活的生命力。与之相应,这样三种属性之间的位序也不是任意排列可以随意变更的。按照康德的说法,如果我们把仁慈放在神圣之前,把它当作创世的最高条件,让立法的神圣性从属于维系世界的仁慈,就会损害以道德上的上帝为基础建立起来的伦理神学

---

① Immanuel Kant, *Lectures on Philosophical Theology*, pp. 111-112.
② 〔德〕康德:《实践理性批判》,第138页脚注①。
③ Immanuel Kant, *Lectures on Philosophical Theology*, p. 115.

（道德宗教）。所以康德说："我们自己的纯粹理性（更确切地说纯粹实践理性）规定着这一顺序，如果立法甚至屈居仁善之后，就不再有立法的尊严和义务的固定概念了。人虽然首先期望幸福，但却发现并且满足于（尽管是不情愿的）配享幸福，即自己自由的运用与神圣法则相一致，在创造者的意旨中是他仁善的条件，因而必然先行于仁善。因为以主观目的（自爱）为基础的愿望，不能决定无条件地给意志以规则的法则所规定的客观目的（智慧）。——就连惩罚在正义的实施中也绝不是单纯的手段，而是作为目的在立法的智慧中建立的：逾越被与灾祸结合起来，这并不是为了得出另一种善，而是因为这种结合自身就是，即在道德上是必要的和善的。正义虽然以立法者的仁善为前提条件（因为如果他的意志不是旨在其臣民的福祉，那么，他也就不能使自己的臣民承担顺从他的义务）；但它却不是仁善，而是作为正义，与仁善有本质的区别，尽管包含在智慧的普遍概念中。因此，就连对缺少在人们此世分摊的命运中表现出来的正义所作的抱怨，也不是针对好人过得不**好**，而是针对恶人过得不**坏**（尽管如果让恶人过得好，对比还将加大这种不满）。因为在一种神的统治中，就连最好的人也不能把自己幸福生活的愿望建立在神的正义上，而是必须在任何时候都把它建立在神的仁善上，因为只是履行了自己责任的人，不能对神的善行提出合法的要求。"①

在《哲学神学讲演录》中，康德的相关思想得到了更为具体的阐释。从人的现实性出发，不容否认的是，人的本性与获取世俗的幸福更为接近。基于人的自然本性的感性满足是人能够最真切地感受到的、被称之为"幸福"的东西，为满足这种追求，人们自然而然地希望上帝的第一道德属性最好是仁慈——上帝的宅心仁厚是人获取幸福的依靠和希望。我们之所以把上帝的仁慈看作我们的希望和依靠，是因为上帝的仁慈表现为一种对他者的完全的、纯粹的爱。作为有限存在的人类有义务增进自己的幸福，追求自己的利益，但作为无限的绝对存在者，上帝自身没有任何主观的追求，它的仁慈完全与自己的福利倾向无关。上帝的仁慈表现为对他人福利的直接喜爱、无私的喜爱，因此上帝的仁慈是一种伟大的仁慈、真正的仁慈、完全的仁慈和纯粹的仁慈。但是，从理性

---

① 〔德〕康德：《论神义论中一切哲学尝试的失败》，第260~261页脚注①。

神学出发，基于实践理性的需要，我们却不能将上帝的仁慈置于上帝的神圣之上。因为，根据康德实践哲学的基本原则，人的幸福以上帝的仁慈为条件，而上帝的仁慈又以人的自由行动与神圣的法则相一致为条件。也就是说，根据以德配福的实践原则，人获取幸福不是取决于上帝为我们做了些什么，而是取决于人做了些什么。所以，实践理性必然要求人将幸福追求与遵守道德法则相协调而自由地引导自己的行为。由于道德法则只有受制于神圣的立法意志才具有尊严，所以立法的最高原则必须与神圣相伴随，它不仅不容忍任何恶习或者罪恶，而且也绝不会借助惩罚来表现自己的威严。就此而言，神圣是上帝的第一道德属性，而仁慈必然居于神圣之后。

如同仁慈以神圣为前提条件，正义则以上帝的仁慈为前提条件。理性引导我们把上帝看作是神圣立法者，但感性（特别是我们对幸福的特别偏好）却希望把上帝当作我们存身其中的这个世界的仁慈维持者。就像上帝保证我们把遵行道德法则看作一种特殊义务一样，上帝也会把保证我们的福祉看作是自己的一种责任。但是，由于幸福是一个特殊的概念，它必须根据追求幸福者的主观准则来确定。由于追求幸福者的主观准则千差万别，考量到不同主体之间的差异，为人赐福才是合理的。因此，只有将对幸福追求者主观价值预设的理性分析与统合体现在上帝对幸福的分派中，才能将上帝的正义实现出来。由此可见，正是上帝的神圣，保证了仁慈地为世人分配幸福的行为能够不折不扣地体现出上帝的正义。正义与仁慈一样最终还是需要以神圣为前提条件，才能完全将自身在世俗世界中实现出来[1]。

需要指出的是，上面所说的上帝的属性并不是通过经验向人们显示出来的，而是人们使用类比方法设想出来的。因此，在谈论上帝属性时，必须确立正确的立场并避免可能出现的误解。

需要正确的立场和必须避免出现的误解首先可以被表述如下：既然上帝的属性不能经验地向人们显示出来，那就意味着人们也不可能通过经验去认识上帝的属性；既然上帝属性是人们用类比方法设想出来的，那么，这就意味着人们只能通过这些属性设想上帝这个绝对存在者。因此，上帝

---

[1] Immanuel Kant, *Lectures on Philosophical Theology*, pp. 111-114.

就不是人们可以认识的对象,人们也不可能通过理论理性将这些属性赋予上帝。"因为这仅仅适用于我们理性的思辨方面的规定性的判断力,为的是洞察至上的世界原因就**自身而言**是什么。但在这里问题仅仅在于,按照我们认识能力的性状,我们关于这个存在者要形成什么概念,以及我们是否要假定它的实存,只不过是为了对于纯粹实践理性无须任何这样的预设先天地要求我们尽全力去实现的一个目的来说,仍然使之获得实践的实在性,也就是说,仅仅为了能够设想一种预期的结果是可能的。"①

需要正确的立场和必须避免出现的误解其次可以被表述如下:许多属性经常被人们误认为只归属于上帝,实际正如康德所言,"当人们赋予上帝种种不同的属性时,人们发现这些属性的性质也适合造物,只不过它们在上帝那里被提升到最高的程度罢了,例如力量、知识、在场、善等,被称为全能、全知、全在、全善等"②。因此,真正被归属于上帝的只有神圣、仁慈和正义三种属性,当它们归属于上帝时,不仅没有程度、大小之差别,而且它们是被用于表现上帝的道德品质的。

康德强调指出,惟其人们确立了如上的正确立场并消除了误解,才能形成对上帝属性的正确把握,否则人们就可能听凭思辨理性越界使用,将人们用设想的宾词描述的上帝实在化,将其理解为对上帝属性的客观规定——这样就会导致神人同形同性论,像传统神学那样将上帝理解为外在的、客观的超越存在,对自然和人类有着干预的能力。伦理神学要求我们以批判的态度对待最高的智慧,以拟人化的方式规定上帝,类比地描述上帝的属性,其意图不是要认识上帝的性质,而是借此来规定人们自身的意志。也就是说,"我们也必须假定**某物**,它包含着一种必然的道德终极目的的可能性和实践实在性亦即可实施性的根据;但是,按照期待从这个某物产生的结果的性状,我们能够把它设想成为一个智慧的、按照道德法则统治世界的存在者,而且根据我们认识能力的性状,我们必须把它设想为事物的有别于自然的原因,为的只是表达这个超越我们一切认识能力的存在者与**我们的**实践理性的客体的**关系**,并不因此就要在理论上把惟一为我们所知的这种因果性,即一种理智和意志,归于这

---

① 〔德〕康德:《判断力批判》,第 476~477 页。
② 〔德〕康德:《实践理性批判》,第 138 页注释①。

个存在者，甚至哪怕是把在它那里所设想的**就对我们来说**是终极目的的东西而言的因果性，作为在这一存在者本身里面的因果性，客观地与就自然（及其一般的目的规定）而言的因果性区别开来，而是只能假定这种区别是对我们认识能力的性状来说主观上必然的，而且对反思性的判断力有效，对客观上规定性的判断力却无效"①。

总而言之，有关上帝的属性的理论认识是不可能的，但却是可以在实践上加以规定的，也是康德纯粹义务论的道德实践所必需的。只有存在一个仁慈的上帝和行公义的神圣的上帝，人们在日常的道德实践中才愿意（根据自由意志）根据德福相配的原则规范自己的行为。就此而言，在神人关系中占据关键地位的神义论就必须重新解释。

第二节 道德智慧与神圣正义

神义论（Theodicy）或神正论是任何神学不能回避的问题，康德的伦理神学也不能例外。在神义论问题上，康德之前的哲学家多从神学角度为神义论提供哲学辩护，他们的理论称之为经典神义论。经典神义论的根本关注点是人的罪恶问题，目的是消除罪恶在世上的持续存在与上帝出于绝对的善意志要消灭一切罪恶的意愿之间的冲突与矛盾，或者换句话说，是在承认世间存在罪恶的前提下，运用思辨理性提出一种理论上可能的证明来证成上帝存在的逻辑必然性（上帝存在不单单是一种来自生活中的实践上的需要，而且是一种真理）②。显然，康德并不认同这

---

① 〔德〕康德：《判断力批判》，第477~478页。
② "Theodicy"一词，源自希腊语"theos"（神）和"dike"（公正、正确），从字面上讲，指的是神的公正。莱布尼茨首先提出这个概念。神义论问题缘起自希腊时代哲学家们就察觉到的完美性与恶之间的逻辑上的悖论，或者说，世界创造者之全知、全善、全能属性与现实世界中存在的不公正现象之间产生的不可避免性的冲突。而提出这个概念的初衷就是针对世界上存在的恶，从理论上或逻辑上为上帝的至善和公正做辩护。在西方思想史上，我们可以首先在柏拉图那里发现神义论思想的最初表达。柏拉图在其阐述他的宇宙论思想的著名对话《蒂迈欧篇》中，将一个善的创造者即神引入自己的哲学，尽管这个神不同于后来基督教所讲的那个大爱无疆、"无中生有"的位格神，但是这个神却是正义之神，是一个善的创造者，因而，柏拉图实际上已经表达出一种神正论思想。在《蒂迈欧篇》中，我们能读到这样的句子："就让我告诉你们这位创造者为什么要造出这个生成的世界。他是善的，没有一位善者会对任何东西产生妒忌；没有妒忌，他就希望一切都要尽可能地像他自己。这就是最真实意义上的（转下页注）

种神义论。在1791年发表的论文《论神义论中一切哲学尝试的失败》中，其标题就表明了康德对待经典神义论的态度。在康德看来，此前所有的神义论对神之正义的阐明都是哲学化的，是人的理性对由上帝意志所决定的意图的诠释，可以被称之为"教义式的神义论"。"教义式的神义论"对作为立法者的上帝意图的诠释是不可能的。这不仅因为人类理性本是一种有限的理性，而且还因为上帝的意志是一本"锁起来的书"，人类理性是打不开这本书的。因此，康德要求在神义论问题坚持一种批判的态度。也就是说，有关上帝的正义，人类能够采取的正确态度是，不要鼓动理性振翼飞越到自己无法进入的领域中去说三道四，而是要坦率地承认人类理性在认知上帝意图方面无能为力。因此，无论出自多么虔诚的意图，人类都没有理由掩饰理性的局限及不足，更不能出于粉饰自身思想和思考能力的优越而漠视思想的正直。

与"教义式的神义论"不同，康德主张一种"确实可信的神义论"。与"教义式神义论"相同，"确实可信的神义论"也主张世界是上帝的作品，是上帝意图的一种显示；但"确实可信的神义论"不认为人类理性能认识通过世界显示出来的上帝意图，尽管通过被造物显示出来的上帝意图总是经验地表现，可以被看作是经验的对象。作为一种神义论，"确实可信的神义论"与"教义式神义论"一样，也是一种对大自然的诠释；不过它不像"教义式神义论"那样，是从上帝意志所利用的表述方式（大自然的表现）与立法者（上帝）通常已为人们所知的意图相结合出发，推论出对上帝立法意图的诠释，而是将对神之正义的诠释看作

（接上页注②）创世的根源和宇宙的起源，而在这方面我们应当相信聪明人的证词。由于神想要万物皆善，尽量没有恶，因此，当他发现整个可见的世界不是静止的，而是处于紊乱无序的运动时，他就想到有序无论如何要比无序好，就把它从无序变为有序。"（《柏拉图全集》第三卷，王晓朝译，人民出版社，2003，第281页）中世纪哲学家奥古斯丁对神义论问题进行过系统论述，在《论自由决断》（De libero arbitrio）中，奥古斯丁指出，恶是自由意志的代价。上帝出于仁慈，创造一个没有恶的世界，但上帝知道，如若人类不能自由地生活便无幸福，于是，出于智慧，上帝允许人过自己的生活。因此，人的恶行所显明的罪责只属于人自己的责任，罪责不能归于上帝。但是，奥古斯丁也指出了"只有当人在自己的意志决断中服从作为至善的上帝时，他才能拥有自由"。（参见张荣《自由、心灵与时间——奥古斯丁心灵转向问题的文本学研究》，上篇，江苏人民出版社，2011，第40~80页）张荣教授在这本著作中对奥古斯丁的神义论思想做出了详尽的分析讨论，读者若想进一步了解奥古斯丁的神义论思想，请阅读此书。

是立法者自己所作的诠释。也就是说,"确实可信的神义论"作为一种对神之正义的理性表述,诉诸的是"一个道德上的和睿智的本质的上帝",它建立的是一种道德有神论（moral theism）的神义论。这种神义论的旨趣不是神学,而是伦理,恰如德国哲学家卡西尔所言:"康德体系在总体上并未将宗教哲学接纳为一个完全独立的部分……康德并不具备施莱尔马赫后来要求宗教哲学要具有的那种有效性,对他来说,其宗教哲学只是对其伦理学的确证,只是其伦理学的推论结果。'纯然理性界限内'的宗教……除了纯粹道德,并不具有本质内容;它只是从另一个不同角度对纯粹道德的内容进行了详细阐述并给它穿上一种符号化的外衣……纯粹理性宗教向纯粹道德宗教的转变是必须的。"①

为了证成自己对神义论的伦理诠释,康德需要从两个方面做工作:第一,对经典神义论的哲学辩护进行检视;第二,阐释"确实可信的神义论"之基本义理。

一 经典神义论的哲学辩护及其检视

如前所述,神义论中恶与上帝的善的意志之间矛盾,主要体现为创世的智慧与解读创世智慧的理性之间的冲突。在神义论中,智慧隶属于上帝,因而被称为至上的最高智慧,它是上帝创世意志的一种属性,它表明上帝创世的智慧行动最终必然指向一个至善的终极目的。因为,被创造世界的罪恶事实上并不像我们通常所理解的那样存在,而且,恶的存在也能够为上帝所预见并得到其确保。因为,上帝作为拥有绝对主权的神,它本意上允许善与恶的存在;它之所以允许恶存在,就是为了通过恶的存在来荣耀自身②。与智慧相对应,神义论中的理性主要是指人

---

① E. Cassirer, *Kant's Life and Thought*, trans., James Haden, New Haven and London: Yale University Press, 1981, pp. 381~385。
② 莱布尼茨在他的著作《神义论》中谈到了这个问题,他指出:"人们可以将恶理解为形而上学的、形体的和道德的。形而上学的恶在于纯然的不完美性,形体的恶在于痛苦,**道德的恶在于罪**。虽然形体的恶和道德的恶并非必然,但它们藉助永恒真理却是可能发生的,这也就够了。由于这浩瀚的真理区域包含着一切可能性,所以,必然存在着无限数量的可能的世界,恶必然会进入其中的一些世界,甚至其中最好的世界也必然包含着一些恶。这便是上帝所规定的:容许恶。"（[德]莱布尼茨:《神义论》,朱雁冰译,生活·读书·新知三联书店,2007,第120页）至于上帝为什么会（转下页）

的理性。人有理性就能够理解上帝创世的伟大,理解上帝如此安排世界秩序的巧思睿智。另一方面,人作为有理性的存在,一种模仿上帝的存在,亦因此有权能去检视各自出自理性的对上帝的叙说,特别会联系所处世界中的种种不如意的事件(特别是那些与上帝仁慈而智慧地创造这个世界的神圣目的相背反的事实)而对上帝心生抱怨。康德将这种抱怨称之为理性基于世界上与目的相悖的东西对创世的最高智慧的抱怨,他也是从这个角度定义神义论的。康德说:

> 人们把神义论理解为针对理性从世界上与目的相悖的东西出发,对世界创造者的最高智慧提出的抱怨而为这种最高智慧所作的辩护。①

可见,神义论做的是"捍卫上帝的事情",也就是要为上帝创世的智慧做出辩护。按照康德的分析,"要作出这种辩护,就要求自封的上帝辩护人**要么**证明:我们在世界上判定为与目的相悖的东西,其实并不与目的相悖;**要么**证明:即便是那么回事,它也不必被判定为所作所为,而是必须被判定为出自事物本性的一个不可避免的结果;最后**要么**证明:它至少不必被看做所有事物的最高创造者的所作所为,而是必须被仅仅看做能够有所归咎的世间存在物、即人的(充其量还是更高级的、善的或恶的、精神性的存在物的)所作所为"②。这样三种辩护策略都不是出自辩护者的情感,而是出自辩护者的理性,因此是通过研究种种对上帝创世智慧提出的怀疑与责难,并通过澄清和清除这些怀疑与责难而实现辩护目的的。由于康德将神圣、仁慈和正义看作是上帝的三种属性(传

(接上页注②)容许恶,莱布尼茨的回答是,上帝代表了最高的善与神圣的正义,并为人创造了一个最好的世界。上帝是唯一完满的存在,而上帝的创造物在完满程度上与上帝无法比拟,因此上帝允许不完满即恶在被创造物那里存在。另一方面,上帝为被创造物引入恶,也是为了避免最大的恶和为了实施他的仁慈与正义,进一步,通过善与恶、正义与不义、完满与不完满的对立,以及用善克服恶,用正义克服不义,用完满克服不完满,反而能够实现上帝的伟大与正义。但还需要想说明的是,莱布尼茨虽然承认上帝引入了恶,但他主要是说上帝引入的是形式的恶,而非实在的恶,因此,上帝引入的是恶生发的可能性而非实实在在的恶本身。

① 〔德〕康德:《论神义论中一切哲学尝试的失败》,第258页。
② 〔德〕康德:《论神义论中一切哲学尝试的失败》,第258页。

统神学也将它们看作是上帝所具有的最重要的三种属性），相应地，康德所指出的世上与创造者的智慧相对立、与目的相悖论者也有三种类型：

第一，"绝对与目的相悖的东西，既不能作为目的也不能作为手段被一种智慧认可和追求"。

第二，"有条件地与目的相悖的东西，虽然不是作为目的，但却是作为手段而与一个意志的智慧共存"。

第三，"与目的相悖的东西，即世界上的犯罪与惩罚的不相称"①。

康德指出，第一种类型是道德上的恶，是一种与人的伦理本性相悖的真正的恶。这种恶源自人类邪恶的伦理品性以及受其支配而必然发生的邪恶行为，如渎神、伪善、贪欲、偷盗、奸淫、战争等。第二种类型的恶是与目的相悖的自然的形而下的东西，也就是身心所经受的源自自然因素的苦难或者恶，如地震、山崩海啸、饥荒疾病等。第三种类型的恶是与对恶的正义惩罚缺失联系在一起，也就是善因没有结出善果，而有的恶行不仅没有得到惩治，反而得到世俗福利的奖赏。在此种情况下，"苦难在任意地、无益地、因此不公平地发生。它似乎只是胡乱地与过去的惩罚和未来的灵魂锻造相联系。痛苦和不幸似乎无格式、无意义地降临在人身上，而不是服务于一个积极的目的；苦难常常是不应得的，并常常以这样的数量发生——超出任何道德上的准备"②。

综合对比三种类型的恶，相应于第一种类型的恶，对神的第一种控诉和抱怨针对的是上帝的神圣："如果上帝是神圣的且憎恨恶，那么作为所有有理性者所痛恨对象且为一切理智所厌恶的恶来自何处"③？相应于第二种类型的恶，对神的第二种控诉和抱怨针对的是上帝的仁慈："如果是仁慈的且意愿人们幸福，那么世界上的不幸（ill）——它是每一位遭遇其的人所憎恨的对象，且构成生理厌恶的根据——来自何处"④？对神的第三种控诉和指控针对的是上帝的正义："如果上帝是正义的，那么世界上恶与善的不相称的分配如何而来"⑤？

---

① 〔德〕康德：《论神义论中一切哲学尝试的失败》，第259、260页。
② 〔美〕约翰·希克：《上帝与信仰的世界：宗教哲学论文集》，王志成、朱彩虹译，中国人民大学出版社，2006，第54页。
③ Immanuel Kant, *Lectures on Philosophical Theology*, p. 115.
④ Immanuel Kant, *Lectures on Philosophical Theology*, p. 115.
⑤ Immanuel Kant, *Lectures on Philosophical Theology*, p. 115.

经典神义论针对上述三种控诉和抱怨，为上帝的创世智慧进行了哲学辩护。康德逐一检视了经典神义论提出的哲学辩解，并基于伦理神学的道德本位立场，提出了自己的批判。

经典神义论对第一种控诉和抱怨的哲学辩解，核心是为上帝的神圣辩护。这个辩护通过突出人与神（上帝）在智慧、本性、理性的能力等方面的差别来为上帝的圣洁辩护。在经典神义论看来，道德上的恶作为导致世界（作为神的作品）变得如此丑陋的原因，也就是人们对神的意志之神圣性多有诟病的原因，只要注意到人的智慧、本性、理性的能力等方面与上帝的差别，那些因为完全逾越理性的纯粹法则而导致的绝对与目的相悖的东西就没有存在的空间。这也就是说，一切绝对与目的相悖的东西，只在人的有限智慧中存在。经典神义论的哲学辩解具体地体现在以下三个方面。

首先，从人的智慧与神的智慧差异角度看，逾越理性纯粹法则而导致的伦理上的恶，是相对于人的智慧而出现的一种绝对与目的相悖的东西，神的智慧完全按照人类智慧不能理解的规则行事，对规则与事实之间的关系进行判定。因此，在人类的实践理性上没有合理性，因而应当受到谴责的东西，可能恰好切合神的智慧和最高目的，并且对于人的特殊福祉和世界的美善来说，又是一种最佳的实现手段。故而，世俗之人一定要明白，"至高者的道路不是我们的道路（sund Superis sua iura [上苍自有其律法]），如果我们把只是相对于人在此世是律法的东西完全判定为这样一种律法，并且把如此低劣的立场出发在我们对事物的考察看来与目的相悖的东西也当做从最高的立场出发看来与目的相悖的东西，我们就会犯错误"①。

其次，由于人在本性方面的局限——人不能像至高的智慧者那样有着全知、全能、全在和全爱的特殊本性，而是一个受制于特定时空之中的有限存在。因此，人不仅必须接受恶在世界中现实存在这一事实，而且也没有理由要求上帝制止现实存在的恶。人的有限性决定了人只能接受有限而不完满的现实，而恶的现实存在无碍于上帝的伟大与智慧、仁慈与公正。

---

① 〔德〕康德：《论神义论中一切哲学尝试的失败》，第261页。

第三，再退一步，即使人们承认，世界中现实地存在恶，人由于自己的有限性，必须为自己的不道德行为所产生后果负责任，也不能将恶的存在归咎于上帝。上帝并没有意愿或承认恶，更不会希望或促成恶。上帝引入善，是出于一种睿智的原因——借恶显善，以避免最大的恶，实施他的仁慈与正义。如果恶的引入无助于更高的善的实现，上帝就会终止恶。

经典神义论对第一种控诉和抱怨的哲学辩解，具有明显的形而上学意味，其辩解的重点是恶的形而上学本性以及恶与上帝是否有着根本性的关系。经典神义论通过人和上帝的根本区别（涉及智慧、本性、意志、理性能力等诸多方面），将恶与世俗智慧联系在一起，并将恶的现实性与人的有限本性联系在一起，强调恶对至善的昭示以及由此显示出来的救赎意义。

康德基于人本主义立场对这种辩解提出了批评，归结起来有两个方面。一个方面是，如果经典神义论的辩解是基于必须承认人的智慧与神的智慧有区别的话，那么，任何对话讨论在理性上就没有必要。对这样一种辩解不需要任何反驳，只需提出这样一种主张——任何一个对道德稍有感情的人，都不会接受这种显然低估人的智慧的辩解，就达到了反驳的目的。另一个方面是哲理上的反驳。康德指出，既然经典神义论将道德上的恶归咎于人的本性的有限性，那么，恶的根据就不能再用人的本性有限性来解释，因为上帝创造出的就是一个不完满的存在，这个不完满的存在必然有不完满的行为，因此也就没有理由将这种不完满的行为称之为道德上的恶，只能称之为灾祸。而灾祸的原因显然不在人的有限本性之中，它只能在事物的本质之中，而不能归咎于人性。康德批判的合理性只能基于立场的转换（从神本到人本）才能理性接受，这也是康德在道德和宗教领域所有革新性做法的预设前提。

经典神义论对第二种控诉和抱怨的哲学辩解，核心是为上帝的仁慈辩护。这个辩护将痛苦理解为幸福生活的必要部分，甚至是享受更大幸福（或者永福）的前提，重新解释了恶与善之间的条件关系。在经典神义论看来，尽管人在世界中的生活充满了艰辛、不如意和灾祸，但不可否认的是，痛苦的生活总会给人的灵魂带来谦卑、敬畏和自我反思，并伴随着对神的感恩而走向对神的智慧、仁慈和正义的直接的、毫不动摇的坚信。因此，自磨难开始新生似乎是人走向全善的幸福生活的必然路径，这种信念被具体化为生活的经验，构成关于上帝仁慈的三个理由。

第一个理由所诉诸的生活经验是，如果人们觉得在日常生活中痛苦多于幸福，恶相对于福祉在生活中占据更大的比例，那么，为什么人们愿意活着而不愿意去死？为什么没有痛苦的死亡对人没有吸引力，反倒是充满了不幸和灾祸的生对人有着强烈的吸引力呢？康德的表述有些晦涩，但不难理解。他这样说："在人们的命运中，被错误地假定了灾祸对生活的惬意享受占优势，因为每一个人，无论他的情况多么糟糕，都更愿意生而不愿意死；少数决定赴死的人，甚至在他们还在自己推迟它的时候，也还总是在承认那种优势；即便他们足够愚蠢地赴死，在这种情况下也不过是要转移到无知无觉的状态，在这种状态中同样不能感觉到痛苦。"①

第二个理由所诉诸的生活经验是，在人这种被造物中，痛苦的感觉联系着人的动物性造物的本性，而后者因其与本能和欲望直接相关，在感受性上，总会让人感觉到惬意的快感弱于痛苦的感觉——正所谓"人生不如意十之七八"是也。

第三个理由所诉诸的生活经验是，上帝所允诺的幸福是一种未来的幸福，而不是现世的幸福。上帝的仁慈表现在，他保证只要人能够经受住当下的痛苦生活的磨难，就可以在未来享受上帝赐予的永福。所以，人生在世的一个使命就是，"在那个值得期望的极大的永福之前，绝对必须先有当下生活的一个艰难的、痛苦的状态，在这种状态中，我们正应当通过与可恶的东西斗争来配享那未来的美好"②。

康德对第二种辩解的批评，基本采用了经典神义论阐述自己的辩解所使用的论辩方式，即诉诸于生活经验。针对第一个理由，康德反问道，如果有来生，人们会愿意再回到这样一个痛苦不堪的世界中生活吗？答案是否定的，如果有重生，一个有健全理性的人一定希望生活在一个惬意快乐的世界中。针对第二个理由，康德反问道，"既然生命按照我们正

---

① 〔德〕康德：《论神义论中一切哲学尝试的失败》，第262页。
② 〔德〕康德：《论神义论中一切哲学尝试的失败》，第263页。

确的估计对于我们来说并不是值得期望的,我们存在的创造者为什么要让我们获得生命呢?"① 针对第三个理由,康德机智地用将其纳入自己的理论理性批判所确立的认知原则中加以检视。他指出,即使我们把今生的痛苦生活给予自己的历练看作是享受上帝允诺之永福的前提条件,即使我们承认上帝没有义务满足人类,让人类在自己生命的每一个时期都享受上帝赐予的幸福,但是,人类可以相信经受住今世痛苦生活考验,来世会获得极大的永福,但这种确信却不能被认识到,从而成为一种有客观必然性的真理。"因此,人们当然可以通过诉诸这样期望的最高智慧来斩开这个死结,但不能解开它"②。

康德批评的合理性与经典神义论提出的辩解理由的合理性,同样都是一种信以为真。实际的论证效力和批评有效性取决于各自的立场选择以及支持自己立场选择的背景知识系统,这并不是一道非此即彼的选择题。

经典神义论对第三种控诉和抱怨的哲学辩解,核心是为上帝的正义辩护。这个辩护通过诉诸良心法庭、恶对善意志的辩证强化以及正义的未来补偿(来世报应),来纾解因现实中正义的惩罚与恶行之间经常表现出来的不协调现象。上帝正义的缺位是现实伦理生活的一个严重事件,设想在这个现实世界中,罪恶的行为总是得不到惩罚,而善举却屡屡遭受恶行的践踏,这个世界还会给人以希望,鼓励人们践履德行,追求至善吗?于是,人们自然会因为恶人和恶行得不到惩罚而抱怨上帝缺乏正义,因此,经典神义论必须要为上帝的正义提出辩护。

经典神义论提出的第一种辩护针对的是这样一种现象:现实世界中的恶得不到应有的惩罚,这是否是上帝缺乏正义的证据?经典神义论并不认为这种现象证伪了上帝的正义。在经典神义论看来,如果把上帝对恶的惩治由外在的惩治变成内在的良心负担,那么,我们就会看到,"世界上恶人不受惩罚的借口是没有根据的;因为每一件罪行根据其本性在这里都已经带着惩罚,良知的内在谴责要比复仇女神更厉害地折磨恶人"③。

---

① 〔德〕康德:《论神义论中一切哲学尝试的失败》,第263页。
② 〔德〕康德:《论神义论中一切哲学尝试的失败》,第263页。
③ 〔德〕康德:《论神义论中一切哲学尝试的失败》,第264页。

经典神义论提出的第二种辩护是这样的：虽然在这个世界上过失和惩罚之间并不存在绝对的一一对应关系，人们也经常看到不义在世界中流行，但同时，人们发现生命的终点往往指向幸福生活。所以，尽管世上有许多不如意的事情，尽管恶没有得到应有惩罚而令人沮丧，但生命对幸福生活的追求是一种没有道德意谓的自然而然的事情。在这个过程中，人与可恶的事情做斗争，这是自身德性的一种召唤。正是在与不义和苦难作斗争的过程中，人提高了自己的德性价值，"从而面对理性把生活无辜的灾祸的不谐和化解为最美妙的道德和谐"①。

经典神义论提出的第三种辩护，将上帝的正义实现的希望引向未来。康德说："在这个世界上所有的福祉或者灾祸都必须被判定为从按照自然法则运用人的能力中产生出来的结果，与人们被运用的技巧和聪明相称，但同时也与人们偶然地陷入的处境相称，却不是根据他们与超感性目的的一致；与此相反，在一个未来的世界里，将出现事物的另一种秩序，每一个人都分有他的行为在尘世间按照道德判断所值的东西。"②

康德对第三种辩解的批评着墨最多。针对第三种辩解中的第一种辩护，康德指出了它的一个明显的误解，即让有道德的人将自己的心灵特征借给了恶人。因为，良知只属于有道德的人，而恶人则昧了良心，因而恶人绝不会像有道德的人那样，听从良心而对违背道德法则的行为加以自责。恶人往往会因为自己的恶行逃避了正义的惩罚而暗自高兴，并因此而嘲笑有道德的人的自责与自省。如果说恶人有时也会自责或自省，那也是因为他的这种装腔作势的良心发现会换来他唯一感兴趣的感官享受，并且这种感官愉悦对于补偿他因良心自省所付出的代价绰绰有余。

针对第三种辩解中的第二种辩护，康德对经典神义论提供的论证进行了剖析。他指出存在于这个论证中的矛盾：按照经典神义论提供的论证，如果说灾祸的存在是为了磨砺人的德性，那么上帝就一定会在人的生命抵达终点时，根据人的德性对善行进行奖励，对恶行进行惩罚。但是，人们看到的情况并不总是如此，而相反的情况亦不少见，这说明上

---

① 〔德〕康德：《论神义论中一切哲学尝试的失败》，第264页。
② 〔德〕康德：《论神义论中一切哲学尝试的失败》，第265页。

第三章 伦理的神义论

帝给人以苦难不是为了历练人的德性，使得以德配福成为必然，反倒是上帝因为一个人道德上纯洁而让他经受苦难。上帝的这种行为正义吗？因此，这种辩护并不令人信服。

第三种辩解中的第三种辩护，将落实上帝正义的希望寄托于未来，康德认为这种希望并不合理。按照康德的观点，理性是根据自然法则预测未来的；在这个世界上，事物必然按照自然法则安排自己的进程，这一点在未来世界似乎也理应如此。因此缘故，"……按照自然的秩序，在遵循自由法则的意志的内在规定根据（即道德思维方式）和我们遵循自然法则的幸福的（绝大部分是外在的）不依赖于我们意志的原因之间，根本不存在可理解的关系，所以，人的命运与一神的正义的协调一致，按照我们关于正义形成的种种概念，无论在哪里都很少能期望，这种猜测依然存在"①。

康德对第三种辩解的批评与他的批判哲学所倡导的哲学原则最为契合，实然与应然、所能认识的与所能思维的差异以及经验与超越的区别，构成了康德批评立场的基本逻辑。

总起来说，康德非常不满意经典神义论的教义式哲学辩护。在他看来，经典神义论为上帝的神圣、仁慈和正义所提供的哲学辩解，并没有兑现自己的承诺，即针对从这个现世世界的种种经验中发现的、对统治世界的至上者的道德智慧的诘难的解答，证明这些经验并无碍于上帝的伟大与智慧。当然，从经验中提升出义理以便为了从哲学上消解对上帝的神圣、仁慈和正义的质疑，这在理性上也不可能。对于至上者的最高智慧以及这种智慧在世界中的仁慈而公正的体现，人类并没有一种理性方面的认识能力，也就是说，"我们的理性绝对没有能力认识**一个世界——无论我们如何借助经验认识它——与最高智慧处在一种什么样的关系中**"②。因此，所有一切认识神性智慧的道路都被堵死了，唯一剩下的是一条否定性的智慧，即认识到思辨地为上帝的最高智慧提供认知式辩护是理性的一种狂妄，我们的思辨理性能够通过自然神学只能达到一种艺术智慧的概念。理性真正能够完成的辩护只能出自实践理性的道德

---

① 〔德〕康德：《论神义论中一切哲学尝试的失败》，第265页。
② 〔德〕康德：《论神义论中一切哲学尝试的失败》，第266页。

概念，也就是说，"我们还有一个关于可能由一个最完善的创造者置入一个世界的**道德智慧**的概念"①。但是，在感性世界中，这种艺术智慧和道德智慧能否实现和谐一致的统一性，理性既不能认知，也没有希望获得此种认知，只有具备认识超验世界能力的存在才能拥有此种认识能力，并根据认知得来的知识认识上帝的创世的道德智慧。人不是能认识超验世界的存在，所以人必须断绝自己认识上帝最高智慧的念头，一劳永逸地将认知上帝之争端消除掉。如此一来，为上帝辩护就成为实践理性的任务。我们必须从实践理性出发，设想道德的上帝的属性，为上帝的神圣、仁慈和正义辩护，这也是神义论唯一可行的方式。这样成立的神义论就是康德所谓的"确实可信的神义论"。

二 "确实可信的神义论"

"确实可信的神义论"是康德所倡导的神义论。这种神义论将道德上的上帝和有着睿智本质的上帝认信为必然的和先于一切经验的绝对者。正是凭借这种理性理念，上帝的公义及其神圣和仁慈的本性自行显现出来，因此可以说，在"确实可信的神义论"那里，"上帝乃是凭借我们的理性自己成为他通过创造宣布的意志的诠释者；而这种诠释我们可以称之为**确实可信的诠释**"。但是，这种确实可信的诠释"并不是一种**推论的**（思辨的）理性"诠释，"而是一种**掌权的**实践理性的诠释，这种实践理性就像它不用其他理由就在立法中完全是发号施令的一样，可以被看做上帝的直接声明和声音，通过它，上帝赋予自己的创造的字母一种意义"②。

康德认为，《圣经·约伯记》是"确实可信的神义论"最好的寓意式表述。《约伯记》是《圣经》智慧文学中重要的一个部分，有关《约伯记》的主题，历来众说纷纭。有人认为《约伯记》主题是"苦难"，讲述的是一个善良的人③遭受极度痛苦的故事；有人认为《约伯记》的

---

① 〔德〕康德：《论神义论中一切哲学尝试的失败》，第266页。
② 〔德〕康德：《论神义论中一切哲学尝试的失败》，第267页。
③ 《圣经·约伯记》开篇言明："乌斯地有一个人名叫约伯；那人完全正直，敬畏神，远离恶事。他生了七个儿子，三个女儿。他的家产有七千羊，三千骆驼，五百对牛，五百母驴，并有许多仆婢。这人在东方人中就为至大。"可见，约伯生活富裕，子孙满堂，可谓有德有福之人。（参见《圣经·新旧约全书》（神版），第484页〔伯第1章〕）

主题是"信心"，苦难只是故事的一部分，而不是重心所在——《约伯记》的目的是说明上帝是谁，信仰者应对上帝存有怎样的信心；有人认为《约伯记》的主题是"上帝的形象与作为"，通过对上帝形象和作为的描述，揭示上帝与人之间的关系。此处康德关心的是约伯故事所蕴含的伦理（神学）意旨，解读上帝的公义及其他属性。康德解读突出了两个方面的意识：第一，约伯的思与行表明，他拒绝"善因结善果、恶缘造恶业"式因果报应信仰，对自己的朋友们所笃信的因果律——上帝"赏善罚恶"，表明它与人类行为（事件）之间存在着必然关联——不屑一顾。他坚信苦难的原因不一定缘自人的罪恶，上帝不必然服膺于因果律。这意味着约伯拒绝功利地建立与上帝的关系。第二，约伯的思与行还表明，他可以抱怨自己命运，也可以对上帝的公义表示怀疑，但约伯自信自己守义不谲，坦荡虔诚，听凭自己良心的指引，对虚伪的信念深恶痛绝，绝不容忍①。这意味着约伯将对上帝的信仰当作一种诚心侍奉、躬行践履的认信理论，"需要心的端正、真诚和虔敬的忏悔，清掉人所有的怀疑和毫无感觉的虚假信念"②。

就第一方面的意识来说，约伯的信仰磨难之旅证明了人类理性不可能在自然秩序（实践理性上表现为因果报应）中体认出上帝的伟大与智慧，上帝的伟大和智慧是以一种神秘不可知的方式运作在信者的苦难之中的。按照康德的分析，约伯一直在与他的朋友们所坚持的因果报应信仰作斗争，虽然约伯对自己所突然面对的灾祸毫无准备。作为一位有良心的义人，约伯只是知道他要面临什么样的痛苦，但对痛苦的来源及其产生原因却一无所知。彰显在已知（知道痛苦）和未知（不知为何遭受痛苦）之间的紧张加剧了约伯的痛苦，信仰合理性问题随之凸显出来，需要得到辩护。显然，把自己遭受痛苦的原因归之于上帝对自己所犯"罪恶"的惩罚是最为简便的方法，约伯的朋友就是坚持这种识见。他

---

① 《圣经·约伯记》第27章记录了约伯所说的这样的话："约伯接着说：'神夺去我的理，全能者使我心中愁苦。我指着永生的神起誓：（我的生命尚在我里面，神所赐呼吸之气仍在我的鼻孔内）我的嘴决不说非义之言；我的舌也不说诡诈之语。我断不以你们为是，我至死必以自己为不正。我持定我的义，必不放松。在世的日子，我心必不责备我。愿我的仇敌如恶人一样'，愿那起来攻击我的，如不义之人一般。"（见《圣经·新旧约全书》（神版），第499页［伯第27章］）
② 〔英〕劳德斯：《康德与约伯的安慰》，第96页。

们认为，根据理性的正义性，约伯所遭受的痛苦来自自己的恶行；上帝是正义的，他必然是因为约伯的罪而惩罚约伯，约伯必须为自己的罪责担承责任，尽管约伯在道德上是一个高尚的人。但约伯则不认同朋友的解释，他强调自己是无罪的，并起诉上帝对他的随意惩罚。在约伯看来，自己的所说如所思，而与此相反，"他的朋友们所说的，如同他们被更强大者暗中窃听一样，他们正在裁决这位更强大者的事情，凭借自己的判断讨他的欢心，对他们来说要比真理更受关切。他们维护自己本来必须承认一无所知的事物，只是为了装装样子，他们伪装出一种自己事实上并不具有的信念，他们的这种狡诈与约伯的坦率形成了非常有利于后者的鲜明对比，约伯的坦率如此远离虚伪的阿谀奉承，以致几乎接近于放肆"①。也就是说，约伯并不在自己的话语中加上功利性的理性考虑，而是直接用近乎赤裸的良心和良知向上帝倾诉自己的痛苦，发泄自己的不满，但同时也表示了对神的无条件的意旨体系的真心赞同。所以，在康德看来，约伯出自真心，道德品行优异的他找不到自己遭受苦难的根由，他在痛苦中对自己的信仰产生怀疑并进而怀疑上帝的正义是再正常不过的事情。而对信仰和上帝怀疑，某种意义上显示了约伯信仰的本质，这也正是约伯让人尊重的地方。借用劳德斯的话来说就是，"约伯之所以'受到尊敬'，是因为他能够看到在自然秩序中存在的有害的和可怕的事物，它们似乎并不与根据智慧和善作出筹划的观念相符合。就算整体确实有一种'秩序'，它与道德秩序之间的联系仍然是不清楚的"②。

就第二个方面的意识来说，约伯的信仰磨难之旅证明了人的信仰绝对不能建筑在对上帝的理性知识之上。信仰依赖着人的绝对自由，与人的善良意志相关，是良心引导下的自由信仰，通过道德行为被见证。职是之故，按照康德的分析，约伯之所以得到上帝的赏识，就是因为他具备了让上帝欢喜的品质：约伯谈论上帝，但这种谈论只是基于自己的良心；约伯对上帝的伟大和智慧、仁慈和正义深信不疑，但这种相信是一种印证（见证），它凭借的是自己的道德品质和道德行为，而不是凭借

---

① 〔德〕康德：《论神义论中一切哲学尝试的失败》，第268~269页。
② 〔英〕劳德斯：《康德与约伯的安慰》，第81页。

理性的认知。所以，我们首先看到，上帝因为约伯基于良心的信仰而眷顾了他，并向约伯展示了自己深不可测的智慧。上帝向约伯展示了自己造物的奇妙，被造物美好的一面，上帝通过创造的目的所体现的仁慈与智慧在美好的被造物那里清楚地显露出来。当然，上帝也让约伯看到了恐吓的一面，向约伯显示自己的权能与智慧所具有的威严一面，在恶的被造物那里，可以看到与最高智慧所安排的普遍计划相悖的情形，被造物的存在有悖于创造的目的，对于世界的秩序而言是一种破坏性力量。上帝的意识是清楚的。上帝与人不同，他是借助一连串的问题让约伯明白一个道理：人根本没有资格向上帝发问。就此而言，约伯的痛苦只有不加粉饰才能为上帝所欢喜，因为约伯的愤怒恰恰证明，他没法理性地理解内心虔诚的他为什么还要遭受痛苦（上帝的遗弃）。当约伯领受了上帝的教诲之后，约伯承认，"我知道你万事都能做，你的旨意不能拦阻。谁用无知的言语使你的旨意隐藏呢？我所说的是我不明白的；这些事太奇妙是我不知道的。求你听我，我要说话；我问你，求你指示我。我从前风闻有你，现在亲眼看见你。因此我厌恶自己（'自己'或作'我的言语'），在尘土和炉灰中懊悔"①。上帝的意愿恰好是人的良心的正直，所以上帝悦纳了约伯，而对约伯的朋友做出了诅咒，因为后者对不理解的事情轻率发言，不像约伯那样是按照良心来谈论上帝。"因此，不是认识上的优势而是心灵的坦诚，直言不讳地承认自己的怀疑的正直不阿，对在人们感觉不到的时候，尤其是不面对上帝的时候（在上帝面前这种狡诈就荒唐无稽了）伪装信念感到厌恶，只有这些禀性才是在约伯这个人身上决定在神的裁决中一个正直的人相对于宗教上的马屁精的优势的东西。"②

由此可见，上帝对约伯的特殊眷顾，并不是从理性角度化解约伯对上帝伟大与智慧的无知，而只是训导他，不要在上帝的仁慈与正义问题上陷入理性的推论谬误之中。上帝对约伯的悦纳以及对约伯朋友的训斥表明，上帝的伟大与智慧、仁慈与正义对于有限理性的存在者来说，是被隐匿在理性之外的。约伯的经历告诉人们，必须堵死思辨地认识上帝

---

① 《圣经·新旧约全书》（神版），第 508~509 页 [伯 42：1~6]。
② 〔德〕康德：《论神义论中一切哲学尝试的失败》，第 270 页。

的仁慈与正义这条依靠思辨理性接近上帝的道路,"对约伯来说,只有救苦救难的上帝的**不可把握性**是显而易见的。人应当在这之上建立他的虔诚的信仰,即使他什么也不理解,而且最终还不得不去死:这是一种在具体的苦难中不论多么困难也要坚持到底的态度"①。坚持这种态度,就意味着要在信仰者本人的道德的伦理实践中接近上帝,获得上帝的愉悦。由此可见,约伯以自己的道德践履证明了道德不是建立在信仰之上的,相反,是信仰建立在道德之上。换句话说,上帝的仁慈和正义只能通过道德实践得以印证。

至此,可以对康德的"确实可信的神义论"做个总结了。与前此借助思辨理性对上帝的意图进行推论式诠释的神义论不同,康德的神义论主张对上帝的伟大与智慧作实践理性的诠释:既不为获得上帝的奖赏而行谄媚之事,也不为规避上帝的惩罚而做虚伪之举,更不能对上帝的意图做无知的揣度——这些行为及其由行为反映出来的态度为上帝所厌恶,因为它们代表着虚伪狡诈和谵语妄言。约伯见证上帝伟大和正义的事例证明,人类理性是不能从自然秩序所显示的目的性中辨认出上帝的伟大与智慧、仁慈与正义,思辨理性也不能在伦理智慧中认知到上帝的伟大与智慧、仁慈与正义。上帝的超验隐秘超出人类有限的理性能够发挥认知作用的范围;人类需要的是正直地做、坦率地思,人类只能通过自身的道德品质和伦理行动来印证上帝的伟大与智慧、仁慈与正义。理论上的这种无助恰好反证了实践性见证的必然性,在《康德与约伯的安慰》一文中,劳德斯将康德"确实可信的神义论"称之为"本真的神义论"。在他看来,这种神义论关乎真诚地去说,展现在各种诱惑面前被寻求的心灵本质,这使得康德将神义论建立在实践理性基础上的信念更加坚定。劳德斯指出:

> 这种信念来自使他的道德经验对自己变得更为清楚的语言,似乎终究依赖进一步的坚信——一个人要敢于赋予上帝的"爱"以意义。正是他在1794年论末世论的文章里,他提醒自己的读者注意,

---

① 〔瑞士〕汉斯·昆:《上帝与苦难》,邓晓芒译,载刘小枫主编《20世纪西方宗教哲学文选》,上海三联书店,1991,第903页。

第三章 伦理的神义论

基督宗教旨在促进对义务遵守的热爱并且引出这种热爱。它既不需要奴役，亦不需要无政府状态，而是需要为自己赢得"人的心灵，由此人的理解借助他们的义务法则概念得以最好的澄清。人通过最终意图的选择所感受到的自由，造成了他们爱的合法性价值"。这种就人方面而言的爱，已经被康德解释为"从人自己的自由选择和法则的赞同中得出的服从（做人子的义务）"。①

总而言之，康德要求从实践智慧上将神义论证明为确实可信的。这种神义论一方面拒绝了从理性思辨角度对上帝的神圣、仁慈和正义理论规定的可能性，要求人们坦率地承认理论理性在认识上帝问题上的无能，另一方面它又指出了信仰上帝的真正方式——以坦诚的心灵、正直的行为和纯洁的自由意志取得上帝的认同。其中，坦诚的心灵最为康德所看重。康德所强调的心灵坦诚，指的是对自己视之为真的东西承认和表白的真诚性。也就是说，一个人尽管在认知能力上有欠缺，可能会将假的、错的认知为真的，错误地理解了判断中对表述和被表述者之间的关系，但是，只要这个人对错误的认知或者判断的认同是出自内心的，是他通过将自己的表述放在自己的良知上进行过拷问，的确是自己视之为真的东西，哪怕他的表述是错误的，也无碍于他的真诚。可见，真诚与认知无关，真诚相关于良知、信念和事实上的坦诚相信。换句话说，我相信的有道理的东西，在判断中出了错误，这是做判断的知性出了错。而我事实上相信的东西，它的道理是在我的意识中，是我的信念的结果，那么，即使我在知性上的判断是错误的，但我依然是真诚的。所以康德说："在意识到这种相信（或者不相信）、不伪称没有意识到的视之为真的谨慎态度中，所包含的正是这种形式的良知，它是真诚的基础。"② 他对上帝本性的认信就是建立在这种真诚基础之上的。在宗教问题上的不真诚是与这种态度相反的一种态度，康德将其称为"谎言"，并指出信仰上的谎言是最违法的谎言，因为它将损害每一次道德决心的基础，即正直。而建立在谎言基础上的认信，就是一种盲目的和外在的认信，这种外在

---

① 〔英〕劳德斯：《康德与约伯的安慰》，第97页。
② 〔德〕康德：《论神义论中一切哲学尝试的失败》，第271页。

的认信很容易与一种同样不真实的内在认信达成一致。如果这种不真实的外在认信和内在认信又和一个人的谋生诉求结合在一起，它们就会"逐渐把某种虚伪带入甚至一般人的思维方式"之中，结果就会导致正直远离人性。因此，康德呼吁，每一个人保持自己思维方式的襟怀坦白，诚实、单纯的敦朴和直率是人对于一种好性格能够提出的最低要求，"一个正直的、远离一切虚伪和积极掩饰的性格的确立"，包含着某种动人的和升华灵魂的东西①。倘若人们能够在思想自由保护下，公开地对谎言和不正直宣战，净化自己的思维方式，那么，在神义论上的一切谬误将会被剔除的一干二净②。在从这种意义上说，与其说"确实可信的神义论"确立了诠释上帝之仁慈和正义的实践方式，不如说它确立了人真正走近上帝的方式，那就是像约伯一样，把谄媚上帝和内心忏悔视为一种犯罪，向上帝敞开胸怀，对上帝无条件地信赖。我们在康德致友人的一封信中可以读到这样的文字，它很好地印证了我在上面所做出的分析，兹引述如下：

> 我把道德上的信仰理解为对神助的无条件信赖。任何一个人，只要他有一天向道德上的信仰敞开自身，就不会需要历史上的辅助手段，自动地相信道德上的信仰的正确性和必然性。当然，不这样敞开自身，就不会自动地达到这一点。现在，我坦率地承认，关于历史上的东西，我们的新约作品从未能具有某种威望。我们可能还在非常信赖地把自己交付给这些作品的每一行文字，从而使自己减弱了对惟一必要东西的注意，即减弱了对福音的道德上的信仰的注意。而道德上信仰的优越性，正在于我们的一切努力都集中到我们信念的纯洁性以及对一种端正的生活方式的责任心之上。③

---

① 参见〔德〕康德《论神义论中一切哲学尝试的失败》，第 270~274 页。
② 从这些论述中可以看出，康德本人对自己所提出的理性批判原则是多么地重视，他要求在思维所及的一切方面，都必须保持理性的真诚性，拒绝理性的狂妄和自大，防止理性的僭越使用。认识到自己的无能及其界限是走向真诚的开始，也是接近真理的不二法门。在伦理神学即将完成自己的系统论述之前，康德再一次向我们重复了上述原则，岂能不发人深思吗？
③ 〔德〕康德：《致约翰·卡斯帕尔·拉法特》，载李秋零编译《康德论上帝与宗教》，中国人民大学出版社，2004，第 506~507 页。

神义论不是康德伦理神学的核心问题，但绝非不重要。它对上帝正义性的实践确证表明，康德在神学问题的所有方面都致力抽掉神学传统中固有的神秘性质。

第三节　从伦理神学到道德宗教

康德的伦理神学建构了一种新的宗教神学，这种神学不同于西方传统神学即基督教神学，它来自另外一种谱系，甚至可以说它开创了一种新的宗教神学谱系。

传统神学以上帝为中心，其关注的问题与神的恩典相关，在认信上帝以超越的方式必然存在并对人类具有无可争辩的主宰力前提下，倾力诠释上帝为人类所实施的救恩行动，说明上帝如何通过自己的救赎行动将人类带向其所指定的神圣秩序中去。因此，在传统神学那里，上帝的必然存在是这种神学能否成立的最为关键的基础性命题。这里的"必然存在"指的是哲学语境中的逻辑必然性，移植到神学中，即意味着不受限制的上帝是这样一种存在：它的反面即上帝"存在"不存在是不可想象的，亦在逻辑上是自相矛盾的。也就是说，上帝作为超越时间的绝对在者，在逻辑上它自身就自然蕴含着存在属性。当然，有关上帝存在的这种论证主要是一种认信，而不是一种认知。也就是说，上帝存在实际上与人的理性认识无关，人们根本不关心是否对上帝有确实可信的知识，只是关心信仰者是否全然委身或投入对上帝的敬拜之中，表现出一种敬畏与仰慕的态度。正如黑格尔所言，信仰，就"其主观方面，知者，其原因在于：自我意识在其中不仅从理论上知其对象，而且**确信**之，犹如确信客观存在者和唯一真者，并从而在这一信仰中扬弃其自为存在，——这一自为存在在其对于自身的形式的知中获致真。既然信仰应被规定为精神关于绝对精神的见证（Zeugnis）或**对真之确信**（Gewiβheit），这一关系在对象与主体之差别方面则蕴涵**中介**——在**其自身中**"①。可见，支持这种认信上帝存在的理由是信之为真的信仰命令，而非认之为真的理性律令。

---

① 〔德〕黑格尔：《宗教哲学》上卷，魏庆征译，中国社会出版社，1999，第 163～164 页。

康德的伦理神学则以人类的实践理性为中心，论证一种把道德义务当作上帝诫命勤勉遵行的神学（宗教）的可能性。这种神学不再关注神及其神性、神与人类及宇宙的关系、宗教教理以及有关神明的相关事物等问题，而将关注的目光投向被称之为真正信仰的神学，即那种把善的生活当作侍奉上帝、让上帝喜悦的纯粹道德义务的神学，且追问并论证这种神学的道德奠基何以可能。更为具体地说，康德的伦理神学所要解决的主要问题是以证成上帝存在的道德证明为核心建构伦理神学的理性正当性，为此，康德把传统神学的神本形而上学转换为理性批判的伦理形而上学。在批判的视域内，上帝观念对于人的意识来说不再是超越的实体性存在，而仅仅是理论理性的界限概念和实践理性的公设。当然，康德这样做的目的绝不是要从人对世界的理解以及人在世界中的实践行动中清除掉上帝概念，而是要转变对上帝存在的论证方式，从而改变神学和宗教的存在方式。这种改变典型地表现为对宗教与道德传统关系的颠倒：不是道德需要宗教，而是宗教只有建立在道德基础上才能获得理性上的合法性。康德如是说：

> 对于人的灵魂能力的批判研究，其进一步的发展提出的自然而然的问题是：理性关于宇宙、因而我们自己以及道德法则的创造者的那个不可避免的、而且不可抑制的理念，既然任何理论根据就其本性而言都不适用于加固和保证那个理念，它或许也有一个有效的根据吗？由此产生上帝存在的那种如此美妙的道德证明，它对每个人来说，哪怕他不愿意，也必定私下里是清晰的和充分的证明。但是，从由它所建立起来的关于一个世界创造者的理念中，却最终产生出关于我们的一切义务的一位普遍的道德立法者的理念，这个立法者就是我们固有的道德法则的作者。这个理念给人呈现出一个全新的世界。人感到自己被创造是为了另一个王国，这个王国不同于感官和知性的王国，亦即人被创造是为了一个道德王国、为了上帝之国。他认识到自己的义务同时是神的诫命，而且在他里面产生出一种新的知识、一种新的情感，亦即宗教。[①]

---

① 〔德〕康德：《学科之争》，第 72~73 页。

第三章 伦理的神义论

以"三大批判"为中心，通过系列著述，康德系统检视了伦理神学建构中所涉及的诸多问题，除由道德导出宗教的理性根由之外，主要有：上帝存在的道德论证以及论证限制的阐释、关于上帝的"视之为真"的"知识"类型、上帝的属性以及神义论批判，等等。其中，对伦理神学建构最具有奠基意义、对传统神学最具有颠覆意义的观点，则是康德提出的关于上帝存在的道德证明——甚至可以说，康德的证明开出了一种新的神学谱系。如兰特哈勒所指出的那样，康德的法哲学和历史哲学在历史中完成人作为终极目的之基本尊严的充分实现，而综观来看，康德的实践哲学还应有一个宗教的向度，希求在朝向未来的希望中实现人作为终极目的的基本尊严。所以，"人在实践当中必然倾向于确信'自由实践的最后目的和创造的最后目的必须协同一致'，并在希望之光中确信上帝的存在，虽然此一上帝的基本性质仍对人而言是不可思议的，因此，经由人的目的性行动所指向的信仰建立了实践的信仰和伦理神学"[1]。

伦理神学作为实践信仰的表达系统，其理论旨趣显然是道德的而非神学的，因此它与人的道德化生存密切相关。但是，需要注意的是，伦理神学只是联系着人类伦理化生存的最后目的的讨论人类伦理生活的目标指向，它为这样的道德原则提供价值保证：对任何人来说，知道上帝为拯救人类可以做什么或者已经做了什么既不重要也不必然，对人重要的是，人做了什么可以希望以德配福实现至善。这意味着，伦理神学既不能提供"救赎的福音"，也不能提供规范人类道德行为的律令，更不能提供行为具有道德性的理性根据[2]。伦理神学只是为涉及人类伦理生活之终极目的的实现提供来自实践理性的证明，因此，伦理神学的理论旨

---

[1] Rudolf Langthaler, *Kants Ethik als "System der Zwecke"*, Berlin, 1991, SS. 296 – 297、321 – 322。转引自赖贤宗《康德、费希特和青年黑格尔论伦理神学》，桂冠图书公司，1998，第 73 页。

[2] 自由才是人的行为具有道德性的最终根据，不仅如此，自由作为一种理性事实，还是保证能够获得关于上帝存在和灵魂不死之信念知识的根据。康德认为，沿着理论道路不能证明上帝存在和灵魂不死之意图，沿着道德道路即自由概念道路则能成功，"其根据如下：在这里，在这方面作为根据的超感性的东西（自由），通过从它那里产生的一种确定的因果性法则，不仅成就了其他超感性的东西（道德的终极目的及其可实现性的条件）的知识的材料，而且还作为事实阐明了它在行动中的实在性，但也正因为此，它不能提供别的任何证明根据，而只能提供在实践的意图（它也是宗教所需要的惟一意图）中有效的证明根据"。（〔德〕康德：《判断力批判》，第 496 页）

趣主要是基础论证，目的是要建构一个有着坚实根基的神学形而上学，证成建立在神学基础上的实践理性的道德信仰。康德指出：

> 应当由我们来实现的最高的终极目的，即我们惟独因之才能够甚至配得上是一个创造的终极目的的东西，则是一个对我们来说在实践的关系中有客观的实在性的理念，而且是事物；但是，由于我们不能在理论方面为这个概念取得这种实在性，它就是纯粹理性的纯然信念之事，与它一起的还有上帝和不死，它们是我们按照我们的（人类的）理性的性状惟有在其下才能思维我们的自由的合法则应用的那种效果之可能性的条件。但是，在信念之事中的视之为真是纯粹实践方面的视之为真，也就是说，是一种道德信念，它不为理论上的纯粹理性知识证明任何东西，而只为实践上的、针对其义务的遵循的纯粹理性知识作证明，而且根本不扩展思辨或者按照自爱原则的实践上的明智规则。如果一切道德法则的至上原则是一个公设，那么，这些法则的最高客体的可能性，从而还有我们在其下思维这种可能性的条件，也就因此而被一起公设了。这样一来，这种可能性的知识对于这些条件的存在和性状来说，作为理论的认识方式，就既不成为认知也不成为意见，而只是在实践的，并且为了我们理性的道德应用而要求如此的关系中的假定而已。①

基于神学的道德信仰的证成是理性做实践使用所必需的，虽然这种信仰只是一种实践上的视之为真的知识。但是，由于这种道德信仰不仅对实践理性的践行者具有主观有效性，而且作为信念之物在实践上又具有客观实在性，因而它能够被落实到宗教之中，通过宗教所提供的伦理功能实现出来。按照哈贝马斯的说法，"康德宗教哲学诞生于批判宗教的启蒙精神，它听起来首先像是世俗的理性道德（Vernunftmoral）摆脱神学羁绊的那种自豪的独立宣言"②。这个"自豪的独立宣言"真正要摆脱的是神学对道德的控制，或者说是要摆脱神学对人的行为道德性的神学

---

① 〔德〕康德：《判断力批判》，第491－492页。
② 〔德〕尤尔根·哈贝马斯：《在自然主义和宗教之间》，第177页。

解释（神学作为一门宗教实践学科，它将人完全委身于上帝所施行的救恩，以及将遵守仪礼教规的实践生活理解为判定行为道德性的标准），而主张将宗教的伦理功能放在意志所追求的整体性终极目的之上，以便把意志的整全对象建构为德性与幸福的先验综合，从而将人的义务（责任）行动统摄到希望的形而上学理想之中，开辟出分析人类实践意图的宗教伦理路径，打通从实践到希望的理性路途。利科对康德的观点有过精到分析。在他看来，康德对其哲学中第三个问题即"希望"问题的解决，"从纯粹理性的辩证论，到实践理性的辩证论，再到宗教哲学"，形成一个包括三个环节的序列，而"希望之第三种合理的逼近，是宗教本身的逼近，但却是纯然理性界限内的宗教的逼近"。它表明，"理性作为实践理性，要求完满；但是依据期待和希望的方式，理性相信一种完满在其中会变得确实有效的秩序的存在。因此，通过那从实践需要到理论公设、从要求到期待的运动，已近接近宣教希望了"①。这就是说，当希望的实现要求上帝出场，而上帝的出场保证了实现之希望可以被合乎理性地添加到义务意识之上时，神学就突破单纯从理论上理解和赞美上帝存在的阶段，而进入通过道德行动而完成自我救赎（个体的去恶迁善）和类的解放（建构完成善原则统治的伦理共同体）历程中，上帝信仰变成走向终极目的的感召。在这种感召中，实践理性的信仰传递给人们的是一种喜讯，它将上帝的救赎福音与人类的义务行动结合起来，宣告出一种可望在上帝见证下得以实现的至善愿景。康德这样说："道德法则命令，要使一个尘世中可能的至善成为我的一切行为的最终对象。但是，除非通过我的意志与一个神圣的和仁慈的世界创造者的意志一致，我就不能希望去造成这个至善；尽管在作为一个整体的至善概念中，最大的幸福与最大程度的道德的（在造物中可能的）完善性被表象为以最精确的比例结合在一起的，**我自己的幸福**就一并包含在其中，但毕竟不是幸福，而是道德法则（它毋宁说把我对幸福的无限度追求严格地限制在一些条件上），才是被指定去促进至善的那个意志的规定根据。因此，即便道德，真正说来也不是我们如何使得自己幸福的学说，而是我们应当如

---

① 〔法〕保罗·利科：《解释的冲突——解释学文集》，莫伟民译，商务印书馆，2008，第507~513页。

何**配享**幸福的学说。唯有当宗教出现时,也才出现我们有朝一日按照我们曾关注不至于不配享幸福的程度来分享幸福的希望。"① 由此可见,正像阿多诺所指出的那样,康德从启蒙的角度批判基督教神恩选择的概念,同时又想从哲学上拯救神恩的内涵②,从而将宗教所蕴含的伦理功能充分阐扬出来。如此一来,康德所描绘的至善愿景既具有经验效果,又是超经验的理性事实,它构成了康德道德宗教致力实现的目标。这个目标的设定促使康德将致力生活转向善的宗教和努力为人祈求福祉的宗教区别开来,这样,"康德的道德哲学和宗教哲学也还给新教神学提供了通向哲学取向的第三条道路"③,康德的宗教哲学也就从伦理神学过渡到了道德宗教。

---

① 〔德〕康德:《实践理性批判》,第137页。
② 〔德〕T. S. 阿多诺:《道德哲学的问题》,谢地坤、王彤译,人民出版社,2007,第115页。
③ 〔德〕潘能伯格:《神学与哲学:从它们共同的历史看它们的关系》,第226页。

第二部分

道德宗教

第四章　道德宗教的任务与实践取向

从伦理神学到道德宗教，绝不单单是概念术语间的转换，正是在这种转换中康德宗教关怀所指涉的主题发生了改变。如果说，在伦理神学中，康德的宗教关怀主要是通过对历史上存在的种种神学进行批判考察，并致力依据道德的实践理性为神学与宗教奠基；那么，在道德宗教中，康德则着重考量宗教的伦理功能，系统地展示已经得以论证的伦理神学以及在伦理神学之上建构起来的道德宗教的基本原则和道德实践，并在意志追求整全完满的存在之期望中进入走向至善的希望进程，最终实现人在个体意义上和在类意义上的绝对自由状态。自本章开始，康德通过道德宗教所表现出来的宗教关怀成为我关注的中心，首先要解决的问题是，康德道德宗教的旨趣、它的思想资源、它作为一种信仰形式的特殊性以及道德宗教的主题及其任务等。

第一节　道德宗教的旨趣

在"三大批判"和《纯然理性界限内的宗教》中，康德一再强调道德是宗教的基础，真正的宗教必定强调宗教的伦理功能，因此需将"道德"二字冠在"宗教"之前，称之为"道德宗教"。这意味着，虽然不能把康德的道德宗教化约为道德哲学，将其看作道德宗教的注脚，但不能不承认，道德宗教自身必须存在于道德之中。道德不仅是宗教成立的根据，而且是宗教发挥效用的场域。康德在《伦理学讲演录》中这样说："如果道德被详细说明，它的概念把我们带到对上帝的信仰。从哲学的观点看，信仰并不意味着相信某人具有启示，而是来自健全理性的运用。信仰来自道德的原则，如果它是实践的，它是如此的有力，以至于不需要思辨根据，从道德感情中析取它。因为在道德中，它是最纯粹的意向的事情。"①

当然，道德宗教还是一种宗教，尽管它着力的方向是实践理性的伦理功能。但绝不能把道德宗教看成康德伦理学的第二种表达即第二批判所阐述的道德哲学的一个附录。康德哲学研究中持这种观点的人不在少数，潘能伯格就是其中的一位代表。在《神学与哲学：从它们共同的历史看它们的关系》中，他说过这样的话："尽管康德的哲学发展是由一种神学动机规定的，亦即由他对上帝的崇高的旨趣以及由此对一个恰恰就其独立性而言有限的和偶然的世界的旨趣、对一种受制于感性经验的理性的旨趣规定的，但他的哲学在结果上却与他的主导意向完全相反，使理性的自我和经验意识脱离了与上帝的任何结合。由于对上帝信仰的道德哲学新论证的失败，这种结果就变得更为令人瞩目了。实际上，如黑格尔后来针对他所指责的那样，康德把有限的自我当作经验的绝对基础来对待，由此违背他自己的意愿用有限的自我取代了上帝。"② 新康德主义马堡学派代表性人物卡西尔持有与潘能伯格相类似的观点。他认为，康德的宗教哲学不过是伦理学的注脚，是其伦理学思想发展的一个必然结果。人们在其宗教思想中看不到别的，只会看到道德内容。③ 潘能伯格和卡西尔的观点都过于看重康德道德宗教中的世俗化和哲学化取向，而忽略了康德对神圣因素在道德哲学中独特功能的特殊强调。当康德说道德必然导致宗教时，他是想用"把道德义务理解为上帝的诫命"命题，取代"把上帝诫命当作道德义务"命题，从而倒转宗教与道德关系，在信仰优势消失的启蒙时代为宗教的必然存在提供理性根据。这个理性根据就是，宗教只有履行道德功能才能在理性家族获得合法身份。可见，尽管道德宗教在内容上是道德取向的，但其实现方式却一定是宗教式的。也就是说，道德宗教一定是一种通过信仰方式成就的道德哲学；换句话说，道德宗教不过是神学在道德上的运用，神学所讨论的内容在道德宗教中自然不可缺少，并且在其内部占有着重要的位置。所以，若想对康德的道德宗教做出切合先验哲学要求的理解，必须回到康德关于

---

① Immanuel Kant, *Lectures on Ethics*, trans., Peter Heath, London: Cambridge University Press, 1997, p. 96.
② 〔德〕潘能伯格：《神学与哲学：从它们共同的历史看它们的关系》，第 216~217 页。
③ 请参见本书第 129 页，在那里我引用了卡西尔本人的一段话，它清楚地阐明了此种观点。

神学和宗教的相关论述上，从厘清神学与宗教的区别入手，研判道德宗教的旨趣，对其任务做出诠释。

在前面的论述中，我所分析的神学主要是康德的伦理神学。事实上，在康德宗教哲学中，有关神学的论述颇多，涉及神学学科本身、先验哲学视域中的神学与道德关系、神学与宗教的差别等问题，这些问题对于理解和诠释康德的宗教哲学有着重要的意义。对于这些问题，研究者应该投入更多关注。

在《学科之争》中，康德系统论述了神学（确切说，应称之为传统神学）与哲学的区别，并给出了神学的主要特征。在康德看来，与哲学不同，（传统）神学是信仰的领域。它不是建立在理性基础之上，而是将自己对神学或者神学教理的阐发建立在经书之上，因此，（传统）神学不仅接受一种外在权威（神圣的或世俗的权威，包括以文本形式出现的权威）的支配，而且还总是寄希望于一种超越经验与理性的启示真理，以便借助神恩得到信仰的真理。就此而言，（传统）神学并不是一门自足的学科，也不是一门具有内在的自我满足特征和内在的自身价值的学科，（传统）神学的价值取决于一个神圣的绝对他者，同时也取决于它自身动员、维持信众的能力，以及它所提供的解放力量所拥有的最终实现人之救赎的可能性愿景的现实性。据此，可以从三个方面归纳神学的特征：第一，（传统）神学是基于信仰建立起来的学科，它对信仰对象（上帝）和基本教理的论证与辩护，完全建立在神学学者们对于宗教经典（如基督教的《圣经》）所拥有的那种不可证明或者不可解释的神圣的宗教情感之上。这种神圣情感源自对信仰对象的内心敬重，属于一种不可言说的神秘情感，因此更不可能公开地讲述给民众，感化民众以坚定其信仰。神学家相信神圣权威，民众相信神学家，（传统）神学从事的是"信"的教诲，而非"知"的探究，只能诉诸情感，决不能掺杂半点理性成分，否则，根本不精通神学教理和信仰事务的民众，不仅不会因为追问"神圣教理的合理性"而纯洁自己的信仰，反倒"会被卷入多管闲事的苦思冥想和怀疑之中"[1]。所以，基于神圣情感的传统神学只要求民众信赖神学家或神学教师，而无需动用自己的理性。第二，然而，

---

[1] 参见〔德〕康德《学科之争》，第20页。

尽管（传统）神学家有着讲授或者公开讲述传授神学教义和宗教信仰的权利，但是他们绝没有根据自己的理性解释神学教义和信仰教理的权利，更不能理性地质疑教义，按照理性要求对神学教义做出诠释。他们可以拥有的权利就是基于信仰的至上原则阐述神学教义的道德意义，更确切说，就是在信仰的指导下赋予神学教义以道德意义。康德这样说："——圣经神学家也不可能有权利把一种与表述并不确切吻合的意义加给《圣经》的箴言，而只能有权利把一种道德的意义加给它，而且既然没有一个由上帝授权的人间解经家，所以圣经神学家必须宁可指望通过一种导入一切真理的精神来超自然地开启理解，也不允许理性混杂其中，做出自己的（缺乏一切更高的权威的）解释。"① 第三，（传统）神学将人能够谨遵至上者的神意而将自己的意志置于神的诫命之下的原因归结为人所领受到的神恩，而非人的本性及人的道德能力。神恩是一种超自然的道德恩惠，对于这种人所能够领会到的神的恩典，人不是依靠自己的纯粹的理论理性加以认知并进而分享到神恩，且因为这种分享而巩固了对神的信仰。对神的神圣恩典的领受"只能凭借一种内在地转变心灵"来实现。民众正因为这种心灵转变而感受到神恩，以至于可以虔诚地期待从神恩那里获得信仰的力量②。

《哲学神学讲演录》对神学的阐释与《学科之争》中的阐释大同小异。在该书的"导言"部分，康德首先提出"什么是神学？"然后回答："它是我们关于最高存在者的知识系统。普通知识如何与神学相区别？普通知识是集合性的，在其中一物被置于另一物之旁而无须考量联结和统一。在一个体系中，全部法则理念贯穿始终。上帝知识的体系不涉及所有上帝的可能性知识，仅涉及人类理性在上帝中遭遇到的知识。上帝中的一切知识乃是被我们称之为原型的知识，这种知识只能在上帝那里才能找到。在人类本性存在的那部分关于上帝的知识体系，被称之为摹本的知识，它有着特有的缺陷。然而，它形成一个体系，理性所提供我们的所有洞见都可以得到统一的考量。"③

---

① 〔德〕康德：《学科之争》，第20页。
② 参见傅永军等《宗教与哲学：西方视域中的互动关系研究》，山东大学出版社，2014，第267~270页。
③ Immanuel Kant, *Lectures on Philosophical Theology*, trans., Allen W. Wood and Gertrude M. Clark, Ithaca and London: Cornell University Press, 1978, p.23.

第四章 道德宗教的任务与实践取向

综合康德在《学科之争》和《哲学神学讲演录》中的论述，可以看出，康德把神学理解为一种关于上帝的形而上学思想系统，这种思想系统的核心是言说上帝，即言说一切现实东西的创造性本原，就其本性、可能性及其存在的价值与意义做出阐释。换句话说，这种阐释以对上帝的神圣本性的研究为主脉络，展示"神赦免与更新有罪人类的救赎行动"，涉及"神与神的自我启示、耶稣基督的位格，以及其他许多与救恩相关信念的省思"[①]。

当然，康德也指出，神学对上帝的言说既有理性化的言说，也有借助启示的神秘言说。在《学科之争》中，康德通过比较哲学学科和神学学科的差异，就特别强调神学与超自然启示的关系，即强调人类理性必须借助超自然的启示才可能获得关于上帝和神圣秩序的知识。这样，在康德那里，神学的谱系就非单一，至少从起源角度——神学要么起源于纯然理性，要么起源于启示——可以将神学区分为"理性神学"和"启示神学"。如果说神学就是一种将个人肩负的责任视为上帝旨意的信仰的话，那么，将人对责任的认识建立在对神圣启示的认识基础之上的神学，就可以被归入启示神学，而将人对神圣旨意的认识奠基在对责任的理性认知基础之上的神学，就可以被归入理性神学。在康德哲学看来，启示神学显然不具有理性方面的根据，因而也就不具有普遍的有效性。相比较而言，起源于理性的理性神学似乎经得起理性法庭的拷问，因而颇受倾向于哲学化宗教的思想家们的青睐。艾伦·伍德就认为，康德信奉的就是理性神学。

然而，艾伦·伍德的观点还需要仔细甄别。总体上说，康德信奉理性神学并无不妥，但是考虑到康德对理性神学所做出的进一步的细分，艾伦·伍德的说法就过于浮泛与轻率了。从康德本人的论述中可知，他将理性神学又分为三类：先验神学、自然神学和道德神学（即伦理神学）。先验神学起源自独立于一切经验的纯粹理性，它按照"先验哲学"的基本原则处理神学问题，从先验性概念或者先验条件的角度思考上帝的神圣本性，获取关于上帝的知识。先验神学又可以被区分为两种神学：

[①] 〔美〕奥尔森：《基督教神学思想史》，吴瑞诚、徐成德译，北京大学出版社，2003，第1页。

本体论神学和宇宙论神学。本体论神学尝试仅借着理智来证明上帝存在的逻辑必要性，它借助将上帝定义为绝对完善的超越存在，是一切可能性的最高原则，从而证成上帝的必然存在；宇宙论神学则诉求于宇宙万物存在的必然性关系，从所见事物的因果性存在即所有事物及事件存在都有肇始因，而不可能自我肇始这一存在事实出发，追溯出奠基宇宙之因果系列必然存在的第一因，这个必然是自我肇始的第一因就是上帝。康德将中世纪哲学家安瑟尔谟视为本体论神学的代表，将莱布尼茨和沃尔夫视为宇宙论神学的主要代表。而自然神学则指的是将神学建立在自然理性基础上、从自然目的论中推论出上帝存在的神学。关于自然神学，我在第二章已经有过较为细致的讨论，这里就不再重复，只是强调一点，在康德那里，自然神论者原则上也就是信奉先验神学的人[①]。

康德又把先验神学和自然神学合称为思辨神学，意在突出这两种神学重视对上帝的理论研究，强调以思辨逻辑的方式研判上帝的神圣本性。康德对待思辨神学的态度是辩证的。一方面，他认为思辨神学总体上是不成功的，它不仅没有提供出理性上合理有效的关于上帝存在的证明，而且在涉及上帝的神圣本性、上帝的正义、上帝的救赎行动等一系列关键性神学问题上也没有提出令人信服的教义学说；另一方面，他又不认为思辨神学的努力完全没有意义。思辨神学的失败并非灾难，它的失败既有消极意义也有积极意义。从消极方面看，思辨神学的探索至少告诉我们，人类理性在探求关于上帝存在的知识方面可以走多远，也就是说，"即使理性在其纯然思辨的应用中远远不足以实现这个如此伟大的意图，亦即达到一个至上的存在者的存在，它也毕竟在这一点上具有十分大的效用，即**纠正**可能从别处得来的对该存在者的知识，使其与自身以及任何理知的意图一致，并且使其免除一切可能与一个元始存在者相悖的东西和经验性限制的一切掺杂"[②]。从积极意义上看，思辨神学的探索在关闭了神学的理论路径同时，也为神学开辟了实践路径。"所以，即使我们对上帝存在的那些思辨证明提出怀疑，对这些假定的上帝证明进行论辩，我们也不能因此而损毁对上帝的信仰。毋宁说，我们将因此为实践的证

---

① Immanuel Kant, *Lectures on Philosophical Theology*, pp. 28–33.
② 〔德〕康德：《纯粹理性批判》，B667~668（中文版第417页）。

明扫清了道路。"① 这条道路通往道德神学即伦理神学。而伦理神学则是唯一普遍有效的理性神学②。对神学进行的实践理性解释所形成的伦理神学的主要观点，可以借助艾伦·伍德的话归结如下："康德的主要观点是把源于人们内心的启示——我们关于上帝的纯粹理性概念——看作最真实的存在，但他同时也把内在启示看作有关道德义务的知识，因为这些道德义务可被看作神的指令的具体表现形式，从而间接构成有关上帝的概念"③。可见，康德对各种神学，特别是理性神学的批判，其目的是走向一种建立在道德基础上的神学，从而为阐释宗教的道德实践功能清扫路障。

至此，我的论述已经涉及本节论述的核心问题：康德哲学中伦理神学与道德宗教的关系。康德本人对二者的不同虽未有过重点而集中的论述，但从其涉及伦理神学和道德宗教的著作中的相关论述中，依然可以清晰地做出辨析：康德实际上是把伦理神学和道德宗教理解为两种不同思想形态。伦理神学的主要目的主要是对上帝进行理论考察，提供关于上帝存在的令人信服的证明以及对上帝神圣本性做出阐释，这是它的主要旨趣；从关于上帝的理论知识走向关于上帝的实践知识，考察宗教的伦理功能，为人类的道德行动提供动力，这是将道德与神学合为一体所构成的道德宗教的主要旨趣。由此可见，伦理神学更倾向于关注"经验意识之上的先验意识"，道德宗教意识更倾向于关注"先验意识之下的经验意识"。

就此而言，可以把伦理神学理解为康德宗教哲学体系中的"理论"部分，主要承担着为希望问题的解决提供先验根据之任务。与之相应，可以把道德宗教理解为康德宗教哲学体系中的"实践"部分，主要承担着从宗教角度回答希望如何可能之任务。也可以用一个更为简明的表述来区隔伦理神学和道德宗教，并对二者之间的关系做出说明：伦理神学重点是阐明纯然理性界限内的宗教（神学）如何可能，它的任务是在纯

---

① Immanuel Kant, *Lectures on Philosophical Theology*, p. 39.
② 关于伦理神学为什么是唯一普遍有效的理性神学，是能满足实践理性需要的道德信仰形式，是纯然理性界限内唯一可以接受的实践神学，我在本书的第二章有过集中论述，此处不再赘述。
③ Allen W. Wood, "Kant's Deism", in Philip J. Rossi and Michael Wreen, eds., *Kant's Philosophy of Religion Reconsidered*, p. 18.

然理性界限内解决上帝存在问题,并为宗教哲学所关涉的希望问题的可能性奠定超验根据,即在人自身之外找到一种使希望得以可能的原由;道德宗教重点是阐明纯然理性界限内的宗教(神学)如何可行,它的任务在纯然理性界限内解决至善理想的现实性问题,并为宗教哲学所关涉的希望问题的现实性找到实现的路径,即通过人自身的道德改新,最终完成人自身的道德救赎,实现人类的道德千禧王国。在此意义上说,道德宗教就是康德希望哲学中的"救赎论"。

伦理神学与道德宗教的上述区别至少提示出它们之间存在着双重关联:第一,伦理神学是道德宗教的基础。伦理神学关注上帝的理论知识,并不涉及上帝的实践知识,这决定了伦理神学不同于道德宗教,它与道德的实践领域无关。而按照康德观点,宗教既有经验的内容,如有形的教会、教会的规章、教会中的教权制,以及各种崇拜仪式等,更有理性方面的内容,这便是道德的实践指向。也就是说,道德宗教的核心是通过人及人类的道德改新,最终实现人自身的道德救赎和人类的道德千禧王国。因此,决定康德道德宗教的问题意识不是人对上帝的触犯而导致的原罪,而是人的自私或恶的本性,正是由于恶阻碍了道德实现,所以才需要宗教。这样看来,单就其自身而言伦理神学不能被看作是宗教。然而,虽然伦理神学不能被视为宗教,但道德宗教却不能没有伦理神学。因为,没有伦理神学对上帝存在的道德确认,道德宗教的伦理功能就会大打折扣。只有依靠伦理神学所确认的道德化的上帝为实践理性践行者提供道德实践的动力,才能保证实践理性践行者的道德意志坚定地贯彻下去,也只有伦理神学提供一种理性信仰作为可能性条件才能保证道德终极目的即至善的得以实现。艾伦·伍德正确地看到了这一点,他说:"道德存在必然遇到的问题:自然过程是否绝对地与道德目的相一致或者相冲突。因为如果不存在这种和谐,理性人的道德关怀就是空的,理性人最大的努力注定要死于胎中,落入荒谬、非理性的世界。"[①] 第二,伦理神学必然要发展到道德宗教。按照康德的观点,"宗教无非就是将神学应用于道德而已,即应用于善良意念以及最高存在者所喜悦的行为方

[①] Allen W. Wood, *Kant's Rational Theology*, p. 21.

式"①。伦理神学之所以需要将基于纯然理性论证的神学义理运用于道德而发展出道德宗教，是宗教进入康德的先验视域被批判地建构所使然。在康德看来，人们无需为顺从宗教而对上帝负有特殊义务（责任），因为，上帝不能从人这里接受任何东西，人也不能期望能通过自己的行为和供奉对上帝产生影响（或被喜爱或被厌恶）。同样，人们也不必为证成宗教而精心于思辨理论基础的建构，因为思辨理性使用于超验的绝对存在不仅不会带来知识上的收获，反倒会导致先验的幻相。由于对上帝的信仰只能从纯粹实践理性的道德需求中产生，而需要上帝的理由又是为了实践理性所追求的至善，因此，只有将伦理神学发展为道德宗教，神学的道德内核才能以宗教的道德实践方式发挥出来。由是观之，实践理性不仅必然能够从道德引出宗教，而且必然能够从神学直接导向宗教。有鉴于此，康德在《判断力批判》最后（"目的论的总附释"）部分，在简明扼要地阐明了一种合理有效的伦理神学如何被完全独立地从道德目的论中提供出来之后，明确指出："以这样的方式，一种神学也就直接地导向了**宗教**，也就是说，导向了**对我们的义务是神的诫命的知识**；因为对我们的义务和其中由理性交付给我们的终极目的的知识能够首先确定地产生出上帝的概念，因而这个概念就其起源而言就已经与对这个存在者的责任不可分割了；相反，即使沿着纯然理论的道路能够确定地找到元始存在者的概念（也就是作为单纯自然原因的元始存在者的概念），此后要通过缜密的证明来赋予这个存在者以一种依据道德法则的因果性，就还有巨大的困难，也许没有任意的添加就根本不可能成功，而没有那种因果性，那个所谓神学的概念就不能构成宗教的任何基础。即使一种宗教能够沿着这条理论的道路建立起来，它也会在意向（它的本质性的东西毕竟在于意向）方面现实地有别于上帝的概念和对上帝的存在的（实践上的）确信产生自道德性的基本理念的那种宗教。因为如果我们必须把一个世界创造者的全能、全知等当做从别的地方给予我们的概念来预设，只不过是为了此后把我们关于义务的概念运用于我们与这个世界创造者的关系，那么，这些概念就必然会严重地带有强制和被迫服从的色彩；相反，如果是对道德法则的敬重完全自由地按照我们自己的理性的规范向我们显示我们的规定的终极目的，我们就以完全有

---

① Immanuel Kant, *Lectures on Philosophical Theology*, p. 26.

别于病理学的恐惧的真诚敬畏,把一种与这终极目的及其实现协调一致的原因一起接纳入我们的道德景仰,并自愿地服从于它。"[1] 可见,伦理神学与道德宗教是康德宗教哲学中两个不可割裂的有机组成部分。套用康德本人的话说就是,没有伦理神学的道德宗教是盲的,没有道德宗教的伦理神学是空的,只有两者的联合才能构成完整的、纯然理性界限内的宗教。

总而言之,伦理神学和道德宗教就是康德宗教哲学中两个既有明显区别又必然相互关联的组成部分。"道德必然导致宗教",产生了康德宗教哲学中具有形而上性质的理论部分——伦理神学;"宗教是道德的延伸",说明了上帝与道德的关系和道德地诠释宗教的合法性,这是康德哲学中具有实践性质的部分——道德宗教。学者朱华甫指出,康德宗教哲学的这两个部分"初看上去这两种表述似乎没有什么区别,然而在康德的思想中可以明显看到其中包含着研究的方向及思想构建次序的不同:前者阐发宗教信仰从道德实践中产生出来的过程,是从实践理性批判出发,而到达作为实践的理性的终极目标之至善的可能性条件的道德信仰;这是从人作为现实的道德的存在者开始,而认识到其道德实践不可避免地导致宗教的过程。后者是对宗教的外衣进行批判改造,是从宗教批判出发,而回溯到其道德基础;这是从作为道德存在者所需要的宗教类型开始,回溯到这种宗教必然以道德为基础的过程"[2]。而康德道德宗教的旨趣也在这个过程中自然而然地显露无遗,用德里达的话来说就是:

> 道德宗教(moralische),它与生活善举相关(die Religion des guten Lebenswandels),它要求善举,并从属于善的举止,且把知识与善举分离开来。它嘱咐人们变得更好,为这个目标进行活动,在此,"下面的原则担保了道德宗教的价值:'对任何人来说,知道上帝为解救之所为或曾经所为,并不重要,也不因此是必然的',重要的是要知道他为了使自己与这个救助配当而应该做什么。"[3]

---

[1] 〔德〕康德:《判断力批判》,第503~504页。
[2] 朱华甫:《欲成义人,先做善人——康德对道德与宗教关系的处理》,《现代哲学》2010年第3期,第84页。
[3] 〔法〕雅克·德里达:《信仰和知识——纯然理性限度内的宗教的两个来源》,载雅克·德里达、基阿尼·瓦蒂莫主编《宗教》商务印书馆,2006,第14页。

据上可以得出这样的结论：康德的道德宗教更直接具体地将康德限制知识的意义体现了出来；在纯然理性界限内，康德将宗教由"神本"转变为"人本"，将信仰中的上帝由外在的森严力量转变为纯粹的促动意志的内在信念。

第二节 道德宗教的基督教资源

正如哈贝马斯所言，康德是"18世纪之子"，是一位启蒙主义者和一位坚定的理性主义者，其思想不自觉地"受到了启蒙的抽象形式束缚"[①]，总有一种解构宗教神秘性和超越性，让宗教从迷信启示回归信任理性这样一种思想冲动。然而，另一方面，康德又生活在一个宗教气氛浓郁的家庭，他的父母都是质朴忠诚的新教虔诚派信徒，该派渊源于斯宾诺莎哲学的自由主义思想，属于德国路德宗教会派别之一，注重内在信仰，主张取消烦琐的宗教仪式，注重对圣经经文的理解，强调良知的至上性，坚信工作、责任和祷告的神圣性可以缓解生活的艰辛。耳濡目染，身心浸润，虔诚派（广义上可以等同于基督教）的精神和文化传统对于康德后来重视道德思维产生了深入而持久的影响，我们甚至可以将来自基督新教的这些精神和文化因素看作构成康德道德哲学和宗教哲学的主要思想基因。因此，我们有理由说，康德道德宗教的思想资源主要来源于基督教，而他建构道德宗教的主要工作之一，就是发现理性中表现出来的基督教精神和基督教中显现出来的理性，阐释基督教与理性宗教的一致性，论证基督教信仰与实践理性相融会的可能性，并以基督教为典范文本，证成对宗教信仰进行道德诠释的合理性和道德宗教存在的合法性。

一 基督教的合理性

在康德看来，在迄今所有宗教中，唯有基督教最理性，内蕴的道德内容也最为丰富。德里达评论康德的这个论题"有力、单纯、令人眩晕"。因为，按照康德逻辑，"基督教宗教可能是唯一严格意义上的'道

---

① 参见〔德〕尤尔根·哈贝马斯《在自然主义和宗教之间》，第191页。

德'宗教。这种宗教保留的固有使命，独独是属于它自己的：解放'反思的信仰'。由此引出的必然结果是：纯粹的道德性和基督教在本质和理念上都是不可分开的。如果说不存在不是纯粹道德性的基督教，那是因为基督教启示告诉我们某些对道德性很重要的东西。由此，纯粹道德的而又非基督教的观念是荒谬的，道德观念传达理智和理性在术语中就是矛盾的。绝对命令的无条件的普遍性是新教的。道德法则就象耶稣受难的记忆一样铭刻在我们的心灵深处"[1]。可见，康德将基督教传统与纯粹道德性观念必然地联结在一起，依据的是一个简单的实践理性原则：为了达到宗教允诺的至善，我们必须道德地行动，而道德行动根据的是善良意志或道德法则，无需转向上帝。然而，这个"单纯、有力"的论证的确也"令人眩晕"，就像德里达所分析的那样，这似乎意味着康德先于尼采提出这样的哲学主张：只有宣布"上帝死亡"，道德才能重生；或者说，只有在此在的此世生存中，在现象的历史中忍受上帝之死并超越耶稣为人类受难而造成的那种感恩状态，意志才能自由地担承义务，而纯粹的德性概念才能与基督教道德相配当。所以，康德这个论题还需要诠释，而诠释自然需要从分析康德自己的诠释开始。

在众多的宗教中，为什么康德更看重基督教，将其看作一种理性宗教呢？我们不能排除康德本人所具有的基督教背景在其中发挥的作用，但也不能将背景的作用看得过于重要，重要的还是康德对宗教及其信仰本质的逻辑阐释。这种逻辑分析不仅具有理性上的根据，而且具有历史上的根据。我在前面的分析基本上是从理性方面为宗教的道德化探寻根据，现在，我将转入历史性分析。

首要需要对康德所使用的历史（Geschichte）概念做出诠释，在康德的文本和思想中，历史概念有着独特的意义。康德所说的不是西方传统的编年史，即不是以人物、事件和存在事实为中心展开叙述的历史，他的历史，是一种置于目的论思维模式之下，用人类有限理性关照的历史。李明辉教授曾对这个概念做出过精当的阐释。在他为自己译注的《康德历史哲学论文集》所撰写的"导论"中，他指出："在德文中，Historie和 Geschichte 这两个字都可以译为'历史'。从十九世纪末以来，德国的

---

[1] 〔法〕雅克·德里达：《信仰和知识——纯然理性限度内的宗教的两个来源》，第15页。

人文学界逐渐将这两个字底意义加以区别，以前者指关于人类过去活动的记录以及这些记录之编纂，以后者指存在于人类底精神或意识中的'历史本身'。其实，这种用法上的区别可溯源于康德。他在其《论目的论原则在哲学中的运用》一文中，为了界定'自然史'（Naturgeschichte）——有别于'对自然的描述'（Naturbeschreibung）——底意义，写道：'人们将Geschichte一词当作希腊文中的Historia（陈述、描述）之同义词来使用已太多、太久了，因而不会乐意赋予它另一种意义，这种意义能表示对于起源的自然探究〔……〕'康德所理解的'自然史'是从人类理性底有限观点对于自然世界底起源所作的追溯；它不是'神祇底学问'，而是'人类底学问'。"所以，"同样的，康德亦将目的论原则引进其历史哲学中，而言历史底目的。这种意义的'历史'是依人类底有限观点来理解的历史，因为依其看法，'人类是地球上唯一拥有知性——亦即为自己任意设定目的的一种能力——的存有者'"①。

将这种历史概念移植使用在宗教上，康德将宗教的历史理解为一种在人类有限理性目光下，"对事奉神灵的宗教信仰和道德的宗教信仰之间的不断斗争的叙述"②。而叙述的目标（宗教发展的历史终极目标）是指向普遍教会的实现，即走向上帝的一个伦理国度。因而，这个叙述的意义就在于阐明事奉神灵的宗教信仰和道德的宗教信仰之间的差异，以及道德的宗教信仰最终如何能够相对于事奉神灵的宗教信仰确立自身的优先权。

在这种宗教历史的叙述中，犹太教被康德看作事奉神灵的宗教信仰，与朝向普遍教会的宗教历史毫无本质性联系，尽管它在宗教自然生长史的意义上先于基督教。基督教则更接近道德的宗教信仰，反倒为普遍教会的建立提供了自然的诱因。犹太教信仰在康德的理解中不过是规章制度的总和。犹太人之所以相信这些清规戒律，是为了借助这些清规戒律的强制力将自己联合在一种政治制度中，道德的作用不过是后来附加给这些清规戒律的，并不必然属于犹太教自身。因此，"犹太教严格来说，根本不是一种宗教，而只是一群人的联合。由于共属于一个特殊的氏族，这群人形成了一个服从纯然政治的法则的共同体，从而也就没有形成一

---

① 〔德〕康德：《康德历史哲学论文集》，李明辉译，经联出版事业公司，2002，第Ⅹ～Ⅺ页。
② 〔德〕康德：《纯然理性界限内的宗教》，第127页。

个教会；毋宁说，它本应该是一个纯然世俗的国家，以至即使这个国家被不利的偶然情况所粉碎，也总是还给它留下一种（本质上属于它的）政治信仰，即（在弥赛亚来临时）有朝一日重建这个国家。这个国家的制度以神权政治为基础（显然是一种自诩直接从上帝获得指示的祭司或者领袖的贵族政体），从而上帝的名字也并没有使它的制度成为一种宗教制度，因为上帝在这里完全只是作为一个世俗君主受到敬重的，他关于和对于良知根本不提出任何要求。"①

康德从三个方面证成自己的上述论断。首先，康德断定，作为崇奉诫律（或诫命）的宗教，犹太教的诫律更多地具有政治意义。相对于伦理秩序的建构与维持，犹太教的诫律对于建立和维持一种政治制度更具有优先性。因为，诫律之于犹太教的信仰者来说，对它的恪守不是诉诸诫律内化生成的内在信服，而是更多地诉诸于诫律的外在强制性，譬如著名的"摩西十诫"。在康德看来，这些被以立法（以契约方式）形式确认下来的诫命，不是伦理性的，即不是以道德意念方式而是以外在法度形式，要求信者必须绝对地遵守。

其次，犹太教的诫律不仅是外在强制的，而且还与报偿联系在一起。这种观念本质上就与康德所主张的纯粹意志的责任行动相冲突，其非伦理性和非道德性十分明显。康德从二个角度论证了犹太教诫律与其道德性的冲突。第一个冲突表现在遵守诫律得到奖赏或者惩罚，根本不依赖于伦理概念，而是依赖于是否为这个诫律所维护的政治制度认可，也就是说，为政治制度认可的人因自己对这些诫律的履行或者触犯所产生的那些后果而或遭受惩罚，或获得奖励。康德认为这样的报偿设计是造成服从的聪明的办法，但却违背了公正性原则。第二个冲突表现为报偿观念必须与来世信仰联系在一起，才能保证宗教的可能性。虽然在犹太教中可以发现来世信仰，也就是说，犹太教有着自己关于天堂和地狱的信仰。但是，由于犹太教在世上的目标不是指向一种伦理共同体，而是指向一种政治上的共同体，这决定了犹太民族的立法者虽然把自己设想为上帝，但却对来世信仰并不关心。因为立法者明白，用今生得不到的报偿作为诱饵让共同体的成员臣服统治秩序，既没有威慑力，也没有诱惑

---

① 〔德〕康德：《纯然理性界限内的宗教》，第128页。

性。而缺乏了来世信仰，任何宗教都是不可思议的。

最后，在宗教朝向普遍教会的历史进程中，犹太教也不能扮演重要角色，从而构成普遍的教会状态的一个阶段。这一方面因为犹太民族将自己看作是上帝的选民而排斥所有其他民族，从而缺少普遍的宽容和爱的精神，与普遍宗教的伦理精神不切合；另一方面因为犹太教的上帝信仰不是指向人类的道德改善，它的上帝概念不是道德宗教所需要的那种"宗教上必需其概念的那种道德存在者"，从而导致犹太教在信仰上仅仅被奉献给一个唯一的存在者，而这个唯一的存在者只是与一种机械的崇拜相关联，而与德性无关。

康德由此得出结论："如果普遍的教会历史理应构成一个体系，那么，我们也就只能从基督教的起源来开始这种历史；基督教作为对它所由以产生的犹太教的一种完全抛弃，是建立在一个崭新的原则之上的，它在教义中造成了一场彻底的革命。"① 这场革命的直接后果就是以犹太教为代表的旧信仰为基督教的新信仰所取代。基督教的新信仰关心"用最适当的手段引入一种纯粹的道德宗教，来取代一种旧的、民众的习惯过于强大的崇拜，而又不直接与民众的成见相冲突。"② 所以，费尔斯通和雅各布斯在对康德相关的论述（《纯然理性界限内的宗教》第三篇）进行评论时指出，康德通过对基督教之前的犹太教的批评，所要论证确立的观点是：基督教之前理性宗教暂付阙如；原始基督教是独特的，因为它从起源处就包含着纯粹道德要素；所以，原初状态中的基督教是理性宗教，而不是历史信仰的媒介③。

二 基督教合理性的表现

基督教是一种理性的宗教，康德将基督教信仰看作是自己心目中的

---

① 〔德〕康德：《纯然理性界限内的宗教》，第130页。
② 〔德〕康德：《纯然理性界限内的宗教》，第130页。这里要指出的是，康德此处对犹太教的批判，是在批判的视域内进行的，是为了满足宗教哲学体系建构的需要，因此，对犹太教作为一种信仰类型的分析不是历史性的，而是哲学性的。因为带有康德宗教哲学的痕迹而不免带有特定的偏见，或许批判也没有击中犹太教信仰的真正弊端。但是这一切相对于康德阐发自己对宗教信仰的独特见解说，似乎都不重要，重要的是它引向了康德需要的思路。对此，我们只能站在批判哲学的宗教立场上来理解，而不能从宗教的历史立场上表示义愤。对康德批判的历史性批判当属于另外一个课题关注的主题。
③ Chris L. Firestone and Nathan Jacobs, *In defense of Kant's Religion*, pp. 206 – 207.

所谓纯粹宗教典范。在康德看来，基督教的真正的最初意图无非是引入一种纯粹的、消除了一切意见分歧的道德宗教信仰，为普遍的世界宗教奠定基础。那么，基督教的合理性主要表现在哪些方面？如何理解它的价值和意义？

（一）对基督教信仰的理性诠释[①]

康德将宗教局限于纯然理性界限之内，用理性来诠释基督教信仰，形成批判哲学对宗教的道德化解释。康德希望将批判哲学对宗教信仰的理性诠释推广至各种不同的信仰系统，基于道德对神的启示和表达这些启示的宗教文本（宗教法规、教义规章）做出符合启蒙要求的诠释，从而将"作为神的启示的学说之总和"的宗教转变为"作为神的**诫命**的一般义务之总和"的宗教[②]。为此，康德系统提出了"哲学释经原理"（Philosophical principles of Scriptural Exegesis），借以推展信仰之理性诠释的普遍化实践。

"哲学释经原理"是一种对宗教信仰进行的理性诠释，这种诠释必然地以"纯粹的宗教信仰为最高诠释者"。而在实际的宗教信仰诠释活动中，还存在着另外一种与其不同的诠释模式，即按照教会规章的要求诠释宗教信仰，这种诠释模式在基督教学界最为流行。与康德所赞赏的理性诠释模式不同，这种诠释模式对信仰本身的关注远胜过对真理的关注，其诠释重点是教会信仰而非宗教本质。教会信仰诠释方式如若使用不当，就会导致妄信和专断信仰。

为了区分这样两种不同的诠释模式，康德主张从诠释者私人理性出发，将依据教会章程即依据"产生自他人的任性的法则"对信仰进行诠释的"圣经神学家"，称为"为了教会信仰的圣经学者"；而将主张从实践理性出发，依据"可以从每个人自己的理性发展出来的内在法则"对信仰进行诠释的"理性神学家"，称为"为了宗教信仰的理性学者"[③]。

[①] 本小节曾作为《基督教信仰的理性诠释——康德"哲学释经原理"批判》一文的部分内容，发表在《武汉大学学报》（人文科学版）2012年第5期。另外，该文的主要内容被纳入傅永军等著《宗教与哲学：西方视域中的互动关系研究》（山东大学出版社，2014）中，作为"第四章第三节"的构成部分，以"理性的'哲学释经原则'"为标题发表。

[②] 〔德〕康德：《学科之争》，第32页。

[③] 〔德〕康德：《学科之争》，第32页。

第四章 道德宗教的任务与实践取向

康德指出，就基督教的信仰解释来说，无论是"圣经学者"还是"理性学者"都承认依据《圣经》进行的诠释尤为重要，因为《圣经》作为上帝的启示，提出了信仰的最高标准："'《圣经》都是上帝所默示的，于教训、督责、使人归正等等，都是有益的'。而由于后者，即人在道德上的归正，构成了所有理性宗教的真正目的，所以，这种归正也包含着所有经书诠释的最高原则。这种宗教是'上帝的灵，它引导我们进入一切真理'。"① 因此，在《圣经》方面的博学对于正确诠释宗教信仰具有重要意义。一方面对《圣经》这部记载着上帝启示的经典，对其有丰富的学识不仅有利于对《圣经》的考证，另一方面也有利于正确诠释《圣经》所包含上帝真理。"所以，哪怕是掌握了其基础语言的诠释者，也必须拥有广博的历史知识和批判，以便从当时的状况、风俗和意见（民众信仰）中，获得能够用来向教会共同体揭示其理解的手段。"② 如此看来，相对于仅仅依据一种内在的情感来诠释《圣经》的真正意义及其神性起源的诠释方式，《圣经》的博学或者依据神性启示以及教会规章展开的诠释活动，"是一份神圣文献的真正的、有资格的诠释者和托管者"③。因为依据内在情感的诠释方式不仅远离对道德法则的敬重，而且"很少能够从一种情感推论和查出对法则的认识"，"更难以凭借一种情感而推论和查出一种直接的神性的影响的可靠征兆"④。再进一步，依据情感的诠释极容易为"全部狂热敞开大门"，让道德情感丧失尊严，混同于任何一种幻想式情感。职是之故，"除了《圣经》之外，不存在教会信仰的任何一种规范。除了纯粹的**理性宗教**和**《圣经》的博学**之外，也不存在教会信仰的其他任何诠释者。"⑤

但是，在康德看来，这样两种诠释模式意义也不尽相同。《圣经》的博学对宗教信仰的诠释是"教义性的"，"只是为了把教会信仰对于某个民族在某个时代转化为一个确定的、能够一直保存下来的体系"⑥。只有纯粹的理性宗教对宗教信仰的诠释，"才是确实可靠的，并且对整个世

---

① 〔德〕康德：《纯然理性界限内的宗教》，第113页。
② 〔德〕康德：《纯然理性界限内的宗教》，第114页。
③ 〔德〕康德：《纯然理性界限内的宗教》，第114页。
④ 〔德〕康德：《纯然理性界限内的宗教》，第115页。
⑤ 〔德〕康德：《纯然理性界限内的宗教》，第115页。
⑥ 参见〔德〕康德《纯然理性界限内的宗教》，第115页。

界都有效的"。因此,《圣经》博学式诠释在"教会信仰"向"纯粹的宗教信仰"过渡过程中,"历史性的信仰没有最终成为一种纯然对圣经学者及其洞见的信仰"①,从而没有特别给人性带来荣誉,更不能让信仰者更接近上帝的国,所以,《圣经》博学式诠释的守护者是神学。与之相反,纯粹的理性宗教的诠释是真正的以真理为目标的诠释,它"决不能让世俗的权力妨碍"自己公开地使用理性的洞见和发现,并将对信仰的理解从教条束缚中解放出来,所以,纯粹的理性宗教的诠释的守护者是哲学。这样,这两类诠释模式的对立就反映出神学与哲学的对立,并因为这种对立而势必发生冲突。康德指出:"前者……怀疑后者用哲学思维除去了一切作为真正的启示学说而必须一字不差地接受的学说,并随便强加给它们一种意义,而后者则……指责前者完全忽视了终极目的,而终极目的作为内在的宗教必然是道德的,并且是基于理性的。因此,以真理为目的的后者,从而也就是哲学,在关于一段经文的意义发生争执的情况下,就以为自己有规定这种意义的优先权"②。由此进一步推论,理性的哲学实为宗教的引路人,而纯粹的理性宗教诠释则为宗教的最高诠释。这样,在理性和信仰关系上,康德彻底导向了理性,尽管在他那个时代神学学科还保持形式上的尊贵,甚至仍然骄横地要求哲学学科作为它的婢女。但是,正如康德所揶揄的那样,哲学这个婢女不是在后面为神学这位仁慈的夫人提着托裙,而在其面前举着火炬③。

康德将哲学学科与神学学科的差异表述为:神学学科致力于人的永恒福祉,因此它用信仰言说上帝,用心灵分享神恩并因神恩而复得人之善的本性;而哲学学科致力于追求真理,它诉诸于理性,用理性审核一切学说的真理性,并宽容地接受一切批评与异议,因而哲学学科是自由的,它"仅仅服从理性的立法而不服从政府的立法"④。据此,可以推导出康德哲学释经原理的基本原则:依据康德,对宗教信仰的正确诠释,决不能盲目诉诸诠释者内在的主观情感,而是在理性指导下从两个角度

---

① 参见〔德〕康德《纯然理性界限内的宗教》,第115~116页。
② 〔德〕康德:《学科之争》,第34页。
③ 参见〔德〕康德《学科之争》,第24页。
④ 参见〔德〕康德《学科之争》,第23页。

诠释宗教信仰。一是把宗教信仰视为历史性的东西，通过对各宗教体现其教义教规的经卷做出学术性阐释，以加深对各特殊信仰形式及群体的理解，一是基于纯粹理性的立场，把宗教信仰与纯粹的道德信仰的规则和动机联系起来，使理性摆脱"一种总是听凭诠释者任意摆布的信仰的重负"[1]，从实践理性出发，依据自律性道德培育和深化人们的道德情感，让人获取真正的信仰，进而在地上实现人人拥有真诚信仰的伦理联合体，即遵行善原则统治的地上的上帝王国。康德将对经卷（《圣经》一类宗教信仰的经卷）的学术阐释式诠释称之为"教义性诠释"，而将道德化和理性化信仰阐释方式称之为"真理性诠释"[2]。

显然，这两种诠释方式的地位是不同的。"教义性诠释"是"真理性诠释"的基础，而"真理性诠释"则是"教义性诠释"所欲最终实现的目标。"教义性诠释"使得宗教信仰的历史性内涵得到有意义地阐发，而人的真正纯粹的道德信仰通过文本意义的释放而得到历史性的确认，这种对纯粹道德信仰的历史性确认在彰显道德理想之崇高的同时，亦将其真理性内涵展现在经卷意义解读中。康德的"哲学释经原理"因此要求对宗教经卷的诠释必须将道德与历史并重，在对经卷的历史性的诠释中实现诠释者对文本意义的建构。之所以能够得出这个结论，是因为我们从康德在《纯粹理性批判》中的一段话中，可以体味出康德已经具有这样一种重要的诠释学意识：解读者比作者更了解作品的意义[3]。由此可见，尽管康德本人并没有系统的诠释学探讨，也没有对诠释学的概念系统以及基本原则的建构做出过有哲学史记录意义的贡献，但他对诠释学意识以及基本精神却有着不同凡响的天才性直觉。

---

[1] 参见〔德〕康德《纯然理性界限内的宗教》，第134页。
[2] 之所以把道德化和理性化信仰阐释方式称之为"真理性诠释"，是因为康德在《纯然理性界限内的宗教》中主张这种诠释是"确实可靠的，并且对整个世界都有效的"，是对宗教信仰中属于"真正的宗教东西"的诠释，而诠释的是以真理为目标，是理性的自由活动。（参见〔德〕康德《纯然理性界限内的宗教》，第110~139页）
[3] 康德在《纯粹理性批判》中，在论及对柏拉图哲学的理解与诠释时这样说："我在这里不想卷入文字的研究，以便澄清这位杰出的哲学家联结在其术语之上的意义。我只是提请注意，无论是在日常谈话中还是在著作中，通过比较一位作者关于自己的对象所表达的思想，甚至比他理解自己还更好地理解他。这根本不是什么非同寻常的事情，因为他并没有充分地规定自己的概念，从而有时所言所思有悖于他自己的意图。"（〔德〕康德：《纯粹理性批判》，B370〔中文版第241页〕）

这就是康德的宗教诠释学理念①,也就是被他称为"哲学释经原理"的经卷解释的模式与原则,它直接透现出来的是启蒙时代的理性批判精神。据此,康德并不把"哲学释经原理"理解为是一种哲学的解释,以扩展哲学为目的,"而是仅仅想理解那解释的**原理**必须是如此形状的:因为一切原理,无论它们所涉及的是历史批判的解释还是语法批判的解释,在任何时候都必须是直接从理性产生的,但在这里却特别是因为,凡是从经文中可以为了**宗教**(宗教只能是理性的一个对象)而查明的东西,也必须是直接从理性产生的"②。从这种基本立场出发,康德这样总结性地表达自己的"哲学释经原理",他说:

> 一切释经**如果涉及宗教**,都必须按照在启示中引以为目的的道德性的原则来进行,而且如果没有这种原则,就要么在实践上是空洞的,要么干脆就是善的障碍。——惟有在这种情况下,它们才真

---

① 康德的"哲学释经原理"有走向主观主义和相对主义的可能。这种具有强烈的单向度主体性的诠释活动,突出地表现出哲学理性对神学信仰的销蚀,是启蒙以来西方系统化和理性化基督教尝试的巅峰之作。经由康德诠释的基督教信仰的经卷《圣经》,实际上已不是宗教信仰文本,而成为进行哲学教化的道德读本。康德"哲学释经原理"最可能导致的结果是用以理性为主体的哲学取代或者消弭以信仰为主体的宗教,最终将人变成没有情感诉求之类非理性品质的纯然理性"存在物"。这些纯然理性的存在物如果依照康德的要求,将神学信仰有关上帝存在之需求变成一种道德上的设定,引导人们走向至善的理性保证,这样,宗教的超越性就演变成纯粹理性思之问题和实践理性行之问题,宗教就化身成为人间产物,其取向不是神化超越物,而是绝对化有理性的人,从而将宗教的神圣救赎转变为人间的世俗救赎——在地上实现上帝的道德王国,即"每一个人的自由都能同其他每一个人的自由按照一个普遍的法则共存"([德]康德:《纯然理性界限内的宗教》,第99页)的伦理共同体(关于这方面的思想,将在下面的论述中具体展开)。就此而言,笔者也能体味到康德的善良用心和理智上的困顿。康德生活在启蒙昌明的年代,他本人又是一位纯而又纯的理性主义者,一方面他秉承启蒙旨意,要求用理性检视一切,连神圣的宗教和法律也不能例外;另一方面,他通过理性批判发现了理性的界限及误用理性的危害,但启蒙的召唤还是促使他义无反顾却又小心翼翼地使用理性于超越性的宗教领域,力图将宗教信仰变成纯然理性范围内的事情。结果,他依然陷入理性与信仰争斗这样一个古老的陷阱,而脱身的方法无异于正统的神学家,只不过他让理性占据上风而已。理性与信仰关系并未得到良好处理,两者之间的紧张与对立照旧如此,现代人所面对的宗教信仰困境不但未得到纾解,反而有加深之嫌疑。但是,无论如何,笔者必须表达出自己对康德的尊重。尽管笔者不完全认同康德的宗教诠释学,但敬佩他的努力,况且,康德的诠释开辟出一条前人从未尝试过的理性化诠释基督教信仰的新路径,其诠释的典范意义怎样评价也不过分。

② [德]康德:《学科之争》,第34页。

正说来是**可靠的**。也就是说，我们心中的上帝本身就是解释者。因为除了通过我们自己的知性和我们自己的理性同我们说话之外，我们不理解任何人，因此，就**我们的**理性的概念是纯粹道德的，因而是确实可靠的而言，除了通过它们，一种向我们颁布的学说的属神性，不能通过任何东西来认识。①

正是在这样的原理指导下，康德为理性地诠释信仰或者经典宗教文本具体制定了四条可以用于操作的经典诠释原则，兹引述如下：

第一，包含着某些**理论的**、被宣布为神圣的、但却**超越**一切理性概念（甚至超越道德的理性概念）的学说的经文，**可以**作出有利于实践理性的解释；但包含着与实践理性相矛盾的命题的经文，则**必须**作出有利于实践理性的解释。②

第二，真正说来必须被启示出来的那些《圣经》学说，如果它们应当被认识的话，对它们的信仰自身就不是**功德**；而这种信仰的缺乏，甚至与它相对立的怀疑，就自身而言也就不是**负罪**；相反，在宗教中一切都取决于**作为**；而这种终极意图，从而还有一种与这种终极意图相符合的意义，必须被加给所有的《圣经》信理学说。③

第三，行为必须被表现为从人自己对自己的道德力量的利用中产生的，不可以被表现为一个外部的、更高的、人被动地与之发生关系的作用因的影响的结果；因此，对在字面上显得包含着后者的经文的解释，就必须有意地以与前一条原理一致为基准。④

第四，在自己的作为不足以使人在他自己的（严格地进行审判的）良知面前释罪的地方，理性当然有权虔诚地假定他的有缺陷的义有一种超自然的弥补。⑤

---

① 〔德〕康德：《学科之争》，第44页。
② 〔德〕康德：《学科之争》，第34～35页。
③ 〔德〕康德：《学科之争》，第38页。
④ 〔德〕康德：《学科之争》，第39页。
⑤ 〔德〕康德：《学科之争》，第40页。

康德的"哲学释经原则"确立了道德地诠释基督教及其教义和教规的方法论原则,这个原则终止了认信式宗教诠释传统。对于纯然理性界限内的宗教来说,宗教信仰的诠释是为了另外一个目的:对实现人类生存最终目的(至善)负有责任的不再是宗教道德,而是道德宗教,这是人类自由精神的一种绝对表现。

(二) 基督教意象的道德底色

费尔斯通和雅各布斯指出,"毫无疑问,《纯然理性界限内的宗教》第二篇最为显著的特征是康德对基督意象的使用"[1]。这种使用的目的倒不是为了强化或者重构基督教的理性化,而更多地是为了从基督教的信仰表达中寻找道德宗教建构所需的实践理性资源。

1. 基督教上帝意象的道德阐释

这一阐释的关键是如何将上帝的三重道德属性借助"三位一体"这一重要的基督教意象加以诠释。根据前面的论述,我们知道,康德的伦理神学对上帝的属性做了道德性规定。在《纯然理性界限内的宗教》中,康德更加明确地指出,人们不是对上帝本身(它的本性)感兴趣,人们感兴趣的是上帝"对于作为有理性的我们而言是什么"。可见,道德宗教的确与基督教神学不同。基督教关心的是上帝的绝对性和超越性,它把上帝与人区隔开来,上帝至尊至圣,超然存在,人是卑微的存在者,以罪身存在于有限世界中;上帝因之是人必须顶礼膜拜的对象,他的恩典惠及于人,是救赎的恩主[2]。道德宗教则把上帝与人的关系纳入一种

---

[1] Chris L. Firestone and Nathan Jacobs, *In Defense of Kant's Religion*, 2008, p. 152.

[2] 查尔斯.L. 坎默在《基督教伦理学》中这样阐释上帝,他说:"基督教传统把上帝表述为造物主。他们认为,宇宙万物都来自并取决于最根本的善的创造力,因此,宇宙的核心是善。由于造物主的本质所使然,在创造世界过程中,善具有超越于罪恶的本体论上的优先性。关于宇宙的未来发展,上帝创世说既强调上帝的善良、也强调上帝的联系性的作用。创世是一种纯粹的馈赠行为,宇宙万物是人类共同享用的礼品"。这种认知强调的是以上帝为中心建立人与上帝之间的关系,并且感受恩典是人接近上帝的最好的方式之一。除此之外,以犹太教和基督教对上帝历史行为的理解为基础,又把创世的上帝解释为"公正的、博爱的、宽恕的和仁慈的,对我们就像一个理想的父亲或母亲。",所以,只有上帝的无限仁慈和博爱才能阻止我们在罪恶中沉沦,没有上帝的仁慈的爱,如果我们心中不充满对上帝的感恩,任何拯救都是不可能的。犹太教-基督教的上帝必须被理解为三位一体的位格神。(〔美〕查尔斯.L. 坎默:《基督教伦理学》,中国社会科学出版社,1994,第68~74页)

道德关系中，把上帝理解为道德世界的统治者，因此不是救赎的恩典赐予者，而是坚定行为者道德意志，保证道德与幸福之间实现彼岸平衡的超验力量。因此，伦理神学和道德宗教都把神圣、仁慈和正义看作是上帝独有的属性。康德在《纯然理性界限内的宗教》用更为道德化的语言再次阐述了上帝的这样三种属性：

> 根据实践理性的这种需求，普遍的真正的宗教信仰也就是信仰上帝：1. 他是天地的全能创造者，即在道德上是**圣洁的**立法者；2. 他是人类的维护者，是人类**慈善的**统治者和道德上的照料者；3. 他是他自己的神圣法则的主管者，即**公正的法官**。[1]

康德认为，许多民族中都有类似关于神的这样三种属性的信仰[2]，基督教的独特之处在于，它借助基督教的三位一体观念给予上帝三种道德属性以系统协调的统一性解释。也就是说，上帝作为道德的存在者，象征着人类最高的道德境界，它必然把道德的这样三种最高品质圆融于自身之中。当然，上帝的这样三种属性首先要在上帝那里得到厘别：它们是三种不同的道德属性，人类必须把它们作为上帝所具有的三重类别不同的道德品质来事奉，惟其如此，信仰的基督教意象才能传达出整个纯粹道德宗教在实践方面的基本要求。"否则，没有这种区别，按照人把神明设想得和一个人类元首一样（因为人类元首在其统治中通常不是把这三重的品质彼此分开，而是经常把它们掺杂或者混淆起来）的倾向，

---

[1] 〔德〕康德：《纯然理性界限内的宗教》，第143页。
[2] 在中文版《纯然理性界限内的宗教》第144页的脚注中，康德指出："我们找不出理由来说明，为什么如此多的古老民族在这个理念上是一致的。除非理由在于，当我们要设想一个民族政府，并且（根据与一个民族政府的类比）设想一个世界政府的时候，这个理念就蕴涵在普遍的人类理性之中。**琐罗亚斯德教**有三个神的位格：奥尔穆兹德、密拉特和阿里曼；**印度教**有梵天、毗湿奴和湿婆（区别仅仅在于，前者不仅把第三个位格，就其是惩罚而言设想为灾祸的始作俑者，而且甚至于设想为使人遭受惩罚的道德上的恶；而后者则仅仅把它设想为进行审判和惩罚的）。**埃及人**的宗教有卜塔、克奈夫和内特，其中，就来自这个民族远古时代的信息的模糊性使人能够猜测而言，应该是第一个原则体现与物质有别的精神，它是**世界的创造者**，第二个原则体现起**维护**和**治理**作用的仁慈，第三个原则体现限制仁慈的智慧，即**正义**。**哥特人**的宗教崇敬奥丁（万有之父）、弗莱亚（仁慈）和托尔，即从事审判（惩罚）的神。甚至犹太人似乎在其等级制度的最后时代也追随过这些理念。"（〔德〕康德：《纯然理性界限内的宗教》，第144页脚注①）

纯粹的道德宗教就会面临蜕化为一种神人同形同性论的强制信仰的危险。"① 另一方面,又必须把上帝的这样三种属性归属于同一个神圣的道德元首,以便将道德的森严和力量完整地实现出来,决不能像在一个律法的公民国家中那样,将这样的三种属性分别配属给三种不同的主体。康德将这种理解诠释为关于上帝三位一体信仰的一个实践理念的表象。作为实践理念的表象,它不能被看作为一种有关于上帝本性是什么的信仰,因为它无意并且也不能表现上帝的存在。那种关于上帝本性的理论认识的扩展,只会导致一种对神人同形同性论的象征性信仰,于人类的道德改善无丝毫助益。而在实践关联中诠释上帝信仰则会产生完全不同的效果。在这种关联中,上帝与人之间形成的是一种道德关系,这种关系会自发地呈现在人类理性面前,成为一个符合上帝子民的真正品德的信仰。这种信仰将向世人宣布如下教义:"**首先**,我们既不应该把最高的立法者本身设想为**仁慈的**,从而对人们的弱点也就是**宽容的**(容忍的),也不应该把他设想为**专制的**,仅仅根据他的无限制的权力颁布命令的;也不应该把他的法则设想为任意的,与我们的道德概念一点也不相似的,而应该将这法则设想为与人们的圣洁性相关的法则。**其次**,我们不得把他的仁慈设定在对他的造物的一种无条件的**宠爱**之中,而是必须设定在这一点之中,即他首先关注这些造物借以能够使他**喜悦**的那些道德品性,只是在此之后才来弥补他们在由自己来满足这一条件方面的无能。**再次**,他的公正不能被设想为**仁慈的**和**软心肠的**(这包含着自相矛盾),更不能被设想为以立法者的**圣洁性**的品质(面对这种品质,没有一个人是公正的)实施,而是只能被设想为把仁慈限制在这样的条件下,即人们就作为**人的子女**能够符合神圣法则的要求而言,与这种法则保持一致。一言以蔽之:上帝要人们以一种三重的、类别不同的道德品质来事奉,对于这样一种品质来说,同一存在者的不同人格(不是自然方面不同,而是道德方面不同)的这种命名,并不是什么不合适的表述。信仰的这种象征同时表达出了整个纯粹的道德宗教。"②

对于这样一个以道德化形象出现的上帝,对它的信仰不仅仅要表现

---

① 〔德〕康德:《纯然理性界限内的宗教》,第 145 页。
② 〔德〕康德:《纯然理性界限内的宗教》,第 144~145 页。

为一个实践理念的表象,而且还是一种应当表现上帝本身是什么的信仰。在实践的和道德的视域内,不仅上帝自身不是理论理性的对象,而且就一般道德上的善或恶在世界上的起源与存在等问题,人们也不能从上帝那里得到任何启示。这些问题只能从人的自由出发去解释,而上帝不过在这种诠释活动中通过人心中的道德法则向人启示了他的意志而已。这个意志,简单地说,就是这样一种将上帝的本质与"爱"联系在一起的信仰原则——上帝就是爱,爱就在上帝里面。

上帝是爱的源头,由此我们敬崇作为爱的施予者——圣父,它喜悦那些符合它的圣洁法则而在道德上自我成全的人;上帝又将自己无私的爱通过神之子耶稣这一人性完美的原型体现出来,由此我们敬崇圣子,它以自己的崇高德性而将道德上可能的存在方式示范给人;上帝的爱又是一种智慧的爱,它将爱之喜悦限制在人与那种喜悦之爱的条件相一致的根据之上,由此我们敬崇圣灵,它把作为赐福者上帝的爱与作为立法者的上帝的威严结合起来,在以德配福的实践意志下,对所有的人施以恩典。三位一体的上帝淋漓尽致地将自己的道德意志体现出来,成为一种具有普遍意义的宗教的道德基础,在它身上融会了道德的可能性条件和道德行动的最终目的性要求。我们向这个惟一的信仰对象祈祷,与它在道德上保持一致,"既是我们的愿望,也是我们的义务"[①]。在此意义上,康德对上帝意象的道德化阐释成为一个崭新的宗教时代的思想表征,所以,帕尔默奎斯特才有这样的评论:"对康德来说,上帝甚至超越了物自体,所以完全不可知。但是,从另一个角度看,同样重要的是,上帝又是内在的;实际上,'活生生的上帝'这个含义丰富的概念是康德完整哲学规划的真正的核心。"[②]

2. 对基督教几个核心概念的道德阐释

根据前面的论述,我们知道,在康德那里,基督教是所有启示宗教中最接近纯粹的理性宗教的宗教,康德对道德宗教的建构借鉴最多的也是基督教。从某种意义上说,康德道德宗教所使用的概念,除去道德意味很强的传统伦理学概念之外,在宗教意义上使用的概念大多来自基督

[①] 〔德〕康德:《纯然理性界限内的宗教》,第151页。
[②] Stephen R. Palmquist, *Kant's Critical Religion*, p. 9.

教，只不过康德对这些概念进行了自己的阐释，或者说进行了道德哲学的改造。我们在康德的宗教著作中找到这些概念是一件十分容易的事情。但是，康德的宗教哲学使用了大量基督教概念，这些概念哪些是基本的、重要的？选择出它们并确认它们就是康德所借用的最基本和重要的基督教概念有着相当的难度，任何一位选择者都要冒挂一漏万的风险，并且极容易遭受到其他研究者的批评——或被认为选择视野褊狭，或被认为颠倒主次，或被认为主观随意，如此等等。但是，因为这些困难而逃避在这个问题上明确自己的立场，也不符合严肃的学术研究的要求。令人欣慰的是，研究者可以用哲学诠释学的立场为自己辩护。一种研究总是和研究者自己的前理解结构中的前见——研究者基于自己研究的知识背景和研究旨趣——密切关联，因此，研究者在研究过程中采取什么样的视域，使用什么样的方法，关注什么样的问题以及对哪些概念感兴趣，都是研究者之"偏见"的结果。有鉴于此，以我对康德宗教哲学的偏见，我认为，"天职"、"救赎"、"拣选"和"天国"四个概念对于康德叙述及论证自己的宗教哲学思想有着特殊重要的意义。为了在逻辑上保持本书对康德思想论证分析的一贯性，也为了保证相应部分的论证更为完整，我将把康德对"救赎"概念的诠释放在本章的下一节中分析，而将"天国"概念放在第六章中集中阐释。这里，我只对康德有关"天职"和"拣选"两个概念的道德诠释做出分析。

（1）天职。"天职"这个概念是基督教神学中一个重要概念，根据《圣经》，天职一词的本来涵义指的是"上帝安排的任务"。《圣经·以弗所书》中这样说："你们作仆人的，要惧怕战兢，用诚实的心听从你们肉身的主人，好像听从基督一般。不要只在眼前事奉，像是讨人喜欢的，要像基督的仆人，从心里遵行神的旨意。甘心事奉，好像服侍主，不像服侍人。因为晓得各人所行的善事，不论是为奴的，是自主的，都必按所行的，得主的赏赐，你们作主人的待仆人也是一理，不要威吓他们。因为知道他们和你们，同有一位主在天上，他并不偏待人。"[1] 由此可见，作为上帝的仆人，人因此要尽忠职守，将自己对所承担的正当职分做得最好，以此来荣耀上帝。在宗教改革时期，马丁·路德在翻译《圣

---

[1]《圣经·新旧约全书》（神版），第221页［弗6：5~9］。

经》时，首次将"天职"一词与世俗意义的"职业"一词的用法联系起来，自此以后，"天职"就有了双重含义——它一方面仍然指称上帝委派的工作，另一方面又指称着那种由上帝所委派的、人必须要在世俗的职业中实现的工作，由此开辟了从世俗意义上理解"天职"概念的先例。更有意义的是，对"天职"一词的世俗理解已经隐含着完成"天职"是人的责任与义务这样一种道德涵义，这一点对康德道德化地诠释"天职"概念产生了一定的影响①。

谈到"天职"这个概念，康德认为，它指的是"我们作为公民对一个伦理国家的天职"②。在此意义上的"天职"，其核心要义是要求人们应当按照意志自由的原则服从道德法则，关键是这种要求是否能够给出一种确然性的理论理性的阐明。康德认为，从思辨角度看，这个问题是个无法解决的奥秘，因此，对于这个要求的合理性论证就必须在实践上解决。从实践的角度看，只要人相信人就像自然物那样是上帝的创造物，那么，上帝为自然物所立定的自然法则也就同样适用于人，人就是自然界机械的因果必然性链条上的一个环节，是普遍地、无条件地服从上帝立法的被动存在物；作为被上帝所创造的存在物，除了上帝放入我们之中的根据之外，人不能赋予自己任何自由行动的根据；人的所有行动都根据于上帝的法则，由外在于自己的原因决定，人是无自由可言的。然而，在实践中，人却完全可以摆脱自然因果性的束缚，按照意志自由的原则自己决定自己的行为，并担承相应的责任。可见，"我们的理性洞见无法把上帝的、圣洁的、从而仅仅涉及自由的存在者的立法与自由的存

---

① 杨凤岗在一篇论文中，专门论述了路德对康德的影响。他指出，虔诚派，"在坚持路德神学的基本教义的基础上，主张要对路德宗做两大改革：（1）讲道的重点不应放在教义上而应放在道德上；（2）只有生活上作虔诚表率的人才可担任路德宗的牧师。这两项改革，进一步强调了道德的重要性"。康德"出生在一个充满了虔诚派精神的家庭。康德所就读的中学又是虔诚派影响的中心，校长就是杰出的虔诚派牧师舒尔茨。舒尔茨作为康德继续其学业的赞助人和保护人，对康德的影响很大。在中学，康德曾接受了系统的神学教育。在大学时代，对康德有重大影响的教师马丁·克努真也是个虔诚派的信徒。在这种家庭和社会环境的影响教育下，虔诚派精神就深深扎根在康德的思想中了。"由此可以得出，康德深受路德宗虔诚派的影响。在批判哲学的一些重大问题上，到能够看到"路德对康德的影响是无可否认的，而且这种影响在很大程度上决定了整个批判哲学的方向或性质"。（杨凤岗：《路德对康德的影响——兼论神学与宗教哲学的关系》，《中国人民大学学报》1988年第6期，第71~77页）

② 〔德〕康德：《纯然理性界限内的宗教》，2007年，第146页。

在者被创造这个概念一致起来"①。所以，惟有从道德上将人在时间上享有的自由，以及因为自由律的缘故而接受道德法则的强制看作是人的"天职"，这个理论上不可能有解的奥秘，在实践上就能够被解释的清清楚楚。也就是说，人作为自由存在的存在者，其"天职"所在就是要把成为上帝之国的伦理公民，从而将自由地服从道德法则当作自己的职分。所以，康德给出了这样的结论："我们必须把自由的存在者看做是已经实存的自由存在者，它们并不是因为其被创造而由其自然依赖性所决定，而是由一种纯然道德的、按照自由律可能的强制，即一种成为上帝之国的公民的天职所决定的。因此，在这一目的上的天职，在道德上是完全清楚明白的"②。

顺便说一句，在我看来，康德的这种天职观应该影响到了马克斯·韦伯，后者进一步将"天职"概念发展为一种职业伦理概念。马克斯·韦伯指出：宗教改革造就的一个崭新观念是，"将世俗职业里的义务履行，评价为个人的道德实践所能达到的最高内容。这是承认世俗日常劳动具有宗教意义的思想所带来的必然结果，而且首度创造出此种意涵的职业概念"③。韦伯藉此赋予日常的世俗活动一种宗教意义，并以此为基础对职业概念进行了宗教伦理学解释，并进一步引申出所谓的资本主义的新教伦理精神：上帝应许的唯一生存方式，不是要人们以苦修的禁欲主义超越世俗道德，而是要人完成个人在现世里所处地位赋予他的责任和义务，这是人的天职。

（2）拣选。"拣选"这个概念与"救赎"、"末日审判"、"义人"以及"天国"等概念有着直接的关系。按照基督教教义，我们可以把基督教的"救赎论"称为"基督救赎论"。耶稣基督本为神的儿子，与神同在，他就是神；耶稣基督为了将世人从罪恶中拯救出来而道成肉身，降世为人；耶稣被钉死在十字架上，以自己的无罪之身成了赎罪的祭，赎了世人的罪；耶稣复活后，升到天上，与父同在，他让父差下圣灵住在信他的人心中，与信众同在；耶稣基督将在"审判日"即"世界末日"，审判一切活人死人，对他们进行裁决、拣选，分为永生者（被称之为上

---

① 〔德〕康德：《纯然理性界限内的宗教》，2007年，第146页。
② 〔德〕康德：《纯然理性界限内的宗教》，第146页。
③ 〔德〕马克斯·韦伯：《新教伦理与资本主义精神》，康乐、简惠美译，载《韦伯作品集》（Ⅻ），广西师范大学出版社，2007，第53~54页。

帝的"义人")和打入地狱者，彻底地消灭罪，成就新天新地（上帝之国）。按照这个教义，人之所以能够与上帝"和解"，被上帝拣选为"义人"，是因为造物主的恩宠或慈悲，即上帝的恩典之结果。为什么说这是一种神的恩宠呢？康德的分析是这样的：假如我们承认有一种替代性救赎，如果这种救赎是道德上允许的，那么，这种救赎就是一种处于善良意念的救赎。由于人自身已经深陷本性之恶这样一种堕落状态，这种善良意念肯定不能从人的内心中找到，它只能来自一个绝对至善的存在者，这个绝对至善的存在者只能是上帝。上帝出于仁慈公正地进行救赎，他将在所有活人和死人中拣选出得享永福的义人和遭受永罚的人。然而，在康德看来，这种"拣选"概念无法在思辨理性意义上说清楚这个问题：为什么一部分人被拣选出来获得永福？为什么另一部分人被拣选出来遭受永罚？也就是说，上帝在拣选时体现出的公正是人的理论理性不能理解的。我们只能说，上帝的这种公正性"会必然地和某种其规则对我们来说绝对是一个奥秘的智慧发生关联"①。

对于在"拣选"上实现出来的上帝的公正，我们同样只能从实践理性上做出诠释。康德在分析进行公正审判的"圣灵"时，在一个小注中对这个问题做出了说明。这个说明较长，但极为重要，故引述如下：

> 这个圣灵把作为赐福者的上帝的爱（真正说来是我们根据这种爱作出的回应之爱），与在作为立法者的上帝面前的敬畏，也就是说，使受条件制约的东西与条件结合起来，从而被设想为"从二者出来的"。除了"他要引导你们明白一切的真理（遵循义务）"之外，这个圣灵同时也是人们（在面对自己的良知时）的真正的审判者。因为可以在双重的意义上理解审判：或者是对功德和缺乏功德的审判，或者是对罪过和无罪的审判。把上帝作为**爱**（在他的圣子中）来看，他审判人们，是就人在自己的罪责之上还有一种功德对自己有利而言的。而他的判决也就是：**配得上**或者**配不上**。他把还能够算做有这样一种功德的人拣选出来作为他的自己人。其余的人则一无所得。与此相反，按照**公正性**的审判者（这是真正以圣灵的名

---

① 〔德〕康德：《纯然理性界限内的宗教》，第147页。

义应如此称谓的审判者）关于不可能有一种功德对其有利的人们的判决是：**有罪或者无罪**，即诅咒或者释罪。——在前一种场合里，**判决**意味着把有功德者从无功德者**中拣选**出来，双方都是在谋求一种奖赏（永福）。但是，**功德**在这里不是被理解为在与法则的关联中道德性的优越（在法则方面，我们不可能在遵循义务上，获得超出我们罪责的盈余），而是仅仅被理解为，在与其他人就其道德意念而言的比较中道德性的优势。**配得上**始终也只有否定的意义（不是配不上），即在道德上有接受这样一种仁慈的能力。——因此，就第一种品质进行审判的审判者（作为 Brabeuta［裁判］），是在**两种**谋求奖赏（永福）的个人（或者党派）之间作出选择判断的；而就第二种品质做出审判的审判者（真正的审判者），其判决是关于同一个人，当这个人面对在起诉人和辩护人之间作出判决的法庭（良知）时作出的。①

可见，上帝的拣选不是上帝对人的一种无条件的恩宠，而是人因为自己的善功而配得上帝公正的拣选，获得上帝仁慈的恩宠；拣选与恩典之间是一种配享关系；人因为自己的善功而得到救赎和成为义人，获享永福并进入上帝之国。康德这样来理解"拣选"，的确已经远离了正统基督教神学基本教义，但正是道德宗教所需要的结果。

第三节 道德宗教的主题及其实践解决

从某种意义上说，康德对基督教道德因素的发掘，主要的目的是为了从原始基督教或耶稣的教导中获致建构纯然理性界限内的道德宗教的基本资源。康德的道德宗教在主题上与基督教并无二致。作为以道德为内核的纯然理性宗教，它延续了基督教将人从罪或者恶中拯救出来的救赎传统，将自己的思想主题确定为：道德上恶的人能否弃恶从善以及如何弃恶从善？因此，可以将康德的道德宗教称之为罪（恶）与罪（恶）之救赎理论。康德学者罗西（Philip J. Rossi, S.J）就曾给自己提出一个任务，即"消除对康德有关恶之论述的贬低，即认为其在批判哲学中作

---

① ［德］康德：《纯然理性界限内的宗教》，第 149~150 页页下注①。

用甚微"。实际上,康德有关恶的思想"提出了有关世界可理解性问题,较之那些通过形形色色宗教的或者世俗的现代形式的神义论以'恶之难题'提出的问题要更为根本"①。

众所周知,在基督教信仰系统中,"罪恶"是其神学教义中的一个关键性问题,尽管在西方历史上,世俗智慧对这个问题的关注一点也不弱于神性智慧,但人们还是乐意把这个问题与基督教一神论联系在一起,将其看作是无数关于上帝存在及其人类救赎思想的神学和哲学探究的中心论题。在基督教那里,"罪恶"(evil)这个概念是"罪"(sin)这个概念的代名词,文本意义上可以被理解为上帝对某种创造物(按照自己形象创造出来的人)违背自己意志的一种惩罚。但是,大多数后来的基督教神学家并不把自己对恶的解释局限于《圣经》文本。实际上,关于恶,神学家们也很难形成统一的定义。在恶的问题上,神学家们在两个方面较为容易达成共识:一是对恶的性质的理性断论,一是对恶的现象的分类与归并。不管如何理解恶,恶在人们普通理性上也会被断定为负面的和希望回避的行为或者事情,它是一种不完满的存在,甚至对于人的存在会带来毁灭性的影响或者后果。而人们也一般从"内在于自身"和"外在于自身"两个角度对恶的现象进行分类归纳,将恶分成两类:"自然的恶"(natural evil)和"道德的恶"(moral evil)。"**道德的恶**这一范畴包括:自由人的错误的、使人受损的行为以及他们的坏品格,诸如谋杀、撒谎、偷盗等行为和如不忠、贪婪和怯懦等品格。人要在道德上对所有这些东西负责。**自然的恶**的范畴包括:因非人力量或人的行为所导致的物理痛苦或苦难,包括由洪水、水灾、饥荒所引起的可怕痛苦与死亡以及由癌症、破伤风、艾滋病等疾病所导致的痛苦与损失如盲、聋、疯等身体缺陷、残疾等都应列入自然的恶之中。"②

无论是神学还是哲学,更为关注的是源生于内在原因的恶。恶并不被简单地解释为恶之行为、恶之事态或恶之结果,恶更多地指称着人在世的

---

① 见 Philip J. Rossi, S. J., "Kant's 'Metephysics of Permanent Rupture': Radical Evil and the Unity of Reason", in Anderso-Gold and Pablo Muchnik, eds., *Kant's Anatomy of Evil*, Cambridge: Cambridge University Press, 2010, p. 17.

② 〔美〕克·彼得森、威廉·哈斯克、布鲁斯·莱欣巴赫、大卫·巴辛格:《理性与宗教信念——宗教哲学导论》,第 172 页。

一种状态，特别是存在的一种不完满状态。恶绝不仅仅是人在外在生存环境中遭遇到的种种来自自然、社会、肉体和精神等方面的痛苦、苦难或灾祸，它更是一种人的内在缺陷，是一种由于人性和理性方面的缺陷而导致的有限性困境，这种困境导致人在精神上的沉沦与堕落。由此，决定了赎罪和得救不是一种生存的物理条件的改善，而必然是心灵的改善、精神的超拔和灵魂的跃升，这也决定了恶的问题必然直接关联着救赎问题[①]。

救赎问题，简单地说，实质上表现为善与恶的斗争。无论在神学中还是在哲学中，有关救赎的理解可谓见仁见智，不一而足。但是，综合起来看，大体上可以区分为两种主要的救赎理论：一是将人去恶从善的救赎理解为内在的自我救赎；一是将人去恶从善的救赎理解为外在的依赖上帝恩典的救赎。康德在道德宗教中维护和坚持的是内在的自我救赎理论，而被康德作为参照对象的原始基督教的救赎理论则维护和主张基于上帝恩典的外在救赎。

从传统上看，原始基督教的原罪说将人与上帝隔绝开。最初的人——亚当与夏娃——因为犯罪而恭顺于恶之召唤，从而陷入恶的支配之中。而人之"获救"即从恶返回善之本身，则是诚心敬虔，凭借着对上帝的信仰和来自上帝的爱使人的意志彻底超出堕落本性而成为整全意志的结果。这里所要完成的救赎是上帝恩典的结果，也就是说，"救赎是从别处、从外面降临在人身上，它藉由纯粹的解救之魔法，而无关于人类责任，无关于人类人格"[②]。

因此，在原始基督教那里，救赎首先是上帝爱的具体彰显。《圣经·出埃及记》中说："耶和华，耶和华，是有怜悯、有恩典的上帝，不轻易发怒，并有丰盛的慈爱和诚实。为千万人存留慈爱，赦免罪孽、过犯和罪恶，万不以有罪的为无罪，必追讨他的罪，自父及子，直到三、四代。"[③] 所以，上帝借着将人从他所犯的罪恶中拯救出来的恩典行动，在

[①] 与恶的问题直接相关的神学问题还有上帝存在的证明以及神义论问题。因为恶的问题提出了上帝存在与恶存在之间如何在逻辑上圆融无碍以及如何理解上帝的正义等神学不得不面对的重大问题。由于这两个问题康德是在伦理神学中解决的，这里就不再赘述。读者可以阅读本书相关章节。

[②] 〔法〕保罗·利科：《解释的冲突——解释学文集》，莫伟民译，商务印书馆，2008，第336页。

[③] 《圣经·新旧约全书》（神版），第86页（出34：6~8）

世代和永恒之间显示自己的伟大慈爱,并让被上帝拣选的人凭着自己的善行而得救。为此,上帝让基督道成肉身,将自己的独子赐给有罪的世人,这便成就了原始基督教救赎思想的第二个重要方面——通过上帝之子实现人与上帝的和解。原本人因自己的罪而被逐出伊甸园,与上帝相隔绝。人的生命被囚禁在罪恶中,受罪恶的支配而成为被奴役的人,救赎者就是要将人从罪恶中拯救出来,为人解除奴役,也就是不让人灭亡,而是要得永生。人和上帝的能够实现这样的和解,完全出于上帝的智慧安排。耶稣奉父之名拯救罪人,耶稣基督被钉在十字架上,以牺牲自己生命的方式把有罪的世人从罪的压制中得释放、蒙赦免。正如《以赛亚书》中所言:"他诚然担当我们的忧患,背负我们的痛苦。我们却以为他受责罚,被神击打苦待了。那知他为我们的过犯受害,为我们的罪孽压伤。因他受的刑罚,我们得平安,因他受的鞭伤,我们得医治。"[1] 可见,上帝是救赎主,而耶稣是得救的根据,他真正体现了基督徒生活的特征。所以说,"耶稣既奠定了基督徒生活的根据(通过他在十字架上的救恩),也建立了这种生活的模型(以他的生活作为示范)"[2]。这也是原始基督教救赎思想的第三个重要内涵,它指向基督教所憧憬的理性生活目标。

与原始基督教所主张的罪与救赎的外缘性观点不同[3],康德坚持从

---

[1] 《圣经·新旧约全书》(神版),第676页(赛53:4~5)。
[2] 〔美〕麦格拉思:《基督教概论》,第126页。
[3] 基督教将罪或者恶归咎于人类始祖对上帝意志的违背。圣经旧约《创世纪3:11~12》这样陈述:"耶和华说:'谁告诉你赤身露体呢?莫非你吃了我吩咐你不可吃的那树上的果子吗?'"因为亚当不听从神的吩咐,因此亚当和夏娃就被神降罪,性命变得有限,由此获罪。这罪是原罪,即为整个人类的原始罪过,自亚当以降,一直传至所有后代。但是,在《圣经》文本中,我们似乎可以找到关于恶的内在化解释。这种解释认为,人有私欲,故而有恶的本性。《新约·雅各书》中写道:"但各人被试探,乃是被自己的私欲牵引、诱惑。私欲既怀了胎,就生出罪来;罪既长成,就生出死来。"(《圣经·雅各书》(神版),第260页,[雅1:14~15])可见,人有私欲,因而现实中本性是恶的,这是人与自己的创造者最根本的区别。也就是说,人总有一个充满各种欲求的肉体且自我摆脱不了,人因此永远处于有限状态而与作为完满的"一"或上帝的观念不相称。即使人理智充盈,对恶的本性洞若观火,也不能将自身从恶的深渊中自我拯救出来。人只有不断地去克制欲望,借助神恩,培养意志,最终才能彻底戒除欲望而与作为有限者的身份相脱离,达到与无限的合一。可见,罪不仅来自对神圣他者意志背叛的结果,而是来自"罪人"自身的本性缺陷。这个证明并能推翻原始基督教在恶问题上的主流观点。因为,这里的"各人"已经是亚当和夏娃的后裔,即被罪恶所囚禁的人,他们的罪恰恰构成其本性为恶的前提。

内在立场解释人性的恶和由恶迁善的本质性变化。"在康德看来,基督教不仅对人本性之恶的起源做出了最不恰当的解释①,而且基督教关于人之获救(弃恶从善)的主张也是错误的。对康德来说,所有的神恩、奥秘、奇迹以及其它各种邀恩手段(如敬拜、祈祷等)都不过是理性限度内的一种补遗而已",因而它们不过是理性意识到不能用理性对理念性超越物进行阐释,从而无法满足自己的道德要求而恣意越界使用的结果,但这种使用却不能把理念的思维所得当作认识所得而自认为扩大了理性的应用范围。"就此而言,康德坚决反对从恩典角度说明人如何由恶重新走向善。在他看来,无论是基督教关于恶之起源的'原罪'说,还是基督教关于恶之消除的'恩典'说,都在理性界限之外,都是一些我们无法理解、更不可能作为行为准则与规范的神学式臆想,解决人的本性善恶问题和由恶迁善问题,必须回到纯然理性界限之内。这里同样需要批判性思维,执行理性考察之任务。也就是说,要追究善恶问题的根源,并回答由恶迁善之可能性,必须深入到意识内部,检视恶(包括善)的理性源泉以及弃恶顺善之理性的根据。"②

　　回到纯然理性界限之内,不言而喻,就是要回归到实践理性的立场。康德认为,人的救赎是人通过道德实践进行的自我救赎,人绝对不能将被救赎的原因归结为上帝的恩典;上帝作为仁慈而正义的父,用自己丰富的圣洁性去弥补因为堕落而导致的人在本性上的缺失,"仿佛是上帝的仁慈把人召唤到存在,即邀请到一种特殊的实存方式(成为天国的一员)"③。康德指出,坚持这样一种救赎观,是由作为人自身所以具有道德上的善与恶的意志自由观点相冲突的。根据意志自由的观点,人所以可以从恶的本性中解放出来,成为道德性存在的主体,必然是自己道德努力的结果,而不是出自另一个人。也就是说,不能把人的救赎理解为

---

① 康德指出,"无论人心中在道德上的恶的起源是什么性质,在关于恶通过我们族类的所有成员以及在所有的繁衍活动中传播和延续的种种表象方式中,最不适当的一种方式,就是把恶设想为是通过**遗传**从我们的始祖传给我们的"。(〔德〕康德:《纯然理性界限内的宗教》,第40页)

② 傅永军:《基督教信仰的理性诠释——康德"哲学释经原理"批判》,《武汉大学学报》(人文科学版)2012年第5期,第15页。

③ 参见〔德〕康德《纯然理性界限内的宗教》,第146页。

第四章 道德宗教的任务与实践取向

上帝之子为人所做的牺牲之结果，虽然人必须承认，无论是就善行的充盈而言，还是就功德而言，无人能与耶稣基督相提并论。但是，即使从道德角度可以无矛盾地假定人的救赎依靠上帝之子的牺牲，这也不过是一个连玄想也无法达到的奥秘[①]。由此可见，人的救赎问题只能放在实践理性领域，由实践理性来解决。

从实践理性出发，康德认为，宗教中所包含的法则都是一些实践法则，依据它们，可以把行动者的义务认作上帝的诫命。由此将恶的缘由和去恶从善的救赎实践，由一种服从绝对外在权威的行为转变为每个意志自由者的个人行为，而能够完成从恶到善的转变则又完全取决于意志自由者的个人主观努力。这就是说，对于人性之恶，我们决不能归结为充满世界并环绕在我们周遭的种种"不善"，也不能归结为我们肉身的局限和我们理性的有限。而对于我们能否弃恶从善，完成自我拯救，通过自己的努力成为上帝所喜悦的人，亦取决于我们自己的道德行动。我们必须时时牢记，无论我们如何堕落，让我们自己成为好人的道德律令将一直持久地在我们的心灵中不断地回响[②]。因此，成为善人是我们可以自我决定的，尽管作为有限的理性存在者，我们有着种种缺陷。就此而言，康德道德宗教的主题，可以简明扼要地表述为：恶与救赎、善恶斗争、走向至善的上帝之国的愿景与路径。职是之故，康德的道德宗教就是一种关于希望和自由的哲学。利科在专门分析康德的道德宗教的论文中，也倾向于这样理解康德宗教哲学的思想要义，他这样说：

[①] 参见康德《纯然理性界限内的宗教》，第147页。
[②] 麦克卡姆从5个方面归纳康德道德宗教关于恶与救赎观点，他指出："(1) 每个人内部的恶的原则都会发挥作用，否定道德法则是意志抉择的主观根据。(2) 一个被僭越的准则主观决定的意志决不能藉由选择或重新选择道德法则作为准则而自我校正。(3) 尽管如此，每个人常常萦绕于怀的是我们应当改变——"成为更好的人"。(4) 正如我们所看到的那样，应当蕴含着能够。(5) 所以，我们必定相信，存在着让道德法则超克对手重登王位的路径——虽然这个路径从现存理性角度看难以觉察，但是，从一个角度难以觉察或许从另一个角度看却变得异常清晰。"（Christopher McCammon, "Overcoming Deism: Hope Incarnate in Kant's Rational Religion", in Chris L. Firestone and Stephen R. Palmquist, eds., *Kant and the New Philosophy of Religion*, Bloomington and Indianapolis: Indiana University Press, 2006, p.82.）

事实上，正是对恶的考虑，才把我们限制在这种新的方法上；如今，凭着对恶的考察，重新活跃起来的正是自由问题，被《实践理性批判》的公设所唤起的真实自由问题；恶的难题迫使我们比以往任何时候都要更紧密地把自由的现实实在性与作为希望内容的新生（régénération）联系在一起。①

---

① 〔法〕保罗·利科：《解释的冲突——解释学文集》，第 515～516 页。

第五章　善、恶与人的自我救赎

　　人性问题，更确切地说，善和恶的问题是西方哲学从希腊时期就关心的一个重要问题。这个问题的意义在于，它直接关切从作为历史与社会主体的人所具有的品性角度，理性思考个人幸福、社会完善、历史正义以及未来希望等一系列重大问题的逻辑入路。在基督宗教那里，人的罪孽是其建立人与上帝关系的一个出发点；人的原罪不仅是一种恶的行为，而且是背离上帝的行为，它产生的直接后果是人与上帝的疏离；人背离了上帝，从以神为中心的生活转入以自己为中心的生活，希求凭借自身的力量建立属于自己的世俗幸福生活。然而，人的有限性以及本性上的缺陷使得人脆弱到难以抵挡欲望的诱惑，贪念不断，恶行累累，在罪恶的渊薮中越陷越深。基督宗教从超人视角看待人的救赎，人的救赎凭借的是上帝的恩典；恩典不仅是救赎的源头，还是救赎计划的动因，更是上帝无条件的、不计较罪人的亏欠而对罪人所付出的爱①。

　　康德坚持人性善恶共居立场，与基督教所主张的人性本恶的立场有着根本性的区别。他既认为人性中有着善的原初禀赋，又有着趋恶的倾向，从而将为善抑或为恶的自由交给了人自身。总体上说，康德对人性善恶的分析，特别是对人性善恶的根源以及起源的分析，目的在于证成从心灵或者精神角度思考通过人性转变（心灵改善或灵魂实践）实现道德完善（现实谋划或理想建构）不仅具有先验的根据，而且具有形而上学的合理性，即一种内在的自我救赎既是可能的又是必要的；由此也决定了康德在人性改善问题上对基督宗教救赎理论的革命性变革。康德意欲将基督教有关人的本性及救赎论的超人视角转变为人的内在理性视角，

---

① 有关上帝恩典的表述，新约中处处可见，兹仅引述如下二段。《圣经·罗马人书》："因为世人都犯了罪，亏缺了神的荣耀，如今却蒙神的恩典，因基督耶稣的救赎，就白白地称义。"（见《圣经·新旧约全书》（神版），第171页［罗3：23-25］）《圣经·彼得前书》："那赐诸般恩典的神曾在基督里召你们，得享他永远的荣耀，等你们暂受苦难之后，必要亲自成全你们，坚固你们，赐力量给你们。"（《圣经·新旧约全书》（神版），第269页［彼前5：10］）

对他来说，善与恶共居于人的本性之中，两者的根本对立在于行为者对待道德法则的态度；人的内心虽有服从道德法则的责任意识，但在日常生活中仍时有违背道德法则的行为，恶在人的生活中实然存在；人惟有完成彻底的心灵改变，去恶迁善，才能获得真正的救赎。由此可见，确如法肯海姆（Emil Fackenheim）所说，"康德转向关注根本的恶，那是出于一种严格的哲学理由，就是说，需要为道德自由的合理给出一种充分的和妥当的证明"[①]。

本章研讨康德的人性论，将围绕善、恶、善恶的斗争以及上帝的恩典与人的自我救赎（关涉人的自由意志）等问题展开论述。

第一节　作为道德概念的善和恶

善和恶是两个适用于描述人性的基本概念。用这样两个概念描述人性，意味着人不仅具有追求自身持续存在之自然本性，而且更具有超越自然本性而抵达更加完美存在之自我完善的本性。实际情况也是如此，人性这个概念在古代为斯多亚主义者提出来之时，就基于把人类这种存在者或者人类这个物种当作一个整体，要求对其进行复杂的多样性描述——比如，将一组有价值的道德或美学的规定性赋予人性，以此将人类与人类之外的其他存在者如动物区别开来。康德的人性论当然属于这个传统，他关于人以双重方式——感性的和理性的——存在于两个世界之中的观点，为人性的复杂性提供了形而上学基础。从道德哲学到宗教哲学，康德始终以人的双重存在为道德世界和信仰的希望世界奠基——在道德哲学中，以人的理性存在为根据，解释人可以有着意志自由，因而总是可以依据道德法则而做出责任行为；在宗教哲学中，人作为理性存在者，就有了去恶迁善的基本依据以及行动的动力。这就是说，一方面，康德承认人的感性存在的合法性，承认感性的人有按照欲望追求客观生活的自由，因而人性有恶的倾向是一个不可能回避掉的事实；但另一方面，人作为理性存在者，又能超越感性的制约而将道德和美学的规

[①] E. L. Fackenheim, *Kant and Radical Evil*, Toronto: University of Toronto Quarterly, 1954, p. 23. 转引自张宪《启示的理性——欧洲哲学与基督宗教思想》，四川出版集团巴蜀书社，2006，第316页。

定性作为使人性成为尊重对象的价值属性，因而既可以在个体身上实现从恶到善的心灵改变，又可以在历史中实现人类整体从恶到善的不停顿的发展，朝向希望前进。

对康德来说，这样的一种朝向至善实现的希望进程奠基在对人性的理解之上，特别奠基在对人性之为善和恶的批判诠释之上。从历史上存在的种种关于人性的哲学观点看，通常的理解是将人性理解为人类自然天成的本性，是人类生物学地形成的纯然性情，是决定人之为人的本质性根据；人性概念被强调的是它的自然承受性质和本体根基性质，因此是与自由行动的根据相对立的概念。康德则不同意对人性做出如此理解的观点，在他看来，从自由行动的根据之相反意义上理解人性，善与恶的道德意义就会被忽视，甚至会被消除掉。因此康德要求从主体性角度去诠释人性，强调人本身所具有的主体自由的本质根基特性。对他来说，对人性的理解有两个基本的立足点：第一，人的本性不是就单个的具体人之本性来说的，它表达的是整个人类作为一个族类而言所应具有的性质特征；第二，与其说人性是某种被动存在的、自然天成的纯然之物，不如说人性是人能够主动而自由地选择成为某类存在的主观根据，也就是能够从根本上决定并解释人类行为的人之纯然天性，是人以位格存在体的形式必然能够获得的精神品质。因此，人的本性总是要从人具有主观上运用自己的自由角度来解说，因为只有自由的人才能对自己的行为负责。就此而言，康德反对将人的本性解释为与生俱有的特性，认为这种解释将使得人的责任意识消失殆尽。对人性进行诠释依赖这样两个基本立足点，这决定了康德对人性的诠释必然与他的意志自由理论相关，与他对道德行为者的主体性地位的强调有关。因此，他这样界定人性概念：

> 这里把人的本性仅仅理解为（遵从客观的道德法则）一般地运用人的自由的、先行于一切被觉察到的行为的主观根据，而不论这个主观的根据存在于什么地方。但是，这个主观的根据自身总又必须是一个自由行为（因为若不然，人的任性在道德法则方面的运用或者滥用，就不能归因于人，人心中的善或者恶也就不能叫做道德上的。①

---

① 〔德〕康德：《纯然理性界限内的宗教》，第19页。

以关于人性的这种观点分析善与恶，就必然要求将它们与行为者的主体自由联系在一起。以恶这个概念为例，依据康德的解释，恶不能被简单理解为一种经验现象，理解为一种恶的行为和恶的后果；说一个人本性上是恶的，既不是因为他的行为有悖于人性的一般表现而为人们所不齿，也不是因为他的行为产生了让人憎恨的后果，更不是因为这个人的行为有着殊异的特征而不为人们所喜欢；说一个人的行为是恶，总是因为这个人的行为所表现出来的性质违背了法则，因而让人可以理性地推论出其内心中不仅存在恶的准则，并且听凭自己的行为服膺于这种恶的准则。由此可见，一个伤害他人的行为本身不是恶（譬如对他人的暴力攻击或者语言上的侮辱等），而是恶的表现；一个行为的后果给他人或者社会带来负面效果也不是恶（譬如因为自己使用火种的不慎而导致火灾对他人或集体财务的毁坏等），同样是恶的表现，它们不过是导致恶行发生的自由意念的结果。而真正的恶是行为者心中违背法则、执意按照准则行事的意念，因此恶是人心中存在的恶的准则。所以，康德这样说："人们虽然可以通过经验觉察到违背法则的行动，乃至（最起码在自己身上）觉察到它们是有意识地违背法则的，但是人们却不能观察到准则，甚至在自己心中也并不总是能够观察到。因此，'行为者是一个恶的人'，这一判断并不能可靠地建立在经验之上。所以，为了称一个人是恶的，就必须能够从一些，甚至从惟一的一个有意为恶的行动出发，以先天的方式推论出一个作为基础的恶的准则，并从这个恶的准则出发，推论出所有特殊的道德上恶的准则的一个普遍地存在于主体中的根据，而这个根据自身又是一个准则。"① 十分明显，康德从道德上考量人的本性，主要意图是要打破那种天然生成于人自身并对人具有支配作用的本性观念，与道德这个谓词所具有的先验内涵——这个内涵相关于自由选择的准则——之间的平衡关系，之后又通过将道德本质认知为自由行动的主观根据重建它们之间的平衡，这样，恶的行为所指称的人的恶的本性就被解释为行为者对准则与法则之间关系的错误认知。由于这种错误认知而导致了在行为者的意志和行为之间非道德关联现象的出现，从而显现出人性中存在恶之倾向的必然性，由此也决定了康德把人性之恶

---

① 〔德〕康德：《纯然理性界限内的宗教》，第18页。

第五章 善、恶与人的自我救赎

的根据与人的自然天性相分离，而与人的自由意志联系在一起。康德说：

> 因此，恶的根据不可能存在于任何通过偏好来**规定**任性的客体中，不可能存在于任何自然冲动中，而是只能存在于任性为了运用自己的自由而为自己制定的规则中，即存在于一个准则中。关于这个准则，必然不能再继续追问，在人心中采纳它而不是采纳相反的准则的主观根据是什么。因为如果这个根据最终不再自身就是一个准则，而是一个纯然的自然冲动，那么，自由的运用也就可以完全追溯到由自然原因造成的规定上，而这与自由是相悖的。因此，如果我们说，人天生是善的，或者说人天生是恶的，这无非是意味着：人，而且是一般地作为人，包含着采纳善的准则或者采纳恶的（违背法则的）准则的一个（对我们来说无法探究的）原初根据，因此，他同时也就通过这种采纳表现了他的族类的特性。①

至少可以从两个层面对康德上述观点做出进一步的诠释。第一，人为什么会根据道德准则而不是道德法则行动，来自人性本性的主观根据是不可认知的，只能用意志自由来解释。这就是说，无论是从人的感性的自然性好方面，还是从理性的精神品质方面，都不能找到让人的行为服从于准则的原因。如果人们勉强从中找到一个解释的原因，人们就会在这个原因之外在为这个原因找到一个动因，而后者有需要另外一个根据说明。如此一来，人们就会发现一个主观的规定根据的系列，这个系列会被无限追溯下去直至无限，最终也达不到最初的根据。第二，这样，人性的善与恶其根据就不能归结到本性之上。相反，人性的善与恶其根据就在人自身，即在于人的自由意志。无论是促使人们依据准则行动的原初根据，还是促使人们依据法则行动的原初根据，既然不存在于经验中给定的事实之中，那就应当存在于自由的意志之中。"所以，人心中的善或者恶（作为就道德法则来说采纳这个或者那个准则的主观原初根据）就只是在**这样**的意义上才叫做生而具有的，即它被看做先于一切在

---

① 〔德〕康德：《纯然理性界限内的宗教》，第19页。

经验中给定的自由运用（从孩童时代一直追溯到出生）而被奠定为基础的，是随着出生就同时存在于人心中的；而不是说出生是它的原因。"①

从这种立场出发，康德讨论了从宗教哲学角度诠解人性之善恶的几种代表性观点。康德首先给出一个这样的选言命题："人（天生）**要么在道德上是善的，要么在道德上是恶的**。"② 接着，康德指出，对这个选言判断进行不同的抉择，就会形成不同的关于人性的观念或者主张。

康德首先提到的是道德上的"严峻主义"或严格主义（rigorism），这是一种否认道德上存在中间物，在人性是善还是恶问题上拒绝妥协，不容许在两者之间采取模棱两可态度的严格论者。因为，在"严峻主义者"看来，无论是论断行动性质（善抑或恶）还是论断人的特性，必须在善与恶之间做出泾渭分明的判决，倘若不如此，一切准则就会面临失去稳定性和确定性之危险。

与"严峻主义"相对立的是道德上的"宽容主义"或自由主义（latitudinarianism），其有两种典型的表现：道德上的冷淡主义或无所谓主义（indifferentism）和道德上的折中主义或融合主义（syncretism）。道德上的冷淡主义要求人们应当在人的道德本性问题上持守一种中立立场，不在人的道德本性上区分善与恶；而道德上的折中主义则坚持一种道德二元论立场，它既承认人的道德本性有善的一面，也承认人的道德本性有恶的一面，即人的本性是善恶混成的复合体。

康德倾向于接受道德严峻主义，为此他首先对冷淡主义进行了批判——研究者可以在《纯然理性界限内的宗教》第一篇的"附释"部分发现康德对冷淡主义所做出的两点批判。康德首先指出，人类绝不可能冷漠地对待道德法则，因为当人们试图在遵从道德法则问题上采取一种不偏不倚的折中立场时，实际上就正在违背道德法则而走向恶；一个在道德上无所谓善或者恶的道德中立物，只属于处在自然状态中且只遵从自然法则的自然事物，而与作为自由法则的道德法则没有任何关系；自然事物的存在是在顺应自然法则过程中自发呈现出来的，它不是一种自我负责的行为，既没有被纳入意志命令（禁止或者许可）支配作用之需

---

① 〔德〕康德：《纯然理性界限内的宗教》，第20页。
② 〔德〕康德：《纯然理性界限内的宗教》，第20页。

要,也没有这样一种必要;自由事物则必然要被纳入对法则的接受与拒绝关系之中,行为者的行为没有模棱两可、持守中立之可能,或自由地接受其支配,或任性地服从意欲,拒绝其支配,道德上的冷淡态度和中立立场是不可能的[①]。其次,康德认为,道德的行为总是一种与道德法则相一致的行为,并且道德法则在理性的行为决断中也总是扮演行为的内在动机角色;一个人只要意志自由地将道德法则当作自己的行为准则,他在道德上就是善的;相反,一个人若把道德法则与自己的行为决定分离开来,以至于道德法则在与其相关的行动中并不能发挥规定作用,而发挥规定作用的是与任性的自由相关联的准则,那么他在道德上就是恶的。可见,就一个人的行为与道德法则以及意志自由关系而言,这个人的意念就绝不可是中性的、无善无恶的。

一个对康德上述批评的批评认为,康德混淆了对道德法则冷漠和在道德法则上中立两个不同问题,因此康德将坚持道德中立立场的宽容主义者误判为道德冷淡主义者;宽容主义者不过认为在人性问题上持守不偏不倚观点要比明晰断定或善或恶更为可取,它并不必然导致冷淡态度。应该承认,这种反对意见对于研究者更为清楚地把握康德有关道德本质的理解有较多助益。在康德看来,将有关道德本质的观念与意志对至上准则(道德法则)的自由选择联系在一起,就意味着将道德本质解释为行为者所拥有的主体判定善或者恶的理性能力。由此决定了在冷淡主义前提下,康德必然要考虑作为准则的道德可能性能是中立的吗?如果康德拒绝至上准则(道德法则)观念,人的行为与至上准则对其的理性规

[①] 康德在在《纯然理性界限内的宗教》第一篇的"附释"部分加了如下一段注释,专门阐述道德上的中立态度是不可能的。他指出:"假如存在有善 = a,那么,它的矛盾对立面就是非善。后者要么是纯然缺乏善的一种根据的结果 = 0,要么是善的对立面的一种积极的根据的结果 = − a。在后一种场合里,非善也可以叫做积极的恶。(对于快乐和痛苦来说,就存在着这样一种中间物,即快乐 = a,痛苦 = − a,而在其中不能发现快乐和痛苦这二者中的任何一个的那种状态则是无所状态 = 0)假如我们心中的道德法则不是任性的任何动机,那么,道德上的善(任性与法则一致)= a,非善 = 0,但后者纯然是缺乏一种道德动机的结果 = a×0。然而,我们心中现在确有动机 = a,因此,缺少任性与法则的一致(= 0),这只有作为一种对任性的事实上相反的规定的结果,即只有作为任性的一种**反抗**的结果 = − a,只有通过一种恶的任性才是可能的;而在判断行动的道德性所必须依据的一个恶的意念和一个善的意念(准则的内在原则)之间,并不存在任何中间物。"(〔德〕康德:《纯然理性界限内的宗教》,第 21 页页下注①)

范无关，那么就会导致道德行为的缺失，从而也谈不上道德上的中立问题。因此，如果基于康德实践理性要求考虑人的本性问题，不接受康德对冷淡主义的拒斥，就会遭遇到一种困境，即道德成为自发性的一种行为，类似遵从自然法则的自然行为。就此而言，康德反对的不是冷淡主义所导致的道德能力的不成熟，而是坚持在道德法则问题上没有任何模棱两可和妥协让步之余地，这是批判哲学始终恪守的先验道德立场，也是一种理性的道德宗教所必然要求的立场①。

康德接下去批评了道德上的折中主义立场，认为这种似乎不偏不倚、折中调和的立场实际上存在着自相矛盾之处。康德本人这样说："但是，人在道德上也不能在一些方面是善的，同时在另一些方面又是恶的。因为如果他在某一方面是善的，他就已经把道德法则采纳入他的准则之中了；因此，假如他在另一方面同时又要是恶的，那么，由于遵循一般义务的道德法则仅仅是惟一的和普遍的，所以，与道德法则相关的准则就会既是普遍的，但同时又只是一个特殊的准则；而这是自相矛盾的。"②康德的意思十分明确：一个道德行为对道德法则的服从是绝对的，不允许有任何例外。如果一个人的行为被称之为道德行为，而这种行为又是由来自准则的假言命令，那无疑等于说，意志对道德法则的遵从可以允许例外，这当然与先验哲学对道德性的绝对性要求相冲突。这就是说，"如果至上准则是一个允许偶然游离道德法则的规则，那么这个规则显然不能作为唯一的最高动因与道德法则相谐和。在康德视域内，对恶的这样的界定不会导致道德分歧。宽容主义，如同冷淡主义，因此是站不住脚的。康德持守道德严峻主义立场——或者至上准则是善的，或者是恶的。"③

作为一个道德上的严峻主义者，康德在人性善与人性恶问题上的态度是明确的。康德将人之本性问题与坚持道德法则绝对性的道德严峻主义结合在一起，不仅拒绝在此问题上的折中主义态度和冷淡主义态度，而且在拒绝之后又致力于从批判哲学角度探究人之本性的先天性。这样两种态度表明，康德在何为道德行为以及通过道德行为折射人性问题上

---

① 参见 Chris L. Firestone and Nathan Jacobs, *In Defense of Kant's Religion*, pp. 130 – 131。

② [德] 康德：《纯然理性界限内的宗教》，第 23 页。

③ Chris L. Firestone and Nathan Jacobs, *In Defense of Kant's Religion*, p. 131.

第五章　善、恶与人的自我救赎

的认知是一贯而清晰的。人性之善作为一种道德概念，是与道德法则及意志自由联结在一起。如果一个人的行为是自由决断地选择将自己行为的准则置于道德法则之下，那就意味着一个人在意志上就是善良的，具有无条件的绝对性。这里的关键是意志自由，它是一个人采纳道德法则作为决定自己行动的先验的主观根据，它证明为了趋善还是为恶是一个人的自由决断①。因此，所谓人所具有的本性上善良的意念，以及它所具有的与生俱有的属性，并不能从属于一种自然主义的解释。也就是说，康德并不把人之本性看作是生物学生成的自然性好，也不是在自然生长过程中自然习得的。人性之为善或者之为恶的先天性不过是说人性中有着或成为善、或成为恶的主观根据，人性之善和人性之恶是人类自由地处理自己潜能的结果。康德这样说："所谓天生具有这种或那种意念，作为与生俱来的属性，在这里也并不就意味着，意念根本不是由怀有它的人获得的，即是说，人不是意念的造成者；而且意味着，它只不过不是在时间中获得的（即人**从幼年起就一直**是这样的或者那样的）罢了。意念，即采纳准则的原初主观根据，只能是一个惟一的意念，并且普遍地指向自由的全部应用。"②

可见，在康德那里，善、恶不是一个经验概念，而是一个与行为规范相联系的道德概念。人性之善与恶指的就是人在自由意志作用下，其意念选择的结果——选择接受道德法则的规制，就显现出善的本性；选择接受违背道德法则的准则的规制，人性就表现出恶的倾向。人意志自

---

① 这种观点应该是西方宗教哲学对于人性所以为恶的一般性观点。张庆熊教授曾在自己的著作中介绍过美国学者尼布尔（Reinhold Niebuhr）的相关观点。尼布尔在《人的本性与命运》（汤清、杨慗春、汤毅仁译，宗教文化出版社，2011）中分析亚当和夏娃犯罪的原因时，表达了如下观点："亚当和夏娃为什么听信'蛇'的话呢？这是因为亚当和夏娃确实有'如神一样'的愿望。蛇对女人说：'你们不一定死，因为神知道，你们吃的日子眼睛就明亮了，你们便如神能知道善恶'（创3：4－5）。就是因为蛇的这一诱惑，亚当和夏娃才犯罪。蛇的诱惑只是外因，亚当和夏娃犯罪的内因乃是因为他们的自我中心论和自己想成为上帝的愿望。尼布尔认为，这种自我中心论和自己想成为上帝的愿望乃是人类犯罪的总根源。亚当和夏娃遭蛇诱惑的故事刻画了人类生存的基本特征。所以说，不是亚当和夏娃犯罪之后，人类才有原罪；原罪不是生物遗传的结果，原罪植根于人的本性之中。原罪是人的自由意志的结果，导致原罪的自由意志乃是人企图成为神的自由意志。"（张庆熊：《基督教神学范畴——历史的和文化比较的考察》，上海人民出版社，2003，第267～268页）
② 〔德〕康德：《纯然理性界限内的宗教》，第23－24页。

由的主体，亦是自己行为规范的建立者和践行者，仅就此而言，康德将人性之善恶看作是人之本性所本来具有，合乎理性解释的与生俱有之意义——善、恶是随出生而同时存在于人心中，在行为自主的人之先于一切经验给定的意志自由中有其根基。

第二节 善之禀赋与恶之倾向

人性的善与恶先天地存在于人心中，只是意味着成善或成恶不仅在有着意志自由的人那里有着主观的根据，而且也有着获取现实性的人性根基。人的主观意念中既有自由为恶的可能，也有自由为善的可能；人性中既有向善的原初禀赋，也有趋恶的倾向。

一 人性向善的原初禀赋（predispositions；Anlagen）

康德将人性中存在的向善的原初禀赋，按照它们的"目的"而分为如下三类，以作为人的规定性中善的要素：

1. 作为一种**有生命的**存在者，人具有**动物性的**禀赋；
2. 作为一种有生命同时又**有理性的**存在者，人具有**人性的**禀赋；
3. 作为一种有理性同时又**能够负责任的**存在者，人具有**人格性的**禀赋。①

关于第一种禀赋，康德指出，这是人作为生物有机体而具有的禀赋，主要表现为一种不要求理性的纯然机械性的自爱。康德将其分解为三个方面：第一，自我保存；第二，性本能，即与借助性关系以实现族类生存延续相关联的各类品性；第三，构筑共同生活的社会本能。在康德看来，尽管恶并不会出自这些禀赋，但一些可以被称之为"恶"的习性的东西却可以被嫁接到这些禀赋之上。"这些恶习可以叫做本性**粗野**的恶习，并且在其极度背离自然目的时被称为**饕餮无厌、荒淫放荡**、（在与其

---

① 〔德〕康德：《纯然理性界限内的宗教》，第 24~25 页。

他人的关系上）**野蛮的无法无天等牲畜般的恶习。**"①

关于第二种禀赋，康德指出，这是人作为生物有机体和理性存在者所具有的禀赋，主要表现为比较性的自爱。也就是说，这种自爱所表达的自我满足（幸福）或者不满足（不幸）是在与他人的比较中被感觉到的，并形成一个明确的判断。按照康德分析，人因为具有自爱的禀赋，就自然会具有这样一种心理偏好，希望在别人的评价中获得一种自己所希望的肯定性评价。为此，人们心理上所接受的最低限度的评价起点是平等，即要求自己与他人能够平等，担心别人会对自己形成一种优势——而这种担忧就会造成另一方面的"恶"，即希望自己优越于别人。这样，如同第一种禀赋，这第二种禀赋同样也会让一些恶习附着在自己身上，譬如争强好胜、嫉贤妒能等。此外，在其之上还"可以嫁接这样一些极大的恶习，即对所有被我们视为异己的人持有隐秘的和公开的敌意。不过，这些恶习本来毕竟不是以本性为其根源，自动地从中滋长出来的，而是由于担心其他人对我们谋得一种令我们憎恶的优势而产生的偏好，即为了安全起见而为自己谋得这种对其他人的优势来作为预防手段；因为大自然只不过是要把这种竞争（它本身并不排斥互爱）的理念当做促进文化的动力来利用罢了。因此，嫁接在这种偏好之上的恶习，也可以叫做**文化**的恶习，并且当它们达到最高程度的恶劣性（因为它们在这种情况下，就只是恶的一种超越了人性的极限的理念），例如，**嫉妒成性、忘恩负义、幸灾乐祸**等等时，被称做**魔鬼般的恶习**"②。

关于第三种禀赋，康德指出，这是人作为理性且担承责任的存在者所具有的禀赋，主要表现为道德化生存——在这种生存境遇中，人敬重道德法则，并以尊重道德法则为促动且规制意念活动的充足条件。在康德看来，人有尊重道德法则的能力，有着把道德法则当作意念（任性）的动机力量的素质，这就是"道德感情"。道德情感是一种敬重道德法则的情感，这种情感仅仅由于理性所引起，其作用不是唤起对某种物的爱，对某些能够引起情感波动的事物表达惊赞。道德情感也不能用来评判行为，或者建立客观的道德法则，道德情感只能用作动机，以便使得

---

① 〔德〕康德：《纯然理性界限内的宗教》，第25页。
② 〔德〕康德：《纯然理性界限内的宗教》，第26页。

行为者能够将道德法则当作自身中的行为准则。道德情感所引起的道德法则的敬重是一种真正来自理性的称赞，不管我们愿意不愿意，都不会拒绝给予道德法则一种称赞，并因为这种发自内心的称赞使得道德情感成为一种特殊的向善的能力。人们至少可以从两个方面理解它的特殊性：第一，道德情感是这样一种特殊能力，尽管"这种能力独自规定不了我们的选择能力"，但是如果没有它的话，"便不存在这个能力把道德法则推崇为至上规范的并且自在地是一个充分的动机的可能性"①。第二，作为一种能力的道德情感的特殊性还在于，它相对于其他向善的能力，本身是绝对的善，因而，没有任何恶习能够嫁接在它之上。这就是说，"恶产生于其他的禀性的失真，只要我们身上的人性（在康德通常意义上）仍然没有泯灭，那种道德情感本身便不会腐败，便会呈现在每个人的身上"②。由此可见，人格性的禀赋是一种特殊的禀赋，这种禀赋存在于人们的本性之中，不能被包含在第二种禀赋之中。因为单从第二种禀赋所强调的理性，尽管可以给出道德法则的先验来源，却不能给出诚意服从道德法则的内在动因。因此，我们还需要遵从道德法则的驱动力量，从而形成决定人们意念按照道德法则行动的内在动因，让理性的变成的实践的，使得人们的行为具有善的特性。在此种意义上说，人格性禀赋就是人格性本身，也就是在完全理知意义上的人性理念。

在康德看来，上述三种人性向善的原初禀赋，"**第一种禀赋不以理性为根源；第二种禀赋以虽然是实践的，但却只是隶属于其他动机的理性为根源；第三种禀赋则以自身就是实践的，即无条件地立法的理性为根源**"③。也就是说，第一种禀赋因为联系着人的动物性存在，对应于人所具有的感性性好，自然不需要理性；第二种禀赋联系着人的人情性，对应于人的思辨理性，它可以对道德法则有着先验认知，但却无法保证对道德法则有着理性认知的人能够在实践上完全按照道德法则行动；第三种禀赋联系着人的人格性，对应于人的实践理性自然是向善的，因为它恰恰是促使人们遵从道德法则的内在动因，并且因为自身是绝对的善而

---

① 〔美〕约翰·罗尔斯：《道德哲学史讲义》，张国清译，上海三联书店，2003，第394～395页。
② 〔美〕约翰·罗尔斯：《道德哲学史讲义》，第395页。
③ 〔德〕康德：《纯然理性界限内的宗教》，第27页。

拒斥任何恶。当然，尽管第一种禀赋和第二种禀赋不像第三种禀赋那样是绝对的善，可能会与自己使用的目的相违背而嫁接上种种恶习，但是，还是应该被称之为向善的禀赋，因为正如康德所指出的那样："人身上的所有这些禀赋都不仅仅（消极地）是**善的**（即它们与道德法则之间都没有冲突），而且都还是**向善的**禀赋（即它们都促使人们遵从道德法则）。"① 不仅如此，康德进一步指出，这三种禀赋都是始源性的，属于人的本性的可能性。所以，人们决不能从人所拥有的向善的原初禀赋中剔除它们之中的任何一个。职是之故，"我们把一个存在者的禀赋既理解为它所必需的成分，也理解为这些成分要成为这样一个存在者的结合形式。"②

在《道德哲学史讲义》中，著名哲学家罗尔斯曾经专门分析了康德的向善禀赋思想，特别指出了第三种禀赋所具有的三个独特特征，它们分别是：

第一，人格性禀赋是无条件地善的且不会腐败。也就是说，没有一种恶能够侵蚀它，甚至人们的自由选择能力也奈何不了它。

第二，人格性禀赋在三种向善禀赋所构成的价值序列中处于高阶位置，是具有无条件在先性的唯一禀赋，包含着能够成为至上规范的唯一实践原理。

第三，由于道德行为是意志自由的行为，并且由于道德法则不仅向人们展示了自然秩序的独立性，而且向人们展示了人们对于先天给定的价值秩序的独立性，所以，对于具有自由选择能力的人来说，把人格性禀赋列为善价值排序中的优先位置，这充分表现了人的自律本性③。

在罗尔斯看来，康德对人格性禀赋这种规范性描述，正是将人的自由选择能力与人性向善的三种禀赋联系在一起，从道德心理学角度揭示人性的道德基础的关键性论据。对于罗尔斯的这个观点，笔者原则上持一种赞同态度。

二 人性中趋恶的倾向（inclination；Hang）

人性中既存在向善的原初禀赋，也存在趋恶的自然倾向。在《纯然

---

① 〔德〕康德：《纯然理性界限内的宗教》，第27页。
② 〔德〕康德：《纯然理性界限内的宗教》，第27页。
③ 〔美〕约翰·罗尔斯：《道德哲学史讲义》，第400～401页。

理性界限内的宗教》第一篇第二章的开篇,康德就对"倾向"一词做出了解释。在康德看来,倾向不同于禀赋,人的禀赋与生俱有,但人则不一定与生俱有倾向。倾向"虽然也可能是与生俱有的,但**不可以被想象为与生俱有的**,而是也能够被设想为**赢得的**(如果它是善的),或者由人自己**招致的**(如果它是恶的)"①。可见,倾向是人偶然而有的偏好的主观根据。康德本人这样说:

> 我把**倾向**(propensio)理解为一种偏好(经常性的欲望,concupiscentia)的可能性的主观根据,这是就偏好对于一般人性完全是偶然的而言的。②

倾向为人的偏好提供理由,它表现为某种享受的心态,这种心态通过主体所经历的享受经验而不断得到强化,并最终形成一个人的偏好③。偏好带来要求不断重复此前享受的经验之强烈诉求,形成难以戒除的欲望,欲望支配行为者,导致完全根据自己的偏好要求(行为的准则)而采取的行动。就此而言,作为偏好之主观根据的倾向,从根据意义上提供了促使一个人按照准则进行行动的理由,在偏好、欲望、准则和行动之间建立起直接相关性。行为的恶或者说道德上的罪,究其根源就起于人的自然倾向,有鉴于此,康德将倾向这个概念判定为恶的根源。康德如是说:

---

① 〔德〕康德:《纯然理性界限内的宗教》,第 28 页。
② 〔德〕康德:《纯然理性界限内的宗教》,第 27~28 页。
③ 康德在《纯然理性界限内的宗教》第一篇第二章的一个页下注中对"倾向"、"偏好"、"欲望"以及"本能"等概念进行了解释,他指出:"倾向本来只是欲求一种享受的**先行气质**,一旦主体有过这种享受的经验,这就会导致人在这方面的**偏好**。如此说来,所有的野蛮人都对麻醉品有一种倾向,因为即使他们中的大多数人根本不知道麻醉是什么,因而对造成麻醉的东西也根本没有欲望,但只要让他们品尝一次这样的东西,就会使他们产生一种对这种东西的几乎无法戒除的欲望。——在倾向和以熟知欲求对象为前提的偏好之间还有**本能**。本能是一种被感受到的要做某事或者享受某物的需求,而对此,人还没有形成概念(就像动物的创作本能或者性本能一样)。从偏好出发,最后还有欲求能力的一个层次,即**激情**(不是**情绪**,因为情绪属于愉快和不愉快的情感),激情是一种排斥对自身的控制的偏好。"(〔德〕康德:《纯然理性界限内的宗教》,第 28 页页下注①)

由于这种恶只有作为对自由任性的规定，才是可能的，而自由任性又只有通过其准则，才能被判定为恶的或者善的，所以，这种恶必须存在于准则背离道德法则的可能性的主观根据中，而且如果可以把这种倾向设想为普遍地属于人的（因而被设想为属于人的族类的特性），那么，这种恶就将被称做人的一种趋恶的**自然**倾向。[1]

可见，康德主要是从人的德性存在的角度理解人的倾向的。因为，作为生理学意义上的人，受制于自然秩序而不可能有自由，相应地也就无法判别其行为的善与恶；只有作为道德的存在，人才有自由可言，因此才有了意志对规范自己行为之规则的自由选择；当人的行为偏离道德法则而以听命于个别的、偶然的和主观的准则，恶便产生了。就此而言，虽然绝对地说恶为人所与生俱有或天然生成并没有充足的理性根据或者经验证据，但将人性中趋恶的倾向基本上归咎于人的后天习得也不是一个理性或者经验能够证成的命题。人性的脆弱以及欲望对人的诱惑都使得人性容易为恶所污染，恶似种子潜藏在人性中且难以根除。在此意义上，康德所说的人性中趋恶的自然倾向非常类似奥古斯丁的"原罪"和宋儒的"气质之性"，属于从人的自然倾向中产生的趋恶之心——由这种恶劣之心产生的恶是一种道德之恶。由于人在本质上是自由的，因而道德上的恶必然要被追究，意志自由的人必须对自己的恶性和恶行负责任。

如同将人性中向善的原初禀赋做了三重区分，康德也将人性中趋恶的自然倾向区分为三个层次。

第一，人的本性的脆弱。按照康德对人性的界定，人性不是自然天成的人之特殊品性，人性是一个道德概念，它指的是在人那里存在着的按照道德法则规范行为的主观根据，其发挥作用的语境是自由意志。所以，在康德那里，所谓人的本性的脆弱，指的就是人心在把善原则纳入任性的准则之中，按照道德方式做责任行为方面的软弱无力，其所涉及的问题就是现代道德哲学所关注的意志薄弱问题。这些问题主要表现为，行为者虽然知道正确的道德行为有什么要求，并且在理性上也明确唯有按照道德的方式去做，行为本身才是道德价值和意义，但是由于偏好或

---

[1] 〔德〕康德：《纯然理性界限内的宗教》，第28页。

者欲望的强大，吸引着行为者不由自主地偏离道德行为模式，而按照偏好的要求采取行为。人的本性脆弱问题以突出的方式将人心中向善追求的易变性和软弱性表现得淋漓尽致，这种内在道德动机不足所带来的问题实际上是康德所心仪的形式主义伦理学所必然遇到的难题，不管是出于利益计算，还是出于恐惧以及出于规避责任，这些来自主观偏好和利益满足的动机总是比按照道德法则形式的绝对命令对现实的人更具有强制力，也更容易在现实行动中得到落实。

第二，人的心灵的不纯正性。人心作为规定人按照道德法则去行动之自由决断的策源地，它并不是至纯如一的，总是能够严格地将道德法则与道德行为联系在一起。实际在理性上，人人都明白遵守道德法则的必要性，尽管人们也有能力按照道德法则要求实施自己的行为，但促使一个人实施自己行为的动机却不是单一的，决定人类行为的动机既有道德的，也有非道德的，两者时常混杂在人心之中。来自动机方面的复杂性，常常使得个人对一个行为的道德判断很难做出。按照康德的道德严峻主义要求，任何来自道德之外的动机作为履行义务行为的条件都是非道德性的，是对一切道德价值的消解，所以只有出于义务的行为才是道德行为；一切合乎义务行为，尽管切合了道德命令的一般要求，但它仍然不能被当作为道德行为。康德曾在《道德形而上学奠基》中举例批判了那些合乎道德义务的行为，譬如童叟无欺——这种行为实际上是商家为了获取更多的利益而采取的自利行为，它的目的性指向无疑是获取更多的商业利益，而只有诚信经营才能保证顾客盈门和买卖兴隆。可见，不欺骗任何人，特别是在理智上逐渐衰减的老年人和心智尚不健全的儿童少年，是商家实现自己利益最大化的条件。正因为如此，在道德纯粹性上有着严格要求的康德一再强调："合乎义务的行动，并不是纯粹从义务出发而作出的"[①]。

第三，人心的恶劣。这第三种人性中趋恶的倾向归咎于人心的败坏，其恶劣的表现在于，受这种倾向控制的人心自由地将自己的意志置于与道德法则相背离的准则之下，并按照该准则的要求行为。换句话说，人自觉地撇开来自道德的动机而甘愿受非道德的动机驱使。在康德看来，

---

① 〔德〕康德：《纯然理性界限内的宗教》，第29页。

这种人心的恶劣也可以叫做人心的颠倒，"因为它就一种自由任性的动机而言，把道德次序弄颠倒了，而且即使如此也总还是可以有律法上善的（合法的）行动，但思维方式却毕竟由此而从根本上（就道德意念而言）败坏了，人也就因此而被称做是恶的"①。需要注意的是，康德所说的人心败坏与人心的自然构成无关。人心并不是一个实体，有着恶的属性，如果这样来解释人心的恶劣，就会给恶行一个开脱，人就会将作恶的原由归之于一个不可抗拒的本然力量。康德所说的人心败坏，是与他的意志自由观念联系在一起的，人因为自身的原因而自由地选择了背离道德法则的行为，就必然要为自己的恶行担承责任。同时由于作恶是自由的，那么在自由意志观念之下，去恶从善也是意志自由的行动。因此，必须清楚的是，康德虽然认为第三种趋恶的自然本性是一种有计划的自欺，但这一趋恶的倾向也不能被理解为一种为了恶的缘故而必然具有的选择恶的意念，实际上，它不过是一种完全漠视道德动机而选择那些源自偏好的动机之主观意愿。所以，康德将其解释为对道德秩序的颠倒。

综合来看，正像三种向善的原初禀赋那样，三种趋恶的自然倾向也都是根本地与人的道德的自由意志相关，即相关于人对待道德法则的基本态度，其表现为人是否自由地选择道德法则作为自己的行为准则。但是，向善的原初禀赋与趋恶的自然倾向之间还是存在着明显的不同。在康德看来，向善的原初禀赋只分成三种，这种分类因为根源不同，分别相应于感性性好、思辨理性和实践理性，因而是一种涉及人性本然性存在的分类。而趋恶的自然倾向则有着统一的根源即经验性的意志（Willkür，即意念或者任性），因此三种趋恶的自然倾向则没有本质上的差别，它之间的差别不过是行为者主动性程度上的强弱差别。这就是说，从行为的外显的经验表象看不出它们之间有什么不同，因为无论是出自第一种倾向和第二种倾向的行为，还是出自第三种倾向的行为，就其外显形式看都是一种符合义务的行为，性质上并无差别，它们的差别只在于做出行为的意念的坚定性和强烈性不同。具体说，在第一种趋恶的自然倾向情况中，虽然感性偏好较之道德法则对于行为者的行为发出具有更为强烈的动因刺激作用，从而会妨碍道德法则对行为者的规范作用的

---

① 〔德〕康德：《纯然理性界限内的宗教》，第29页。

实际落实，但是理性的人还是会在日常道德实践中通过道德格言而将道德法则的要求通过自己的行为准则实现出来——就此而言，人性中趋向恶的主观动力会受到一定遏制。在第二种趋恶的自然倾向情况中，由于人心混杂着道德和非道德动因，行为者就自己的自由意志来说就很难完全遵从道德法则，道德法则对行为者的规定作用较之第一种倾向就更为软弱些——尽管如此，在客观上也不能否认人心会接受道德法则的指导，并不能完全为准则或意念所宰制。在第三种趋恶的自然倾向情况中，不仅行为者没有将道德法则落实为经验的道德行为的主动性，而且由于人心的败坏所导致的道德秩序的颠倒，行为者的意志就会为恶的原则所宰制，有意为恶的程度最高。这样看来，从分类角度看，又可以把三种趋恶的自然倾向分成两类：一类由前两种趋恶的自然倾向构成，可称之为"无意的罪"；第三种趋恶的自然倾向为一类，可称之为"有意的罪"——后者是恶的典型表现，它是人心狡诈、蔑视道德法则、在道德意念上自欺欺人的表现。

在康德看来，恶的倾向是人性中普遍存在的一种状态，即使最好的好人也不能幸免；恶的倾向作为规定行为的主观根据，它先于任何行为，但自身不是行为，而是行为所以可能的形式条件，它导致两种恶的行为（罪）："第一种罪是理知的行为，仅仅通过理性就可以认识到，不受任何时间条件的制约；第二种罪是可感的、经验性的，是在时间中给定的（factum phaenomenon［造成的现象］）。"① 第一种罪是"本原的罪"，因为只能通过理性才可以认识到，从而不受任何时间条件的制约，故它作为纯然的倾向栖居于人性之中，是生而具有的，因此也是不可消除的。第二种罪则是"派生的罪"，它是经验性的，是在时间中给定的现象，表现为就质料而言与法则相抵触的种种恶习，但这种罪可以通过校正行为者的自由意志与道德法则之间的关系得以消除或者避免。

三 根本恶

根本恶的概念，是"人天生是恶的"这一命题的另一种表达。在《纯然理性界限内的宗教》第一篇第三章一开篇，康德就用大段文字解

---

① ［德］康德：《纯然理性界限内的宗教》，第31页。

释了何谓"人天生是恶的",何谓"根本恶"。康德这样说:

> "**人是恶的**"这一命题无非是要说,人意识到了道德法则,但又把偶尔对这一原则的背离纳入自己的准则。人**天生**是恶的,这无非是说,这一点就其族类而言是适用于人的。并不是说,好像这样的品性可以从人的类概念(人之为人的概念)中推论出来(因为那样的话,这种品性就会是必然的了),而是如同凭借经验对人的认识那样,只能据此来评价人。或者可以假定在每一个人身上,即便是在最好的人身上,这一点也都是主观上必然的。由于这种倾向自身必须被看做是道德上恶的,因而不是被看做自然禀赋,而是被看做某种可以归咎于人的东西,从而也必须存在于任性的违背法则的准则之中;由于这些准则出于自由的缘故,自身必须被看做是偶然的,但倘若不是所有准则的主观最高根据与人性自身——无论以什么方式——交织在一起,仿佛是植根于人性之中,上述情况就又与恶的普遍性无法协调,所以,我们也就可以把这种倾向称做是一种趋恶的自然倾向;并且由于它必然总是咎由自取的,也就可以把它甚至称做人的本性中的一种**根本的**、生而具有的(但尽管如此却是由我们自己给自己招致的)**恶**。①

人天生是恶的,意味着人在本性上生而具有趋恶的倾向。尽管不能从人的自然品性角度将恶理解为人的一种自然禀赋,那样的话,恶就会成为人拒绝责任行为的最好借口。康德一再强调,恶是有自由意志的人所"**赢得**"或招致的,是人在自己可以自由选择范围内做成的事情,因而不是在时间序列中受因果条件所决定的、在客观上不可避免的机械事件。所以,正像许多研究者所注意到的那样,如果人把自己的趋恶的自然倾向看作是一个人的生物学形成的本性和社会形成的内在品性,"或看作是心理学法则和意外偶然事件的结果",那么,人们就会用环境差异、品性不同以及来自文化、宗教信仰的区别来证明不存在一个普遍的理性行为规则,通过强调人与人之间不能分享同一的理性图式,而逃避来自

---

① 〔德〕康德:《纯然理性界限内的宗教》,第32页。

道德方面对自己的要求,为自己不负责任的行为寻找开脱的理由①。因此,康德一而再再而三地强调,所谓人天生是恶的,所谓根本恶,是说人的本性中具有一种趋恶的倾向,它使得人的行为所遵守的准则远离道德法则——因此,恶来自于自由意志(也就是说,如果人没有自由意志,一切行动服从于自然法则,就没有善与恶问题)。由此可见,康德提出根本恶概念,其目的不在于指出人性本恶这一事实,而在于用一种更加突出的方式强调恶是人的自由意志的产物。康德意在警示世人:只要人有自由意志,人本性中趋恶的自然倾向就不可消除,它就如影随形般须臾不离人之左右,犹如人性所生而具有。就此而言,根本恶概念的提出,必然促使人们认真地在理性界限内思考恶之根源问题。

在对恶的根源进行分析论证之前,康德首先指出,此前有些哲学家企图利用经验事例证明人性本恶,这是根本不可能成功的。一些哲学家可以用经验事例说明人性本恶,而另外一些哲学家又可以用经验事例说明人性本善②,但迄今为止,还没有任何一位哲学家能够从经验角度提出一种关于人性的完善理论。因此,对恶的根源分析,依然要依靠理性,从实践角度做出分析论证。

从实践理性出发,由于不存在关于人的智性品性的物理解释,因此,对恶的根源的解析不是通过时间中显现的表象来完成,而是要通过理性表象来展开。康德据此明确指出,恶的根源既不在人的感性以及与之相伴随的偏好之中,也不在为道德立法的理性之中,恶的根源只能基于对恶概念的分析,先验地从恶概念自身中寻找。

恶的根源为什么不能出自感性及其偏好?康德主要给出了以下两个理由:第一,感性本身以及由感性所产生的偏好,自身不善不恶,与恶并没有直接的联系。不仅如此,感性表象还有助于道德意念以直观生动

---

① 参见〔美〕约翰·罗尔斯《道德哲学史讲义》,第403页。
② 康德认为,任何一种从经验角度对人性善恶的论证,都会遇到同样来自经验方面的证明。例如,有些哲学家曾特别希望从所谓的自然状态中发现人的本性的善良,但是,另外一些哲学家就会举出发生在世界各地的屠杀事件,如在托富阿岛、新西兰岛和那维加脱群岛以及北美洲西北部草原发生的大屠杀事件,来反驳;如果有哲学家用赞美的字眼描述人性,另外一些哲学家就会用诸如尔虞我诈、恩将仇报等词语形容人的本性。可见,用经验事例可以形象地说明人性可能的状况(善良或者邪恶),但绝不能给予其合乎理性的证明。(〔德〕康德:《纯然理性界限内的宗教》,第32~34页)

的形式展示出来，比抽象的道德说教和理性说服更具有打动人的力量，从而为人们践行德性行为提供了契机。第二，感性及其由它而生的偏好，都是基于人的自然属性而生发的自然性好，它是被动地接受自然的赐予而获致的。因此，无论感性及其偏好是多么地恶，与道德法则多么地不合拍，人都不必为它们的存在而承担责任。然而，也应该明白，虽然我们不能将恶的根据归咎于感性及其偏好，但对由它们导致的恶行我们却仍然需要负责任，因为臣服于它们并按照它们的要求做符合准则的事情总是行为主体的自由行动，作为意志自由的主体，人必须为行为及其后果负责任。

恶的根源为什么不能出自为道德立法的理性，归结为它的败坏？也就是认为为道德立法的理性不仅能够从自身中贬损道德法则的威望，而且能够在理性上断绝出自责任行为与道德法则的联结，从而使得行为背离道德法则。康德认为，这种想法的错误在于，既然把理性看作道德法则的立法者，来自理性的自由意志实际上是道德法则的同义词；这就意味着为道德法则立法的自由意志是无条件的绝对善，但另一方面又说它是恶的根源，这完全是自相矛盾的说法，是不能成立的。

由此可见，恶的根源既不是感性，也不是理性。康德的结论是：

> 为了说明人身上的道德上的恶的根据，**感性**所包含的东西太少了；因为它通过取消可能从自由中产生的动机，而把人变成了一种纯然**动物性的东西**；与此相反，摆脱了道德法则的、仿佛是**恶意的理性**（一种绝对恶的意志）所包含的东西又太多了，因为这样一来，与法则本身的冲突就会被提高为动机（因为倘若没有任何动机，任性就不能被规定），并且主体也会被变成为一种魔鬼般的存在者。——二者中没有一个可以运用到人身上。①

但是，人们在经验中实实在在感受到人的意念（任性）与道德法则相冲突这一事实，并因此反思到恶在人性中的普遍存在。由于经验的证明只是证明了恶之存在，并没对恶的性质及其存在根据给出诠释，因此，

---

① 〔德〕康德：《纯然理性界限内的宗教》，第35页。

人类理性刨根问底的本性促使人们去解析恶的概念,并对恶的根源加以诠证。这是对恶之根源的一种先天论证,其方式是就恶按照自由法则如何可能从条件或根据意义上进行考察。

对恶之根源进行条件或根据考察,要义是从一个人的行为何以是道德的角度,厘清行为的准则与道德法则之间的位序关系,即明确在一个道德行为中,是道德法则以行为准则为条件而可能呢?还是行为准则以道德法则为条件而可能呢?这就是说,一个人是善的还是恶的,并不取决于他是将行为的准则作为动机还是将道德法则作为行为的动机,而是取决于他究竟是将行为准则当作道德法则所以可能的根据呢?还是将道德法则当作行为准则所以可能的根据呢?如果道德法则和行为准则的主从关系搞颠倒了,恶就孕育其中。因此,趋恶作为人性中的一种自然倾向,其根源就在人的一种自由任性之中。兹在此引述康德一段经典论述,以便以更为准确和清晰的方式展示康德的分析。康德说:

> 无论以什么样的准则,人(即使是罪邪恶的人)都不会以仿佛叛逆的方式(宣布不再服从)来放弃道德法则。毋宁说,道德法则是借助于人的道德禀赋,不可抗拒地强加给人的。而且如果没有别的相反的动机起作用,人就也会把它当做任性的充分规定根据,纳入自己的最高准则,也就是说,人就会在道德上是善的。不过,人由于其同样无辜的自然禀赋,毕竟也依赖于感性的动机,并把它们(根据自爱的主观原则)也纳入自己的准则。但是,如果他把感性的动机作为**本身独立自足地**规定任性的东西纳入自己的准则,而不把道德法则(这是他在自身之中就拥有的)放在心上,那么,他就会在道德上是恶的。现在,由于他自然而然地把二者都纳入自己的准则,由于他也把每一个,假若它是独立的,都看做是自身足以规定意志的,所以,如果准则的区别仅仅在于动机(准则的质料)的区别,也就是说,仅仅取决于是法则还是感官冲动提供了这样一种动机,那么,他在道德上就会同时是既善又恶的;而这(根据本书序言)又是自相矛盾的。因此,人是善的还是恶的,其区别必然不在于他纳入自己准则的动机的区别(不在于准则的这些质料),而

是在于主从关系（准则的形式），即**他把二者中的哪一个作为另一个的条件**。因此，人（即使是最好的人）之所以是恶的，乃是由于他虽然除了自爱的法则之外，还把道德法则纳入自己的准则，但在把各种动机纳入自己的准则时，却颠倒了它们的道德次序；他意识到一个并不能与另一个并列存在，而是必须一个把另一个当做最高的条件来服从，从而把自爱的动机及其偏好当做遵循道德法则的条件；而事实上，后者作为满足前者的**最高条件**，应该被纳入任性的普遍准则，来作为独一无二的动机。①

人作为感性与理性双重存在者，作为这个世界中有限制性的存在者，必然会做出听凭自由的任性起作用的事情。所以，人本性所具有的恶败坏了一切准则的根据，故被称之为根本的恶，亦可以用生而具有的罪即原罪来指称它。人性中的这种恶作为自然的倾向，是人力不能铲除的；然而，不能铲除并不是说不可克服。恶的自然倾向存在于有自由意志的人身上，它是人的自由意志颠倒行为准则与道德法则条件关系所导致的结果。因此，人性的根本恶，可以被解释为心灵中的一种恶的意念，这种恶的意念源发于心灵缺少道德力量、遵循自己认定的原则不坚定、没有按照道德准绳把各种动机（譬如，出自道德法则的动机和出自行为准则的动机，或者来自义务的动机和合乎义务的动机等）区分开来等。这些原因使得行为者将恶作为动机纳入自己准则之中，导致所谓心灵的颠倒，即单纯把没有恶习解释为意念与道德法则的相符合而不是意念出自道德法则。如此看来，人在道德实践中，只要让内心听从道德的绝对命令的召唤，就能够把颠倒的心灵再颠倒过来，人性中恶的自然倾向随之便可以得到克服。就此而言，说恶作为人性的自然倾向是生而具有、不可铲除，与说人可以通过心灵改变、克服恶的自然倾向而成就德行并不矛盾，两者并非势如水火不能并立。尽管人自己无法把恶之自然倾向完全铲除而成为圣洁之人，但人之成德毕竟是可能的，并且是现实可行的。

---

① 〔德〕康德：《纯然理性界限内的宗教》，第35~36页。

第三节 恶之起源与恶原则的宰制

一 恶的理性根据

恶的起源是一个与恶的根源高度相关的问题，但也是一个性质上不同于后者的一个问题。探究恶的根源主要关心恶存在的根基问题，探究恶的起源主要关心恶发生的原因问题。康德是这样定义"起源"概念的，他指出："所谓（最初的）**起源**，是指一个结果从其最初的原因产生，这样一个原因不再是另一个同类的原因的结果。"[①] 可见，当某物作为"结果"从作为"原因"的某物引出，而这个作为"原因"的某物不再是其他同类原因的结果，就可以说，某物作为"结果"起源于这个"原因"，由此可以区别开"根源"和"起源"两个概念。在康德那里，所谓"起源"指的就是恶发生的最初的（第一的）起源（primary or first origin），而所谓"根源"则指的是恶存在的一般性起源（general origin）；对恶之起源的探讨致力追寻恶存在的实际原因，尽管这个原因不属于自然因果系列，而被诠释为逻辑根据，指称着导致恶生成的终极缘由。

康德分析了起源概念的两种不同意义：时间上的起源和理性上的起源。时间上的起源即经验中的起源，它关心结果的发生，也就是使一个事物、一种存在状态作为结果得以存在的原因。由于任何一种事物或者任何一种存在状态的经验过程都是历史性的，受制于经验的自然法则（因果原则）的制约，先验论证已经证明了这种考察不可能取得任何有积极意义的成果，所以，寻求恶的起源只能选择理性考察的道路。所谓探究恶的理性起源，它关心的不是恶作为一种结果如何经验地历史性发生，而是关心恶作为一种人的本性之自然倾向（结果）为什么存在（什么是它的根据）。这种考察因而不是把恶当作一种结果与它在时间中的原因联系在一起，而是在考察恶的根据的时候，将其原因按照自由法则与作为结果的恶联系在一起。也就是说，恶作为一种结果，"就不是被设想

[①] 〔德〕康德：《纯然理性界限内的宗教》，第39页。

为与它在时间中的规定根据相结合，而是被设想为仅仅与它在理性表象中的规定根据相结合，并且不能被从任何一个**先行的**状态中推演出来"①。

依据康德的观点，基督教的原罪概念是从时间上寻求恶之起源的典范。《圣经·创世纪》以讲故事的方式表达了这样一种观点：恶的起源即为人的族类中恶的开端。并且，"在这个故事中，按照事物的本性（不考时间条件）必须被设想为第一的东西，表现为时间上的第一。"②这导致了犹太基督传统从罪到恶解释恶的起源之模式。在犹太基督传统中，原罪概念综合了罪和恶两个观念。罪首先发生在人类始祖身上，在犯罪之前，人类始祖处在天真无邪状态之中。因为，按照《圣经》的说法，上帝创造的人本有它的形象，原本是圣洁无罪的，他们（亚当和夏娃）快乐且无忧地生活在上帝为他们设置的伊甸乐园之中。创造者为被创造者颁布的行为规范（道德法则）只是一种表达禁止的命令③，但是，人类始祖并没把这个禁令规范当作充足的行为动机，尽管这个行为规范作为动机是无条件的善。人类始祖出于其他意图考虑，特别是把感官冲动相对于出自法则的义务要求的优越性纳入行动的准则之中，由此导致罪的发生。由于人类始祖的犯罪，"圣经把众人都圈在罪里"④，从此这个世界"没有义人，连一个也没有"⑤。

对于原罪，可以做两个方面的分析。第一，《圣经·创世纪》中所说的人的原罪原本是犹太基督传统中概念，它包括人对上帝的命令的违背、骄傲、自负等意涵在内；而恶这个概念，自奥古斯丁之后，基督教神学基本上接受的观点是把它解释为本质或善的缺乏。人类始祖亚当的双重角色使得将罪概念解释为恶概念成为可能，就此而言，"原罪观念就

---

① 〔德〕康德：《纯然理性界限内的宗教》，第39页。
② 〔德〕康德：《纯然理性界限内的宗教》，第41~42页。
③ 《圣经·创世纪》第2章中在叙述了上帝创造亚当，立伊甸园之后，将上帝为亚当立定的道德法则表述如下："耶和华神将那人安置在伊甸园，使他修理看守。耶和华神吩咐他说：'园中各样树上的果子，你可以随意吃，只是分辨善恶树上的果子，你不可吃，因为你吃的日子必定死。'"（见《圣经·新旧约全书》（神版），第2页［创2：15-17］）
④ 《圣经·新旧约全书》（神版），第213页［加3：22］。
⑤ 《圣经·新旧约全书》（神版），第170页［罗3：10］。

是综合恶与罪这两观念而来，亚当有两重身份，一方面是作为人类的一分子，为一个别的个人；另一方面作为人类的祖先，乃人类之理型。作为个别的人，他因违背上帝的命令而败坏了自己，这就是罪；作为人类理型的亚当，他的败坏也同时表示了缺乏善。进一步而言，由于人的理型败坏了，人（亚当）的后裔本性也因而败坏了。"① 人本性之恶由此发生，也就是说，自人类始祖犯罪之后，在人身上就具有了做出越轨行为之生而具有的倾向（恶）。第二，人类始祖所以犯罪是因为将感性冲突置于上帝诫令之上，这证明了在犹太基督传统中，恶虽被置于人的世界（离开伊甸园后的人世间）的开端，却没有置于人里面，即并不认为人的自然性好是人犯罪的根源。人原本纯洁，犯罪是因为受到诱惑而独立做出一个出自自己意志的决定。这实际上等于说，人类始祖之所以犯罪并非自然本性所使然，罪存在于人类始祖的理性表象之中，根源于人类始祖的自由意志。正像康德所说的那样，在第一个人身上，按照时间并没有假定他有做出越轨行为的自然倾向，"而是假定了天真无邪的状态，因而越轨在他那里叫做**堕入罪恶**，而在我们这里则不同，越轨被表象为从我们本性的已经生而具有的恶劣性产生出来。但是，这种倾向无非意味着，如果我们想按照其时间上的开端来**说明**恶，我们对于每一次蓄意的越轨都必须到我们人生的前一段时间追溯其原因，一直追溯到理性的使用尚未发展的时间，因而一直追溯到一种因此而叫做生而具有的趋恶的倾向（作为自然的基础），即追溯恶的泉源。而这在已经被看做是具有运用理性的充分能力的第一个人那里，却是既不必要也不可行的，因为若不然，这种基础（恶的倾向）就会必然是造成的了。所以，他的罪直接被描述为从天真无邪中产生的"②。可见，从时间上寻求恶的起源是不可能的，恶的起源必然指向意志的自由原则。

然而，令康德深感不满的恰恰是，犹太基督传统并没有因此而放弃为恶寻求时间起源之努力。在康德看来，此类努力作为典型的表现是，犹太基督传统认为人类罪恶的终极起源在于自身遗传了人类始祖的罪

---

① 邝芷人：《康德伦理学原理》，第 268 页。
② 〔德〕康德：《纯然理性界限内的宗教》，第 43 页。

恶①，因此，恶能够通过人类族群所有成员的繁衍活动中传播并延续下去。这意味着，恶通过遗传从人类的始祖传给了我们；这也就是人类作为一个整体，其恶之倾向在时间上的起源。可以说，这种原罪遗传的观念是基督教神学的一个重要的核心关系，而康德对此持一种完全反对的态度。在他看来，从逻辑上说罪是别人所犯，就只能由所犯之人自己负责，绝无将罪固定为恶并遗传给与罪不相干之人的道理，即使犯罪之人是后来人的始祖。如果我们承认后续之人必须为先祖所犯之罪负责，那么，同样地它们也可以以此为借口为自己开脱责任。基督教哲学家奥古斯丁就敏锐看到了这一逻辑悖谬，所以，虽然他不否认人作为罪人遗传了亚当之罪，但他却不认为可以以此为借口为自己的无知和无能辩护。在他看来，人遗传了亚当的罪成为本性上有罪的人，这一主张与强调意志是一切罪的根本原因并不矛盾，出于意志自由，人必须为自己的行为负责。"你受责备，不是因你所不情愿的无知，而是因你不寻求你所不知道的。你受责备，不是因为你没有包扎自己的伤口，而是因为你拒绝那一个为你疗伤者。这是你自己的罪。"② 从本质上看，基督教原罪说的谬误就在于其把恶的起源解释为一种时间性起源。"但是，就我们的任性把从属的动机过度抬高、采纳入它的准则的方式而言，它的这种蜕化，即这种趋恶的倾向，其理性上的起源依然是我们无法探究的，因为它本身必须被归咎于我们，从而那所有准则的最高根据又会要求假定一个恶的

---

① 康德认为当时大学中存在所谓三个高级学科以各自的不同形式对这种遗传的原罪进行了解释。他指出："三个所谓的高级学科（在大学里）将会各以自己的方式来解释这种遗传：即**遗传病、遗传债务**或者**原罪**。1. **医学学科**会把遗传的恶设想得像绦虫。关于绦虫，确实有一些自然科学家认为它必然早就存在于人类始祖的体内，因为它既不能在我们体外的某种元素中找到，也不能（就同一品种而言）在其他任何一种动物身上找到。2. **法学学科**会视它为接受人类始祖遗留给我们的，但附带有一种重罪的**遗产**的合法结果（因为人被生下来，无非就是学会使用世间的财物，这些财物对我们的继续生存是不可缺少的。）因此，我们必须付出代价（赎买），而最终（由于死亡）又被剥夺了这种占有权。这在法律上是多么合法啊！3. **神学学科**会把这种恶视为我们的始祖亲自参与了一个邪恶的叛逆者的**堕落**；并认为我们或者当时（尽管现在意识不到这一点了）就参与了叛逆，或者只是现在，由于生而受那叛逆者（作为这个尘世的统治者）的支配，与天国主宰者的无上命令相比，更为贪恋尘世的财富，并且没有足够的诚意从这当中挣脱出来，但将来也难免与那叛逆者同一命运。"（〔德〕康德：《纯然理性界限内的宗教》，第40页下注①）

② 〔古罗马〕奥古斯丁：《论意志自由：奥古斯丁对话录二篇》，成官泯译，上海世纪出版集团，上海人民出版社，2010，第173页。

准则。恶本来只能产生自道德上的恶（不是产生自我们的本性的限制）；然而原初的禀赋（除了人自身之外，没有别的什么能够败坏这种禀赋，如果他应该为这种败坏负责的话）毕竟是一种向善的禀赋。这样，对于我们而言，就不存在可理解的根据来说明我们道德上的恶最初可能是从哪里来的。"①

康德的意思十分明确：由于恶主要与人的自由意志联系在一起，它就是一种道德现象，既不存在于自然因果系列中，也不隶属于肉体感受性，纯然是自由意志运用的结果。因此，人对自己行为负责任的根据在于：他是有意为恶或者为善。如果将恶看作是属于人的一种自然属性，即根据在于人的感性及其有感性产生的自然性好，那它就属于一种在经验序列中呈现的现象，必然要服从于自然的法则，人的意志对其就没有什么作用，那么，人就会因为这种不以自己意志而发挥作用的自然原因而失去对自己行为的责任能力。原罪说既让人类始祖为后续之人的恶承担责任，又让后续之人提供了为自己的无知和无能进行辩护的借口，就此而言，原罪说提供了恶之时间起源说之必然破产的最佳例证。由此推理，从时间上追溯恶的起源是不可能的，人们只能从理性上追问恶是如何起源的。

从理性上为恶寻找根据，就是要在逻辑上找到恶在理性中的起源。当然，就像前面所论述的那样，从理性那里寻找恶的根据，不能将其归咎于为道德立法的理性自身的腐败，也就是说，不能将恶的根源诉诸于人自身之外的任何东西。从人自身内部寻找恶的理性根据，就是要将"越轨纳入自己的准则的主观普遍根据"之中，从而将恶与人的自由意志联系在一起。这就是说，尽管理性地完全了解恶的起源不可思议，从而对此问题的完全理性解答是不可能的，但是人的理性毕竟可以逻辑地证明：凡是与道德责任相联系的行为，必定以自由意志的普遍存在为前提。

康德关于恶的起源的思想，衔接奥古斯丁对基督教原罪说的改铸，更加强调恶与自由意志的联结，突出了恶之学说的道德意义，逻辑地将自己的人性学说与自己对希望问题的解决通过道德主体论通道连通起来，

---

① 〔德〕康德：《纯然理性界限内的宗教》，第43页。

指明面临人性中恶的压力、人类的道德努力的重要性和价值意义。正如菲利普·J. 罗斯所说:"面对在世界和我们人性构成之间的这个'形而上学的断裂',肯定我们人类理性运用的统一,这是对理性给予我们抵抗恶之能力的承认:使恶'有意义'的唯一途径就是使自身投身抵抗恶的行动之中。通过承认理性之统一,我们承认理性为我们提供能力以预想——以及照其行动——反抗恶的方法,这是通过把世界与我们人性中的断裂碎片整合起来得到的,这些碎片撒在由恶所驱动试图使世界的经验(作为自然和自由)有一贯意义的裂缝之中。有限人类理性之统一不是简单被给予的,也不可以理所当然地理解为毫无困难就可获得的;它是在人类抗拒恶的过程中不断被锻造而成的统一。"①

二 恶的原则对人类统治权的律法要求

恶作为一种自然倾向,根源于人的自由的任性,表现为颠倒了法则与准则的次序或关系。善作为一种原初禀赋,根源于人的道德意向,是一种自由地遵从道德法则的态度。由于人的本性中的善与恶皆出自人的自由意志,人应该对自己的品性(向善的意向和趋恶的倾向)负道德责任。如果说成为一位道德上的好人,既是人的希望所在,又是一个人应当付出的道德行动,那么,通过对恶行于世原因的分析,就是为成德之人确立道德行动方向、展开由恶迁善救赎行动所需要的必要前提。有鉴于此,在分析的恶的根源与起源之后,探析恶的原则对人类的宰制自然成为一个重要的问题。

康德对恶的原则对人类的统治问题的分析,同样从一个宗教视角开始。康德以伊甸园为象征符号,通过对比乐园内生活与失去乐园后的生活在原则上的差别,从律法(准则的抑或法则的)层面分析什么是恶的生活原则以及恶的原则何以能够取得对人类的统治权,之后,他将分析的视角延伸至善与恶的斗争问题上,为希望问题在自由意志理论视域内的解决提供一种道德的宗教方案。

按照康德的说法,基督教的《圣经》文本以一种历史的形式阐明了

---

① Philip J. Rossi, S. J., "Kant's 'Metaphysics of Permanent Rupture': Radical Evil and the Unity of Reason", in Anderso-Gold and Pablo Muchnik, eds., *Kant's Anatomy of Evil*, Cambridge: Cambridge Uniresity Press, 2010, pp. 15 - 16.

恶的原则与善的原则欲实现对人类的统治权所需要的道德方面的规范性要求。依照《圣经》文本中关于上帝创世的叙述，我们知道，人作为上帝所喜悦的创造物，在其被创造之初就被上帝所拣选并与其他所有创造物区别开来[①]。人的高贵身份，使得这个族类被上帝指定为地上一切财富的所有者，但是支配这些财富的一个律法要求是，财富的所有权归属他的创造者上帝所有，而人只有在上帝的支配下占有并使用这些财富。与此同时，一种力图把"占有"变成"拥有"的人——一种被称之为恶的存在者——也就同时产生了。但是，本性纯真的善的存在者变成为恶的存在者的原因却是不得而知的。《圣经》中给出的历史叙事告诉我们的只是对上帝不忠诚的人类始祖失去了本来在天国可以占有并使用的全部财产，与之相应，他们在地上获得了另一种财产。此时最应注意的是由于这种变化而导致的心灵或者精神方面的改变：原本应当持守普遍的上帝律法的善的存在者，现在却将感性性好的倾向作为行为准则，并且期望将颠倒了的法则与准则之间的关系次序重新颠倒过来，以此重获自己对心灵的支配，从而在失去上帝在天国的宠爱之后，能够在地上世界称王。根据上面的论述，可以说，尽管康德没有明确定义统治人类的恶的原则但可以推知，康德所说的统治人类的恶的原则，实际上就是听凭自己的感性偏好（主要是财富的追求）支配自己行为的准则，因而，不过是让自己的自由意向从属于准则——而从属于准则的行为，从其性质中就可以推出人心中的恶的律法。

恶的原则导致恶对人类的统治。在这个问题上，人们可能提出的疑问是，作为上帝的创造物，人背叛了上帝且为了满足自己的感性欲望而做出对上帝不忠的行为，为什么上帝不对这一叛逆者使用威力，并摧毁叛逆者蓄意建立的地上王国呢？康德给出的答案是："最高的智慧对理性存在者的统治和治理，却是按照他们的自由的原则对待他们的，并且无论他们会遇到什么善的或恶的东西，都应该归之于他们自己"[②]。由此可

[①] 《圣经·创世纪》："神说：'我们要照着我们的形像，按着我们的样式造人，使他们管理海里的鱼、空中的鸟、地上的牲畜和全地，并地上的所爬的一切昆虫。'""耶和华神在东方的伊甸立了一个园子，把所造的人安置在那里。耶和华神使各样的树从地里长出来，可以悦人的眼目，其上的果子好作食物。"（《圣经·新旧约全书》（神版），第1页［创1：26］、第2页［创2：8-9］）

[②] 〔德〕康德：《纯然理性界限内的宗教》，第79页。

见，善的禀赋与恶的倾向共居于人的本性之中，恶之所以能够取得对人类的统治权，并没有外部的原因，它依然人的自由选择的结果；由于善与恶的差别表现为自由意向对待道德法则的态度差异，一个违背善的原则而被称之为恶的国度是因为人不道德地对待道德法则的必然结果；人的自由向恶的意向将人的本性引向感觉性好，任心灵接受恶的控制而自甘堕落，并由于自己的堕落而丧失了在天国本来可能拥有的全部财产；人醉心于地上虚幻的财富而将自己引向注定要沉沦的深渊，洞开了通向恶之国度的大门。

恶的原则对人宰制是深度的。康德深有感触地说，尽管"善的原则因为自己在对人的统治权的律法要求，通过一种政府形式"可以被保存下来，但是即使建立了这样的政府形式，"由于在这样的政府形式中，臣民们的心灵依然除了这个尘世的财富之外，不赞同任何其他的动机，从而他们除了借助此生中的奖赏和惩罚之外，也不愿以其他方式被治理。然而，除了一方面使人背上令人厌烦的仪式和习俗，另一方面虽然是道德的，却仅仅产生出一种外部强制的，即仅仅是市民社会的法则之外，没有任何其他法则能够做到这一点，所以，这种安排在本质上并没有与黑暗的王国决裂，而是仅仅有助于把第一所有者的不可取消的权利永远保存在记忆中"[①]。这就是说，在康德看来，当堕落的人以追逐财富为行为准则之后，善的原则诉求于建立世俗化的国家秩序来保护自己，同时也把人们逐利的追求规训在制度之内。但不可否认的是，世俗国家秩序的制度性规训努力可能会对约束行为起到作用，却并不能改变人的心灵，把人从恶的原则宰制下解放出来。因此，世俗国家形式诉求于国家的秩序外在地对人的行为进行校正，只能满足对行为之最低限度的法律上的规训要求，其弊端不言而喻。

这样，善的原则和恶的原则在人那里的冲突就成为必然。按照康德的观点，世俗的希腊哲学家通过道德上的自由学说的发现开始意识到善与恶之间的冲突，由此引发众多思想家开始思索这个问题。当对这个问题的思考逐渐达到成熟程度时，犹太基督传统中的先知耶稣基督出现并开启了一个历史时刻。耶稣基督作为上帝所喜悦的人并不受人类始祖所

[①] 〔德〕康德：《纯然理性界限内的宗教》，第80页。

开启的恶的契约的约束,他对上帝的虔敬使得他完全能够抵御住感性性好的诱惑,而显示出善的原则的终极价值和意义。由此,不能避免恶的原则支配的世俗世界的统治便遭遇到危险。因为,如果这个王国中有多少臣民接受耶稣基督的感召而去恶迁善,那么这个王国的王就相应地失去同样多的臣民。于是,在代表恶原则的世俗王国之王与代表善原则的耶稣基督之间必然会发生斗争,而斗争的结果则是以恶的胜利暂告一段落。然而,恶的原则对善的原则的暂时胜利并非只是悲剧,它同时也昭示出善的原则之于恶的原则的光明未来。因为,通过耶稣基督所经历的这次善恶斗争,人们至少看到了如下三点。

第一,耶稣基督展开的是一场公开的道德革命,革命的目的是推翻那排挤一切道德意念而专注仪式上的信仰和祭司的威望的宗教说教,尽管发动革命的耶稣基督在世俗意义上并没有成功。"这场斗争的结局既可以看做一种律法上的打击,也可以看做一种生理上的结局。如果人们看到的是后者(它属于感官领域),那么,善的原则就是失败的一方。而由于他在一种外来的(拥有暴力的)统治之下激发了一场起义,他就不得不在经受了许多苦难之后,在这场斗争中献出自己的生命。"① 但是,耶稣基督的失败绝非完全失败,他的失败同时也指引出成功的道路。所以,在他死后,他的努力"转化为一场悄悄进行的、但却是在许多苦难之中传播开来的宗教变革"②。

第二,耶稣基督所肇始的宗教变革不是一场政治革命,而是一场道德革命。因为,人们通过耶稣基督的言行——特别是在最后的晚餐上的言行——看到的是,一个人类心灵导师的非常善的、纯粹的道德意图。这种道德意图诉求的是人的心灵改变,因为,"**原则**当权(无论这些原则是善的还是恶的)的国不是自然的国,而是自由的国。也就是说是这样一个国,在它里面,人们只有当统治了心灵的时候才能够支配事物。因为在它里面,没有任何人是奴隶(农奴),除非并且只有当某人自愿如此时才有奴隶"③。所以,人最终是服从善的原则的指导,还是听命于恶的原则的支配,关键在于人的自由意念对待准则的态度。心灵从臣服

---

① 〔德〕康德:《纯然理性界限内的宗教》,第82页。
② 〔德〕康德:《纯然理性界限内的宗教》,第82页页下注①。
③ 〔德〕康德:《纯然理性界限内的宗教》,第82~83页。

恶的原则转变为服从善的原则，恶的王国才能被摧毁，善的时代才会来临。这就是说，制度的恶不能用另一种恶的制度去克服，心灵和观念的转变才是更为彻底和根本的转变。换句话说，恶凭着撒旦的狡计来到世间，引发人的堕落，"这样一种堕落在所有的人身上都存在，并且不能借助任何东西战胜它，除非凭着完全纯洁的道德上的善的理念，并且意识到，这个理念现实地属于我们的原初禀赋。人们只需要努力地维护它，不受任何不容许的沾染，并且把它深深地纳入我们的信念，以便通过它对心灵逐渐地造成的影响而坚信，恶的可怕的权势对此无可奈何（'阴间的权柄，不能胜过他'）。"①

第三，耶稣基督的殉道，作为生理上一个人的苦难的最高级别形式，在精神上则是善的原则的体现，"即处于道德上的完善之中的、作为后世的榜样适用于每一个人的人性的体现"②。这就是说，耶稣基督作为善的原则的代言人，他在与恶的原则的斗争中，为所有立志通过心灵改变，从恶的状态解脱出来的人提供了走向道德生活的理想；他在与恶的斗争中的失败以及善的敌人对他的学说纯洁目的的诋毁，都"丝毫不会由于对他为纯粹卑贱者的福祉提供的学说和榜样中所表现出来的坚定和正直的冲击而有损于他"③。不仅如此，耶稣基督为善的原则而献身的牺牲精神对人类心灵产生了极大影响，使人类在与恶的原则（纯然的尘世之子的奴役状态）的鲜明对比中看到了天国中上帝之子女们的自由，意识到自人类起源始，善的原则就以不可见的方式从天国降临到人性之中，以法的方式栖居在人性中，并将人性当作自己的第一个居所。如此看来，耶稣基督是以自己的榜样（就道德理念而言）力量感召世人，为每一个愿意和他一样成为上帝所喜悦的人打开了自由的大门。所以，日本学者安培能成才这样说："所谓信仰基督，不是指真实地相信关于耶稣生活的历史记述；而是为了接受那种合乎神意的完全的人类理想，并实现这一理想。信仰作为这一道德理想体现者的神之子，和实践理性的要求是相

---

① 〔德〕康德：《纯然理性界限内的宗教》，第84页。
② 〔德〕康德：《纯然理性界限内的宗教》，第83页。
③ 〔德〕康德：《纯然理性界限内的宗教》，第82页。

一致的；而信仰作为奇迹创造者的神之子，则是毫无意义的。"①

综上所述，康德对人性的分析，特别是对善与恶之间关系的分析，是从实践理性立场看人的希望生活所准许的东西。这些东西基于人类之道德的自觉意识之上，促使人类不断与自己本性中恶的倾向做斗争，目的旨在让那种听从上帝诫命和专事神秘崇拜的宗教寿终正寝，用一种建立在纯洁的心灵和纯粹的道德意念之上的宗教取而代之。正是这种把人的义务当作上帝的诫命而被理性承认的宗教向世人表明，人信仰上帝的唯一方式就是做一个道德上的好人，这要求人应当在良好生活方式（善的原则支配的生活方式）中不断地努力，由恶迁善，朝着道德完善的目标迈进。康德藉此为那个为上帝所统治的道德世界提供了合法性证明，而这种证明又为奠基在超感性世界之上的人类的现实道德生活提供了形而上学基础，它将道德理想和现实的伦理生活联系在一起，理性地确认了人类的希望生活的客观性。

第四节　道德救赎与上帝恩典②

如前所述，康德对人性问题的分析本质上是一种道德理论，不过是用理性化的宗教语言表达的道德理论。这种有着理性宗教形式的道德理论是一种希望理论，它最终要解决的问题，是将人从恶的存在状态中拯救出来，即由恶迁善，成为有德之人。这种拯救是人类的一种自我救赎，它需要上帝的恩典，但不需要基督教式的、求助于虔诚敬信的上帝恩典。在人的自我救赎中，上帝的恩典主要表现在，上帝以自己的仁慈与公正保证自我救赎的人才是它所喜悦的人。

一　善的原则的拟人化了的理念及其客观实在性

在康德看来，善的原则如欲实现对人的统治权，同样有着律法上的要求。康德通过将耶稣基督诠释为完美的道德理想，即将上帝之子诠释

---

① 〔日〕安培能成：《康德实践哲学》，于凤梧、王宏文译，福建人民出版社，1984，第54页。
② 本小节第一部分和第二部分的主要内容曾作为《康德论善的原则的客观实在性》一文的主干内容，发表于《山东大学学报》（哲学社会科学版）2015年第1期。

为"善的原则的拟人化了的理念"①,探讨了人性的原型,特别是原善的人性,并据此阐明了人类重新向善的可能性。但需要指出的是,康德如此诠释耶稣基督之所以可能,是因为他对耶稣基督的理解完全不同于基督教的传统理解。

我们知道,在基督教新约圣经中,耶稣基督兼有神性和人性,并且新约圣经特别强调耶稣的人性依赖于神性,因为耶稣是道成肉身的上帝。就此而言,耶稣主要被理解为本有上帝形象的非普通的"人",而不能将耶稣理解为单纯是人世间的道德楷模。惟其如此,耶稣的思想才那么卓越,品格才那么完美,行为才那么高尚,如《约翰福音》所赞美的那样:"道成了肉身,住在我们中间,充充满满地有恩典,有真理。"② 或如使徒保罗所说:"他本有神的形像,不以自己与神同等为强夺的,反倒虚己,取了奴仆的形像,成为人的样式。既有人的样子,就自己卑微,存心顺服,以至于死,且死在十字架上。"③ 耶稣不仅"本有上帝的形像",而且道(按照《约翰福音》,道就是上帝)成肉身,耶稣也会具有如人那样的"血肉之体"。"儿女既同有血肉之体,他也照样亲自成了血肉之体,特要藉着死,败坏那掌死权的,就是魔鬼,并要释放那些一生因怕死而为奴仆的人。他并不救拔天使,乃是救拔亚伯拉罕的后裔。所以,他凡事该与他的弟兄相同,为要在神的事上成为慈悲忠信的大祭司,为百姓的罪献上挽回祭。他自己既然被试探而受苦,就能搭救被试探的人。"④ 因此,新约圣经将耶稣描述为真人和真天主,他能从身体和心灵两个方面体恤我们,正像《希伯来书》劝勉我们的那样:"我们的大祭司并非不能体恤我们的软弱,他也曾凡事受过试探,与我们一样,只是他没有犯罪。所以我们只管坦然无惧地来到施恩的宝座前,为要得怜恤,蒙恩惠,作随时的帮助。"⑤ 人们也因此从耶稣那里得到真正的大爱。"耶稣的'我'(他的人格)的独特性基于这样一种事实,这个'我'不是排它的及独立的事情,而是一个大有(Being),这个大有完全来自于父的

---

① 〔德〕康德:《纯然理性界限内的宗教》,第59页。
② 《圣经·新旧约全书》(神版),第101页〔约1:14〕。
③ 《圣经·新旧约全书》(神版),第223页〔腓2:6~8〕。
④ 《圣经·新旧约全书》(神版),第249页〔来2:14~18〕。
⑤ 《圣经·新旧约全书》(神版),第250页〔来4:15~16〕。

'你'(the'Thou'of the Father),并且为人类的'你们'(the'You'of men)而生活过。它是 logos（真理）与爱之间的同一与结合，因而将爱融入了 logos 这一人类存有的真理。因此，从基督论出发的信仰的本质就是进入普遍开放性的无条件的爱（the entry into the universal openness of unconditional love）。因为信仰一个救世主（基督）只意味着将爱变成信仰的内容，这样从这个角度我们可以完全地讲，信仰就是爱。"①

与基督教对耶稣的理解不同，康德将耶稣基督看作是一个理念，是善的原则的拟人化呈现。只是由于这个理念本质上来自上帝，康德将其解释为上帝的独生子，而非被创造的事物。另一方面，与基督教将耶稣基督理解为本有上帝形象的神性人（the divine men），强调耶稣的神而人（God-man, theios aner［希腊语原文］）特征不同，康德将耶稣基督解释为完美的道德典范和完善人性的楷模，视为上帝所喜悦的人性理想。故此，康德坚定地主张，耶稣基督作为拟人化的善理念具有客观实在性，终究可以克服重重困难，而实现善原则对人的支配。有鉴于此，谈论善的原则战胜恶的原则，实现善的原则对人类的统治权，就有了明确的目标，那就是通过凸显以耶稣为代表的完美道德理想与陷入恶的深渊中人性形象的对比，证成善的原则具有客观实在性，且人类有按此拟人化的善的理念提高自己至道德完善性境界的神圣义务。也就是说，在康德看来，造就道德上彻底完善状态的人性是上帝意旨的对象，也是上帝创世的目的，而完美人性的原型就是在"太初"就与上帝同在的那个"人"——耶稣②。耶稣作为上帝的独子，是上帝所喜悦的人，他因为自己所拥有的理念均出自上帝的本质，而拥有"道德上的彻底完善"之人性，从而也就能够成为人类可以效仿的善的形象（道德理念）。所谓耶稣"道成肉身"，实际上意味着他将以"肉身"形象，为人做道德方面的榜样，将上帝对人的道德要求更为真切地传递给人，给人以鼓舞，激

---

① ［德］约瑟夫·拉辛格：《基督教导论》，静也译，上海三联书店，2002，第168页。
② 《圣经·约翰福音》指出："太初有道，道与神同在，道就是神。这道太初与神同在。万物是籍着他造的；凡被造的，没有一样不是籍着他造的。生命在他里头，这生命就是人的光……道成了肉身，住在我们中间，充充满满地有恩典，有真理。我们也见过他的荣光，正是父独生子的荣光。"（《圣经·新旧约全书》［神版］，第101页［约1：1~4；1：14］）

励人去恶迁善①。如费尔斯通和雅克布斯所言:"基督神学中的基督是神圣的完善性与人的本质的结合,并因此提供了为康德的实践哲学应当仿效的道德理想之范型。"② 而追随耶稣所表征的道德范型,仿效耶稣、摹仿耶稣将自己提升至理想的道德境界,并与完全纯洁的道德意念之原型相契合,恰恰是人作为有理性的存在者,必然要担承的普遍义务。

但是,需要指出的是,在康德看来,人把耶稣基督当作道德典范仿效或摹仿,不仅仅是因为耶稣基督作为道德典范具有纯粹信仰的意义,而是因为人们能够在自己的道德实践中真实地模仿效法这个道德典范;在耶稣基督这个道德典范影响下,人改变自己的行为方式,使自己的行为完全出自道德义务,表现出纯粹的道德价值——只有如此,人才能为上帝所拣选,成为上帝接纳的义人。康德如是说:"**在对上帝之子的实践上的信仰中**(就他被设想得好像他接纳了人的本性似的而言),人可以希望成为上帝所喜悦的(从而也可以得救)。也就是说,他自觉到这样一种道德意念,即他能够**信仰**并且确立以自己为基础的信赖,他将在类似的诱惑和苦难的情况下(正如把它们当做那个理念的试金石一样)对人性的原型忠贞不渝,并且以忠实的仿效保持与自己的榜样的相似,一个这样的人,并且只有一个这样的人,才有权利把自己看做是一个并非配不上上帝的喜悦的对象。"③ 由此可见,人们不仅能够通过道德地阐释耶稣基督之意象,发现完美道德的原型,而且能够通过对耶稣基督道德

---

① 《圣经》有许多经文阐述了这些思想。先看《约翰福音》:"神爱世人,甚至将他的独生子赐给他们,叫一切信他的,不至灭亡,反得永生。因为神差他的儿子降世,不是要定世人的罪……乃是要叫世人因他得救。"(《圣经·新旧约全书》[神版],第104页[约3:16-17]。再看《腓立比书》:"他本有神的形像,不以自己与神同等为强夺的,反倒虚己,取了奴仆的形象,成为人的样式。既有人的样子,就自己卑微,存心顺服,以至于死,且死在十字架上。所以,神将他升为至高,又赐给他那超乎万名之上的名,叫一切在天上的、地上的和地底下的,因耶稣的名无不屈膝,无不口称耶稣基督为主,使荣耀归于父神。"(《圣经·新旧约全书》(神版),第224页[腓2:6~11])最后看《罗马人书》:"因为世人都犯了罪,亏缺了神的荣耀,如今却蒙神的恩典,因基督耶稣的救赎,就白白地称义。神设立耶稣作挽回祭,是凭着耶稣的血,藉着人的信,要显明神的义。因为他用忍耐的心,宽容人先时所犯的罪,好在今时显明他的义,使人知道他自己为义,也称信耶稣的人为义。"(《圣经·新旧约全书》(神版),第171页[罗3:23~26])

② Chris L. Firestone and Nathan Jacobs, *In Defense of Kant's Religion*, p. 153.

③ [德]康德:《纯然理性界限内的宗教》,第61页。

之形象的效仿，将人引向道德的完美境界，赋予实践上有效的信仰以道德价值。这决定了耶稣基督作为以拟人化形式呈现善原则的理念，其客观实在性只能在实践上取得。

来自实践的确认，至少包含着对耶稣基督这一理念所具有的客观实在性的两个层面的诠释。第一个层面肯认耶稣基督所表征的完美道德典范的实在性内存在"我们那在道德上立法的理性之中"在性的两个层面的诠释。第一个层面肯认耶稣基督所表征的完美道德典范的实在性内存在"我们那在道德上立法的理性之中"①。理性必然要求我们按照耶稣基督这一道德原型改善自己的人性，成为一个与这个完满道德原型相符合的那种人。这样一种要求就像道德法则一样是理性的一种绝对命令，并作为理性地规定人之行为及存在方式的先验根据，具有一种无条件性和威严性。第二层面告知我们，对耶稣基督意象进行道德化诠释所形成的善原则之理念，之所以能够成为促进人类去恶迁善，追求道德化生存的理性动机，一方面不能借由理论理性思辨地认知洞悉并论辩——因为，这一与道德法则具有同样先验森严性的善原则理念，其作为来自理性的强烈动机，其唯一的根据是受这一理念所规定的被规定者的先验自由，而先验自由显然不是理论理性的思辨对象。所以，即使从未有一个人无条件地遵循这一理念的要求，成为一个契合耶稣基督所显示道德范型的人，对于这一理念的客观必然性亦毫无减损。另一方面，由于来自这一理念的动机（做一个像耶稣基督那样的有完美道德形象的人）远远胜过从利益取得的动机，因此，"为了使一个在道德上让上帝喜悦的人的理念成为我们的范本，并不需要什么经验的榜样；那理念作为这样一个范本已经蕴涵在我们的理性之中了。"② 这就是说，由于每一个人都有按照耶稣基督所显示的那种道德典范的完善自身的理性诉求，并且由于道德典范所显示的道德形象，远较在现实生活中实际上发生的任何一种道德品行完美得多，因而人们更愿意接受以理念形式表现出来的道德典范的指导，而对经验的道德榜样存有疑虑，并因此在内心中形成一种持久的、基于理性的道德信仰。有鉴于此，康德要求人们应当按照道德法则的要

---

① 〔德〕康德：《纯然理性界限内的宗教》，第61页。
② 〔德〕康德：《纯然理性界限内的宗教》，第62页。

第五章 善、恶与人的自我救赎

求在内心中为自己提供一个符合道德理念的榜样，这个榜样应当蕴含在理性中，而不能仅仅单纯地通过经验表现出来。因为任何以经验方式表现的道德榜样都不能完全体现出道德意念内在的东西，从而不能完全契合以理念形式表现的善原则。由此进一步推论，以耶稣形象现世的上帝之子作为以肉身显现的让上帝所喜悦的榜样必定能为人类所仿效，从而在人类的实践活动中实现自身。

当然，在耶稣基督这一理念的客观实在性问题也存在着理解与解释上的三个难题，康德联系上帝的三个道德属性对它们一一作了分析，并给出了解决之道。

第一个困难关联于上帝的圣洁（神圣）属性。康德指出，人自身因为缺乏公正性，在人身上是否能够实现那个为上帝所喜悦的人性之理念（它通过上帝之子体现出来），肯定会遭受质疑。因为，人作为有限的理性存在物必定有着种种局限，反映到人的本性上就必然得出这样的结论：人因为不必然具有圣洁品性，所以本性上具有恶的倾向。而恶的存在，使得人们不得不承认，作为有限的存在者，无法保证自己的行动与善原则能够先天地保持一致。然而，人作为可以既生活在理智世界之中，又可以生活在感性世界之中的双重存在者，尽管不能完全摆脱感性欲望的束缚，但却可以克制它们而按照道德法则生存。也就是说，人们必然有义务遵从善原则。为此，尽管人不能像神圣存在者那样具有圣洁的本质属性，但为了道德化生存，势必要求圣洁性的萌芽存在于自己的意念中，并保证这种善的道德意念在任何时候都对那些并非完全出自公正性的人的行为具有客观效力。为此，人们必须设想，存在一位具有纯粹理智直观的知人心者，能够把属于人的有缺陷的善引向更高的善，最终走向善的完美状态。上帝就是这样一位知人心者，而人又能够意识到自己的有限性而有着走向无限的理性追求；所以，人必然能为上帝所喜悦，最终通过道德革命，成为如耶稣基督般的道德性存在。

第二个困难关联于上帝的仁慈属性。康德指出，上帝出于仁慈的本性，会将努力向善的人与道德上的幸福联系在一起。由于人以上帝之子为道德原型，因此，人就不会把幸福仅仅看作是对自己自然状况的满足，而通常会从道德角度将幸福理解为努力向善的意念的坚定性和持久性。然而，人毕竟有七情六欲，并且在理性上有限，故感性欲望的诱惑以及努力向善过程中的挫折及磨难时常会成为人保持坚定向善意念的敌人。这种时常发生的情况会消磨人的道德意志，让人在不可预见但可希冀之关于幸福未来的展望与同样不可预见但却时常发生的苦难现实之间踯躅犹豫——道德意念坚定者会因之唤醒审判的良知与恶决裂，向善的动机得以培固；而道德意念脆弱者则相反，他会因为恶的肆虐而堕落。康德因此认为，将善或者恶看作是决定人的命运的观点既不能得到经验的证实，也不能理性推定——也就是说，人们不可能将这种见识建立在自己意念不可更移性的直接意念之上。人只有清醒地意识到自己可能会陷入道德绝望境地，才能反身自省，通过"恐惧战兢"做成得救的工作，这亦是耶稣基督这一理念在实践上实现客观现实性的坦荡路途。

　　第三个困难关联于上帝的正义属性。康德指出，上帝的公正审判指向的是人的完整生活状态，因此，即使一个人决意向善，但由于人的本性中有着趋恶的倾向，他的整个生活方式在面对上帝公正审判时也必然要遭受谴责。从这个意义上说，上帝之子所昭示的那种完美道德状态能否在人那里获取实在性，就会遭受逻辑和现实的双重质疑。犹如康德所言，对于人来说，永远不可能抹去因自身本性的恶所造成的罪债——即使一个人经过道德革命，心灵得到改善，不再犯下新的罪，他也不能因为偿清了旧罪债而如释重负；另一方面，一个人也不能借助信仰，通过忏悔，而将自己的罪债转移到他者身上（例如，信仰者似乎可以通过耶稣的牺牲而涤清自己的原罪）。这是不可能的。因为道德上的罪债不同于金钱债务，它只能由应受惩罚的人来承受，他者无论多么慷慨，也不能代替罪债责任人承担罪责。所以，所有的人都必须有这样一种准备，即在上帝的公正审判中会受到一种无限的惩罚，并被从上帝之国中驱逐出去。康德断定，解决这一困难，需要"一个知人心者的审判必须被设想为这样的审判，它是从被告的普遍意念作出的，而不是从这意念的显象、从与法则相背离或者相一致的行动作出的"[①]。也就是说，作为知人心者，上帝对人的公正审判针对的不是人的行为的后果，而是针对人的意念的普遍状态。但需要注意的是，上帝的公正审判既不施加于心灵改善

[①] 〔德〕康德：《纯然理性界限内的宗教》，第72页。

之前，似乎是为了通过对恶的惩罚以激发善的意念；也不施加于心灵改善之后，似乎是为了通过奖励善行以培固善的意念；上帝的公正审判只能发生在心灵或者思想的改变状态中。这样，由恶迁善的心灵改变就包括了对恶的惩罚和走向善的新生，在满足上帝对恶的惩罚的公正性同时，亦将善的意念的生成解释为上帝公正审判的当然之义。"这就是说，思想的改变也就是从恶中走出并进入善，是脱去旧的人并穿上新的人，因为主体死于罪过（从而也死于一切偏好，如果它们诱人犯罪的话），乃是为了生于公正。"① 康德强调指出，包含在这种公正概念中的两种道德行为——去恶与迁善——并不是分离的，它们实际上是一种行为，因为，人们只有剔除了恶念，才能获致善念。这也是耶稣被钉在十字架上这一蒙难意象所昭示出来的真理：在旧的人身上死去，接受人之原罪所必得的惩罚；而新的人则以上帝之子的意象，为了善念而承担起苦难。所以，耶稣基督作为上帝之子就通过"道成肉身"方式，"就为新人、也为所有（在实践上）信仰上帝之子的人，作为**代理人**承担起罪责；作为**拯救者**以受难和死来满足最高的公正；作为**管理者**使人们能够希望在自己的审判者面前可以表现为释了罪"②。由此可知，由恶迁善，"转向一种上帝所喜悦的意念的人的**释罪**理念"的实践用途就在于，只有在心灵彻底转变的前提条件下，为罪所累的人，"才可以设想在天国的公正面前得到赦免"，而所有其他的赎罪方式，"无论它们是以忏悔的方式还是以节庆的方式，以及所有的祈求和赞美（甚至包括对上帝之子的具代表性的理想的赞美）都不能弥补这种心灵的彻底变革的缺乏"③。

二 优入圣域：救赎、自由与恩典

康德证明了善的理念在道德宗教界限内的客观实在性，同时指出了人由恶迁善的必然性。就人作为单个的存在体而言，人在世上的存在的自然意义是由他的道德化存在决定的，因而表现为人性在动物性（臣服于自己的自然欲望，幸福是支配人的绝对根据）和神性（人将自己提升至有人格绝对尊严的境地，德性成为其生存意义的源泉）之间的争斗。

---

① 〔德〕康德：《纯然理性界限内的宗教》，第73页。
② 〔德〕康德：《纯然理性界限内的宗教》，第74页。
③ 〔德〕康德：《纯然理性界限内的宗教》，第76~77页。

去恶从善成为人在世上必须担承的生存责任,这种责任是一种具有神圣性的义务,是道德宗教上帝理念所昭示的理想,也就是宗教合理性的最终根据。"这也就是说,借用康德的语言,上帝的理性理念,是一种将上帝主要关联于德性的理性理念,或者用 N. 伍斯特福(Nicholas Wolterstorff)的话来说,'我们关于上帝所知的一切都相关于上帝对道德的荣耀和对道德——例如,权利和义务——需求的保证。'因此,假如这个世界作为神圣恩典的造物是有意义,那么,完美人性的理想或者充分的道德完善必然是可能的(即可为我们族类所实现),即便其在某时某地缺少现实性。"[①] 从上面的论述中,我们已经看到康德通过对耶稣基督意象的分析,为现实的人提供了完美人性的典范。关键是人必须按照这种完美的道德典范努力塑造自身,弭平在人的道德现状与道德理想之间存在的鸿沟,完成人类的自我救赎,在个体意义上成为道德的人,在人类整体意义上实现在世的至善的"上帝之国"。

1. 道德革命与自我救赎的根据

康德认为,人及人类从恶的境况中挣脱出来,臻于善的境界,完成的是一种救赎,但不是借助神恩的救赎,而是人及人类的自我救赎。这种自我救赎以优入圣域为圭臬,为此康德指出,必须在人那里重建向善的原初禀赋之力量,这亦是人的通过自身的道德革命,完成自我救赎的理性根据之所在。

在康德看来,人作为同时拥有感性存在方式和理性存在方式的存在者,他既可以听命于感性,成为一种顺从自然天性或者欲望的存在者,恶遂成为人之自由选择之结果,他亦可听命于理性,成为一种按照理性的道德法则行事,将自己造就成善的。人的自由意志在人应该成为什么样的人问题上有着决定性的关键作用。由于人不是被动的自然存在物,而是理性的主动存在者,所以,人选择从恶还是选择从善,总是由人自己来决定的,亦可以说是由人自己的过去所造成的。因为,假若人没有自由意志,则作恶和成德就顺从于人的自然天性而成为一种自然而然的事情,就没有任何可以从道德意义上进行分析的价值。人的行为既不善也不恶,不过是一种自然显现出的事态,任何人只需要客观陈述或者描

[①] Chris L. Firestone and Nathan Jacobs, *In Defense of Kant's Religion*, pp. 155–156.

述这种事态，而不需要对行为及其行为造成的后果负任何责任。这当然为康德的道德哲学所拒斥。因为，这种观点为不道德和恶的事务通行天下提供了方便的通行证。

依照康德的道德义务论，人的行为是善还是恶取决于人是否意志自由地将自己的行为准则置于道德法则之下，即做出出自义务或者责任的行为，让行为必然地接受道德法则的支配；出自责任或者义务要求的道德的绝对命令，只考虑善良意志的要求，而不会听任人性中感性偏好的支配——这当然不能从人性中找到根据，也不能从意志的对象那里发现行善的必然性；出于责任的行为的唯一根据就是理性，就是人基于纯粹实践理性的意志自由。职是之故，康德一再强调，尽管人性中存在着恶的倾向，人性中存在着引诱人走向腐化堕落的因素，但是因为人的自由意志的缘故，人亦非必然为恶。因为，人毕竟是有理性的存在者，可以生活在自由的理智世界之中，有着追求人格尊严的价值诉求，因而可以断然终止理性任性与个人偏好和利益追求之间的主观必然的意愿联结，而将理性任性在道德法则规制下与责任行为的客观必然性联系在一起，去恶从善，成为有德之人。康德本人这样说：

> 一个在自然情况下的恶人，怎么可能自己使自己成为善人？这超出了我们的所有概念；因为一棵坏树怎么可能结出好果子呢？然而，根据我们前面所承认的，一棵原初（就禀赋而言）好的树确曾结出了坏的果子，而从善到恶的堕落（如果考虑到这是出自自由的）也并不比那从恶重新升为善更易于理解。这样，后者的可能性也就是不容置疑的了。因为即使有那种堕落，"我们**应当**成为更善的人"这一命令，仍毫不减弱地回荡在我们的灵魂中，因而我们必定也**能够**这样做，即使我们所能够做的这件事单就其本身而言并不充分，我们由此而只是使自己能够接受一种我们所无法探究的更高的援助。①

一个行为者能够做出出自责任或者义务的行为，让自己的行为准则服从道德法则，从而意志自由地选择道德行动，去恶从善，康德称其为

---

① 〔德〕康德：《纯然理性界限内的宗教》，第45页。

道德自觉。道德自觉体现为一种实践能力，是一种人欲成为有德之人所应具备的基本能力。在实践领域中，这种人所应具备的成德的基本能力，就是那种存在于人性中的向善的原初禀赋之力量。康德不惜笔墨地赞美人的这种原初善的禀赋，在《纯然理性界限内的宗教》相关部分，他强调指出，人无论如何有道德，可以做出一切善行，但由于为善不过是人的一种义务或者责任，而善行不过证明做出善行的人履行了自己的义务，做了在通常道德秩序中应该做的事情，因此，不值得为此惊赞；真正值得惊赞的反倒是人的原初道德禀赋。职是之故，康德用浓彩重笔写下下面一段长长的文字，对原初禀赋发出如下惊赞："但是，在我们的灵魂中有一样东西，我们如果恰如其分地将它收入眼底，就禁不住要以极大的惊赞看待它。此时，惊赞是正当的，同时亦是振奋人心的。而这种东西就是我们里面的一般的原初道德禀赋。——我们这种由于如此多的需求而始终依赖于大自然的存在者，同时却在（我们里面的）一种原初禀赋的理念中，如此远远超出于这些需求之上，以至我们认为它们统统不值一提；而且如果我们违背自己的理性借以强而有力地命令我们、但在此际却既不向我们许诺什么也不威胁我们的那种法则，而沉溺于惟一能使我们的人生值得追求的对那些需求的享受，我们就会认为自己是不值得生存的。我们这样做所凭借的这种在我们里面的东西（人们不妨扪心自问一下）究竟是什么呢？每一个事先被蕴涵在义务理念之中的圣洁性教导过、但却没有升华到探究最先从这个法则产生的自由概念的人，哪怕是能力最一般的人，都会深切地感受到这个问题的分量。而这种宣示着一种圣洁起源的禀赋，即便是其不可理解性，也必然对心灵起着振奋的作用，鼓舞它作出只有对自己义务的敬重才能要求它作出的牺牲。"①

但是，人在实践理性上有其意志自由，因而同时被要求必须对自己的善与恶的行为负责任。由于善是一种有着精神根基的自然禀赋，人在自然（本性）意义上有成德行善的可能性，在此意义上，人不能为自己的善请赏邀功。也就是说，人在强调自己有着行善的原初动机外，做违反道德的恶事也在自然情理之中，善的原初禀赋因此并不是造成人之成为有德之人的根据。从人性上看，人的向善的原初禀赋完全可能为恶所

---

① 〔德〕康德：《纯然理性界限内的宗教》，第49~51页。

遮蔽而失去趋善除恶之力量。在现实中，人们经常看到，对于支配行为具有主观必然性的准则，是一个人理性任性常常自觉或不自觉服从的行为原则，在这个原则下被解释的种种行为意愿总是将现实层面的不同动机混杂在一起——也就是说，现实的、受理性任性支配的动机往往不是道德责任的原则。在这种情形下，人性中向善的禀赋就似乎被笼罩在种种不纯粹的私心杂念之中，失去了令人敬重的品质，也同时失去了让人向善的力量。因此，理性必须重建人性中向善的原初禀赋，而所谓重建也就是要净化人（人类）来自理性任性的意念，让行为准则服从道德法则，使得责任意识充分自觉，完全支配人的意念。换句话说，重建人的向善的原初禀赋不是获得一种在不纯粹的意念遮蔽下似乎失去了的向善动机，实际上，作为一种存在于对道德法则敬重之中的意念，这种向善的动机由于来自人的自由意志，因而永远不会失去。如果人类会永远丧失这种纯粹的道德动机，那就意味着人再也不能重新获得它。由此可见，重建人性中向善的原初禀赋，不过是要建立道德法则作为人类一切行为准则之最高根据的纯粹性，让人性中向善的原初禀赋重新获得激励人们成德入圣的强大力量。如康德本人所说："经常激励自己的道德使命的崇高感，作为唤醒道德意念的手段，是特别值得称颂的，因为它正好抑制着把我们的任性的准则中的动机颠倒过来的那种生而具有的倾向，以便在作为所有可被采纳的准则的最高条件的对法则的无条件敬重中，重建各种动机中的原初道德秩序，并由此而重建人心中向善禀赋的纯粹性。"①

由此可见，康德有关重建人心中向善禀赋的力量的观点，提供了人必然能够成为道德之人的理性根据，这就是人心中所存在的对道德法则敬重的纯粹意念。这种纯粹意念以意志自由为根基，要求将行为准则无条件地置于道德法则支配之下，因而被视之为神圣。当一个人接受道德法则作为自己行为的准则时，他就是朝着神圣的方向前进。当然这种优入圣境的过程是永无止境的，人永远走在通向神圣的路途上。

2. 道德革命与自我救赎的途径

人永远走在通向神圣的路途上，这意味着人的希望指向完美的人性和道德化的生存。但是，人类追求希望实现的过程绝不会一帆风顺，善

---

① 〔德〕康德：《纯然理性界限内的宗教》，第51页。

与恶的斗争在所难免。在康德看来，正如康德在《纯然理性界限内的宗教》第一版序言中所说的那样，在他对道德宗教所作的阐述中，他是把"善的原则和恶的原则当做两个独立存在的、对人发生影响的动因"加以分析并进一步深入探究了两者之间的关系[1]。或者如费尔斯通和雅克比（Chris L. Firestone and Nathan Jacobs）所指出的那样，康德是把人及人类放到善恶两种原则的争斗之中，由于人性中存在恶的倾向而生而具有腐化的可能，但又因为人性中向善的纯粹意念的作用，人能够根据上帝所显示的完美道德典范的指引塑造自身，摆脱恶之表象对人性中向善之纯粹道德意念的遮蔽，为道德自由和希望所造就的新人状态的出现开辟通道[2]。由此可以断定，康德道德宗教所能提供的人重新向善的方式，必然要联系着与人的一切善的德性截然对立的恶之腐败来论证。

根据康德对法则和准则关系的先验规定，人的行为是否具有道德性取决于准则是否纯洁；准则的纯洁性意味着道德法则全然以自身的纯粹性，作为规定任性即意志之意念的充足的动机而被纳入准则，绝不会把来自意志主体的任何偏好以及意志对对象的欲念当作行动的条件。只要行为的意志处于这样一种纯粹的先天状态之中，行为者按照自己准则做出的行为就是一种出自义务或者责任的行为，行为者就是将法则的纯粹性纳入到自己准则之中的人。对于这种持守准则纯粹性的行为者来说，即使自身并不会因此就是圣洁的，但可以断然地说，这个行者已经踏上了在无限进步中接近圣洁性的道路[3]。可见，人重新向善的可能方式必然与对恶的克服密切相关。也就是说，只要一个人坚定了让准则服从法则的决心，并且法则作为规定任性的充分动机被运用自如地纳入到准则之中，那么，这个人的行为所具有的德性以经验的方式展露自身就获得了合法性，这个人也因此配享有德之人的称号。所以，一种常见的道德自我救赎途径就是逐步改良式的，如康德所言，"在这种意义上，德性是**逐渐地**获得的，对一些人来说，叫做（在遵循法则方面的）长期的习惯。借助于它，人通过逐渐地改造自己的行事方式，坚定自己的准则，而从趋恶的倾向转到一种截然相反的倾向。为此并不需要一种**心灵的转**

---

[1] 〔德〕康德：《纯然理性界限内的宗教》，第12页。
[2] See Chris L. Firestone and Nathan Jacobs, *In Defense of Kant's Religion*, p.165.
[3] 〔德〕康德：《纯然理性界限内的宗教》，第47页。

第五章　善、恶与人的自我救赎

变，而是只需要**习俗**的转变。"①

然而，必须清楚的是，这种逐渐改良的方式，转变的只是人的行事习惯，而非本真的道德之心。因此，真正说来，因为行为的习惯的改变而造就的有德之人不过是"律法上的善人"，而不是"道德上的善人"，严格来说，其不过是行为合乎了道德法则而被认为是"好"（good）的。在现实的道德生活中，或许会因为此类行为者的动机中夹杂了许多不来自义务或者责任的动机而使得自己的道德特征变得晦暗不明，康德列举了以下三个根据幸福原则而做出的"善事"来证明自己的观点。这三个事例是："毫无节制的人为了健康的缘故而回到节制，说谎的人为了名誉的缘故而回到真理，不正义的人为了安宁或者获利的缘故而回到公民的诚实"②。由此可见，通过行事方式的改变而渐进地养成遵守法则的习惯，并不能保证自身一定是成德的真正有效的方式。

道德上的真正善人，就是为上帝所喜悦的人。他们是这样一种人：他们只把义务（责任）这个观念认作为道德行为的惟一动机，除此之外，别无动机。在康德看来，要成为道德上的善人，借助逐渐改良的方式是不可能完成的。也就是说，"只要准则的基础依然不纯，就不能通过逐渐的**改良**，而是必须通过人的意念中的一场**革命**（一种向意念的圣洁性准则的转变）来促成；他只有通过一种再生，就好像是通过一种重新创造（《约翰福音》，第3章，第5节，参见《创世纪》，第1章，第2节），以及通过心灵的转变来成为一个新人"③。

心灵的转变（康德也把其称为"意念的转变"、"思想的转变"）同样是一个与意志自由直接相关的问题，它涉及的主要是一个人在思维方式上发生的改变。"思维方式上的恶"即在人心中颠倒了法则与准则道德式关联。当行为者的理性任性地把出自道德法则的行为动机置于其他动机之后，将自己发出行为的意愿或者与自己的个人主观偏好，或者与意志对象对自己产生的预期福利相联系，就必然使得道德法则作为行为的动机变得晦暗不明，它既不能被看作是最高的动机，也不能被理解为行为之充分的动机。这种情况就是我们已经十分熟悉的、康德意义上的

---

① 〔德〕康德：《纯然理性界限内的宗教》，第47页。
② 〔德〕康德：《纯然理性界限内的宗教》，第47页。
③ 〔德〕康德：《纯然理性界限内的宗教》，第48页。

非道德境况——不是法则支配准则，而是准则囚困了法则，两者之间的决定和被决定关系完全被颠倒了。在康德看来，当人被感性方面的诱惑所吸引，而然自己的自由意志陷入他律之中，行为的发出受制于他者，这种法则与准则的颠倒就会发生，由此也决定了要改变这种"思维方式上的恶"必然要求回到意志自由立场上去，即将行为完全出自对义务（责任）的绝对遵从。也就是说，除了出于对义务（责任）的敬重之外，没有任何其他动机使得我们去行动，只有在这种敬重道德法则的情感中，决定我们行为的准则才是绝对纯粹的；而不受任何感性欲望及意志对象的影响自由地将行为与道德法则联系起来，一旦变成一种思维方式，心灵的这种转变必然导致一种道德上的革命，一个人就必然能够成为为上帝所喜悦的善人、新人①。

对于康德所说的通过心灵转向完成的道德革命，可以进一步从两个方面做出进一步的阐释：

第一，对康德来说，心灵转变所带来的道德上的改善不是通过习俗和行事方式改变而完成的道德习惯的养成和道德修养的提高，它是一种思维方式的转变，即从理性角度先验地确立一种对道德法则的敬重情感，从而确立一种将准则置于法则支配下的道德意识，以至任何行为者都能够自律地行动，成德入圣。所以，康德这样说："人的道德修养必须不是从习俗的改善，而是从思维方式的转变和从一种性格的确立开始。虽然人们通常并不是这样行事，而是个别地与各种恶作斗争，却不触动它们的普遍根据。即使是一个最狭隘的人，也能造成敬重合乎义务的行动的印象，而他越是在思想中使行动摆脱通过自爱可能对行动的准则产生影

---

① 康德在《纯然理性界限内的宗教》一书中，将基督教界定为惟一接近道德宗教的建制化宗教形态，他借用了大量的基督教思想。在这个部分，康德使用了《圣经》中有关"旧人"和"新人"的比喻，说明心灵改善和道德革命使得一个人由恶迁善，成为有道德的善人。我们在《圣经》中也常常看到类似的说法。譬如，《圣经·以弗所书》有这样一段话："所以我说，且在主里确实地说，你们行事，不要再象外邦人存虚妄的心行事。他们心地昏昧，与神所赐的生命隔绝了，都因自己无知，心里刚硬。良心既然丧尽，就放纵私欲，贪行种种的污秽。你们学了基督，却不是这样。如果你们听过他的道，领了他的教，学了他的真理，就是脱去你们从前行为上的旧人，这旧人是因私欲的迷惑渐渐变坏的。又要将你们的心志改换一新，并且穿上新人，这新人是照着神的形像造的，有真理的仁义和圣洁。"（《圣经·新旧约全书》（神版），第 219~220 页 ［弗 4: 17~24］)

响的其他动机,上述敬重就越大。就连儿童们也能够发现混杂有不纯正动机的极微小的痕迹。因为在这种情况下,行动在他们看来,马上就失去了所有的道德价值。通过援引善人们(就他们合乎法则而言)的**榜样**,让道德上的学习者从他们的行动的真实动机出发,去判断某些准则的不纯正性,可以无与伦比地培植这种向善的禀赋,并使它逐渐地转化为思维方式,以至**义务**纯粹为了自己本身开始在他们的心灵中获得明显的优势。"①

第二,由于存在于人类中的善于恶的对立是原则性的对立,而不是程度上的差别,因此,思维方式上的恶尽管有着经验上的表征,但却不是一种经验性现象,它是先验地发生在心灵中,是人心对法则与准则关系的颠倒。因此,心灵从接纳按照准则行事的恶的原则转向为接纳善的行事原则,不仅要人在其整个人格中发生一种革命性转变,即对存在于我们内心中的道德法则的自觉——由于这种自觉人就同时产生向善的禀赋和向善的可能,而这种自觉接受道德法则规约的责任意识,又在不断践履中得以巩固。也就是说,人是在从恶到善的不断进步中践行道德原则,改变思维方式,经过道德革命而成长为道德上的善人。康德这样说:"对于思维方式来讲,革命必定是人所必要的,因而也是可能的;而对于感官方式(感官方式为革命设置了障碍)来讲,**逐渐**的改良必定是人所必要的,因而也是可能的。这就是说,如果他通过惟一的一次不可改变的决定,扭转了他曾是一个恶人所凭借的准则的最高根据(并由此而穿上一个新人),那么,就原则和思维方式而言,他就是一个能够接纳善的主体;但仅仅就不断的践履和转变而言才是一个善人。也就是说,他能够希望,凭借他接纳为自己任性的最高准则的那个原则的纯粹性和坚定性,走上一条从恶到善不断**进步**的美好的(尽管狭窄的)道路。对于能够看透心灵的(任性的所有准则的)理知根据、进步的无限性对他来说也就是统一性的那一位而言,即对于上帝而言,这件事就等于说他现实地是一个善人(上帝所喜悦的人)。"②

但是,需要注意的是,康德以心灵转变为标志的道德革命,不是在

---

① 〔德〕康德:《纯然理性界限内的宗教》,第48~49页。
② 〔德〕康德:《纯然理性界限内的宗教》,第48页。

时间中发生的理性原则对感性准则的超克，而是在思维的先验层面发生的根本性思维方式转变，因此，这不是渐次递进的改良，而是彻底倒转的革命。就此而言，一个人能够按照义务的要求自由地做道德行为并不值得称赞，因为履行义务无非是任何一位有理性的存在者在通常的道德秩序之内做应该做的事情。真正值得称赞的事情是，人通过思维方式革命，使得自己的道德情感发生了一种质的变化。任何人，不管其出身、受教育程度以及具有的社会角色如何不同，只要具有了这种崇高的道德感情，并总是做出出自敬重道德法则的行为，那么，他就具有绝对的人格尊严，是一个让世人敬仰的高贵存在者。

3. 恩典、自由与希望

在通过心灵转变完成的道德革命中，个人的意志自由是经由道德走向希望的关键，实际上也是人能够摆脱恶的束缚并在道德的不断进步中臻于善的境界的根据与保证，据此，康德把人的救赎解释为自我救赎——这意味着他对罪与赎罪（人性中的根本恶与人为去恶从善成为有德之人而进行的努力）的解释在本质上区别于基督宗教。基督教将罪的根源与人类始祖对上帝的旨意的违背联系在一起，罪恶自人类始祖遗传而得并因此是人类行为和人类组织中必不可少的部分，而将人类从罪恶的渊薮中拯救出来唯有依仗上帝仁慈的神圣恩典。康德不同意基督宗教对于罪与赎罪的解说，在他看来，《圣经》将人类始祖所犯的原罪以可以遗传的方式转移至后人是荒诞不经的。原罪作为根本恶，"甚至就我们根据自己的理性权利所见到的而言，它也并不能由另一个人来偿还。因为它并不像金钱债务（如果是金钱债务，那么，是由债务人自己偿清还是由另一个人代他偿清，对于信仰者来说都是一回事）那样，是可以被转移到另一个人头上的**可转账**的债务，而是**最个人性**的债务，即只有应受惩罚的人才能承担、无辜的人无论怎样慷慨地想代他接过来也不能承担的罪责"①。与之相对应，就像罪（恶）是个人性的那样，克服恶的努力也必然是个人努力的结果。每一个人因为自己的自由意志而作恶，也必然因为自己的自由意志而弃恶从善，成为为上帝所喜悦的善人。在这个意义上，赎罪成为意志自由的个体向善努力的结果。就此而言，上帝

---

① 〔德〕康德：《纯然理性界限内的宗教》，第72页。

的恩典似乎与人的救赎没有什么关联。

然而，康德并不排斥上帝的恩典在人的自我救赎中所起到的仁慈的援助作用，更明确地说，"恩典在康德的思想中经常被假定为是上帝原谅人类道德罪债的意愿并且在我们追求美德的过程中提供一种神秘的帮助"[①]。显然，这种想法直接与在康德哲学中占居显要位置的意志自由理论产生冲突。一方面是魔鬼撒旦对人的控制，另一方面是耶稣基督对人的救赎，被决定和被动承受使得道德自由面对着完全丧失的危险，此种情形为康德的道德宗教带来了巨大冲击。康德既要在自己的宗教哲学中为上帝的恩典留有余地，又要坚守自己的主体自由的哲学理念，如何协调二者之间的关系，使它们二者并行不悖，的确是一道康德无法回避的难题。康德解决这道难题的思路是：重新解释恩典概念，并对恩典和意志自由之间的关系做出新的解释。

我们知道，基督教信仰是充满恩典的信仰，上帝在基督教中就是满有恩典并施恩典的神。在基督教神学中，恩典概念关涉于人的善恶观念，与上帝对罪人的爱密切相关。"维基百科"对"恩典"概念给出了这样的解释："在基督教里，恩典（英语：Grace，又称神圣恩典、神恩，天主教称圣宠）为上帝对人类一种宗主厚待的表现，特别是关于救赎方面，与实质行动或行为、赢得的价值或被证明的善良无关。更广义地说，神圣恩典是指上帝给人类的礼物，当中包括生命、创造和救赎。狭窄但更普遍的定义则为一种把人类从原始的罪孽中拯救出来，并且授予救赎的恩典。"[②] 可见，恩典概念是赞颂上帝的积极概念，它的核心要义指的是，上帝无条件救赎罪人的仁慈之心。在恩典概念中，上帝的仁慈恩施是罪人得以救赎前提条件；罪人向善的自我努力是可贵的，但绝不是罪人能够获救的原因或前提条件，罪人这一方的自我努力至多可以理解为他（们）可以领受恩典的机缘；罪人之所以能够做出善行，脱离罪恶的渊薮，过上善的生活，关键在于上帝的施救；在罪人的功德与救赎、善行与涤罪之间建立起联系的是上帝的恩典。也就是说，不是人以一种救赎性的功德走向上帝，而是上帝以一种赐爱的恩典走向人，所以，《圣

[①] See Chris L. Firestone and Nathan Jacobs, *In Defense of Kant's Religion*, pp. 165–166.

[②] 维基百科 http://zh.wikipedia.org/wiki/%E5%A5%87%E7%95%B0%E6%81%A9%E5%85%B8。

经》中说"拯救我们的神啊,求你使我们回转"①,"所以我对你们说过,若不是蒙我父的恩赐,没有人能到我这里来"②。

上帝的恩典通过耶稣基督的大爱具体而真实地恩施于罪人。人与上帝的和好,上帝的正义就是恩宠是一个重要原因,但上帝的恩宠之所以能够发挥作用,耶稣基督的献身起到了关键作用。圣经新约中说:

> 一切都是出于神,他藉着基督使我们与他和好,又将劝人与他和好的职分赐给我们。这就是神在基督里叫世人与自己和好,不将他们的过犯归到他们身上,并且将这和好的道理托付了我们。③
>
> 神使那无罪的("无罪"原文作"不知罪"),替我们成为罪,好叫我们在他里面成为神的义。④
>
> 因为世人都犯了罪,亏缺了神的荣耀,如今却蒙神的恩典,因基督耶稣的救赎,就白白地称义。神设立耶稣作挽回祭,是凭着耶稣的血,藉着人的信,要显明神的义。⑤

耶稣基督"神而人"的独特性,使得道成肉身后的耶稣担承起上帝救赎的历史责任,他明了上帝定下的圣洁标准,通过自己的爱将上帝的恩宠恩施于罪人。耶稣就是现实中罪人的实际拯救者,他的献身不仅成就了上帝的恩典,而且也引导罪人跟随在他的身后去领受上帝的恩典,践履善行,见证生命,荣耀上帝。所以,"天主并不坐等人的罪恶感被消去;他前来与人相遇从而使他们与其和好。在这里,我们看到了道成肉身及十字架的真正方向。"⑥

显然,按照基督教的神学的一般原理,恩典是意志自由地追求善德的根据与动因,意志面对恩典是没有"自由"可言的。人是被动承受上帝恩典的存在者,这又决定了人在救赎问题上的被动地位——人既不能通过行善而获得恩典回报,也不能依靠单纯的信念获得上帝的恩宠。所

---

① 《圣经·新旧约全书》(神版),第559页 [诗85:4]。
② 《圣经·新旧约全书》(神版),第109页 [约6:65]。
③ 《圣经·新旧约全书》(神版),第203页 [林后5:18~19]。
④ 《圣经·新旧约全书》(神版),第203页 [林后5:21]。
⑤ 《圣经·新旧约全书》(神版),第171页 [罗3:23~25]。
⑥ [德] 约瑟夫·拉辛格:《基督教导论》,第240页。

以，人只能承受上帝的仁爱，而且，惟其能够承受上帝的仁爱，人才能以感恩的心情对上帝的救赎欣然接受。也就是说，人不是通过自己意志自由地行善和奉祀来荣耀上帝，相反，人是通过欢欣喜悦地接受上帝的恩宠因而认信上帝是荣耀的主，欣然接受上帝的恩典是其脱离罪恶渊薮的唯一正道。总而言之，"我们之能够承受主基督的大爱，并因为上帝的恩典而行我们当行之善，其牢固的根基在于为上帝所恩赐的信仰，它是我们决断自身行为的依据。"①

在康德看来，传统基督教神学所主张的恩典概念不能为纯然理性界限内的宗教所接受，上帝的恩典作为信仰所肯定的观念，并不能在理性那里找到存在的根据。一方面，理性不能对于上帝恩典的存在做出理论上的说明，因为，正像一切超自然之物那样，神恩存在于理性界限之外，是理性不能认识的超越之物。如果理性按照批判的要求坚持自身的界限意识，那么，理性必然要终止对神恩的认识。另一方面，在实践上应用恩典概念也是不可能的，它必然导致完全的自相矛盾。"因为作为运用，它就需要假定一种规则，来规范我们为了达到某种东西而必须自己（出自某种意图）**造成**的善的东西；而期待神恩的作用，则恰恰意味着相反的东西，即善（道德上的善）不是我们的行为，而是另一种存在者的行为，因而我们只能通过**无所作为**来获得它；而这是自相矛盾的。"② 如此一来，康德结论必然是，对于上帝的恩典，由于它存在于理性界限之外，因而我们无法理解它；这同时也就意味着，无论是从理论角度，还是从实践角度，人都不可能理解并运用上帝的恩典这一观念，更不可能将其纳入人的准则中去③。

显然，康德看到了接受基督教的恩典概念与他在道德和宗教领域内

---

① 尚文华、傅永军：《康德对奥古斯丁"恩典"概念的批判与颠覆》，《东岳论丛》2011年第9期，第74页。
② 〔德〕康德：《纯然理性界限内的宗教》，第54页。
③ 康德同时也指出，那些显示上帝恩宠的观念，如奇迹、奥秘以及邀恩手段等，都不能进入纯然理性界限内，尽管它们或许对善良意志大有益处，至少在相信它们存在及其作用情况下，它们对于坚定和持续鼓励人们行当行之善具有积极意义。但是，它们毕竟是一些非理性的存在物，即使我们不能否认它们的可能性和现实性，但也不能在理性上证明它们，对它们的作用给出理性的说明，将它们纳入我们的思维和行动的准则之中。不仅如此，它们在理性宗教中可能造成的弊端也是显而易见的——它们常常会导致超越自己界限的理性的迷误。

始终坚持并贯穿彻底的主体自由观念相抵牾，而自由概念无疑是康德道德和宗教得以成立的根据。无论是道德哲学对人的德性尊严的颂扬，还是宗教哲学对人性善恶的分析，自由始终是最高的根据性条件，是康德实践哲学的奠基石。如果说将基督教的恩典概念纳入康德的道德宗教之中，必然会与康德哲学的意志自由理论产生冲突，为了弥合两者，就需要一方做出改变——那么，改变者一定是基督教的恩典概念。也就是说，如果说康德并不否认来自基督教的恩典概念在道德宗教中有其位置，那么，这个可以在道德宗教中占居一席之地的恩典概念一定是可以进入纯然理性界线之内的恩典概念，一个被理性化了的恩典概念。

被康德理性解释了的恩典概念，只是在实践上能够满足道德宗教救赎需要的概念。从道德宗教的救赎理论角度看，上帝的恩典体现为将成德的希望，即做一个上帝所喜悦的人的可能性无条件地归属给人类，尽管在现实的尘世生活中，人成为一个有德之人的希望在所有的未来时代和所有的未来世界中永远处在生成之中。这就是说，上帝的恩典对于有着不可祛除之缺陷的世人来说，只是一种可以期望的事情，而不是一种现实上可以获得的实际救助，只有上帝之子，作为理性的道德典范，才有资格要求上帝的恩典；现世中的人只能期望获得上帝的恩典，希望能够获得道德上的完满，但这种希望只是希望，因为属于人的完满道德总在不断生成之中；人若能获得纯粹的道德意念便意味着恩典之于人已经变得毫无意义，因为恶已经成为历史，而善已不再需要追求。因此缘故，人就没有合法地要求上帝恩典之资格，人只能期望在成善的救赎途中获得上帝仁慈的帮助。所以，人只能相信上帝是"知人心者"，他心怀仁慈，能够认识到人不断改善的道德意念，让人拥有不会泯灭的希望——在成德的路上人会得到上帝的眷顾。当然，人不能把上帝的这种恩宠当作一种直接可以承受的仁慈给予。应当明白，上帝的恩典与人类的救赎之间的关系不是一种因果关系：或者把恩典当作人类能够成德的原因，或者把人类的功德当作人类可以领受上帝的原因。由于一种被称之为"**道德的，即良好的生活方式**的宗教"奉行这样一种原理——"每一个人都必须尽其力所能及去做，以便成为一个更善的人"[①]，所以，在上帝

[①] 〔德〕康德：《纯然理性界限内的宗教》，第 52 页。

的恩典与人类的救赎之间必然存在着一种根据与被根据的先验条件关系。康德将其表述为如下：

> 只有当他不埋没自己天赋的才能（《路加福音》，第19章，第12－16节），利用自己向善的原初禀赋，以便成为一个更善的人时，他才能够希望由更高的协助补上他自己力所不能及的东西。①

康德在这里所表达的无疑是一种配享恩典的命题。道德宗教中的配享恩典命题与道德哲学中的配享幸福命题一样，不过是要在恩典和德行之间建立条件性关系，如同在德性与幸福之间所欲建立的那样一种条件性关系。这个命题既不关注德性行为的内涵，也不关注上帝恩典的实质所指，它旨在澄清人所以能够承受恩典的资质，即说明人如何才能配享上帝的恩典。因此，这个有关上帝恩典与人的善德行为之间关系的命题式表达，侧重的不是上帝为了人的善德做了些什么，而是侧重于人为了得到上帝的仁慈帮助应该如何行动。康德用更为明确直接的语句将这个命题表述为一个原理：

> "知道上帝为他的永福在做或已做了什么，并不是根本的，因而也不是对每个人都必要的"；但是知道为了配得上这种援助，**每个人自己必须做些什么**，却是根本的，因而对每个人都是必要的。②

由此可见，在救赎问题上，康德并没有否认人的意志自由；相反，在恩典和意志自由之间，康德建立起一种积极性的联系。康德强调，人只有主动地做善德行为，才能配享上帝的恩典。就此而言，恩典就不能被解释为上帝无条件救赎罪人的恩赐，是白白给人的，由人来白白领受的；人既不因为行善积德而配得恩典，也不因为作恶多端而远离恩典，所有的人都可以到耶稣基督那里领受恩典。费尔斯通和雅各布斯对此评论道："康德的恩典主要应被看作为意愿典型，它为我们人类保留了道德

---

① 〔德〕康德：《纯然理性界限内的宗教》，第52页。
② 〔德〕康德：《纯然理性界限内的宗教》，第53页。

自由和真正的道德之善的可能性。就此而言，恩典与人的自由并不冲突，因为，典型的意向一定能为道德行为者所接受，在这个意义上，康德就是神学显然是自洽的。简言之，康德的恩典主要讨论了典型意向的有效性，而不讨论典型意志生成的神秘驱动问题。道德行为依然承担持守恩典之责任。"[1] 这就是说，康德的恩典概念并不否定意志自由，道德行为者的自由行动是恩典的一种典型表现。一个人主动地去行善积德，担承道德义务，恪守道德法则，因此而得以配享上帝的恩典，这就是上帝恩典所要表达的内容。它不是道德行为者被动领受的上帝的仁爱关怀，不是通过接受上帝的恩宠而荣耀上帝的事功，恩典不过表明了道德自由与感受上帝之仁慈与正义的内在关联关系，使得配享神恩有了坚实的理性基础。就此而言，康德对恩典概念所进行的道德宗教阐释证成了其道德救赎论的基本命题：意志自由作为道德可能的最终根据，同时也是人类完成自我救赎的前提条件[2]。

然而，需要注意的是，救赎或者自我救赎并不能涵盖康德解决希望问题的全部内容，人的道德完善不仅需要个人的自我努力，通过心灵的改善而获得内在的自由，而且需要保护内在自由且让内在自由得以实现的外部场域。但是，由于单纯的个体只能促进自己的而非他人的道德完善，更不能凭借一己之力促成一个良善的外部环境，只有人类整体而不是人类某个个体或者某部分成员能够完成此种天命；如果没有这种外部环境，一个人即使通过思维方式中的革命确立了向善的意念，并经由灵魂实践而成为有德性的义人，但仍有可能会受到恶的原则的侵袭。这种

---

[1] Chris L. Firestone and Nathan Jacobs, *In Defense of Kant's Religion*, p. 167.
[2] 康德特别强调，道德（良好生活方式的）宗教是以成就善人为目标的宗教，它的对立面就是"祈求神恩的（纯然崇拜的）宗教"。后者总是想把幸福原则附会在上帝身上，把敬奉上帝当作实现自己私欲的手段。如康德所批评的那样，在这种宗教中，"人或者谄媚上帝，认为上帝能够（通过赦免他的罪责）使他永远幸福，而他自己却没有必要**成为一个更善的人**；或者，如果这在他看来不可能的话，认为**上帝能够把他变成为更善的人**，而他自己则除了为此而**祈祷**之外，没有必要为此再做什么。由于祈祷在一位洞悉一切的存在者眼中不外是**愿望**，所以，祈祷实际上是什么也没有做"。（〔德〕康德：《纯然理性界限内的宗教》，第52页）显然，在上帝恩典问题上，"祈求神恩的（纯然崇拜的）宗教"也必然会采取与道德宗教完全不同的立场。它必然坚持神圣恩典是上帝给人类的礼物，它整全完满，人只需领受而无需行功德以配得恩典，从而否定了人的自由意志。

侵袭"并不是在他离群索居的情况下来自他自己的粗野本性，而是来自他与之处于关系或者联系之中的人们"①。因此，无论是个体的道德完善还是人类整体的道德完善，都必须在社会历史中整体地实现。就此而言，一种理性的道德信仰就不仅是个体的事情，它也是一种相关于人类共同体的公共事务。为了造就一个可供德性健康成长的良善社会环境，"我们应该努力创造、维持和改善人类的环境——包括政治的、法律的、经济的和教育的制度，也包括相互尊重和宽容的、能够在其中进行自由和丰富思考的文化"②。惟其如此，才能创建出一个根据人类的道德理性从外部维持人类共同生活的秩序，个人的道德完善和人类整体的伦理自由以及社会历史的进步在其中融汇。也就是说，"'不可见的教会'、地上的神之国、完成个人的道德和各国的永久和平，这些相一致的平行线都在无限远的彼方汇合一处了。"③ 这种视野的转换，使得康德道德宗教关注的重心由个体转向人类整体。

---

① 〔德〕康德：《纯然理性界限内的宗教》，第93页。
② 〔美〕涛慕思·博格：《康德、罗尔斯与全球正义》，刘莘、徐向东等译，上海译文出版社，2010，第121页。
③ 〔日〕安培能成：《康德实践哲学》，第66页。

第六章　至善的现实性：自由与希望

梳理前述内容可以发现，前此的康德一直在个体层面分析论证人何以能够去恶从善，以达至道德宗教的终极目标——完满的德性。至此，出现在康德视域中的始终是个体的人。然而，康德本人也十分清楚，人类道德的完善无法透过个体的人所付出的道德努力来达成，个体的道德完善并不能集合为人类整体的道德完善；不仅如此，如果不联系人类整体，单纯的个体的重新向善在现实中也很难实现。正像康德所指出的那样，"由于道德上的至善并不能仅仅通过单个的人追求他自己在道德上的完善来实现，而是要求单个的人，为了这同一个目的联合成为一个整体，成为一个具有善良意志的人们的体系"[①]。之所以如此，原因在于，如果人类的社会生活不能形成一种道德上的良善环境，那么人们之间只能相互腐败，每一个单个的人都将处于充满危险的恶的状态之中。因为使人身处恶之状态的原因和条件，"并不是在他离群索居的情况下来自他自己的粗野本性，而是来自他与之处于关系或者联系之中的人们"[②]。当他与这些人构成一个彼此相互依赖的共同体，但却不是一个道德共同体时，人性中的各种恶的倾向，如"妒忌、统治欲、占有欲以及与此相联系的怀有敌意的偏好，马上冲击着他那本来易于知足的本性"[③]，结果必然会彼此败坏道德禀赋，并使得每个人变恶。由此可见，"如果找不到任何手段来建立一种目的完全是在人心中真正防止这种恶并促进善的联合体，即建立一个持久存在的、日益扩展的、纯粹为了维护道德性的、以联合起来的力量抵制恶的社会，那么，无论单个的人想要如何致力于摆脱恶的统治，恶都要不停地把他滞留在返回到这种统治之下的危险之中。因此，善的原则的统治，假如人们能够致力于这种统治的话，那么，就我们所能洞察的而言，只能通过建立和扩展一个遵照道德法则、并以道德

[①] 〔德〕康德：《纯然理性界限内的宗教》，第98页。
[②] 〔德〕康德：《纯然理性界限内的宗教》，第93页。
[③] 〔德〕康德：《纯然理性界限内的宗教》，第93页。

法则为目的的社会来达到"①。在康德看来，只有在这样一个社会中，所有单个的个体都必须服从公共的道德立法，所有的道德法则都必须被看作一个共同的立法者的神圣诫命，唯其如此，才能期望善的原则战胜恶的原则，从而保证道德上立法的理性；道德立法不仅为个人立定道德法则，而且还能树起一面旗帜，集合一切热爱善的人们，促进实现至善的努力走进历史，由希望变成为现实。

本章主要围绕康德的伦理共同体思想展开讨论，康德有关伦理共同体概念和地上的上帝之国概念的哲学理解，以及善的原则在人世间统治的现实性将是我关注的重点。当然，考虑到康德此处关心问题的现实性，联系康德历史哲学和政治哲学中的相关思想进行讨论，也是我关注的一个重点。我认为，这种扩展性研究将有助于更深入地理解康德。

第一节 人的两种伦理状态

一 从单个人的善到人类整体的善

《纯然理性界限内的宗教》第三部分一开篇，康德就提出了善的原则统治问题。他明确地指出，善的原则对世界的统治，即道德理想的实现所必然采取的形式，就是"伦理共同体"。康德对"伦理共同体"概念的规定，至少有两个方面是最为基本的：第一，这个伦理的共同体应该是一个由不同的意志主体构成的联合体，尽管构成这个伦理共同体的成员对自己所必须遵守的道德法则在主观认知上存有差异，但是，既然它被称之为一个共同体，那么，这个伦理共同体必定有自己的公共的道德规则，并且必然要求其成员必须通过理性将共同体的公共规则接受为自己的任务和义务，因此，这个伦理共同体又可以被称为"伦理的—公民的社会"。将伦理共同体称为"伦理的—公民的社会"，意味着伦理共同体的成员必然生活在德性法则统治的社会中，作为其中的"公民"既享有自由个体的意志自由，又必须服从共同体的伦理法度。第二，这个伦理共同体并不是外于政治社会的另一个社会，"伦理的共同体可以处于

---

① 〔德〕康德：《纯然理性界限内的宗教》，第93~94页。

一个政治的共同体中间,甚至由政治共同体的全体成员来构成……"①它只不过强调其成员必须生活在一种伦理法规之下,因而具有共同的伦理生活方式,所以才被称之为"伦理共同体"。这也说明了伦理共同体有着区别于政治共同体的联合原则以及本质上不同的形式和制度,具体地说就是,"它的律法不能是来自专断的人类权威的法律条文,相反,它必须是通过人的理性引荐给每一个人的纯粹道德法则。另外,人的道德共同体的原则不同于政治共同体的原则。每一个政治国家或者'公正'的国家的立法都是从这个原则出发:'把每一个人的自由限制在这样一个条件下,遵照这个条件,每一个人的自由都能同其他每一个人的自由按照一个普遍的法则共存'。这样,政治国家的法律仅仅关注'外在的权利',即仅仅关注每一个人的自由必定对他人自由构成限制的方式。但是,人类种群也有责任朝向由其成员构成的道德共同体,为所有作为个人的人负责任,也为人与人之间的道德关系负责任。然而,没有一个政治共同体以此目标为努力方向。政治共同体的法律必然是强制性的,它强制人们的行为与外在的'合法性'相一致,但绝不可能导向道德,即导向自由人性情的内在改善"②。当然,伦理共同体与政治共同体也有类似之处,据此也可以将伦理的共同体称之为"伦理的国家",不过是一个在无强制的纯粹德性原则下联合起来的国家。这样两个方面的基本规定,一方面给出了道德信仰可以为人类提供一种将不同意志联合起来的理由,另一方面表明康德的思想参照系从彼岸转向此岸,从神学转向人学③,从理性走向历史,为实践理性的思考加上了现实性维度。

但是,由于伦理共同体是在公共法则秩序下的具有不同主观意志的

---

① 〔德〕康德:《纯然理性界限内的宗教》,载《康德著作全集》第6卷,中国人民大学出版社,2007,第94页。
② Allen W. Wood, *Kant's Moral Religion*, pp. 189 – 190.
③ 张晓梅在其论文中介绍了戈顿·麦卡尔森(G. E. Michalson)关于康德思想转向的相关研究,兹引述她的相关论述如下:"戈顿·麦卡尔森在《康德和上帝问题》(Kant and the Problem of God, Blackwell Pblishers, 1999)一书中指出,康德关于伦理共同体的概念,实际上是绝对命令第三种表述形式,即目的之域的系统展开。只不过康德关于目的之域的描述还非常抽象晦涩。但是发展到伦理共同体的概念就已经十分具体扎实,而且这一发展过程,实际上也就是康德的思想参照系从彼岸转向此岸,从神学转向人学的过程。"(张晓梅:《已然未然之间:康德的"上帝之国"》,载许志伟主编《基督教思想评论》[第一辑],上海人民出版社,2004,第148页)

公民联合体，它的现实性是不能从伦理共同体的每一个公民的主观意志角度加以证成，因为，对于这些具有伦理意志的公民是否有义务联合组成一个伦理国家，主观上并不能对其是否具有这样一种善良意志寄予希望，也就是说，组成伦理共同体的每个公民的主观意志中并不存在决心全体一致地组成一个伦理国家的任何根据。这种伦理共同体的客观现实性只能从人的理性中找到充足的根据。

一个明显的事实是，当康德意图为伦理共同体寻找理性的客观根据时，近代哲学对社会和政治秩序起源与形成所进行的先验分析影响了康德。从分析的可行性看，现存政治秩序以及未来理想的政治秩序是不可能直接经验的，而任何冒险的实验可能带来的风险又不可预期。因此，相对于即成而逻辑地分析此前及此后可能的状态，反思性地联系着现在的缺失，建构更加完善的未来或许是最为理性的研究态度。这种态度在康德那个时代被转化为一种研究方式，即反向构思一种相应于现存秩序的自然状态，并对其进行分析，为敞开对完善的未来秩序的描述提供参照的思想坐标。这种研究方式最为成功的表现就是当时风行于欧洲思想家的自然状态学说，显然，康德对伦理共同体之客观实在性所进行的理性分析也属此种传统——因为，康德对伦理共同体之必要性、可能性等的分析，其逻辑起点就是伦理的自然状态。

在康德看来，就像政治的律法的－公民状态有一个政治的自然状态那样，伦理的－公民状态也相应地有一个伦理的自然状态。无论是政治的自然状态，还是伦理的自然状态都是相应于有着公共的规则（在律法的－公民状态中是强制性的公共的律法法则，在伦理的－公民状态中是无强制的、纯粹的德性法则）的秩序状态而言的一种个体意志殊异并存的"自由"状态。在这种状态下，每一个个体自己给自己立法，并没有将自己为自己立定的法则外化为对其他人都有制约作用的法度之企图。与自我立法相应，自然状态中的每一个自我立法者同时也是裁定自己是否守法的法官，"不存在任何一种公共的、具有权力的权威，来按照法则以具有法律效力的方式，规定每一个人在各种可能出现的场合里的义务，并使义务得到普遍履行"[①]。

---

① 〔德〕康德：《纯然理性界限内的宗教》，第95页。

政治的自然状态结束于政治共同体形成之时。政治的强制性律法法则可以迫使每个人放弃在政治领域中自由立法的权利，而进入一种秩序中去，并在一种公共的、具有权力的权威规制下演变成政治的公民个体。作为政治共同体的一个成员，公民必须在法律上服从政治权威，承担政治共同体为他所规定的公民义务，尽管规制他的律法法则以及需要他担承的义务并非出自他的自由意志，而是来自外部的具有强制力的权力。与政治的自然状态不同，伦理的自然状态却不会随着政治共同体的建立而结束。在政治共同体形成之后，原本处于政治和伦理双重自然状态中的个体，在被迫进入政治共同体成为服从公共律法法则的公民同时，依然有权利继续停留在伦理的自然状态之中。康德在这里提出了一个重要观点，他认为，任何政治共同体都明确，征服心灵对于保持政治秩序的重要性，因为，政治统治者十分清楚，当强制性的外部律法法则贯彻不力，面临强制力不足情况下，辅之以德性对人民心灵的宰制可以帮助巩固政治统治。因此，政治统治者都期望在政治共同体中找到一种德性原则对公民心灵进行统治。"但是，想通过强制来实现一种以伦理目的为准的制度的立法者真是糟透了！因为他由此不仅会恰恰造成伦理制度的反面，而且还会损害和动摇他的政治制度。"[1] 康德所言极是。极权政治就乐意做类似的蠢事，他们不仅能在政治上强化打击异见的制度与司法体系，而且更乐意将自己的意志强加在公民个体身上，强化思想和道德方面的教化，强力推行有利于集权统治和保护特权阶层的价值观念，从而禁绝公民个体理性思考的自由。当然，这样做的结果，恰如康德所指出的那样，最终将"损害和动摇他的政治制度"。实际上，正像康德在论述启蒙的文章所说，思想自由是最无害的自由，也是最重要的自由；用政治强权禁绝思想自由是不可能的。体现在政治共同体对待伦理的自然状态问题上，这种禁绝和归化最大的问题是，如果政治共同体强令自己的公民进入一种伦理的共同体，就会造成一种自相矛盾的局面，"因为一个伦理的共同体在自己的概念中本来就包含着无强制性"[2]。可见，一种伦理的共同体借助政治的强权是无法形成的。

---

[1] 〔德〕康德：《纯然理性界限内的宗教》，第96页。
[2] 〔德〕康德：《纯然理性界限内的宗教》，第95页。

第六章　至善的现实性：自由与希望

　　一个伦理的共同体不能借助政治强权形成，不等于说政治共同体形成的经验对伦理共同体的形成毫无借鉴价值。事实上，任何一个伦理共同体的形成在保留其组成成员的立法自由同时（这一点与政治共同体大体相似），必须以公共的法律为基础，并在其基础上建立一种制度，包括公共法律和制度等在内的公共治理与规范资源必然要求自愿结合起来以为进入伦理共同体的所有个体所遵行，这就意味着它们必须容忍对自己自由的必要的限制。唯其如此，这种组成伦理共同体的联合才是真正的联合。

　　除此之外，一个伦理共同体的形成所涉及的是事关人类整个族类的德性义务，它关系着所有人的整体的理想，而且这种整体的理想既不能外在于所有人，也不能强加给所有人。按照艾伦·伍德的分析，康德所要表达的思想是，在一个真正的伦理共同体中，"每个人自然地为自己指定道德法则，并把其加以自身。建立一个道德共同体是为了将道德法则转变为公共法则（etbiscbes gemeine Wesen），从而将该共同体的所有成员联合在普遍的、非强制的和道德的法则之下，这法则对所有作为理性存在物的人都普遍有效"①。就此而言，仅仅有着通过人人立法的方式建立具有普遍有效的公共德性法则之意图的人，因为此意图而联合起来，还不能算得上真正的伦理共同体，只有真正实现了普遍道德统治的人群之自由的联合体，才能称之为伦理的共同体。康德本人这样说：

> 　　一群出自这种意图而联合起来的人，还不是伦理的共同体本身，而只能叫做一个特别的社会，它奋力迈向与所有人（甚至所有有限的理性存在者）的一致，以期建立一个绝对的伦理整体；而每一个局部的社会，都只是它的一个表现或者一个图型，因为每一个局部的社会自身都又可以被想象为处在与其他这一类的社会的关系中，即处在伦理的自然状态中，连同这种状态的全部不完善性（正像各种各样的政治国家，当它们没有通过一种公共的国际法结合起来时，也是这种情况）。②

---

① Allen W. Wood, *Kant's Moral Religion*, p. 190.
② 〔德〕康德：《纯然理性界限内的宗教》，第96页。

由此可见，一个真正的伦理的共同体只有在人类整体意义上才有可能。

那么，接下来的问题是，这样一个涉及全体人类的理想计划，是否有实现的必要性？康德的回答无疑是肯定的。这种自信来自康德本人对伦理的自然状态弊端的哲学分析，这种分析借鉴了近代哲学中自然状态学说，特别是霍布斯的自然状态学说。

毫无疑问，康德赞同霍布斯对人类为什么要走出政治的自然状态的分析。在《纯然理性界限内的宗教》第三部分的一个小注中，康德提到了霍布斯的两个相关命题，其中第一个命题是，"人们的自然状态是一切人对一切人的战争"。康德认为，这个命题是正确的，"因为尽管人们不承认，在不为外在的和公共的法律所约束的人们之间，任何时候占统治地位的，都是现实的**敌对**"①。第二个命题从前一个命题推出，它表达的是人必须走出自然状态。"这是因为，这种状态是对所有其他人的权利的不断损害，因为他妄想在自己的事情上当法官，而在别人的事情上又不给他们安全感，而只让他们听任他自己的任性。"②

康德将霍布斯的分析应用到他对伦理的自然状态分析之中，只不过是将人与人的外在对立转换成每一个人心中善与恶的内在对立而已。伦理的自然状态也是用战争、伤害和不安全等术语来描绘，而处于伦理的自然状态之中且有着自由立法权和自由司法权的每一个人，同样像在政治的自然状态中一样，人人想充当相对于别人而拥有权力和权利的法官。更为可悲的是，即使拥有了这种权力和权利的人，也会像其他的人一样，拥有不安全感，更谈不上给予别人以安全感。人和人之间充满暴力、争斗和血腥征服，每个人时刻对别人保持警惕，随时进行着必须的战备，这样一种场景已经将伦理自然状态的险恶暴露无遗。康德的阐述也同样让人心惊胆颤。康德说：

> 就像律法的自然状态是一种每个人对每个人的战争状态一样，伦理的自然状态也是一种存在于每个人心中的善的原则不断受到恶

---

① 〔德〕康德：《纯然理性界限内的宗教》，第97页页下注①。
② 〔德〕康德：《纯然理性界限内的宗教》，第97页页下注①。

第六章 至善的现实性：自由与希望

的侵袭的状态。恶在每一个人身上，同时在其他每一个人身上都存在着，人们（如上所说）相互之间彼此败坏了道德禀赋。即使每一个个别人的意志都是善的，但由于缺乏一种把他们联合起来的原则，他们就好像是恶的工具似的，由于他们不一致而远离善的共同目的，彼此为对方造成重新落入恶的统治手中的危险。此外，就像一种无法无天的外在的（野蛮的）自由和独立于强制性法律之外的状态是不义的、每一个人对每一个人的战争的状态，人应该走出这种状态，以便进入一种政治的－公民的状态一样，伦理的自然状态也是对德性法则的一种**公共的**、相互的损害，是一种内在的无道德的状态；自然的人应该勉励自己尽可能快地走出这种状态。①

康德将走出伦理的自然状态视为人的族类对自己的义务，而不是单个人对单个人、一群人对一群人的义务。也就是说，它是人类整体的理想和实践慧命，是人类作为一个整体才能实现的那种作为共同的善出现的一种至善。至善是每个个体期望实现的道德的最终目标，但至善作为人类追求的最终道德目的，作为一种共同的善，却不能通过单个的人追求他自己在道德上的完善来实现，它必须诉诸于人类整体的道德努力才能实现。这就是说，康德特别注意到人在追求自己的最高道德目的时应当采用的最好实践方式。如艾伦·伍德所说，"此前我们注意到，对康德来说，至善不是在单个个体的德性和幸福之中被追求，而是在那些在自身中就具有绝对价值和尊严的人的整个世界中被追求。至善存在于'普遍的客观法则（即道德法则）之下理性存在者的系统联合'之中"② 就此而言，人类追求至善的最好的实践方式应当是整体性的。只有人类自觉地将追求至善当作全体族类的道德使命，每个人都成为具有善良意志者，人类才能联合组成一个善良意志者的体系。至善的实现是这体系共同努力的结果，用康德的话来说就是，"只有在这个体系中，并且凭借这个体系的统一，道德上的至善才能实现"。

这样，康德通过将道德的最高目标——至善的实现与建立伦理共同

---

① 〔德〕康德：《纯然理性界限内的宗教》，第96~97页。
② Allen W. Wood, *Kant's Moral Religion*, p. 188.

体的必要性、价值和意义联系在一起，说明人告别伦理的自然状态、走进伦理的－公民的状态的必要性和必然性，同时也向世人昭示出道德宗教的现实关怀和远大抱负。艾伦·伍德就此评论道："这样，'宗教'，以及'将人类责任当作神圣命令实现的内在倾向'，从人的最高目的之社会特征中推演出来。在我追求作为社会善的至善过程中，我必须把道德法则不仅认作属于作为理性存在者的我，而且要看作是道德地加于所有理性存在者的法则，这一法则赋予我义务把自己看作是由这样一些个体——神圣国王统领下的目的王国的成员——组成的道德联合体的成员，严格地说，康德的'宗教哲学'是他的社会哲学的组成部分，在其宗教哲学中，康德对人类共同体在其伦理学中的作用给出了确定的论述。"[1]

二　伦理义务、上帝诫命及其子民

关于伦理共同体概念，康德此前的阐释尚未对一个重要的问题做出说明，这个问题就是，人类（从整体看的族类概念）为什么要将"一个遵循德性法则的普遍共和国（伦理的共同体）理念"变成为自己的追求目标，立志将它变成现实？换句话说，为什么组成一个伦理的－公民社会以实现作为共同善的至善是人类的义务？之所以提出这种疑问，是因为人们很容易发现，伦理的共同体理念是一个与所有道德法则不同的理念，承担建立伦理的共同体的义务与一切出自道德法则的道德义务是完全不同的义务，无论是从品类上看还是从原则上看都是如此。伦理的共同体理念涉及对于人类整体来说的共同善，它事实上作为一个整体已经超出了我们可以认知和把握的范围，因此，"我们无法知道它作为这样的整体是否能够为我们所支配"[2]。如果我们把致力建立伦理的共同体以追求作为共同善的至善作为我们人类必须承担的义务，同样会陷入有限性的窘境之中，因为这个义务不同于我们在单个道德行为中所必须承担的道德义务。对于这种道德义务，作为有理性者，我们每个有意志自由的个体都十分清楚道德义务的来源以及践履道德义务的理性根据，因为我们自己就是同时是自己行为所遵守的道德法则的立法者和守法者，而出

---

[1] Allen W. Wood, *Kant's Moral Religion*, p.191.
[2] 〔德〕康德：《纯然理性界限内的宗教》，第98页。

自道德法则的行为就是义务行为。但是，承担建立伦理共同体以促进共同的至善得以实现的义务，却不能以每个道德行动者的自由意志为前提条件的。前述的论述已经清楚地表明，"即使每一个个别人的意志都是善的，但由于缺乏一种把他们联合起来的原则，他们就好像是恶的工具似的，由于他们不一致而远离善的共同目的，彼此为对方造成重新落入恶的统治手中的危险。"① 有鉴于此，担承建立伦理共同体以促进共同的至善得以实现的义务，必然需要另外一个理念为前提条件。从康德哲学的先验要求看，能够成为这样一种整体义务之前提条件的条件者，自身一定是绝对完善的、至高无上的道德存在者，因为只有这样的存在者才能凭借自己的普遍活动，将单个的人的自身不足的力量联合起来，共同发挥作用②。唯有上帝配享此存在者之尊称。

在一个伦理共同体建构过程中，上帝是这个伦理共同体的公共立法者，通过上帝为这个伦理共同体所进行的公共立法，造就一个人人服从上帝所立公共法度之局面，一个服从内在的、非强制性的德性法则的伦理国家得以形成。在这个国家中，上帝为伦理共同体立定的将所有人联合起来的法则，既被看作是所有人必须承担的伦理义务，又同时被设想为上帝的诫命。如此一来，遵守诫命就是履行伦理义务，反之亦然。有关二者的统一问题，康德通过比较两种立法理念即律法共同体的立法理念和伦理共同体的立法理念的差异加以证成③。

按照康德的分析，一个律法共同体的建立同样需要通过立法者所立定的公共的律法法则将人群联合成为一个整体，公共立法的意义同样重

---

① 〔德〕康德：《纯然理性界限内的宗教》，第97页。
② 〔德〕康德：《纯然理性界限内的宗教》，第98页。
③ 在通常意义上，康德将宗教等同于道德信仰。而在较为严格的意义上，康德总是联系着道德义务来定义宗教，按照他的理解，"宗教不是某些作为神的启示的学说的总和（因为这种总和叫做神学），而是我们一切作为神的诫命的一般义务之总和（而且主观上是把这些义务当作诫命来遵循的准则之总和）"。（〔德〕康德：《学科之争》，第32页）为什么要把一切的道德（伦理）义务认作神的诫命？致力于建构先验道德哲学的第二批判并没有给出明确回答。第二批判成功地证明了人的道德行为必须是一种出自道德法则的义务行为，并且，人只有意志自由地践履义务行为，才有希望达于至善，而神圣的意志则是个体的人在彼岸获得与德性相匹配之幸福的保证。就此而言，人必须相信自己的善良意志作为一种自由的道德意志必然与最高存在者的完美意志相一致，但是，将人的义务等同于上帝的诫命则缺乏更为清晰有力的理性论证。

要。一般来说，律法共同体的公共立法的立法者是人民自身，人民在立法时遵守这样的原则："**把每一个人的自由限制在这样一个条件下，遵照这个条件，每一个人的自由都能同其他每一个人的自由按照一个普遍的法则共存。**"① 这种公共立法的意图十分明显，就是为了通过"普遍的意志建立合法的外在强制"。因此，律法共同体的公共立法只关心对共同体秩序治理的有效性，特别是从外部规训共同体治下的公民个体的行为，而对公民个体行为的内在的道德性则不管不问。与律法共同体不同，在伦理共同体中所立定的共同法则，其目的不是规训集合在共同体治下的公民个体的行为，以促进其外在行为的合法性，而是要促进共同体的全体公民行动的道德性，使得公民个体内在地自我守法。因此，严格地说，旨在促进公民个体道德性的法则不是治理共同体外部秩序的公共法则。这种不是为了彼此外在约束的法则，自然不能通过每个公民个体的自由意志联合成为普遍意志来完成，因为殊异的公民个体的自由意志在涉及彼此之间的外在偏好时，总会因为个体之间倾向上的不同而难以达成普遍的一致。因此，在伦理共同体中进行公共立法的必定不是人民，而是不同于人民的另一个人物，一个一直绝对善良的超越存在者。除了上帝，我们就找不到能够完成这种立法的存在者。

必须注意的是，上帝为伦理共同体立定公共法则，不能理解为原初纯然地出自上帝的意志，并将这种法则的约束力归咎于来自上帝的意志，因此成为一种必需要绝对遵行的绝对命令。在康德看来，这种想法与伦理法则的自律精神相冲突，将遵行德性的公共法则视作自己的伦理义务，这是法由己出的自由德性的本质性要求。相反的要求，就是让行为者服从外来的法则，强制性规训自己的行为，这当然不是一种与自由德性相符合的义务关系。因此，对于上帝的立法行为以及所立定的公共法则的性质必须这样来理解：一方面，上帝为伦理共同体所立定的公共法则是人本身为自己制定的，因而是一种人自身必须担承的与自由的德性相一致的伦理义务；另一方面，"所有**真正的义务**，因而也包括伦理的义务，必须**同时**被设想为他②的诫命"③。为什么人应当并且能够把遵行自律法

---

① 〔德〕康德：《纯然理性界限内的宗教》，第 98~99 页。
② 即上帝——引者注。
③ 〔德〕康德：《纯然理性界限内的宗教》，第 99 页。

则的义务视同为上帝的诫命？主要的缘由是因为被立定的法则具有普遍的公共性和道德性特征。按照康德先验哲学的一般规定，人可以为自己制定普遍的法则，但不能为人类全体普遍地立法。至于为他人制定具有自律性质的内在的（道德）法则本身就是一种自相矛盾的做法，唯有把上帝假定为立法者才能无矛盾地解决所立法则的普遍公共性和道德性问题。因为，上帝以自身意志的绝对同一性和绝对善良品格，即以自己的神圣、仁慈和正义保证了德性法则的普遍性和内在性，能够满足伦理共同体对伦理法则公共性和道德性的要求。有鉴于此，依照道德宗教的原则要求，即便是出自人自身的法则，也必须假设其为上帝所订立，人遵行这种法则就是服从上帝的绝对命令。就此而言，人的义务必须被当作最高存在者的诫命，"为的是通过由道德产生的上帝理念而给予道德以对人的意志的影响，去履行其所有的义务"①。正如康德所指出的那样："一旦某种东西被认做义务，即使它是由一个属人的立法者的纯然任性赋予的义务，顺从它也同时就是上帝的诫命。虽然不能把规章性的公民法则称做上帝的诫命，但是，如果它们是合法的，那么，**遵守**这些法则也同时就是上帝的诫命。'顺从上帝，不顺从人，是应当的'，这个命题仅仅意味着，如果人们要求某种自身恶（直接违背道德法则）的东西，那么，就不可以也不应该顺从他们。但是反过来说，如果对于一个政治公民的、自身并非不道德的法则，用一个被视为诫命的上帝的规章性法则去和它对立，那么，就有理由把后者看做强加于人的，因为它同一种明确的义务相抵触。但是，即使它确实是上帝的诫命，也绝对不能凭借经验的特征充分使人相信，以便允许根据它去践踏一种平时已存在的义务。"②

可见，作为立法者的上帝并不远离敬崇他的人们，上帝不仅是仁慈的，还是神圣和公正的，更是全知全能的。用康德的话来说，上帝是一位"知人心者"，他必定"能够透视每一个人意念中最内在的东西；并且就像在任何共同体中必须的那样，使每一个人得到他的行为所配享的东西"③。这样一位上帝，必定是最令人敬崇的道德上的世界统治者。伦

---

① 〔德〕康德：《学科之争》，第32页。
② 〔德〕康德：《纯然理性界限内的宗教》，第99页页下注②。
③ 〔德〕康德：《纯然理性界限内的宗教》，第100页。

理共同体中那些遵守上帝诫命、担承道德义务、追求作为共同善的至善的民族，康德称他们为"上帝的子民"，与"上帝的子民"相对立的是"人们可以提出恶的原则的一群乌合之众的理念"。这些恶的理念存在于人们心中，形象化地被想象为外部的权力。这些想象的权力从恶的立场出发，通过恶的传播，以破坏人们按照普遍的德性原则联合组建伦理共同体之努力[①]。因此，破除人们心中的恶念，保持纯粹的道德信念，对于伦理共同体的建立至关重要。

除此之外，还要注意在"遵守德性法则的上帝的子民"和那些被称之为"遵守规章性法则的上帝的子民"之间做出区分，后者是律法共同体中的存在者，他们对法则的持守，关注的是合法性而非道德性。所以，尽管上帝也是他们所属共同体的立法者，但他们总是在外在意义上将律法的法则当作上帝的诫命，这决定了他们作为"遵守规章性法则的上帝的子民"更重视遵守上帝诫命的历史意义，而不重视遵守上帝诫命的内在自我规训之价值；决定了他们总是把制度建立在历史基础之上，而不是把其建立在心灵之上。就此而言，"遵守德性法则的上帝的子民"并不是伦理共同体所需要的要素。

综上所述，在康德那里，一个伦理共同体必须包含以下三个要素：作为立法者的上帝、表现为上帝诫命的出自人的理性的德性法则以及遵守上帝诫命之"热心为善"的上帝的子民。只有这样三个要素同时具备，一种伦理的－公民社会才能形成。当然，正像康德本人所承认的那样，提出伦理共同体这一理念，就是要"树起了一面德性的旗帜，作为所有热爱善的人的集合地，以便他们都聚集在这面旗帜之下，并且这样才对不间断地侵袭他们的恶获得优势"[②]。在现实中，人类整体可能永远达不到这一理想，因为单就人的有限性来说，成为遵守德性原则诫命的"上帝的子民"就是一个难以在现世实现的理想。一个人可以决意向善，但绝不可能说自己能够臻于至善，所以，在现实世界中建立一个伦理的共同体永远是人的崇高追求，也是人类作为人类存在可以期望的终极目的，人类应该为这个终极目的而努力。就像康德所期许的那样，人"必

---

① 参见〔德〕康德《纯然理性界限内的宗教》，第100页。
② 参见〔德〕康德《纯然理性界限内的宗教》，第94页。

须这样行事，就好像所有的一切都取决于他；只有在这个条件下他才可以期望，更高的智慧将使他的善意的努力得到实现"①。就此而言，一个伦理的共同体的形成永远在人类努力中，它的最终实现依然取决于人。所以，真正对人类有意义的问题是：

> 所有具有善良信念的人的愿望都是："上帝的国降临，他的意志行在地上"；但是，他们此时应该做些什么，才能使自己的这个愿望得以实现呢？②

康德对此的问答是：人应该致力于建立一种真正的教会。

第二节 真正的教会

为什么在人世间建立伦理共同体需要从建立真正的教会开始？从康德那里找到的答案是，伦理共同体不同于律法共同体，后者致力建构的是人与人之间的外在关系，它以强制性方式将人们纳入它的律法统治之下，维系的是不同意志自由合法并存在的可能性。而伦理共同体奉行的是内在的德性整合原则，不是以外在的律法将人们捆绑在一起，而是通过增加共同体成员之间的内在亲和性而将他们团结在一起，共同承担作为上帝诫命的义务。因此，伦理共同体的整合方式只能通过信念上的一致性来完成，而教会自然是承担这一责任的最好形式。当然，必须是真正的教会。

一 何谓真正的教会？

康德依然是从道德角度定义教会。按照他的说法，教会是一种伦理共同体，"一种遵循上帝的道德立法的伦理共同体"③。依照教会在现实世界中经验显现自身的方式上的不同，又可以对它们做出两种区分：不可见的教会和可见的教会。不可见的教会不以经验的组织形态出现，它

---

① 〔德〕康德：《纯然理性界限内的宗教》，第101页。
② 〔德〕康德：《纯然理性界限内的宗教》，第101页。
③ 〔德〕康德：《纯然理性界限内的宗教》，第101页。

是"所有正直的人们在上帝的直接的、但却是道德上的世界统治之下的联合体的纯粹理念，这种世界统治是每一种由人所建立的世界统治的原型"①；可见教会指的是现实世界以可被经验的组织形式存在的宗教机构，它也是依循以教会方式显现的伦理共同体的组成原则，通过人们现实地联合组成的一个整体。无论是可见的教会，还是不可见的教会，在组织形态上都应当按照一个遵循公共法则的社会的要求，建立成员之间的隶属关系。教会作为联合组成的一个整体，自然包括被称之为"导师"或"灵魂的牧人"的"上级"（他们负责管理上帝的事务）和被"上级"所管理的"会众"。但是，无论是"上级"还是"会众"，他们统统都是上帝的"仆人"。由此可见，真正可见的教会必然是"在地上体现着上帝的（道德的）国的教会"②，它的标志被康德归纳为如下四个方面。

（1）普遍性。实际上指的就是教会在数量上的单一性。在康德看来，如果所有的宗教信仰都是一种理性的信仰，那么，宗教派别之间即使有纷争，也是非本质性的、偶然而起的不一致性或者说无关宏旨的分歧；从本质上看，它们有着普遍的一致性，特别是在事关宗教信仰的问题上有着高度的认同意识。因而，作为这种信仰栖息地的教会是建立在这样的基本原理之上——这些基本原理不会引起教派分裂、只为了普遍一致性而将信仰共同体引向一个唯一的教会。

（2）纯洁性。这主要指的是教会在性质上的纯粹。真正的教会之所以要用伦理共同体的方式联合所有的会众，动机只有一个，为了纯粹的道德——除了这种纯粹的道德动机之外，没有任何别的动机。教会若是为了特殊需要和特殊的目的而建立，并发挥作用，就必然会导致迷信的愚蠢和狂热的疯癫。

（3）自由原则下的关系。康德理想中的教会也是一个充满自由精神的共同体。就教会与政治的外部关系说，信仰自由是基本的自由，国家权力与教会之间的关系是自由平等的关系，不存在权力序列上的从属关系；从教会自身的内部关系看，自由是个人遵循道德法则的条件，也是

---

① 参见〔德〕康德《纯然理性界限内的宗教》，第101页。
② 参见〔德〕康德《纯然理性界限内的宗教》，第102页。

理性信仰的根据。因此，真正的教会，作为目的在于促进至善理想实现的道德共同体，必然将自己置于自由原则之下。

（4）教会的模态：宪章的不变性。这指的是教会的宪章、基本原理应当恒久存在，应当长久保持不变。如果说，历经时间的变迁教会中有发生变化的情况，那么变化的应当是教会日常行政管理方面的规章。教会作为上帝之国在地上的代表，"它必须在自身中（在其目的的理念中）先天地包含着可靠的基本原理（因此，是服从原初的、好像是一度由一部法典公开地规定下来的法则，而不是服从任意的象征）"①。

最后，还需要指出一点，真正的教会，作为上帝的国的纯然代表，作为一个伦理共同体，它不应该像政治共同体那样有正式的、建制化的制度，更不能用世俗的政治概念，譬如君主制、民主制或贵族制来比类说明教会的治理方式。如果需要对其进行类比式说明，康德建议可以将教会比作"家庭合作社制度"。康德说："充其量，它可以被比作服从一位共同的、虽然是不可见的、道德上的父亲的家庭合作社（家族）的制度，这个父亲的那个圣子知道他的意志，同时又与这个家庭的所有成员都有血缘关系，在这个家庭中代表着父亲的地位，他向这些成员们更详尽地宣讲父亲的意志，因而这些成员们崇拜这位圣子就是崇拜父亲，并且彼此之间达到一种自愿的、普遍的和持久的心灵联合。"② 由此可见，对于康德所说的真正的教会，用一句话来概括就是：真正的教会是所有信仰者心灵相系的精神与道德的家园，一个充满自由和平等精神的场域。

二 什么是真正的宗教信仰？

从本质上看，教会是一个因为共同信仰而联合成为一个整体的精神共同体，任何一种教会的基本宪章和基本表现形态都是特定信仰的制度化和形式化的表达，因此，信仰是教会的灵魂。判定一个教会的性质，甚至于对一个教会做出道德上的评价，最好也是最有效的方法，就是对其信仰形态进行本质的和形式的分析。这意味着，真正的教会是与真正的信仰联系在一起的，一种真正的信仰要求人们仅仅以一种理性的善的

---

① 〔德〕康德：《纯粹理性界限内的宗教》，第102页。
② 〔德〕康德：《纯然理性界限内的宗教》，第102~103页。

生活方式侍奉上帝，组成信仰共同体即真正的教会。而现实的教会只有放弃自己的、偏离单纯理性信仰之信仰方式时，才能过渡到真正的教会，从而在地上建立上帝之国——一个伦理共同体的国度。

康德深谙此道理，他对真正的教会何以可能问题的回答，就是通过分析什么是真正的宗教信仰来完成的。康德对真正的宗教信仰的分析不是单纯概念性的，他惯用的分析方法是比较性的，他对真正宗教信仰的阐述也是在对比中完成的。对比的对象分别是被康德称之为真正的教会信仰的信仰方式——单纯性的信仰，和作为其对比物出现的信仰方式——仅仅建立在事实之上的历史性信仰。前者是在人的理性中有其合理存在根据的信仰方式，是真正的、也是唯一的宗教即纯粹的道德宗教所倡导的信仰方式；后者则在人性中有其存在的根据，是在各种形式不同的启示宗教中流行的信仰方式。由于在此前的分析中，康德对道德的理性宗教所倡导的真正信仰方式已有较为充分的论述，所以在此处的论述中，康德自分析历史性信仰的根据开始，这样的选择也有论证战略上的考虑。对于康德来说，理性地证成并确立道德宗教为唯一真正的宗教，当下最主要的论辩对手就是各类启示宗教流行的信仰方式。

在康德看来，建立在事实之上的历史性信仰，之所以能够成为各种流行的启示宗教的主要信仰方式，"应该为之负责的是人性的一种特殊的弱点"[1]。它主要表现为人自身的有限性，这种有限性经过纯粹理性批判已经深入人心。作为存身于特定时间和空间中的存在者，人们能够清楚地意识到自己只能认识经验的事物，而对超越感性的事物则一无所知，没有对其产生知识的任何可能。然而，正是因为人们对超越感性存在的事物缺乏认识能力，结果反而容易导致用一种错误的方式对待这类超感性事物。由于超感性事物无法在经验上与有限的人类构成一种可以看见或者可以验证的联系，所以，即便人们相信超感性存在者给予人们的公正而仁慈的命令是让他们"始终不渝地热心追求一种道德上善的生活方式，就是为了让人们成为在上帝的国中上帝所喜悦的臣民"[2]，人们却很难在日常生活和行为中完全按照这个诫命去行动，以自己的善德良行获

---

[1] 〔德〕康德：《纯然理性界限内的宗教》，第103页。
[2] 〔德〕康德：《纯然理性界限内的宗教》，第103页。

取上帝的喜悦。事实上，人们可以把这个诫命当作一种普遍地令人信服的信仰，并对其表露出诚心的向往，时时表达对其的敬重。但是，更常见的情况是，人们往往以自己的心思猜度上帝的意志，认为上帝像尘世中的凡人一样对感性功能和属性上能够更好满足人们情欲的物品感兴趣，因此会因为获得人们为此的奉献而给予奉献之人以其所求的结果。所以，人们踊跃侍奉上帝。然而，在这种侍奉中，"关键不在于行动的内在的道德价值，而毋宁说在于，之所以事奉上帝，乃是为了无论他们自身在道德上怎样千差万别，至少可以凭借被动的顺从来使上帝喜悦。"① 这当然是一种对待宗教的功利式态度，谈不上信仰的真诚与纯粹。正因为如此，康德坚决反对这样一种对宗教的信仰态度和表现自己对超感性存在物敬重的行为方式。在康德看来，除了在道德上敬奉上帝，将对待他人以及对待自己的义务视作执行上帝的诫命，从而在自己的所作所为中始终处于与上帝的道德性关联之中，再也没有其他类型的事奉上帝的方式了。前述的方式和态度，是一种讨好世俗统治者的事奉方式。对于一个以绝对和纯粹的方式存在于无限领域中的上帝来说，这种为世俗统治者所喜爱的事奉方式丝毫起不到作用，只有有着七情六欲的世俗统治者才无法摆脱感性事奉（包括语言上谄媚、廉价的歌功颂德等拍马溜须之术）的诱惑。因为这些生活在世界上的"伟大主人"，"都有一个特殊的需要，即为自己的臣民们所**崇敬**和通过臣服关系来**颂扬**，没有这些东西他就不能期望他的臣民们对他的命令给予他为了能够统治他们所必需的那么多的服从"②。即使一个伟大而聪明的统治者多么有理性，他也能从臣民对其所付出的物质上的和精神上的事奉而达到一种直接的满足。久而久之，他就会对不管出于什么样的目的所进行的事奉有更多的期待，而对事奉多且勤的人的利益给予更多的照顾。这反过来强化了这种不是以道德目的进行的事奉，使得真正的信仰失去越来越多的地盘。有鉴于此，康德指责这种表达敬重上帝的方式，认为这不是一种将自己的义务当作上帝的诫命，当作一种推进对上帝的事务而不是推进人的事务的信仰方式，它所导致的必然是一种"**事奉神灵**的宗教的概念，而不是一种纯粹道德

---

① 〔德〕康德：《纯然理性界限内的宗教》，第103页。
② 〔德〕康德：《纯然理性界限内的宗教》，第104页。

的宗教的概念"①。

那么，怎样才能建立一种道德地崇敬上帝的宗教呢？上面的分析已经将路径指示出来，这就是我们必须认真考虑崇敬和服从上帝的方式。康德这样说：

> 由于所有的宗教都在于，我们把上帝看做对我们所有的义务而言都应该普遍受到崇敬的立法者，所以，在规定宗教时，在我们与之相符合的态度方面，取决于我们知道：**上帝愿意如何**被崇敬（和被服从）。②

按照康德的分析，上帝的立法意志通过两种方式表现出来：一种表现为规章性的法则，另一种表现为纯粹道德上的法则所颁布的命令。前者将上帝的立法意志仅仅理解为存在于自身外部用于规范信仰者行为的法规律条，信仰上以遵行这些规章性的法则为自身信仰的标示。这些信仰者类似犹太教中的律法主义者，他们对宗教的认识不是从纯粹理性出发，而是听命于通过传统和圣典（譬如《圣经》）神秘的启示。这种信仰方式就是一种历史性的信仰，康德也称它为教会信仰，是区别于出自纯粹理性信仰的而属于启示宗教的一种信仰。后者则是基于信仰者自身理性的一种信仰方式，它是信仰者从自身出发，凭借自己的理性对作为单纯理性宗教之根基的上帝意志的认识，且"因为神明的概念本来就只是出自对这些法则的意识和理性要假定一种力量的需求，这种力量能够为这些法则带来在一个世界上可能的、又与道德上的终极目的一致的全部效果。"③ 因此缘故，康德将其看作是一种单纯按照纯粹理性的道德法则来规定上帝意志的信仰方式，它附属于纯粹道德的宗教。那么，两种不同的宗教信仰是否都有存在的必要性？若两种信仰方式都有其存在的必要性，两者之间是否存在着某种联系，又如何处理它们两者之间的关系呢？

纯粹的理性信仰存在的必要性毋庸置疑，因为，依照先验哲学的逻

---

① 〔德〕康德：《纯然理性界限内的宗教》，第104页。
② 〔德〕康德：《纯然理性界限内的宗教》，第104页。
③ 〔德〕康德：《纯然理性界限内的宗教》，第104页。

辑，唯一真正的宗教就是纯粹道德宗教，而唯一与纯粹道德宗教相匹配的信仰方式就是纯然理性的信仰。因此，纯然理性的信仰方式必然具有存在的合理性。至于历史性信仰，尽管它不属于真正的宗教，也不能忝列真正的信仰之列，但是这种信仰方式还是有其存在的必要性。康德说明历史性宗教信仰存在必要性的主要理由言简意赅，他指出，由于历史性宗教信仰是一种通过信奉教会的规章性法则而实现出来的信仰方式，它在自身中包含了通过启示而来的上帝的意志；理解这些法则、相信这些法则，是信众们联合起来组成教会的一个必要条件。也就是说，至少从形式说，只有信众接受了作为上帝立法意志结果的规章性法则，来自上帝意志的规章法则不仅对信众们有了约束力，而且能够通过信众对规章性法则的接受而使得上帝的意志进入人们的信众，并写进人们心中纯粹道德的立法之中——这是一切真正宗教能够成为可能所必需的条件，也是真正构成宗教自身的东西。就此而言，"规章性立法所包含的职能是促进和扩展纯粹道德立法的手段"①，其存在的必要性是有着充分的理性根据的。

从肯定历史性宗教信仰存在的合法进一步拓展，围绕着"上帝愿意如何被崇敬"这个问题，康德更为细致地分析了纯粹理性宗教信仰和历史性宗教信仰之间的关系。首先，从一个纯然作为人来看的人角度看"上帝愿意如何被崇敬"这个问题，能够给出的普遍有效的回答是这样的：从宗教的纯粹理性本质上看，上帝的立法意志即便不必然地唯一表现为道德的，规章性的立法也为信仰所需要。但是，规章性法则并不能必然地反映上帝的立法意志，它往往以一种启示为前提条件，因而是偶然的。并且，由于由规章性法则体现出来的立法并不是一种来自理性的人的自由立法，而按照理性的立法原则，这种他律的法则并不对所有的人都有约束力。就此而言，从纯然作为人的立场看，对上帝的真正的尊崇只能是出自纯粹理性对它的敬重，从道德上服从出自上帝的意志的立法。所以，康德指出，并不是那些口口声声"主啊！主啊！"的人为上帝所喜悦，而是那些遵行上帝意志的人为上帝所拣选，"因而也就是那并非通过赞颂上帝，即凭借不是每一个人都能拥有的启示出来的概念来赞

---

① 〔德〕康德：《纯然理性界限内的宗教》，第105页。

颂上帝（或者赞颂他那具有神性血统的使者），而是通过善的生活方式——在这方面，每一个人都知道上帝的意志——来试图让上帝喜悦的人，才将是对上帝作出上帝所要求的真崇敬的人"①。

其次，从作为一个尘世的神性国家中的公民，而非一个纯然的人角度看，如果这个公民的职责又是服务于致力以教会名义的联合体的存在，那么，就不能从纯然理性立场回答"上帝愿意如何在教会中（即上帝的所有信徒）中被尊崇"这个问题。对这问题的回答需要诉诸于信奉他律性规章的历史性信仰，对比一下纯粹理性的信仰，问题立马变得十分清楚。按照康德的道德宗教的要求，纯粹宗教信仰是对上帝意志立法的单纯遵从，即行为者在道德意念中按照自由意志的理性要求，把义务当作上帝的诫命来遵从。而在历史性信仰中，由于它是一种教会信仰，"而一个教会，作为许多人在这样的意念下成为一个道德共同体的联合，却需要一种公共的义务承诺，即某种以经验条件为基础的教会形式，这种形式自身是偶然的、多种多样的，因而没有上帝的规章性法规就不能被认作义务"②。从这个意义上说，从信仰者个人作为一个政治共同体的成员且属于一个现实的教会来看，我们也需要一种规章性的、历史性的教会信仰，这种需要又可以从以下两个方面得到证明。

第一个方面涉及对历史性信仰中上帝意志立法的理解。康德提醒人们，在历史性信仰中，所谓以上帝意志的立法出现的规章性法则并不能马上被认作是上帝的作品，实际上，被认作规章法则的上帝意志不过是人们应该实现的一种共同体的理性理念而已。但是为了保持这些规章性法则的森严性和稳定性，让人们遵行而不会任意更改，历史性信仰径自将这些法则看作是上帝意志立法的产物。这样做的结果有好有坏，坏的方面表现为人的胆大妄为，私自乱用最高权威，并将教会章程伪装成神圣的权威给群众套上枷锁，导致一种对民众的宰制；好的方面是，如果规章性法规与道德宗教所立的法则碰巧一致，而人们又对教会的来龙去脉不甚了解，在将教会解释为上帝的作品，以及强化人们对上帝的侍奉同时，又借助教会信仰促进纯粹理性信仰的良序发展，在最善的生活方

---

① 〔德〕康德：《纯然理性界限内的宗教》，第105页。
② 〔德〕康德：《纯然理性界限内的宗教》，第105~106页。

式上，加上伦理一种理性所不能认识而需要启示的上帝的立法。由此引向第二个方面，即不借助理性为人们规定的对上帝诫命的遵从而直接地对上帝表达敬崇，这主要是通过促进宗教中的公共活动来实现——"通过隆重的庆典、认信启示出来的法则，以及通过遵循属于教会形式（这形式自身却仅仅是手段）的规定，来事奉他们的上帝"①。按照康德的解释，"尽管所有这些惯例从根本上来说，都是些在道德上无所谓的行动，但正是由于这些行动仅仅据说是为了上帝而作出的，就被认为是使他更加喜悦的。因此，教会信仰在把人们改造成为一个伦理的共同体方面，以自然的方式走在了纯粹宗教信仰的前面"②。

由此可见，纯粹理性信仰和历史性信仰之间存在着一种复杂的关系。尽管只有纯粹的理性信仰才是真正宗教所需要的信仰方式，并且，纯粹的理性信仰在每一种历史性的教会信仰中构成了其内在的真正属于宗教的东西，但是这种宗教从来不只是通过一种信仰形式来表现自身。如康德本人所说，"只有一种（真正的）宗教；但却可能有多种多样的**信仰**。——还可以补充说，在由于其信仰方式不同而彼此分离的各种各样的教会中，却只能找出同一种真正的宗教"③。这实际上是说，"纯粹宗教信仰因而不是可供选择的，教会信仰的对立面。相反，它是教会信仰的真正的、理性的本质。教会信仰是纯粹理性信仰的'载体'（vehic，是它的'传导体'。教会信仰是包裹着纯粹宗教信仰理性内核的外壳。这样，就像人的知识和实践，宗教具有纯粹的部分和经验的部分。教会信仰，以历史境遇为前提，以启示宣称为基础，因此是一种经验的宗教。但它也包括那些不依赖于接受来的历史传统或者对神圣启示进行圣经阐释的原则，而是以普遍性示人，并将其单纯建立在道德理性之上"④。

然而，这种对待不同信仰的宽容见解，并不是无原则地在宗教信仰中坚持一种价值中立立场。事实上，康德清楚地看到了教会信仰在宗教历史中已经产生了的负面作用。历史上出现并将未来会不断重演的一个事实是，由于大多数教众是在规章性信仰意义上理解宗教的，因而宗教

---

① 〔德〕康德：《纯然理性界限内的宗教》，第107页。
② 〔德〕康德：《纯然理性界限内的宗教》，第107页。
③ 〔德〕康德：《纯然理性界限内的宗教》，第108页。
④ Allen W. Wood, *Kant's Moral Religion*, p.193.

信仰之间的争斗、不同教派之间的流血冲突以及"频繁地震撼世界、使世界染上血腥的所谓的宗教争端，历来也无非是围绕教会信仰的争吵进行的。受压制者也根本没有抱怨人们阻止他信仰自己的宗教（因为这是任何外在的暴力都做不到的），而是抱怨人们不允许他公开地遵循自己的教会信仰"①。由此可见，教会信仰中隐藏着压制和剥夺信仰自由的因素，有着排斥其他信仰方式合理存在的倾向。相对于教会信仰，人们才有争取并证明自己属于那种信仰——譬如犹太教的、穆罕默德教的、基督教的、天主教的、路德宗的等等——的冲动，并将自己的信仰称之为"正教"，将那些不属于自己信仰阵营的他人斥之为"不信者"、"异教徒"；把自己的教会信仰冒充为具有普遍约束力的普世教会，而把与自己对立的教会贬损为"抗议宗"教会。如此一来，宗教信仰沦为狭隘的偏见，而远离理性的真理。但事实上，教会信仰已如前述，是一种以事实为基础的经验型信仰，它并不是完全在理性基础上建立自己的信仰。一般来说，现实教会主要将自己的信仰建立在传统和宗教经典（《圣经》）的诠释之上，两者相比，现实教会更加依赖宗教经典诠释。正如康德所说，"作为人们为了促进纯粹的宗教信仰而共同联合的载体和手段，那么，我们就必须也承认，对教会信仰的不变的维持、对在它里面所接受的启示的普遍的和千篇一律的传播乃至敬重，很难凭借**传统**，而是只有凭借**《圣经》**，才能得到足够的关照"②。教会信仰者们利用《圣经》诠释对付对经典进行不同解读的他者，对发生在信仰和宗教教义上的异议进行裁决，而那些对《圣经》进行注释的人们仿佛因此成为圣人。这当然是教会信仰赖以长期存在，并且在最具毁灭性的国家革命中仍然可以继续存在下去的一个重要原因，但总的说来，教会信仰对《圣经》的诠释其目的不是为了纯粹理性的宗教事业，而是为了教派信仰的利益。因此，尽管教会信仰对《圣经》的诠释对人们进入纯粹理性信仰有过积极的影响，但是从真正的宗教角度看，人们还是希望能够将历史性信仰通过经典诠释引向真正的宗教信仰，借此确立道德宗教在宗教领域内的核心地位。康德不由自主地发出了这样一种感慨，他动情地说：

---

① 〔德〕康德：《纯然理性界限内的宗教》，第109页。
② 〔德〕康德：《纯然理性界限内的宗教》，第107页。

如果这样一部到达人们手上的书，除了它那作为信仰法则的规章之外，同时又完善地包含着最纯粹的道德上的宗教学说，如果这种学说能够与那些规章（作为它的入门的工具）达到极大的和谐，那该多幸运啊！在这种情况下，这本书一方面由于借此所要达到的目的，另一方面也由于很难根据的自然法则，解释人类靠它所产生过的这样一种觉醒的起源，因而能够保持如同一种启示的威望。①

三 《圣经》的道德诠释与教会信仰的提升之路

按照康德的解释，真正的信仰是一种基于理性的纯粹道德的宗教信仰，它也是属于真正的宗教的信仰方式；现实中在民众中流行的信仰方式是一种基于传统和经典诠释的历史性教会信仰。前一种信仰方式类似于信仰中"纯粹的"部分，后者类似于信仰中"经验的"部分。前者因为源自理性而能够经得住真理性检验，可以得到普遍有说服力的传达，满足对其的普遍性的合法性要求；后者因为源自启示传统和对经典的诠释，有着历史性限制，因而缺乏能够满足真理性中最重要要求——普遍性——之合法性特征，不能够得到普遍有说服力的传达。所以，尽管历史性教会信仰借助经典诠释能够传达到遥远的后代，尽管人们处于自然的需要往往通过感性把握的方式去理解最高理性的理念及其根据，因而使得历史性教会信仰大有用武之地，但是，为了真正的信仰和在地上建立真正的教会，人们还是需要将教会信仰提升为纯粹的宗教信仰。康德如是说：

为了把一种道德上的信仰的基础与看起来是由一种偶然性故意使之落入到我们手中的这样一种经验性信仰（无论它是作为目的，还是仅仅作为辅助手段）统一起来，就要求对我们已经得到的启示作出一种诠释，即把它彻底地解释为一种与纯粹的理性宗教的普遍的、实践的规则一致的意义。因为如果教会信仰的理论因素不是致

---

① 〔德〕康德：《纯然理性界限内的宗教》，第108页。

力于履行所有作为上帝的诫命的人类义务（这构成了一切宗教的本质）的话，我们也就不会在道德上对它感兴趣。①

康德由此指出了将教会信仰提升为纯粹理性的宗教信仰的具体方法，即把教会信仰基于启示对《圣经》做出的诠释，从借助圣经解释道德转变为道德地解释圣经。这种诠释方法的应用，为康德用道德宗教诠释教会信仰，把教会信仰纳入并统一到纯粹理性的宗教信仰之中的设想，寻找到一条通达目的的路径。那么，这样的诠释是否可能？

康德对不同宗教传统所既有的诠释活动进行了简略概述，并从中发现道德地诠释宗教经典的可能性。在他看来，道德地诠释经典，从文本解释角度看，似乎有的诠释有些牵强附会，但尽管如此，我们还是能够感受到，只有这种道德地解释为文本解读所接受，它还是比一字一句的文本注释更受欢迎。所以，无论是在古代还是在近代，几乎所有的信仰传统都有一些理性充足、头脑敏捷的民众教师，从道德的角度去解释宗教经典，从宗教文本中解读出与普遍的道德相符合的内容。希腊人和罗马人中的道德学家使用这种方式诠释多神论信仰中的存在的有益于民众的道德思想，晚期的犹太教以及之后的基督教对经典的诠释也是如此，其诠释经典的用意就是为了无可置疑的善以及对所有人来说都是必要的目的。伊斯兰教在经典诠释中十分懂得对"供奉着一切感性的天堂的描述加上一种精神的意义"，而印度人对《吠陀》的诠释也是主要关注它所描述的精神意义。可见，早在民众信仰产生之前以及在各种信仰系统中，"道德宗教的禀赋就已经蕴藏在人的理性之中了"，甚至可以说，所谓宗教中的启示也源自禀赋②。由此可见，对宗教经典文本进行道德诠释不仅可能，而且必要，并更具有意义。这也从一个侧面证明，对于宗教经典的诠释并不一定要指向一种对文本原本意义的理解，更不必须借助对宗教经典的历史考证来帮助进行所谓"正确的理解"。所以，康德明确指出，对于像《圣经》这类的宗教经典的诠释，根本不需要追溯它的历史本来面貌，追索它对道德的阐释，因为道德的阐释根本不需要道

---

① 〔德〕康德：《纯然理性界限内的宗教》，第 110~111 页。
② 〔德〕康德：《纯然理性界限内的宗教》，第 112 页。

德之外的任何其他东西,包括权威。只要"经过恰当地理解和诠释",就会发现"《圣经》只不过是提示了我们已经知道的东西",因此,"《圣经》中所包含的道德训诫根本不需要寻求《圣经》历史的准确性作为保障"①。那种认为只有基于启示解读出文本的宗教意义,阐释出对道德有益的思想内容才是对文本内容的真实把握的观点显然站不住脚。既然人们解读宗教经典的目的是为了造就更善的人这样一种道德目标,那么,道德地诠释宗教经典就是可能的,也是必要的。

经典诠释的对象是经书。经书(以《圣经》为例)被认作上帝的启示,它包含着上帝所默示的一切,包括教训、督责、使人归正等内容。特别是"使人归正",或者具体点说,使人在道德上归正,就直接构成了所有理性宗教的真正目的。康德认为这种归正包含着所有经书诠释的最高原则:道德宗教是"上帝的灵",它引导人们进入一切真理之中。"但是,这个灵也就是通过**教导**我们而同时也借助行动的各种基本原则**赋予我们生命**的那个灵,它把《圣经》对于历史性的信仰可能还包含的一切,都完全与纯粹的道德信仰的规则和动机联系起来。而惟有纯粹的道德信仰,才在每一种教会信仰之中构成了在它里面是真正的宗教的东西。对《圣经》的所有研究和诠释,都必须从在里面寻找这个灵这条原则出发,而'只有当它证明了这一原则时,人们才能在其中找到永生'。"②

与对《圣经》进行道德诠释的诠释者不同,还存在着另一种《圣经》诠释者,即"圣经学者"。这种诠释者对圣经进行诠释的目的是为了从历史、文字、文本等角度澄清误解,帮助人们更好地理解圣经。对圣经进行注释考据的必要性至少有两点:一是由于《圣经》的权威性和重要性,构成了教会信仰的核心,有必要对《圣经》形成有助于理解的丰富知识;二是作为一种历史文本,《圣经》中所包含的信息必须在古老的时代和已经死亡的语言中寻找,因此,有必要通过对《圣经》进行历史的和知识的考察,以澄清它的历史起源,验证它的权威性,评估它的价值。可以说,"圣经学者"都是在《圣经》研究方面的饱学之士,他们对圣经所进行的诠释,既有无意义的一面,也有有价值的一面。从

---

① Anderso-Gold and Pablo Muchnik, eds., *Kant's Anatomy of Evil*, p. 57.
② 〔德〕康德:《纯然理性界限内的宗教》,第113页。

这些圣经博学者对圣经进行诠释的目的上看，他们的诠释活动意义不大，他们是"为了维护一个建立在《圣经》之上的教会的威望，而不是维护一种宗教的威望（因为宗教为了成为普遍的，就必须任何时候都建立在纯粹的理性之上），就要求有一种**圣经的博学**"①。但是，从他们对圣经进行诠释所获得的成果看，他们的工作又有助于对圣经进行道德解释的诠释活动，最终有助于道德地诠释圣经之目标的实现。所以，对圣经进行道德的诠释需要圣经上的博学，就像康德所说的那样："不仅是《圣经》的**考证**，而且还有它的**诠释**，也都由于同样的理由而需要博学。因为只能借助翻译来阅读《圣经》的无知者，如何会确知它的意义呢？所以，哪怕是掌握了其基础语言的诠释者，也必须拥有广博的历史知识和批判，以便从当时的状况、风俗和意见（民众信仰）中，获得能够用来向教会共同体揭示其理解的手段。"②

由此可见，对于《圣经》的诠释，最有资格的诠释者和托管者就是理性宗教（作为《圣经》的道德诠释者）和圣经的博学阐释（作为《圣经》的文献及历史解读者），世俗的权威对此没有任何发言权。世俗权威对《圣经》诠释的干预只能造成对信仰自由的干涉，因此，世俗权威既不能干涉宗教诠释者之间的争论，也不能将自己的意志强加给诠释者，更不能在诠释者的争论中充当仲裁者。就此而言，世俗权威的义务和权限仅限于保证信仰自由，保证一个公正、自由、宽松的信仰论辩环境合法存在并正常运行，保证将管理教会事务的事情交给神职人员而不加干涉。

康德也不赞同对《圣经》进行内在情感式诠释。在他看来，情感性解读不可避免地具有个人性质，人们既不能通过情感解读推论出对法则的理性认识和确认法则的道德性，也不能通过情感解读推论出神的启示一类的神性影响因素。不仅如此，从情感出发对圣经的诠释，极为容易为全部狂热敞开大门。总而言之，情感根本说明不了什么东西，它不过仅仅包含了主体自己的愉快和不愉快的情愫，基于情感是不能建构任何知识的。

---

① 〔德〕康德：《纯然理性界限内的宗教》，第 114 页。
② 〔德〕康德：《纯然理性界限内的宗教》，第 114 页。

第六章 至善的现实性：自由与希望

综上所述，正如康德本人所总结的那样，"除了《圣经》之外，不存在教会信仰的任何一种规范。除了纯粹的**理性宗教**和《圣经》的**博学**之外，也不存在教会信仰的其他任何诠释者。而在纯粹的理性宗教和《圣经》的博学中，惟有前者才是**确实可靠**的，并且对整个世界都有效的；后者则只是**教义性的**，只是为了把教会信仰对于某个民族在某个时代转化为一个确定的、能够一直保存下来的体系。"① 这就是说，即使这样两种诠释都是有着自身合理性的诠释方式，但严格说来，真正与理性的真理相关的诠释方式是纯粹理性所要求的对《圣经》的道德诠释的方式。因为，"《圣经》是'真'的只有在它能够促进道德进步这一层面上才是成立的。因为每一个人凭借作为理性存在者所拥有的德性就可以找到通达道德法则的道路，我们就不依赖于《圣经》去发现或者识别宗教真理。换句话说，道德生活的完整性并不依赖于《圣经》中任何细节的历史准确性。并且，《圣经》文本的准确性是与宗教信仰没有必然联系的。于是，《圣经》解释史上十分具有戏剧性的一幕出现了，康德明确地认为研究《圣经》文本的（历史）准确性与宗教信仰毫不相关。"② 所以，康德对待《圣经》诠释的态度完全与他坚持必须将信仰从历史性的教会信仰提升至纯粹的宗教信仰密切相关，虽然康德并没有通过信仰在道德上的进步而用纯粹的宗教信仰取代教会信仰之意图。但是，康德确实有着将教会信仰理解为纯粹的宗教信仰之手段和工具的想法，他力图重新厘定双方的关系，使得教会信仰更好地服务于纯粹的宗教信仰，以此让教会信仰更加接近宗教的本质。就此而言，康德期待一个新时代——那时，宗教作为纯粹理性的事业，摆脱与一切经验性的历史因素的联系，单凭理性自身就将上帝的诫命与人的道德义务之间的内在共同关系呈现出来，将人从历史和传统的束缚以及感性的生存压迫中解放出来，成为自由地选择道德生活的新人，以便能够集体性地参与一场涉及心灵彻底转变的道德革命，最终实现纯粹理性的道德宗教在宗教领域内的优先权，保证善的原则对世界的绝对统治。

---

① 〔德〕康德：《纯然理性界限内的宗教》，第115页。
② Anderso-Gold and Pablo Muchnik, eds., *Kant's Anatomy of Evil*, pp. 60-61.

第三节　信仰的二律背反[①]及其实践解决：
　　　　上帝之国的可能性

　　如前所述，真正具有普遍性的信仰是纯粹理性的宗教信仰，现实教会的信仰方式即历史性的教会信仰因为建立在经验的启示基础上，只在局部受限制的意义上具有有效性。也就是说，只有其生存与信仰活动与支撑这种信仰的历史密切关联的人们才会感受到它的有效性。"因此，我们不应停留于将教会信仰作为纯粹宗教信仰之载体的满足上，而必须尝试通过使用我们的理性来接近人的道德共同体理想。教会信仰因此不只是纯粹宗教信仰的载体，也是建立在纯粹宗教信仰之上的人的道德共同体的历史先决条件。人必须从它的'外壳'里'释放'纯粹宗教信仰。"[②] 从这个意义上说，历史性信仰就是一种引导性手段，它的任务是把信仰引向纯粹的宗教信仰。一旦信仰进入真正信仰境地，历史性信仰便告终结，人最终进入真正的教会。

　　真正教会倡导真正的信仰；真正的信仰是一种造福于人的信仰。造福于人的信仰区别于"奴役性的信仰"和"有报酬的信仰"，后者是那些热衷于与被崇拜的对象建立功利性关系之人的信仰——这些人之所以信仰某种神祇，是因为这些神祇能够满足他们的私欲，通过信仰可以求得福报，免灾避祸。而造福于人的信仰是那些对享受永恒幸福具有道德上接受和践行能力之人的信仰，所以，"造福于人的信仰，必须是一种自由的、建立在纯粹的心灵意念之上的信仰（fides ingenua）[高尚的信仰]。"[③] 这种信仰不必求助于自身无道德价值的崇拜行为，亦无需借助恐惧威胁和希望给予等手段，让信者做出令上帝喜悦的行为。这些行为通常是教会信仰所惯用的手段，而造福于人的信仰只需诉求于道德上善

[①] 二律背反，德语为"Antinomies"，英语为"Antonomy"。源自希腊词"Anti"（反，排斥）和"Nomos"（法则）。国内哲学界通常的译法是"二律背反"。李秋零在自己的康德著作翻译中将其译为"二论背反"。我对此概念的使用，接受了国内通常的译法。但在引用李秋零康德翻译文本时，为了保持与译作用语的一致，我完全尊重译者对此概念的译法，使用"二论背反"。特此说明。

[②] Allen W. Wood, *Kant's Moral Religion*, p. 195.

[③] 〔德〕康德：《纯然理性界限内的宗教》，第117页。

的理念，就可以做到这一点。可见，造福于人的信仰是道德的、纯粹理性的，因而是具有普遍效力的信仰。

作为与人的希望相联系着的信仰，它包含着人对永福的希望的两个条件：一个条件是从否定角度规定人不能够做的事情，即一个人不能做那些违背律法的事情，也就是说，在属神的法官面前，一个人要保持自己行为与律法要求的一致性；另一个条件是从肯定的角度规定人能够且应该做什么样的事情，即一个人能够且应当做出自道德义务的行为，过一种符合义务的崭新生活。在康德看来，这两个条件之间存在这样一种关系："前一种信仰是对一种救赎的信仰（偿还其罪债、解脱、与上帝和解），后一种信仰是对自己能够在一种今后奉行的善的生活方式中让上帝喜悦的信仰。——两个条件只构成了一种信仰，并且必然休戚相关。"① 但是，结合在一种信仰中的这样两个条件之间存在着一种源自人的理性的二律背反关系，康德将其具体表述如下：

> 如果我们假设一个条件可以从另一个条件中派生出来，那么，要么是对赦免我们负上的罪债抱有信仰而产生出善的生活方式，要么是对一种在任何时候都要奉行的生活方式的真实的、积极的意念，按照道德上的作用因的法则而产生出对那种赦免的信仰。②

这个二律背反实际上反映了教会信仰所主张的救赎观与康德道德宗教所主张的救赎观之间必然会产生的冲突，以命题的方式表现出来，从而在上帝的恩典与人的善的功德之间勾画出两种相互矛盾的判断关系，鲜明地展示出两种信仰之间不能调和的对峙，将人的理性思考引向这样一种解决思路："要使这种二律背反得到解决，或者假如这种解决是不可能的，则至少是得到调和。只能要么是一种历史性的（教会的）信仰，必须在任何时候都作为造福于人的信仰的本质性部分，附加在纯粹的宗教信仰之上；要么是它作为纯然的引导性手段，能够最终过渡为纯粹的宗教信仰，无论那未来是多么遥远。"③ 由此可见，这个二律背反的解

---

① 〔德〕康德：《纯然理性界限内的宗教》，第117页。
② 〔德〕康德：《纯然理性界限内的宗教》，第117页。
③ 〔德〕康德：《纯然理性界限内的宗教》，第118页。

决，必然预示着教会信仰要过渡到纯粹的宗教信仰，并且，真正的教会就是在这种过渡中逐渐成为现实的。以此观之，一个被称之为"上帝之国"的人的伦理共同体最终必然能够降临在人世间。

接下来，我们来分析康德对这个二律背反的解决。

康德给出了两种情况，用思想实验的方式验证如何安排这个二律背反中条件者与被条件者的关系（人的善德是救赎的条件，人的善德行动是人博得上帝喜悦的原因），才能从根本上解决善的现实性问题。

第一种情况是这样的：如果存在一种可以将人从罪中救赎出来的力量，并且只要相信这种力量就能够得到它的帮助而涤清罪孽，获得拯救，进而在这种力量的帮助下获得善德生活。由此可见，第一种情况所描述的是这样一种命题关系：上帝的恩典是救赎的条件，人的善德是上帝救赎行动的必然结果。然而，人的理性告诉自己，这种条件性关系并不能成立。任何一个有着健全理性的人，只要他深思熟虑地思考一下就会明白，除非上苍特别眷顾自己，无论自己多么自爱，这种不是因为自己道德行为而配得的奖赏是靠不住的。即使一个特别希望救赎的奇迹发生在自己身上的人，只要他是正直诚实的人，既不会阿谀奉承，也不会在信仰上伪装虔诚，那么，"无论怎样期望这样一种救赎也能够向他敞开，都不得不把这种救赎仅仅看做有条件的，即他的生活方式必须首先做出力所能及的改善，以便拿出哪怕极微小的理由，来希望这样一种更高的功德能够给他带来好处"[①]。由此可见，这个命题的条件性关系应该翻转过来：人的善德是他能够得救的条件，或者说，上帝的恩典之所以降临"这个人"身上，是因为"这个人"的善德配享此荣耀。就此而言，关注上帝救赎之历史知识的教会信仰与关注人的善的生活方式的纯粹的道德信仰之间存在着这样的条件性关系，即纯粹的道德信仰作为条件者必须先行于作为被条件者的教会信仰。

第二种情况是这样的：假若人天生就是身陷罪恶之中，且意识到自己完全受制于恶的原则的支配，但自身并没有能力帮助自己去恶迁善，那么，他又怎能相信自己的努力能够使自己成为一个新的、让上帝喜悦的人呢？第二种情况试图建立这样一种命题关系：人的善德是人能够得

---

① 〔德〕康德：《纯然理性界限内的宗教》，第118~119页。

救的原因。显然，这里所析取出来的命题关系解构了条件者和被条件者之间的因果联系。或许，如果处身堕落中的人会这样思考，他不把自己的善德视作可以凭借外来的救赎与上帝达成和解，而仿佛是通过某种信仰而得到新生的，并由此开始了一种新的、与善的原则相结合的生活方式。但是，这种新建立的命题与第一个命题存在着明显的冲突，由此可见，在上帝的救赎和人的善德之间无论构成哪种命题关系，都不可能建立关于二者之间的因果性知识。因为，在上帝救赎与人的善德之间所欲建立的因果联结不是自然关系意义上的因果联结，而是借助人类的自由意志形成的自由的因果规定。康德在前此的"三大批判"中——特别是在第一批判和第二批判中——已经对这个问题做出了充分的理性证明。有鉴于此，康德认为，由于人类自身在理性认知方面上的有限性，上述问题是不可能在理论范围内得到解决的。他指出，"这种争端是不能通过对人类本质的自由的因果规定，即对那些使一个人变善或者变恶的原因的因果规定的洞见来达到平衡的，从而也不能在理论上达到平衡的。"[①]

既然这个问题不能在理论范围内解决，那么，如何消解掉存在于此命题之间的矛盾冲突关系呢？康德要求将这个问题纳入实践领域予以解决。在他看来，这个在实践上可能的问题，必须由实践理性来解决，因此，问题的解决思路以如下一种提问方式重新被表述出来："但是对于实践的东西而言，问题不是对于我们的自由任性的运用而言什么在物理上是第一性的，而是：什么在道德上是第一性的？即我们应该从哪里开始？是从对上帝为我们所做的事情的信仰开始，还是从我们为了配享这些事情（无论它存在于什么地方）而应该做的事情开始？此时，选择后者就是毫无疑问的了"[②]。

如此一来，解决问题的逻辑就完全进入了康德的先验思路。按照先验的批判思维，造福的信仰包括"享受永福"和"有配享永福的善功"。显然，通过一个外在因素（上帝的救赎）实现造福信仰所指示的目标，这在理论上是不可认知的。我们不可能通过知识方式在崇敬上帝的救赎信仰和获得永福（有德性的生活）之间建立一种普遍必然的联系，如果

[①] 〔德〕康德：《纯然理性界限内的宗教》，第119页。
[②] 〔德〕康德：《纯然理性界限内的宗教》，第119页。

我们自信有这种知识，就会陷入一种宗教幻象之中，即相信人可以通过自身道德努力之外的方式来取悦上帝。于是，大量的对上帝的"伪事奉"就会出现，用仪式崇拜和对教会法则的外在服从来代替内心中的真实信仰。这一幻象把信仰变成了迷信，所以，在康德看来，"对造福的第一个必要条件的假定，即对一种替代性的救赎的信仰的假定，充其量也只是对于理论的概念是必要的；我们不可能以其他方式来**理解**赎罪"①。这同时决定了问题必须转入实践领域予以解决。在实践领域内，这个问题变成了康德经典的"配享"问题。也就是说，解决问题的实践思路是将"我们应该做些什么"与"我们因此而配享什么"联系起来。这样一来，首先否定的是，除了自身的善功，人绝对不能以其他方式来希望分有一种外来的救赎所给予的功德，并因此而得享永福。其次肯定的是，人是通过自己的道德努力，以自己出自义务的德行而取得分享资格的，它不是一种被动接受的外来影响，而是一种无条件地追求自我道德完善的结果。"所以，一个人也必然会把它当做准则加在信仰上。也就是说，他会从改善人生开始，这是一种造福于人的信仰可能出现的惟一最高条件。"②

这样，康德通过对第一种情况的分析，得出了人因为自身的善德而得到上帝的眷顾，并因此而得享造福的信仰所指示的美好生活；通过对第二种情况的分析，确认了信仰问题上的二律背反只能通过实践来解决。将二者结合起来，康德顺理成章地给出了如下结论："教会信仰作为一种历史性的信仰，有理由以对救赎的信仰开始；但是，由于它仅仅包含着纯粹的宗教信仰的载体（在宗教信仰中蕴含着真正的目的），所以，在作为一种实践的信仰的宗教信仰中成为条件的东西，即**行动**的准则，必须造成开端；而**认知**或者理论信仰的准则只是起一种加固和完成前者的作用"③。

问题论述至此，信仰上的二律背反实际上只是解决了一半，即解决了用什么方式解决构成信仰问题上二律背反之难题。但是，这样的解决方式是否合理？实践地解决信仰问题上的二律背反意义何在？这些问题

---

① 〔德〕康德：《纯然理性界限内的宗教》，第 119 页。
② 〔德〕康德：《纯然理性界限内的宗教》，第 120 页。
③ 〔德〕康德：《纯然理性界限内的宗教》，第 120 页。

有待于康德——解决。

康德对实践地解决信仰的二律背反的合理性论证，依然是通过对比信仰的二律背反中所包含着的两个原则之差异开始的。在康德看来，信仰的二律背反中所包含的第一个原则主张，对外在于人的救赎即上帝施予人的善意的信仰被当做人的义务，构成命题关系中的条件者，而人的善的生活作为上帝救赎的结果则被当做上帝的恩典，是被条件者。显然，这种命题关系表达都是这样一种观念：信仰（对外在于自身的上帝救赎的信仰，而非内在于自身的、通过道德努力实现的自我救赎）即为义务。与之相反，信仰的二律背反中所包含的第二个原则则主张，人的善的生活方式被当做无条件的义务，是人能够获得上帝救赎之恩典的最高的前提条件，上帝的救赎不是人配享永福的前提条件，它不过是人通过自身道德努力而得享上帝的恩典所必然推论出的结果。显然，这种命题关系表达都是这样一种观念：德行就是义务。人们通常会对这两种原则都提出批评，批评第一种原则会导致事奉神灵之迷信；批评第二种原则倡导一种自然主义的无信仰态度，这种态度可能导致生活中的无所谓态度，甚至是对所有启示的对抗态度①。在康德看来，产生这样两种批评意见的原因在于，对信仰中这两种原则之间的对立关系的实践解决，似乎不能在理论上提出令人信服的理据。尽管实践地解决二者的冲突关系在宗教范围内是被允许的，但能够提出一种论证满足来自理论方面的要求，对于确证信仰的二律背反的实践解决的合理性则更有价值。

康德提出的理据如下：在道德宗教视域内，耶稣基督作为上帝之子是为上帝所喜悦的人性的原型，也就是善的原则的拟人化的理念，因此对耶稣基督的活生生的信仰，就将信仰与一种理性的道德理念联系在一起。于是，这个被信仰的以理性理念形式呈现的人性之原型，不仅是人之道德行动的尺度（人之善的生活方式的原则），而且是促动人之道德行动的内在动机（排除外来的救赎性功德的内在根据）。"所以，无论我是从这种作为**理性信仰**的信仰开始，还是从善的生活方式的原则开始，都是一回事。"②

---

① 参见〔德〕康德《纯然理性界限内的宗教》，第120页。
② 〔德〕康德：《纯然理性界限内的宗教》，第121页。

与这种将道德化了的理性信仰的对象与信仰主体的道德生活追求同构的信仰生活不同，具有经验性历史特征的教会信仰，是将上帝之子描述为一种经验呈现的神人合一者，成为外在于人的敬崇对象，而非一种理念化的道德原型。这样，来自敬崇对象的道德范型就成为外在于人的一种学习与效法的榜样，与人自身的善的生活原则相分离。职是之故，在耶稣基督身上虽能显现道德理想，但却不能被感知到，或者也不能凭借经验能够认识到。而我们期望耶稣基督所呈现的道德理想，则是我们理性所产生并附加在耶稣基督身上的理性原型，它实际上就是造福于人的信仰的客体。如此一来，上帝的归上帝，恺撒的归恺撒，教会信仰中的两种原则对立不可避免且不可消除，而纯粹的宗教信仰则通过上述同构关系将二者统一起来。因此，纯粹的宗教信仰"与一种上帝所喜悦的生活方式是一回事"①。职是之故，康德给出了如下结论：

> 因此，这里并没有两种自身有别的原则，似乎从它们的一个或者另一个开始，就是选择了截然相反的道路。相反，这里只有同一个实践的理念；我们由它出发，在一种情况下是由于它把原型表现为存在于上帝之中并从上帝出发，在另一种情况下是由于它把原型表现为存在于我们之中，但在这两种情况下，都是由于它把原型表现为我们的生活方式的圭臬；所以，二论背反只是表面上的，因为它是把只不过在不同的关系之中被看待的同一个实践的理念，通过一种误解视为两种不同的原则。②

当然，康德也承认，信仰中两个原则之间的论争涉及理性的信仰原则与经验的信仰原则之间的对峙，无论坚持哪一种原则，都意味着与对立的原则处于一种准则之争之中。严格说来，这种论争是理性无法最终消除的真正的准则之争，人们在任何宗教中都能够发现这两个原则之间的争论。因为，历史表明，所有的宗教都有相应的救赎理论，所有的宗教也都重视人的道德行为。这里的关键问题是，我们在现实的生活中是

---

① 参见〔德〕康德《纯然理性界限内的宗教》，第121页。
② 〔德〕康德：《纯然理性界限内的宗教》，第121页。

第六章 至善的现实性：自由与希望

选择教会信仰，在上帝外力的帮助下走向地上的天国，还是选择纯粹的宗教信仰，通过自身的道德努力，创造一个配享上帝恩典的前提条件，以迎接上帝之国的降临？如果选择前者，依据康德，人就好像真的有一种独特的力量，可以与神圣的外在力量建立一种神秘的联系。浸淫在这种与神圣的上帝所建立的密切联结的情感中，人似乎有了以后总可以改变自己成为新人的能力。以此观之，"这种信仰本身就必然被看做是直接由天国（与历史性的信仰一起，并在此之下）授予和唤醒的：在这种情况下，所有的一切，连同人的道德属性，最终都导致了上帝的一种无条件的旨意：'上帝要**怜悯**谁，就怜悯谁，要叫谁**刚硬**，就叫谁刚硬。'从字面上来看，这就是人的理性的 salto mortale ［致命的跳跃］"①。

因此，康德要求，为了在地上建立上帝之国，实现至善之希望，人们应该选择造福于人的信仰，即纯粹的宗教信仰。只有选择了这种信仰，人身上的自然禀赋以及道德禀赋（这是所有宗教的基础和诠释路径）才能造就这样一个结果："宗教最终将逐渐地摆脱所有经验性的规定根据，摆脱所有以历史为基础的、借助于一种教会信仰暂时地为促进善而把人们联合起来的规章。这样，纯粹的宗教信仰最终将统治所有的人，'以便上帝就是一切中的一切'"②。

在康德看来，这样一个进程已经在人类历史上展开。现实教会及其信仰方式在其中扮演着重要角色，可以说以不充分的方式演示了这样一个进程。教会信仰从早期帮助人脱离幼稚状态的精神系统，逐渐成为掣肘人类的观念系统，逐渐地走向最终终结自身，将所有人联合在一个伦理共同体中这样一个终极目标。在此进程中，当初为走向伦理共同体而做出重要贡献的现实宗教中的诸多因素，譬如，神圣的传说、教规教义、仪式典礼、律法诫命等等，都逐渐成为多余而被放弃。当然，走向上帝之国的进程不能通过一场外部革命来实现，这种革命虽然来得迅猛，但后果不可预期，并且它往往忽略建立一种新制度时所需要的一些重要的要素——按照计划并在不损害自由的情况下完成转变的可能性和重要性。有鉴于此，康德呼吁进行一种心灵革命，通过心灵转向或者灵魂改变，

---

① ［德］康德：《纯然理性界限内的宗教》，第123页。
② ［德］康德：《纯然理性界限内的宗教》，第123页。

以成熟的反思方式把握道德宗教和纯粹理性信仰的要旨，从而让这种普遍的理性宗教在公众中扎下根。也就是说，尽管在道德宗教中已经包含了向着完善的教会不断进展的根据，并且，这个根据"作为一颗自己发芽生长、之后又重新结果的种子，在它里面蕴涵着有朝一日将照耀和统治世界的那个不可见的整体。但是，在每一个人的自然禀赋中，都不仅蕴涵着认识真和善的根据，而且也蕴涵着心灵分有真和善的根据。真和善一旦成为公共的，就不免要借助于它们与理性存在者的道德禀赋的自然亲和性，普遍地传播开来。"① 由此可见，"善的原则的不能为人的眼睛觉察的、但却是不断向前的工作就是：把人类作为一个遵循德性法则的共同体，在它里面建立一种力量和一个国度，它将宣布对恶的原则的胜利，并且在它对世界的统治下保证一种永恒的和平。"② 由此，康德信心十足地宣布：上帝之国已降临人间，尽管现实地建立上帝之国依然是一件对人类来说路途无限遥远的事情。

第四节　在已然和未然之间的"上帝之国"③

根据上面的分析，在康德看来，从教会信仰过渡到纯粹的宗教信仰，再走向以人的伦理共同体形式呈现的"上帝之国"，有三个关键步骤。第一个步骤是，借助经典诠释将教会信仰中包含的道德内容揭示出来，证明现实的宗教信仰有向纯粹的宗教信仰过渡的基础；第二个步骤是，通过对信仰的二律背反的实践解决，证成一种造福于人的信仰可能出现的惟一最高条件就是将信仰解释为恪守道德义务；第三个步骤是，通过心灵转向或者灵魂改变，以成熟的反思方式把握道德宗教和纯粹理性信仰的要旨，从而让这种普遍的道德宗教在公众中扎下根。如此一来，康德就将"上帝之国"诠释为基于人们道德本性和重新向善的努力的联合

---

① 〔德〕康德：《纯然理性界限内的宗教》，第125页。
② 〔德〕康德：《纯然理性界限内的宗教》，第126页。
③ 中国学者张晓梅发表在《基督教思想评论》（第一辑）中的论文《已然未然之间：康德的"上帝之国"》对康德的"上帝之国"思想进行了专门研究，在文中，她专门分析了康德"上帝之国"思想与基督教传统的关系，以及该思想在时间态势，即已然与未然之间的紧张。这篇论文对我的研究有重要启发，本节的标题就反映了这种影响。在此特别向论文作者表示感谢。

体，也就是一种遵循上帝的道德立法的共同体——这种共同体也被康德称之为"普遍的教会"。选择这样的名称，也从一个侧面反映了康德意图将教会从本质上彻底还原为一个只追求纯粹的道德理想的伦理团体。

显而易见，康德对"上帝之国"这个概念的理解与基督教和犹太教有着很大不同。按照康德本人的说法，犹太－基督宗教通常从政治上将上帝之国理解为一个特殊盟约的上帝之国（弥赛亚的国），而不是将其理解为单凭理性便可以认识的道德的国。因此，犹太－基督宗教对因为缔约而结成神圣的上帝之国的阐释总是和历史联系在一起。一方面，根据宗教的神圣文本《圣经》将上帝之国划分为根据旧约的弥赛亚的国和根据新约的弥赛亚的国；另一方面，又基于历史的经验分析证明上帝之国在世上建立的必要性和必然性。康德的上帝之国不仅是一种需要从道德上理解的伦理国度，而且拒绝从历史和经验角度证成上帝之国。因为，按照康德先验哲学对普遍性和必然性的要求，只有摆脱了经验内容的纠缠，单纯从理性出发对信仰做出论证，才可能造就对每一个有理性者普遍有效的信仰方式。所以，相对于犹太－基督宗教把作为神圣诫命的道德义务替换成对作为敬崇对象的上帝的特殊义务，康德一再强调道德宗教必须把上帝的诫命认作人所必须承担的道德义务。如此一来，犹太－基督宗教就将上帝之国看作是上帝恩典的结果，而康德则把上帝之国理解为每一个有理性的人道德努力的结果。犹太－基督宗教的上帝之国限制了对所有宗教来说都具有根本意义的信仰自由，而康德的上帝之国只有在承认个体的意志自由基础上才能成立。

然而，当我们强调康德的上帝之国概念与犹太教和基督教的上帝之国概念有着根本性的区别时，也不能忽略它们之间的联系，特别是康德的上帝之国概念对基督教——这是被康德认为最接近理性宗教的现实宗教——上帝之国概念的借鉴。在这个问题上，我同意中国学者张晓梅的观点，在她看来，"'上帝之国'这个概念/意象在人们传统理解中已经具有某些品质，而这些品质恰恰对于康德的哲学思想体系是至关重要的、不可剥离的"[1]。张晓梅所说的那些"至关重要的、不可剥离的"的品质，不是有关上帝之国这个概念经验性内容的，也不是那些与这个概念

---

[1] 张晓梅：《已然未然之间：康德的"上帝之国"》，第148页。

的演变历史有关的内容,它应该是涉及这个概念最重要的思维品质和表现自身特性的那些意涵、表征和规定性。其中,对分析康德的上帝之国概念具有重要方法论价值的一种特殊品质,就是基督教关于上帝之国概念传统理解中,"被赋予的一种特殊的时间张力,即它(从人在此世的视角来看)始终既是'已然',又是'未然'。这是基督教信仰区别于其他信仰传统,也区别于其他哲学和文化传统的一个特质"①。

在康德的上帝之国概念中存在着的"已然"与"未然"之间的紧张,通过康德本人的这段话可以清楚地显示出来。在谈到上帝之国必将在人世间实现时,康德这样说:"即使只有教会信仰向普遍的理性宗教、并且进而向地上的一种(神性的)伦理国家的逐步过渡的原则,普遍地、在有些地方甚至**在公众中**扎下了根,我们也仍然可以有根据地说:'上帝的国已经降临到我们这里了',尽管现实地建立上帝的国,对我们来说还是距离无限遥远的事情。"② 这段话中最有意味的是这样几个词组:"已经降临"、"现实地建立"和"距离无限遥远的事情"。当康德说"上帝的国已经降临到我们这里了"时,这是谈论上帝之国的"已然"状态,它表明"上帝之国"不是幻象,而是能够在人世间实现的共同的生活方式。这种共同的生活方式就是道德化的生活方式,它自古以来就存在于世界各大宗教之中,只不过没有普遍化为全体人的生活方式,因此正处在逐渐普遍化过程之中,它已降临但并没有成为完全的现实。当康德说"现实地建立上帝的国,对我们来说还是距离无限遥远的事情"时,这是谈论上帝之国的未然状态,它表明上帝之国的最终实际完成尚需无限长的时日,人仍然生存在希望的上帝之国中,而不是现实地生活在这种道德共同体之中。尽管它还没有成为现实,但任何时候我们都必须为它的现实化做好准备。也就是说,任何时候,人都有现实地把自己看作是上帝之国中一个合格成员的必要性。由此可见,康德关于"已然"状态的上帝之国的阐释,着眼于这个概念的现实状态和可能性;他关于"未然"状态的上帝之国的阐释,着眼于这个概念的理想状态和必然性。不管是"已然"状态的上帝之国,还是"未然"状态的上帝之

---

① 张晓梅:《已然未然之间:康德的"上帝之国"》,第 148~149 页。
② 〔德〕康德:《纯然理性界限内的宗教》,第 124~125 页。

国，都实际表征着现实宗教与理性的道德宗教之间的内在联系。康德坚持认为，必须通过对教会历史的分析，揭示它们之间的联系，诠释处于"已然"和"未然"之间的上帝之国这个概念。

在《纯然理性界限内的宗教》一书中，我们经常读到康德对历史上存在的各种宗教及其教会的批评。就此而言，可以说，康德对宗教的历史的理解在某种意义上是十分悲观的。他发现在信仰的历史长河中，各种启示宗教之间冲突不断，其本身对宗教教义、教理的解释也常常自我冲突，似乎很难发现一个统一的启示宗教的历史。走向一种真正信仰的宗教的路途依然遥远，道路泥泞，坎坷不平。但另一方面，我们也会经常读到康德对宗教和教会变革以至它们可以走向理性宗教和普遍教会的热切期待。康德在宗教的历史中看到了普遍的、必然的理性发展之要求，宗教的历史显示出人类道德逐步成长的清晰路线图，他因此而寄希望于人性的改善和道德的进步，寄希望于人类理性的成熟和启蒙精神的深入人心。由此可以确定，对教会历史的分析，不仅有助于理解教会信仰和理性的道德信仰之间的斗争史，而且有助于从普遍历史的观点去理解和诠释教会的历史，揭示现实教会向普遍教会逐渐过渡的历史进程。从这个意义上说，有关教会历史的分析，是一种普遍的、历史的描述。这种描述"从教会信仰公开承认依赖于宗教信仰的限制性条件和与它一致的必然性出发，**普遍的教会**开始把自己塑造为上帝的一个伦理的国度，并且按照一个对所有的人和所有的时代都保持同一的坚定不移的原则，向这个国度的实现进步"①。因此，在教会向着普遍的教会前进的历史中，我们可以清楚地看到，教会从它的历史起端处，"就包含着趋向真正的、**普遍的**宗教信仰的客观统一的种子和原则"②。尽管在随后的发展中，由于缺乏共同的纯粹的宗教信仰的指引，同时也缺乏共同的法则，教会一直处于分裂与战争之中，其历史似乎对人们来说没有什么好的印象。"隐士生活和僧侣生活中的神秘主义狂热，和对独身阶层的圣洁性的歌功颂德，是怎样使一大批人对世界变得毫无用处；与此相联系的所谓奇迹，如此用沉重的枷锁把人民压制在一种盲目的迷信之下；借助一种压迫自

---

① 〔德〕康德：《纯然理性界限内的宗教》，第126~127页。
② 〔德〕康德：《纯然理性界限内的宗教》，第127页。

由的人们的教阶制，**正统信仰**的可怕声音如此从自封的、惟一钦定的《圣经》诠释者的口中发出，以及基督教世界如此由于信仰的意见（如果人们不把纯粹的理性宣布为诠释者，就绝不能给信仰的意见带来任何普遍的一致）而分裂成激烈对抗的派别"①，但却从反面证明了纯粹宗教信仰成为普遍的教会信仰之基础的必要性和重要性。人们反思性地意识到宗教信仰如果任由人性中存在的邪恶倾向所利用，就必然会变成扼杀自由与善良的工具。经由近代启蒙，人从一种被监护的状态中解放出来；理性的自由使用，保证了每一个人摆脱专制的信仰的钳制和实际的历史传统的束缚。人可以用充分反思的方式理解和诠释教会信仰中的理性内核，并把自己的视野从一种历史的教会拓展至普遍的教会。于是，"人们可以让真正的宗教信仰的种子，如同它现今在基督教界虽然只是由一些人播种、但毕竟已经公开地播了种一样，完全不受阻碍地日益萌发起来，以便由此期待不断地接近那个把所有的人永远联合起来的那个教会，它构成上帝不可见的国在地上可见的体现。"② 或许因为这个缘故，康德把他所处的那个时代说成是教会历史发展最好的一个时代。

教会历史的分析，实际上就是要佐证康德的观点：上帝之国存在于"已然"与"未然"之间。的确，按照康德宗教向着纯粹理性的道德宗教发展、现实教会向着普遍教会发展的历史观念，我们的确在教会的历史发展中发现了上帝之国"即在又不在"这样一种重要现象——一方面我们无限接近上帝之国，但这个国还远远未能实现；另一方面，现实的宗教中不断积累着理性道德的因素，我们感受到上帝之国正在降临。正是在这种"已然"和"未然"之间，我们既深切地感受到希望之中的上帝之国就在眼前，又清醒地意识到上帝之国在地上变成现实还是一个真切的希望。上帝之国并不在彼岸，又在遥远的他乡；是一种理想，又是正在经验着的现实；是被希望着的，又是在希望之中的。

说上帝之国是此岸的、现实的和在希望之中的，至少有两层含义。第一，上帝之国作为伦理的共同体，是单凭理性就可以认识的道德的国。这种道德的国是真正的上帝的子民联合组成的，它必须实现在教会中，

---

① 〔德〕康德：《纯然理性界限内的宗教》，第133页。
② 〔德〕康德：《纯然理性界限内的宗教》，第134页。

但必须是实现在以纯粹的宗教信仰为根据而建立起来的教会之上。教会的历史发展证明了纯粹的宗教信仰相比较历史的教会信仰具有先天的优先权，并且，只有这种信仰才能有说服力地与每一个人沟通，它自然地包含着那些对包括所有有理性的传教士在内的成熟的人（启蒙意义上的）来说都合情合理且可以接受的内容。所以，康德如是说："如果'上帝愿意如何被崇敬'这个问题，对于每一个**纯然作为人来看**的人来说，应该得到普遍有效的回答，那么毫无疑问的是，对于他的意志的立法不应该仅仅是**道德的**；因为规章性的立法（它以一种启示为前提条件）只能被看做是偶然的。并且作为这样一种并没有也不能涉及每一个人的立法，它也不能被看做对人一般地具有约束力的。因此，'并不是那说"主啊主啊"的人，而是遵行上帝的意志的人'，因而也就是那并非通过赞颂上帝，即凭借不是每一个人都能拥有的启示出来的概念来赞颂上帝（或者赞颂他那具有神性血统的使者），而是通过善的生活方式——在这方面，每一个人都知道上帝的意志——来试图让上帝喜悦的人，才将是对上帝作出上帝所要求的真崇敬的人。"① 由此可见，只要在道德意念中所发生的、作为上帝诫命的所有义务能够为人所遵循，对上帝的敬崇因此就与一种理性的道德理念联系在一起。于是，在纯粹的宗教信仰中，上帝所喜悦的生活方式必然是一种恪守善的原则的生活方式。这种生活方式一旦被认同、被接受，上帝之国就不再是一种理想，它就已经实实在在地在人的现实生活中开始扎根——也就是说，上帝之国已经是"已然"的事实。

第二，然而，又必须清醒地意识到，断言我们已经处于"已然"状态的上帝之国中，不过意味着人类全体最终进入一种伦理化的道德生活是可能的，并在现实生活中正经历着走向这种生活的过程。就此而言，人们不能仅仅把上帝之国解释为一种不过是为了更有力地鼓动人们的希望、勇气和对至善生活追求的象征性表象，而更应当把它看作一种有必要在人类全体中完全实现的生活方式，并为这种生活方式的最终完全实现而恪尽职责。尽管所有持有纯粹的宗教信仰的人都明白，就他们短暂的一生来说，他们根本无法看到人类全体最终联合组成一个伦理共同体，

---

① 〔德〕康德：《纯然理性界限内的宗教》，第105页。

完成善的原则对恶的原则的完全胜利，但是他们毕竟有幸看到了上帝之国正在降临，并且这个降临过程是一个永远不会被中断的前进过程。一如康德所说："天国最终也被设想为不仅是处于一种虽然在某些时候停留一下、但却永远不会完全中断的接近程序中，而且也是处于降临之中。"①

说上帝之国是遥远的、理想的和被希望着的，也应当从两个层面来理解。第一，上帝之国作为人类在整体意义上生存所追求的终极目的，它是一个完全受善的原则统治的国度，这不是人作为个体所完成的最后救赎，而是人类作为一个整体完成的集体的最后救赎，尽管完成这种救赎的基础是人类整体中的每一个人都必须是意志自由的个体。从人类整体角度看，上帝之国，或者说人类伦理共同体最重要的特征，这个伦理共同体是人类整体以无强制的方式进入伦理公民状态的。因此，相对于个体自由，康德更强调公共法则对于伦理共同体的重要性。人类的普遍义务和个体的意志自由之间可能存在的紧张关系是个体意志自由地服从公共法则得以化解，就此而言，个体基于自由意志的联合无法形成伦理社会，伦理共同体作为上帝之国的政治化称谓，只有在承认存在一个整合社会的公共法则前提下，才能将以伦理方式存在的个体联合形成一个伦理的国度。显然，这种联合困难重重，难以完成。因为，一种公共法则如何不依靠外部强制性力量，仅仅依靠每个自由意志的个体的自觉认同获得有效整合的能力，显然是一个有着不可避免的致命实践难题的问题，而一旦诉诸于外部强制力而获得整合的资格与权能，那就与所欲实现的整合目的所具有的自由精神相冲突。有鉴于此，康德本人也承认这是一个在现实生活中"永远不能完全达到"的理想。但是，"永远达不到"不等于永远没希望，希望问题构成了理解"未然"的上帝之国的第二个维度。

第二，上帝之国在希望中，是一种可欲实现的希望。康德通过对教会历史的分析，特别指出了对希望——在实践理性之终极目的意义上期待上帝之国在地上的实现——不能做经验的理解。与道德宗教信仰不同的历史的教会信仰往往经验地理解地上天国，所以，我们经常在各种启

---

① 〔德〕康德：《纯然理性界限内的宗教》，第137页。

第六章 至善的现实性：自由与希望

示宗教中看到对于人类未来及其终极命运的世俗理解。在这种理解中，人们设想自己是最终的胜利者，在善与恶的对决中最终战胜恶，而对恶的终极消解又往往被形象地描述为人类整体地进入了一个永远阳光明媚的天堂，它意味着人类可以在尘世达到幸福的巅峰。为此，启示的宗教信仰还为这个最终凯旋"加上了对这个国作为一种政权来看的坚固性的终极证明，加上它对同样也被看做在一个国（炼狱之国）中的所有外部敌人的胜利。这样就使得所有的尘世生活有了一个结束，因为'尽末了毁灭的（善人们的）仇敌，就是死'，双方都开始了不朽，一方是得救，另一方则是沉沦。一种教会的形式也就解体了；地上的授权者也就与作为天国的公民、上升到他那里的人们进入同一个等级，于是，上帝也就是一切中的一切了"①。

康德认为，上帝之国这个概念，总的说来，是相应于"此世"提出的、一个关于克服了"此世"所有弊端的希望世界，也就是所谓的不同于"此世"的"来世"，这个概念本身是一个非历史的；如果说对这个非历史的历史概念进行历史性叙述，只是为了通过引入一种真正的普遍宗教来表述一个在道德上和信仰中可以预见的新纪元，那么用人容易理解的经验表象来描述希望的未来就是直接有效的和简洁有力的，可以称之为一个"美好的理想"。但是，必须清楚的是，决不能把这个概念指向的希望理想当作一种经验目标，企图在现实世界中将其实现出来。上帝之国作为对希望的未来的理念表达，只是一个希望的目标，人"只能在持续不断的进步中和向尘世可能的至善的迫近中（这里没有任何神秘的东西，所有的一切都是以道德的方式自然而然地进行的）来**期望**这一实现，即为这一实现作好准备"②。据此，康德将他心目中最接近纯粹理性宗教的启示宗教——基督教中与救赎和来世相关的宗教意象，做出了一种道德宗教式诠释。在他看来，"反基督者的出现、千禧年、关于世界末日临近的宣告，都可以在理性面前得到其好的、象征性的意义。而关于世界末日临近的宣告，被设想为一个（就像人生的终点或远或近一样）不可预见的事件，很恰当地表达了任何时候都为此作好准备、但在

---

① 〔德〕康德：《纯然理性界限内的宗教》，第138页。
② 〔德〕康德：《纯然理性界限内的宗教》，第138～139页。

事实上（如果我们赋予这一象征以理知的意义）任何时候都把我们自己现实地看做一个上帝之国的合格公民的必要性。"① 这就是康德关于上帝之国虽正在降临，但从根本上说仍然处于"未然"状态之中的最本质性的解释。根据这种解释，人既要坚信上帝之国的必然降临终究会在无限遥远的未来成为现实，但又要清醒地意识到上帝之国仍在希望之中。人所能够做的事情就是为这个伟大的国度的现实实现而时刻准备着，并以这个国度的合格公民要求自己。惟其如此，人就是在为上帝之国而奋斗。也只有惟其如此，上帝之国对人来说又并不遥远，它就在你心中。康德借用《路加福音》第 17 章，第 21－22 节中一段经典表述，向我们宣布："'上帝的国几时来到？'——'上帝的国来到，不是眼所能见的。人也不得说，看哪，在这里。看哪，在那里。**因为上帝的国就在你们的心里！**"②

第五节　历史、自由与希望

在康德的哲学系统中，希望问题指向尚不存在但值得追求的东西，对其的思考开辟了解释人类生活的未来、历史和意义之维度。在康德研究专家奥特弗里德·赫费看来，从希望角度解释人类生活的未来、历史和意义，"这个问题不是衔接在先验感性论的时间分析之后；先验感性论对时间直观形式的阐明完全是针对纯粹的经验性的认识，并且使实践的历史维度渐渐隐退。"③ 而包括宗教哲学和历史哲学以及政治哲学在内的康德的广义的实践哲学，其对人类存在的时间性研究不能是一种经验性研究，它应当是一种按照道德应然方式进行的先验研究，其核心关怀是人类的自由。宗教哲学将人类的自由展现为一种内在的自由，即至善或者以自由意志为基础的德行之希望；历史哲学将人类的自由展现为一种外在的自由，即政治－法律层面上自由公民协调一致之希望。在康德看来，这两个领域构成了人类实践的两个基本方面，希望问题因此应当被放在这两个不同部分被分别解决。就此而言，在康德哲学体系中，特别

---

① 〔德〕康德:《纯然理性界限内的宗教》，第 139 页。
② 〔德〕康德:《纯然理性界限内的宗教》，第 139 页。同时参见《圣经·新旧约全书》（神版），中国基督教协会印发，1989 年。
③ 〔德〕奥特弗里德·赫费:《康德：生平、著作与影响》，第 221 页。

第六章 至善的现实性：自由与希望

是在康德广义的实践哲学系统中，宗教哲学与历史哲学"并不像今天通常那样包含有互相竞争的意义解释的模式，而是包含有互补的意义解释的模式"①。

我们知道，在宗教领域中，康德通过建立一种以至善为目的的纯粹理性的道德宗教来回答希望问题。道德宗教指向一种至善理想，而至善理想的实现，在个体体现为以个人的道德化生活为前提的以德配福的实践生活；在群体则体现为以善的原则支配生活的伦理现实，这种伦理现实以一个关联着人的终极目的的伦理共同体（地上的上帝之国）形式出现在人类历史中。无论如何，一种以道德性为目的的道德宗教，总是以自由为最终的归属，它所追求的无非是善的原则的统治，或者说，通过善的原则对恶的原则的胜利而来的人的道德自由，建立和扩展了一个遵守道德法则、并以道德法则为目的的伦理王国。在这个伦理王国中，每一个成员通过理性将道德化的自由生存当做自己的任务和义务。可以说，康德所期望的是在人与人之间建立起一个自由人的伦理共同体，这个伦理共同体按照德性法则对个体以及个体所组成的共同体进行心灵统治。

然而，人的这种内在自由并不能脱离了人的历史与现实而仅仅抽象地在人的理性之内实现。伦理共同体所体现的人类内在自由的希望，作为一种纯粹理性的内在希望原则如何与人类的历史实践的应然规则相联结而体现为一种可外在实现之希望呢？或者说，内在自由的希望必然欲求的外在自由如何可能？这必然涉及康德关于希望问题的另外一种思考。康德历史哲学担承了这一思考任务。由此也验证了康德宗教哲学和历史哲学的有机联系和互补关系。康德历史哲学担承了这一思考任务。由此也验证了康德宗教哲学和历史哲学②的有机联系和互补关系。

---

① 〔德〕奥特弗里德·赫费：《康德：生平、著作与影响》，第222页。
② 康德本人并没有撰写一部专门讨论历史哲学的著作，而他却有专门讨论知识论（《纯粹理性批判》）、道德哲学（《实践理性批判》）、美学（《判断力批判》）和宗教哲学（纯然理性界限内的宗教）的著作。康德关于历史哲学的讨论主要见于他的相关论文，主要有：《关于一种世界公民观点的普遍历史的理念》《约·戈·赫尔德的〈人类历史哲学的理念〉第一部、第二部书评》《人类历史的揣测的开端》《万物的终结》《论俗语：这在理论上可能是正确的，但并不适用于实践》《重新提出的问题：人类是否在不断地向着更善进步？》（后收入《学科之争》，成为其第二篇）、《论永久和平》《回答这个问题：什么是启蒙？》《论目的论原则在哲学中的应用》等。

一　作为自由发展的历史

康德对人类的历史经验并没有像对知识经验和道德经验那样进行系统的批判，他对历史的兴趣完全不是经验性的。对于从纷繁多样的历史经验中刻画人类的时间性经验，或者通过对人类经历过的历史经验的总结来解释人类的现存生存图式，或者借助反思人类历史经验以对人类的未来社会建构做出某种理性的安排，都不属于康德历史哲学关注的问题。康德是将历史作为实践哲学的对象来考察，如赫费所言，"康德不是在纷繁复杂的历史事件中探索历史；他把这一任务留给了'原本的、仅仅从经验上把握的历史学'。他所阐明的历史是对作为实践理性存在者的人感兴趣的历史。在此，康德保持着与先验理性批判的联系，寻问在哪些独立于经验的条件下，历史进程显现为合乎理性的、有意义的。实践哲学提出了经验性历史科学所不能回答的意义问题"[①]。也就是说，康德致力探寻人类历史的起源和最后目的，即人类历史的终极目的。人类历史的起源和终极目的既不是一种客观的知识，也不是人类主体行动的经验表现。作为实践哲学探究的对象，人类历史的起源和终极目的，其起源只能通过人类理性的构思被推测出来，其终极目的则只能作为实践理念被理性地设计出来。就此而言，正像我们在前面的论述中已经指出的那样，康德的历史是普遍历史观念下的历史，是存在于人类的精神或意识中的历史。就此而言，康德意下的历史超越了地域和时代的限制，它不以作为生物种属的人类为对象，而是将理性关照下的一个人类整体作为对象，关注人类整体所具有的一种共同命运，探究人类整体的自由进展。这就是康德所谓"普遍的历史"，这种历史致力于意义阐释，它预示着人类作为一个整体在道德上能够不断地向着更善的境地进步。依据康德的诠释，这样的历史是一种根据人类自己对其历史性存在作出理解的观点来理解的历史。

那么，什么是康德所说的人类理解"历史"概念的基本观点呢？康德本人在《关于一种世界公民观点的普遍历史的理念》一文中对此作出

[①] 〔德〕奥特弗里德·赫费：《康德：生平、著作与影响》，第223页。

了明确论述。康德指出:"无论人们在形而上学观点上关于意志自由形成一个什么样的概念,意志的显象,即人的行动,毕竟与任何别的自然事件一样,都是按照普遍的自然法则被规定的。无论这些显象的原因隐藏有多深,以叙述这些显象为己任的历史仍然可以使人希望:当它宏观地考察人的意志之自由的活动时,它能够揭示这种自由的一种合规则的进程;而且以这种方式,在个别的主体那里杂乱地、没有规则地落入眼底的东西,在整个类那里毕竟将能够被认做其原初禀赋的一种虽然缓慢,但却不断前进的发展。"①

台湾著名学者李明辉教授对康德这段话做出了如下经典的诠释,他写道:"根据这段说明,历史系以'人类意志底自由之活动'为主要探讨对象,而它所依据的观点即是'人类意志底自由'之观点。如果人类像其他的自然物一样,不具有自由意志,便无历史可言。但是在另一方面,自由意志并非历史底直接对象,而是形上学(更精确地说,道德底形上学)之对象。历史所要探讨的主要对象是'意志底现象',亦即人类的自由意志在现象界中的表现。这种'历史'概念预设了现象与物自身之区分,以及人之双重身分说。因此,我们可以说:康德底历史观是从人作为物自身的身分(自由的主体)底观点来看他在现象界中所表现的行为。"② 这就是说,康德现象与本体的二重划分,以及关于人是具有双重性身份的有限的理性存在者的限制性规定,在历史领域同样有着重要意义。从现象角度看,以感性存在者身份进入历史,人类的历史就可以被看做为自然的历史过程;从本体的角度看,以理性存在者身份进入历史,人类的历史就表现为自由的发展史。这种自由发展的历史,被康德解释为人类自然禀赋不断得以充分发展的历史,它体现为人类整体的理性能力的发展。也就是说,大自然让人类凭借以自由意志形式表现出来的理性,而非本能,创造出展现为人类道德进步的某种合规律性的进程。凭借自由意志,人类将历史造就成自己行动的结果,使得一种可以预言的自由的历史先天地可能。在《人类历史的揣测的开端》一文中,康德按照《圣经·创世纪》的线索,构想出一部"自由从其在人的本性

---

① 〔德〕康德:《关于一种世界公民观点的普遍历史的理念》,李秋零译,载《康德著作全集》第 8 卷,中国人民大学出版社,2010,第 24 页。
② 李明辉:《康德的"历史"概念》,《中国文哲研究集刊》1995 年第 7 期,第 161 页。

中的原初禀赋出发的最初发展的历史"[1]。

人的历史开始于伊甸乐园；生活在伊甸乐园中的人的始祖，其活动被限制在本能范围之内，是一种完全顺从自然的生活；伊甸乐园中的人的始祖完全生活在无知中，还没有意识到自己的自由和理性；乐园生活对于人类始祖来说意味着，没有自由的幸福。然而，由于人的禀赋中具有理性的能力，而"理性的一种特性就是，它能够凭借想象力的协助来装出欲望"，以至可以"把自己扩展到一切动物被拘禁于其中的界限之外"[2]。这就是说，人可以从本性中解放出来，从而获得了一种自由决断的能力（依照圣经，人的始祖违背上帝的意志而偷食禁果是人开始自由生活的开端）。这种能力尽管还远未达到一种能指导人进行正确的选择的健全理性之程度，但对于促成人自主地选择自己的生活方式，并因此与那些依然受制于惟一的一种生活方式的动物区别开来，却绰绰有余。人因为拥有这种自由决断能力而从自然的监护状态走出来，进入自由状态。这是人的自由历史发展的第一步。

人的自由发展的第二步仍然与遵从本能的自然生活有着错综复杂的纠缠关系，甚至可以说，人的自由程度的提升依然以对本能的超克为标志和尺度。这种超克已经不再局限于单纯的生存层面（从被动地接受自然的食物馈赠到自由地选择食物），而是进展到情感层面。在这个层面，原本属于自然冲动的性的吸引力被人的理性所控制，人得以摆脱本性宰制而能够自由地支配自己的情感，使得自己的对象脱离感官，表现一种更加内心化和更加持久化倾向，并且剔除了一种动物性欲望满足所带来的厌烦。康德认为，人的始祖用无花果叶做裙子这一行为是人的自由发展的第二步的标志。因为，人的始祖的这一行为至少有两个方面的重大象征意义：第一，如果说自由发展的第一步仅仅意味着人有了满足自己生理欲望的自由方式，那么这第二步则意味着人类可以自由而理性地控制自己的本性性冲动，本性性冲动被内在化为一种持久性的情感。这种情感使得人与人（男人与女人）之间"纯然感受到的吸引力过渡到观念的吸引力，从纯然动物性的欲望逐渐过渡到爱，并借助爱从纯然适意的

---

[1] 〔德〕康德：《人类历史揣测的开端》，李秋零译，载《康德著作全集》第8卷，中国人民大学出版社，2008，第112页。

[2] 〔德〕康德：《人类历史揣测的开端》，第114页。

情感过渡到对美的鉴赏"①。第二，由于人与人之间建立起这种美的鉴赏，人的行为方式开始文明化。人们掩饰那些可能引起轻视的东西，努力保持良好的风度以获取别人的尊重，这一切恰恰是一切社会性的本真基础。康德十分看重自由发展的第二步，在他看来，"这是一个微小的开端，但却由于给思维方式提供了一个全新的方向而是划时代的，它比接踵而至的一连串数不清的文化扩展都更为重要。"②

自由发展的第三步是人有了超出时空和当下感性需要而谋划未来的理性能力，人不再仅仅局限于"享用当下的生活瞬间"。人有理性能力超越当下思考未来，即"深思熟虑地**期待未来的东西**"。康德把人所具有的理性能力诠释为"人的优势的最关键性的标志"③。然而，这种谋划未来的能力既是人的理性优势的显示，同时也是人陷入无穷无尽忧虑和苦恼的根源。似乎是对人类脱离自然约束的惩罚，随着自由的发展接踵而来的是大量前所未有的生活痛苦，并且恐惧地意识到了死亡的不可避免性。但是，无论如何，人有了掌握自己命运的自由，并在种群的世代延续中看到了希望。

自由发展的第四步也是最后一步是，人终于认识到，人才是大自然真正的目的。进展到这一步意味着，人已经觉察到自己凭借自己的本性就可以获得对一切动物的一种特权，即人不再把其他的动物当做是在世上的同伴，而是仅仅当做实现自己意图的手段和工具，而人走出自然状态而进入社会状态的基础也已经具备。自然为人设定的主要目标就是建立一个一切有理性者平等对待的社会，在这个社会中，每一个人都把其他所有的人当做目的而施予同样的尊重。这种人人互为目的的关系建构方式，就构成了道德法则的基础，而所有理性个体都平等地享有基本权利，并拥有充足空间以充分发展自我、完善各种自我的才能。这意味着每一个个体都应该对自己的意志有所限制以使意志和意志之间能够自由而平等并立且实现相互尊重，这是法律存在的前提。这样，人完成了彻底脱离大自然母腹而进入建制化社会状态之最为关键的一步，这一步的迈出，意味着人将永远告别野蛮、单纯、无忧无虑的自然状态，一个充

---

① 〔德〕康德：《人类历史揣测的开端》，第 115 页。
② 〔德〕康德：《人类历史揣测的开端》，第 116 页。
③ 〔德〕康德：《人类历史揣测的开端》，第 116 页。

满未知风险和不可预测灾祸的未来等待着他们。尽管如此，人的理性催促着人必须不断前行，承受辛劳，忘记恐惧。更有意义的是，只有当人的历史从蛮荒的自然状态进入完全自由的社会状态时，历史才能够显示出自己真正的意义：人类作为一个物种的命运是在自由的历史中不断走向更善的未来①。为了在人的历史中实现更善的未来，康德认为，"历史应该前进到人在外在自由中的共同生活能够使人的一切力量和资质得到充分发展。外在自由的共同生活将在法制国家中（公正的国家中）得到实现，法制国家将最终结束人间的专制和残暴。历史的意义就在于建立法制国家和各国之间合法（公正）的共同生活，在于整个人类不断的法律进步之中，直到最终在国际联盟的框架内形成一个包括全世界的和平共同体。"② 这样，康德对希望的讨论就从历史哲学进展到政治哲学。

二　自由、法治与法权③

人类的发展总是向着更善的未来进步，是近代启蒙所主张的核心观念。启蒙思想家大都是坚定的理性主义者，他们坚信，人类拥有理性，

---

① 在《重新提出的问题：人类是否在不断地向着更善进步？》一文中，康德根据人类的道德状况，指出人类未来的历史走向有三种可能性：第一种可能性是人类在道德规定上不断倒退，持续地向恶的方向发展，直至世界末日。康德将这种可能性称为"道德上的恐怖主义"；第二种可能性是人类在道德规定上不断向着更善进步。康德称其为"幸福主义"或"千禧年主义"；第三种可能性主张人类的善和恶将在历史中交替上升或消退，似乎人类在道德规定上总是停留在一个位置上，处于停滞之中。康德将其称为"阿布德拉主义"。（参见〔德〕康德：《学科之争》，李秋零译，北京：中国人民大学出版社，2008年，第78页）康德认为，对于人类历史发展的这三种可能性，无论是经验证明和理性论证都无法证实它们，因为，人们既不可以通过经验方式，也不能通过理性思辨方式证明人类历史是一部进步史。但是，总体上说，人类的历史是朝向更善的进步史。这种进步的历史是一种关于历史的先天实践知识。通常可以把其解释为法律的进步的实践历史。这是历史彰显自己意义的重要方式，由此否定了历史无意义的观点。赫费指出：把历史解释为一种法律进步，"这种理解成为以下信念即理性信念的根据：人类按照理性原则共同生活的任务不是绝对不能实现的，相反，法律实践理性是能够变成现实的。"（〔德〕奥特弗里德·赫费：《康德：生平、著作与影响》，第226页）由此可知，历史问题对希望的解决落实到现实实践上必然要诉诸政治哲学。
② 〔德〕奥特弗里德·赫费：《康德：生平、著作与影响》，第225页。
③ 通常将"Recht"（Right）译为"权利"。李秋零教授在自己的翻译中将该词翻译为"法权"。赵广明先生在与本书作者讨论此词的汉译时，认为将其翻译成"法权"更切合康德对此词的使用；本书作者深以为然。但需要说明的是，本书作者基本上是从"权利"意义上理解和使用"法权"概念的。

第六章 至善的现实性：自由与希望

就拥有了无限的创造力，就能够不断通过自然科学的新发现和知识的积累而改善人的生活状况，以推动社会持续进步。这种进步不仅是物质上的，重要的还是精神上的，人类可以通过不断进步而造就一个合乎道德的崭新时代。然而，康德却对此保持一种冷静的态度，在他看来，这些过分的进步希望是狂热而虚幻的。实际上，由于人类历史从自然的蛮荒状态走入自由的文明状态并不仅仅是一种进步，还是一种堕落①，因此，把人的历史理解为一部救赎史，解释为最终实现人类利益和欲望的过程，就没有充足的理性根据。从历史进步的现实中，我们并没有看到这种进步导向了人类在道德上的完善。有鉴于此，"康德不同意至今还继续活跃着的幼稚的启蒙学派的乐观主义，这些人相信在废除了错误的政治体制，也许还消除了宗教迷信以后，自然的友好本能又会回来，将会馈送给人类一个真正和谐和爱中的无冲突的团结友爱的共同体。康德把进步局限于政治的公开，局限于国家和国际范围内的作为法律关系、包括强制权力在内的法律关系。因为在历史中涉及的是外在的事件，所以它的最终意义根本不可能在于某种'内在的'进步，即道德思想意识的发展。进步只能在外部被期望，在于按照纯粹实践理性的标准建立法律关系。"②

康德所要建立的法律关系，从建制上说，就是要按照为公民宪政和公共正义做出安排的"社会性和公民安全的艺术"之要求，构建普遍法治的公民社会。按照康德的观点，个人只有在公民社会中才能实现真正的自由，因为真正的自由不仅意味着不受他人的束缚与强暴，而且也意味着既有自主行动的权利又有不损害他人的责任与义务。这就是说，自由总是和一定的约束和限制联系在一起。在公民社会中，个人在享有自由的同时，又在同等程度上受到限制，而这种限制恰恰是为了使得个人的自由与他人的自由可以并存共存，从而能够真正有效地落实个人的自由，形成一个在最大可能程度上将可见的外在的法律之下的自由与不可违抗的强制力结合在一起的良性社会秩序。由此可见，惟有在公民社会

---

① 康德在《人类历史揣测的开端》中指出，人从自然状态走向自由状态，其迈出的第一步，"在道德方面是一种堕落；在自然方面，一大堆从来不知道的生命灾祸就是这种堕落的后果，因而是惩罚。因此，**自然**的历史从善开始，因为它是**上帝的作品**，**自由**的历史从恶开始，因为它是**人的作品**"。（〔德〕康德：《人类历史揣测的开端》，第118页）

② 〔德〕奥特弗里德·赫费：《康德：生平、著作与影响》，第225~226页。

中，自然的最高意图，亦即发展人的自由禀赋，才能够在人类中达成。在公民状态中，通过对每个人所拥有的自由加以同等的限制，不仅不是对个人自由的剥夺，相反，这种限制构成了个人独立自主的基础，它不仅具有法理上的外在合法性，而且在道德上具有内在的合理性。就此而言，公民社会必然是一个法治社会，它诉诸法律，通过法治方式对个人的自由进行限制，以保证公民社会中的每一个人享有真正的自由。

康德指出，没有法治的公民社会一定没有个人自由存在的空间；为了真正享有自由，人作为有理性的造物必然期望有一项法律来给所有人的自由设置界限；人们借助法的规则的约束保证自由的存在与充分行使，并通过对原本不是自由的东西的限制来避免某个人的自由与其他人的自由之间发生冲突，否则追求自由的人们之间必然会发生混乱和无休止的争吵。"因此，必须以一种普遍约束的方式规制每个人的自由。这样，外部的自由就是免于除法律强制之外的任何约束的自由，它允许每个人追求自己的目的而不管是什么目的，只要追求的过程留给了所有其他人同样的自由。"① 总而言之，在康德看来，惟有法治下的个人自由才是真正的自由，也惟有这种自由，才能有利于"一切装扮人的文化和艺术及最美好的社会秩序"的发展与成长。康德本人这样说："惟有在公民联合这样一种樊笼中，同样这些偏好才随之造成最好的结果：就像一片森林中的树木一样，正是因为每棵树都力图夺取别的树的空气和阳光，它们就互相迫使到自己的上方去寻求空气和阳光，并由此长得漂亮、挺拔；相反，那些自由地、相互隔离地、称心如意地伸展自己树杈的树木，却长成了畸形，又歪斜，又弯曲。"②

可见，自由的确只有在法治的怀抱中才能健康地存在并在公民社会中发挥作用。这是一个绝对的、无条件的道德命令。遵从这种道德命令，人就必然要从自然状态过渡到公民社会状态，用法治下的相互尊重的自由取代原始的、无政府状态的自由，从从属本能的、非理性状态发展为道德的、理性的状态。就此而言，"使人最终脱离自然状态，建立公民社

---

① 〔英〕H. S. 赖斯编《康德政治著作选》，金威译，中国政法大学出版社，2013，"前言"，第38页。
② 〔德〕康德：《关于一种世界公民观点的普遍历史的理念》，第29页。

会的并不只是必然性，它也是理性所规定的行为方向"①。用康德的话来说，就是"**自然迫使人去解决的人类最大问题，就是达成一个普遍管理法权的公民社会**"②。

普遍法治状态的公民社会不仅是一个自由社会，而且还是一个法权（权利）的社会。自由理念是法治的公民社会的真谛，而法权原则则是法治的公民社会的普遍的政治原则。在康德的政治哲学中，任何合理的政治制度（特别涉及国家的制度安排）都必须建立在人的权利基础之上，权利原理不仅体现了人的尊严和人的自由，而且还是论断一切政治行为正义性的普遍标准；在康德的道德哲学中，行动的道德性应当由能够被表述为普遍法则的准则来诠释；同样，在他的政治哲学中，政治制度应当根据普遍的法权原则来安排，权利原则完全可以被应用到经验中去，以规范一切实际发生的政治行动和与政治密切相关的法律行动。职是之故，康德断言：法权永远不必适应政治，但政治却必须在任何时候都适应法权③。

康德对法权（权利）概念的理解以他的道德哲学对自由概念与道德法则之间关系的诠释为前提。在道德哲学中，康德通过实践理性批判表明，只有在自由概念基础上人类意志才能够先天地使人类行为的准则成为法则。这意味着，在道德的绝对命令中自由的意志和服从道德法则的意志是同一的；每一个人按照自主性意志去行动，也就是按照道德法则的普遍性要求去行动，其行动必然要受制于普遍的道德法则，但规制其行为的法则又出自行为者自身的自由意志。就此而言，一方面，按照道德法则行动是每一位有理性的存在者出自自由意志必然要承担的责任或者义务，另一方面，道德法则必然要求（有给出这种命令的权利）每一位有理性的存在者必须按照能够使自己的准则成为法则的普遍化要求去行动。由此可知，道德的绝对命令在将责任的重担放在有理性者的肩膀上的同时，也将一种绝对的权利给予有理性者，即每一个有理性的存在者都又按照意志自律的要求去行动的自由。如此一来，对于有理性的存

---

① 李梅：《权利与正义：康德政治哲学研究》，社会科学文献出版社，2000，第239页。
② 〔德〕康德：《关于一种世界公民观点的普遍历史的理念》，第29页。
③ 〔德〕康德：《论出自人类之爱而说谎的所谓法权》，李秋零译，载《康德著作全集》第8卷，中国人民大学出版社，2010，第438页。

在者来说，一方面有自由才有权利，无论是每一个人作为理性存在者所具有的天赋权利，还是通过法律契约而获取的权利，都源自自由。这也就是说，"我们的自由意味着，我们有一种前提性的权利，在一个自然的世界中（the world of a nature）取得我们有潜在能力获得的任何东西。"①另一方面，奠基在道德的绝对命令之上的权利，必然因为自由而为自律的主体所拥有，且由于出自自由而具有了绝对和无条件之属性——这意味着人的权利必然是神圣不可侵犯，任何人不能以任何借口予以剥夺。这样，权利所具有的绝对属性就被康德从自由角度给予哲学证成。

与对法权概念绝对属性的证成相一致，对法权概念内涵的规定也须诉诸哲学的规范分析。法权概念是一个普遍性概念，我们不可能通过经验原则对其内涵加以规定。康德讥讽说："一种纯然经验性的法权论是（就像斐德鲁斯的寓言中那个木制的头颅一样）一颗可能很美、只可惜没有脑子的头颅。"② 因此，我们只能放弃经验原则，从内在的纯然理性中寻找权利概念的形式规定。就法权是一个涉及与他人外在关系的概念来说，对应于法权（权利）主体所应承担的责任，可以从形式角度对权利概念作出如下三个方面的限定：第一，法权概念只涉及一个人格对另一个人格的外在的、实践的关系，处于这种关系中的法权主体可以通过各自的行为相互影响；第二，法权概念并不关心一个人的行为对另外之人所显示出的意愿性质（是对其表达善意还是恶意），它只关心这个人的自由与其他人的自由之间的关系；第三，法权概念无关于一个人行为的内容，它关怀的问题是，一个人的行为自由能否根据普遍的法则与其他人的自由相协调③。综合以上三点，康德给出了这样一个法权概念：

  所以，法权是一个人的任性能够在其下按照一个普遍的自由法则与另一方的任性保持一致的那些条件的总和。④

---

① 〔英〕H. S. 赖斯编《康德政治著作选》，"前言"，第 38 页。
② 〔德〕康德：《道德形而上学》，第 238 页。
③ 〔德〕康德：《道德形而上学》，第 238 页。
④ 〔德〕康德：《道德形而上学》，第 238 页。

第六章 至善的现实性：自由与希望

由此可见，法权涉及的是人与人之间的外在关系，这种关系所表明的是，只要不妨碍他人即保证自己的意志与他人的意志可以平等并存，每一个人都具有依据一个普遍的自由法则按照自己意志采取行动的绝对自由。从这种法权概念出发，可以抽绎出如下关于法权的普遍原则：

> 所以，普遍的法权法则："如此外在地行动，使你的任性的自由应用能够与任何人根据一个普遍法则的自由共存。"①

康德政治哲学中的普遍的法权原则，不过是道德哲学中的普遍道德原则在法律和政治哲学领域中的应用而已。就像道德法则那样，法权原则既规定了权利主体的自由疆域，也规定了法权主体的自由限制，并且这样的双重规定并没有限制一个人的权利，而只是设置了其权利的边界。一个人的权利，只有在这种限制中才能得到法治的保障而在现实中实现。在这里，我们看到了法权（权利）与自由之间关系的另一面：就像自由是法权（权利）的源泉那样，法权（权利）又是自由的反面——强制权力合法存在的根据。

依照康德对法权分析的逻辑，强制是自由所遭遇到的一种障碍或者阻抗，因而也就是对个人权利的一种侵犯。但是，并不是所有的强制都是自由的障碍和权利的阻抗，只有那些不正当的强制才是自由和法权（权利）的敌人。限制自由和侵犯权利的人就是专横地伤害了别人的自由与法权并滥用了自由和法权的人，而与根据普遍法则的自由相一致的强制，却是正当的。或者说，严格的法权一定表现为一种与每个人根据普遍法则的自由相一致的相互强制的可能性，这种可能性将使得那些以异质形式存在而又各自独立行使的自由意愿及法权能够理性地自由并存。就此而言，"法权和强制的权限是同一个意思"②；"权利原则也暗含了对使用强制力的授权，只要强制力的使用是为了通过法律的手段或基于法律抵制那些以不正当手段侵犯自由的人"③。

---

① 〔德〕康德：《道德形而上学》，第239页。
② 〔德〕康德：《道德形而上学》，第240页。
③ 〔英〕H. S. 赖斯编《康德政治著作选》，"前言"，第40页。

法权概念所暗含的对强制权力的授权对于政治秩序的形成具有特别的意义,出于自由的绝对权利不仅赋予每个人按照自己的意愿在这个世界之上自由生活的决断能力(以不妨碍他人的自由抉择能力为前提),同时也赋予每一个人拥有强制他人尊重自己决断能力,维护自己意志自由的权力。正如那个时代的大多数思想家所认为的那样,自由是不可让渡的;但是,为了一种安全而自由的生活,为了自己绝对应当享有的权利受到保护,人们可以让渡自己的本应享有的强制权力,将其委托给一个能够保护自己的自由,并保障自己的权利不被非法侵害与剥夺的"第三者"。由此可见,以自由为基础的权利可以形成秩序。也唯有以法权的普遍原则为根据,才能理性地解决所谓政治哲学上的"霍布斯问题",即如何从无序而混乱的战争状态走向稳定而有秩序的和平与安全状态。总而言之,康德要求将自己的普遍的法权原则应用到政治上去,以便建立一个既能保证人类的安全同时也能够保证人类自由的政治体制,这个政治体制应当在最大可能程度上将可见的外在的法律之下的自由与不可违抗的强制力结合在一起,为每一个人所享有的权利提供一种建立在法律和政治秩序之上的制度性保障。共和制,就是康德所认为的这样一种最好的政治体制。在康德看来,惟有共和制才最有可能将人类带向永久和平,实现人类在此世的希望。所以,从希望的维度说,共和制是人类能够选择的合理而必然的政治共同体形式。

三 永久和平:通往现实的自由与希望

共和制是从原始契约理念中能够得出的唯一合法的一种政治共同体。人类的原始契约理念包含着一个民族全部合法的立法所必须依据的三个基本原则,它们是:社会成员的自由原则、作为国家公民的平等原则和所有人都依赖于唯一的共同的立法的原则。这样三个基本原则同时也体现了在法律状态下的三项基本的个人权利:自由、平等和独立。由此可见,共和制是将自由和权利概念转换成合乎理性的理念,从而以契约形式将关涉外部事务的个人意志提交给一个普遍意志,以公民宪法的法治秩序组织政治共同体中的社会生活。共和制因此可以被看作是一个组织良好的国家形式,生活在这种国家形式中的人们能够获得安全与正义,实现一个人的自由与其他人的自由共存。也就是说,只有在普遍法治状

第六章 至善的现实性：自由与希望

态的公民社会，公民个人的权利和自由才能得到法律强有力的保障。康德坚持一种法律至上的观点，他并不关心现代自由民主制的问题。对他来说，关键的问题是要建立一种健全的法治秩序以保证个人的自由和权利，因为，所有自由存在者的共在才是人类从自然状态走入社会状态之后最本真的存在。人类社会性共在的一切组织化形式——无论是人类的伦理共同体，还是人类的政治共同体——都必须以这种本真性的存在都建立在这种本真性存在之上，并因为其对个人自由与权利的尊重与保护而成为实现大自然隐秘计划的重要环节。从这种关联关系出发，康德将人类的伦理共同体看作是基于道德关系而构成的共同体，它为人的自由的实现提供了内在保障；而人类的政治共同体则是基于律法关系而构成的共同体，它为人的自由的实现提供了外在保障。再进一步说，政治共同体还是伦理共同体获得实现的可能性保障，因为，政治共同体所能提供的和平的、非敌对的状态尽管不构成伦理共同体的内在动机和出发点（伦理共同体是以真正的道德性或者普遍理性为归属的），但是和平的、非敌对状态却是自由与权利得以实现的外部环境，因而也就是伦理共同体得以成立的外部保证。在这个意义上说，政治哲学所谋划的在世的希望——永久和平，就是人类自由的历史发展的必然归宿，同时也是宗教意义上的至善王国在地上的现实。

康德所说的永久和平，也就是要通过在国家之间实施一部"完美的宪法"，以终结国际关系仍处于无法律规范这样一种自然状态，使得国际间无序的战争状态得以终止，而进入在联邦主义基础上建立的法治的国际联盟。由此可见，永久和平不是简单的停火和约的缔结，而是"必须创立和平状态；因为敌对行为的放弃对人们来说尚不是安全，而且若不是一个邻居由另一个邻居提供安全（但这只能发生在一个**有法律的**状态中），前者就可能把他曾要求其提供安全的后者当做一个敌人来对待"[①]。同时亦可见，永久和平是康德为国际关系所提出来的一种奠基在法治基础上的、有道德价值和意义的希望目标，这个目标在《关于一种世界公民观点的普遍历史的理念》中，被表述为旨在国家间关系上实现一种基

[①] 〔德〕康德：《论永久和平———一个哲学策划》，李秋零译，载《康德著作全集》第 8 卷，中国人民大学出版社，2010，第 354 页。

于法治的"无拘无束的自由",一种国与国之间的普遍的法治状态①。在这种普遍的法治状态中,理性会告诉所有的国家中的政治家(直接地说,应该是统治者),即使每一个国家在自身内部实现了宪法政治,如果国家之间依然没有建立起一种法治关系,那么,国与国之间的关系就仍处在野蛮人无法的状态之中;他们必须带领自己的国家走出野蛮人的无法状态,进入一个法治的国际联盟。"在这个联盟里,每个国家,哪怕是最小的国家,都能够不指望自己的权力或者自己的法律判决,而是只指望这个大国际联盟(Foedus Amphictyonum[邻邦联盟]),指望一种联合起来的权力,指望按照联合起来的意志的法律作出的裁决,来取得自己的安全和法权。"② 由此可知,普遍法治状态既能够在一个国家内完全实现,同时也能够在国际间完全实现。

在国与国之间中形成一种法治的联盟关系,其理性的最高根据依然是自由原则和权利原则③。法治的国际联盟的形成以自由和权利为基础,

---

① 在《论永久和平——一个哲学策划》一文中,康德提出了在国与国之间确保永久和平的六条"临时条款"和三条"确定条款"。六条"临时条款"分别是:1)"任何和约的缔结,如果是以为一场未来的战争而秘密地保留物资来进行的,均不应当被视为和约的缔结。"2)"任何独立自存的国家(大或小,在此都一样)均不能应当能够通过继承,交换,购买或者馈赠而被获取。"3)"常备军应该逐渐地完全废除。"4)"任何国家国债均不应当在涉及外部纠纷时举债。"5)"任何国家均不应当武力干涉另一个国家的宪政和政府。"6)"任何国家在与另一个国家作战时,均不应当容许自己采取必然使得未来和平时的相互信任成为不可能的那些敌对行为,诸如雇佣刺客和放毒者,撕毁条约,在敌国煽动叛乱等。"三条"确定条款"分别是:1)"每个国家的公民宪法应当是共和制的。"2)"国际法权应当建立在自由国家的一种联盟制度制上。"3)"世界公民法权应当被限制在普遍友善的条件上。"这些条款表明康德在实践理性的政治运用方面,强调"一切政治必须臣服于权利",而永久和平的实现总是与公共权利的形式和安排直接相关。([德]康德:《论永久和平——一个哲学策划》,第348~366页)
② [德]康德:《关于一种世界公民观点的普遍历史的理念》,第31~32页。
③ 黄裕生教授在《真理与自由——康德哲学的存在论阐释》中曾有精彩的论述,他说:"理性自由的绝对无条件性使每一个人出于理性的权利与尊严也是绝对的。这一方面是说,每个人出自理性的那种权利与尊严是任何其他个人不可替代的,也是任何组织不可剥夺的,不管这个组织有多么冠冕堂皇的理由。另一方面,正如理性的自在-自由可以穿越时-空而不受经验事物的影响一样,每个人出自理性的那种权利与尊严也超越于任何民族的历史经验及其特殊的文化观念,因此,任何个人和组织都不能以本民族的特殊历史与独特文化为理由而不尊重和维护个人的这种绝对权利与绝对尊严。自由可以穿越时-空,出自自由的权利和尊严超越于历史和民族。"(黄裕生:《真理与自由——康德哲学的存在论阐释》,江苏人民出版社,2002,第299~300页)所以,就像每一个个体的团结,建基在自由与个人权利神圣不可侵害之上一样,民族与民族、国家与国家之间的团结即和平和谐状态同样必须建基在自由原则和相互尊重之上。

第六章 至善的现实性：自由与希望

同时又以保护自由和权利不被侵害为自己的权责。如果说，个人的自由和普遍权利在没有法治秩序的自然状态中不能得到有效保障，只有在建立了普遍法权的公民社会中，每一个公民个体才能拥有最大的自由，享有普遍的权利。同样，国家之间缺乏和平状态，国与国之间的关系不能进入法治调整的秩序之中，不仅每一个国家的安全不能得到保障，而且每个国家中的所有公民的自由和权利也会受到威胁。这意味着，只有废弃作为政治手段的战争，在国与国之间建立起和平状态，才能按照自由和权利原则建立起国家之间的法治治理秩序，捍卫自由与个人权利。也就是说，当法律成为裁决国际纷争的最高权威时，法治的国际联盟也就会像一个法治的国家一样，在向所有国家提供安全保障同时，也向所有国家的普通公民应当享有的个体自由和普遍权利提供了保障。就此而言，国家存在的意义，甚至超越国家的国际联盟存在的意义都在于它能够保护和捍卫个人的自由和普遍权利。据此，我们可以像美国学者马尔霍兰那样肯定地说，"康德在此的意思是，被我们当作进入国家状态的义务的根据而加以考察的，要求我们服从于公民状态的原则对国家间关系仍然有效。由此，离开了这一状态，就只享有临时性法权。实现和平的道德义务由此是服从公民状态的义务的产物"[①]。

这样，法权原则也同时被确立为在国与国之间中形成一种法治的国际联盟关系，进而实现永久和平所必须依循的基本原则[②]。法权原则主张，法权（权利）是个体意志与他人以一条自由的普遍法则为根据的意志协调共存的诸条件总和。在建立法治的国际联盟行动中，结盟的各个国家也必须服从这个原则，以保证一个国家的意志与所有其他国家的意志可以自由地共存，由此结成通过规定权利的法律而相互关联，由此而来的关联性共存就是和平状态。与这种通过和平状态的方式不同的另外一种方式，就是通过专制君主的普遍征服。显然，通过征服实现永久和

[①] 〔美〕莱斯利·阿瑟·马尔霍兰：《康德的权利体系》，赵明、黄涛译，商务印书馆，2011，第374~375页。
[②] 更为具体地说，个人据以创建国家的原始契约所包含的三个基本原则（社会成员的自由原则、作为国家公民的平等原则和所有人都依赖于唯一的共同的立法的原则）同时也是国家之间通过法治化关系的建立国际联盟所必须遵守的三个基本原则。法治的国际联盟合法性也建立在这三个基本原则之上。就此而言，根据自由原则、权利原则和平等的立法原则建立独立国家之间的和平关系，是所有国家合乎理性的必然选择。

平的可能性和合法性既缺乏理性的根据，也得不到来自经验的可靠证实。相反，根据法权原则谋划的永久和平却有着坚实的理性基础。如同每一个有着自由意志的个体，只要他根据一个普遍法则去行动，就能够保证自己的自由行动与其他人的自由行动不会发生冲突一样，一个国家的意志只要是服从普遍法则的意志，就能够与所有其他国家的意志自由而平等地共存，即使有冲突，也可以通过诉诸法治方式得到和平解决。可见，通过各个国家对普遍的法治秩序的遵从就可以实现它们之间的和平共处。也就是说，永久和平通过国际法治状态能够达成，这个命题是分析的。对于所有国家来说，选择这样一条路径走向永久和平是理性的一种绝对命令。康德证明了这样一个道理："尽管永久和平是一切政治领袖的审慎利益，却只能通过尊重国际法权才能实现"[1]。

由此也决定了致力于建立一个普遍法治状态的国际联盟是人类必须履行的义务[2]。康德说："如果实现一种公共法权的状态，哪怕只是无穷进步地接近它，若同时是有根据的希望，则就是义务，那么，继迄今被如此误称的和约缔结（真正说来是停火）而至的永久和平就不是一个空洞的理念，而是一项逐步得到解决而不断接近其目标（因为迈出同样步骤的时间可望越来越短）的任务。"[3] 这就是说，在康德看来，永久和平作为出自人类实践理性的理念，是哲学上的千年王国，但这个千年王国虽然遥远，但却不虚幻，经过努力，是完全可以在世上实现。正如李明辉教授所指出的那样："康德并不否认追求永久和平之实现是一项艰难的任务。他甚至将达到永久和平底预备阶段——在国内建立一套完美的公民宪法——都视为'最困难、且最后为人类所解决的问题'。在其理性乐观主义之外表下隐含着他对人类底劣根性的深刻洞识，这便是他的'根本恶'（das radikale Böse）之说。但是，对他而言，永久和平并非一个虚悬于人类底历史视野之外的乌托邦。我们若以'最高善'底理念和'永久和平'底理念作个对照，此义便甚为显豁。对他而言，'最高

---

[1] 莱斯利·阿瑟·马尔霍兰：《康德的权利体系》，第373页。
[2] 台湾著名学者李明辉教授对此有过详尽而精辟的论述，他不仅清晰地阐释了追求永久和平之义务与严格意义上的道德义务之间存在的三个方面的区别，而且还对追求永久和平之义务所具有的规范功能进行了深入解析。更为详尽的内容请见氏著《康德的"历史"概念》，《中国文哲研究集刊》1995年第7期，第170~173页。
[3] 康德：《论永久和平——一个哲学策划》，第392页。

善'——幸福与道德之一致——是任何人在其有生之年都无法企及的'彼岸',人类只能在无限的历程中努力接近它;而为了保证这项目标不致落空,人类理性必须接受'灵魂不灭'之设准(Postulat)。反之,'永久和平'并非人类永无法企及的'彼岸',而有可能透过世世代代的努力,在其历史远景中逐渐浮现。"①

总而言之,永久和平虽然是哲学家所谋划出来的一个哲学理念,但这个理念表达的是一个可以在此岸达成的希望。也就是说,"人类理性发展到圆满之际,既是永久和平降临人间之时。"② 同理,人类的德性发展到绝对圆满之时,既是至善的上帝之国降临人间之时。由此可见,永久和平这个理念虽只是致力谋划此岸的希望,却又在某种意义上为无限接近彼岸的希望给出了某种指引。

---

① 李明辉:《康德的"历史"概念》,《中国文哲研究集刊》1995 年第 7 期,第 172 页。
② 李明辉:《康德的"历史"概念》,《中国文哲研究集刊》1995 年第 7 期,第 173 页。

第七章　回归真正的信仰

在康德笔下，一门被称为真正宗教的纯粹理性的道德宗教就这样被理性地建构出来，这门宗教的实践后果也被勾勒得十分清晰。善的原则的统治已有了一个开端，上帝之国的降临也有了一个信号，希望的事业已露出能够被完成的端倪，只不过它变成现实是在无限遥远的未来而已。康德认为，人必须自觉地进入构建善的绝对王国的历史进程之中。这样，按照理性的公共的道德法则联合组成一个伦理共同体就成为人的一种特殊义务；人只有自觉地担承这个义务，才能以一个伦理共同体方式聚合形成更为强大的力量，以对抗恶的原则的侵袭。这是一项特别的事业，完成这项事业必须借助那种能够深入人的精神世界，改善人的灵魂的理性信仰方式，即纯然理性界限内的道德宗教。而为了使纯然理性界限内的道德宗教成为公共的，又必须通过感性的教会形式将人为实现至善目标而联合形成的伦理共同体实现出来，康德由此提出了纯粹的道德宗教必须承担的一项任务：为了在地上按照宗教法则创建一个以共同体形式出现的教会，为了人自身能够成为上帝之国的合格成员，人必须做些什么。

康德由此提出了人成为上帝之国成员的资格问题，并将这个问题与人的实际作为联系在一起。按照纯粹道德宗教的要求，上帝之国的缔造为人力所不能及，它是上帝自己的事情，作为有限理性的存在者，人只能在自身中发现成为上帝之国中的一名合格成员所必然要求的道德规定性。因此，人必须根据这种道德规定性，接受一种基于纯粹理性的不可见教会的理念，并基于善的原则事奉这个教会；为此，人必须与一切来自按照规章建立的、制度化的可见教会的伪事奉相决绝，或者将每一个建立在规章性法则之上的教会中所包含的、能够不断接近纯粹的理性信仰的开发出来，让其在历史进程中摆脱教会信仰，而向着真正的教会方向发展。唯其如此，纯粹的道德宗教才能从人心走入现实，由应然转变为实然状态，一种真正的、由善的原则支配的完人的历史才能开始。

可见，在对纯然理性界限内的道德宗教的性质、旨趣以及主要内容讨论完成之后，康德将关注的重点由信仰的对象（道德宗教）转向了信仰的主体（宗教信仰中所有慎思明辨的人）。为了捍卫纯粹的道德宗教，康德意图从信仰主体角度思考宗教应当如何表现信仰的本质、人应当如何表达真诚信仰等问题。也就是说，康德转换了论述角度，主要从宗教信仰的主体角度讨论道德宗教何以可能问题。

本章将康德从宗教信仰的主体角度讨论道德宗教何以可能问题分解为三个主要问题来讨论。首先讨论康德有关宗教中有关启示和理性主义的问题，这主要涉及信仰主体如何看待宗教中的启示因素和理性因素，或者说，一种宗教上的理性主义立场应当如何理解。其次讨论康德从自然宗教和博学的宗教两个角度对基督教的分析，这是上一个问题的继续。康德以个案分析的方式讨论了新约基督教，将自己对理性宗教的理解应用到基督教之上，剖析其作为理性宗教的特征以及可能的腐化等问题。在此之后，我将转向讨论康德对宗教信仰中各种宗教妄想和伪事奉所进行的批判，这是康德为信仰者的主体自由所设置的一种道德宗教的限制，为的是在信仰问题上守护纯然理想界限内的宗教真理。这部分的讨论，也可以看作是康德宗教哲学中的"驳谬篇"，通过驳谬，康德告诉我们，什么是真正的信仰行为。

第一节 宗教中的启示与理性

康德将人的义务与上帝的诫命联系在一起，宗教就是把人的一切义务都认作是上帝的诫命。宗教中包含着两个重要的要素：一个是人的义务，一个是上帝的诫命。一般来说，任何宗教或优先从义务出发，规定信仰者与被信仰对象的关系；或从诫命出发，强调外在权威和律法对于信仰者的优先地位。康德则从对待义务和诫命的不同立场中，认读出两种不同的宗教形态：启示宗教和自然宗教。康德这样定义它们，他指出："如果在一种宗教中，为了把某种东西承认为我的义务，我必须事先知道它是上帝的诫命，那么，这种宗教就是**启示的**（或者是需要一种启示的）宗教。与此相反，如果在一种宗教中，我必须在能够承认某种东西是上帝的诫命之前,就知道它是义务,那么,这种宗教就是**自然宗教**。"①

对于这样两种不同形态的宗教,我们起初的印象往往是将两者对立,认为自然宗教是一种让每一个人凭借自己的理性使自己去信仰的宗教,本质上属于理性的宗教似乎没有多大问题。由此类推,启示宗教则不能被冠之以理性宗教之名称。

然而,在认识论问题上坚持一种谦逊立场的康德,在对待自然宗教和启示宗教问题上也同样谦逊。在康德看来,由于理性不能判断启示对宗教的某些理性洞见的形成究竟是一种偶然发挥作用的媒介还是催化生成这些理性洞见的必须因素,因此不能用独断的态度对待两者,应该从对双方都有利的视角看待它们。

从有利于双方的视角看,自然宗教和启示宗教并非势如水火。相反,任何一种现存的宗教都必然包含这两种要素:一方面,没有最高的启示构不成宗教;另一方面,启示也只有通过理性才能被考虑进一种宗教的概念。因此,一种宗教可能是自然宗教,但同时它也可能是启示宗教。康德通过引进另外一个描述宗教形态的概念——"博学的宗教"找到了打通两者的通路。

康德从宗教的对外传达机能角度又将宗教分成两种类型:1,借助理性自我传达并说服自己的自然宗教;2,借助于在宗教方面的博学多识使他人相信的博学的宗教。依照康德的观点,启示宗教虽然缺乏自然宗教所拥有的那种认知方面的理性特征,但是它完全可以拥有博学的宗教所具有的那种理性特征。也就是说,尽管启示宗教所传播的宗教真理来自启示,但是这些真理在一种保留其原初文献,并不断审视、考察其源泉的**博学**传统中,能够成为一种"会指向某个时间和某个地点"、"对人类非常有用,以至由此而引入的宗教一旦存在并且成为众所周知的,此后每一个人就都可以凭借自身和自己的理性来相信它的这种真理。在这种情况下,宗教尽管**在主观上**是一种启示宗教,但**在客观上**却是一种自然宗教"② 不仅如此,通过这种博学的宗教传统,启示宗教的真理成为普

---

① 〔德〕康德:《纯然理性界限内的宗教》,第 155~156 页。
② 〔德〕康德:《纯然理性界限内的宗教》,第 158 页。

第七章 回归真正的信仰

遍可传达的思想和观念，长此以往，就会产生这样一种效应：人们也许忘记曾经发生过超自然的启示，人们把它当做来自理性的真理，无论是在可理解性上，还是在确定性上，抑或对心灵的强有力影响上，都没有丝毫的减损。就此而言，"每一种宗教，甚至包括启示宗教，都必然包含自然宗教的某些原则，因为启示只有通过理性才能被考虑进一种宗教的概念，其原因在于，这个概念自身，作为从一个从**道德上的**立法者的意志要求的责任中引申出来的东西，是一个纯粹的理性概念。这样，我们自己就将能够把一种启示宗教一方面仍作为自然宗教，另一方面又作为**博学的**宗教来考察、审查，并且区分它从这一个源泉或者另一个源泉应该得到什么以及得到多少"[①]。

由此可见，康德在宗教的理性主义问题上坚持一种宽容原则。依据他的观点，看一种宗教是启示的，还是理性的，不仅能从这种宗教的起源和本质上进行分析，而且也可以从依赖于文本和历史的博学传统上进行分析，亦可以从其主张的观念能否在普遍传达中成为被广泛接受的思想角度进行分析。选择这样一种宽容的多元透视态度，表明康德在理性宗教问题上的谨慎态度，这与他所主张的哲学的批判思维立场相一致。从这种谨慎态度出发，在启示、理性与宗教的关系问题上，康德发现了色彩各异的多种宗教立场，根据他们对待启示和理性的不同态度，康德归纳提出了四种不同的立场，它们分别是：1，自然主义；2，理性主义；3，纯粹的理性主义；4，超自然主义。

按照康德的诠释，一个在宗教问题上的理性主义者一定会坚持理性宗教的观点，他通常会把宗教信仰与人的道德化存在联系在一起，从义务角度诠释宗教行为。但在启示问题上，理性主义者既不断然否定启示的存在，也不明确承认存在着启示。与理性主义者不同，自然主义者在对待启示和理性态度上是完全倾向理性。一个自然主义者会拒斥所有启示，主张理性地建立宗教信仰的根据。而纯粹理性主义者在自己的宗教信仰中可以容纳超自然的上帝启示，但并不把超自然的上帝启示看得十分重要，似乎是宗教的根本。一位纯粹理性主义者，可以信奉超自然的上帝的启示，但不会认为流传的启示对于任何人和任何时代的信仰都普

[①] 〔德〕康德：《纯然理性界限内的宗教》，第158页。

遍有效。与纯粹的理性主义者不同，超自然主义者在启示问题态度明朗，他明确承认存在着超自然的上帝的启示，相信超自然的上帝启示一定为信仰所必需，并且是宗教的唯一可靠的来源。我们看看康德对它们的定义。康德指出：

> 如果一个人只是把自然宗教宣布为道德上必需的，也就是说，宣布为义务，那么，他也可以被称做（信仰事务上的）**理性主义者**；如果他否认任何超自然的上帝启示的现实性，那么，他就叫做**自然主义者**；如果他虽然容许这种超自然的上帝启示，但却主张认识这种启示并认为这种启示是现实的，这对于宗教来说并不是必须要求的，那么，他可以被称做一个**纯粹的理性主义者**；但是，如果他认为对这种启示的信仰是为普遍的宗教所必需的，那么，他就可以叫做信仰事务上的纯粹的**超自然主义者**。①

康德本人并没有明确表明自己赞同哪种立场，他只是用一段篇幅不长的文字，指出了处理上述四种立场关系时应注意到的争议性问题。在他看来，理性主义者出于自身立场一定会将自己的认识能力限制在人类的理性能力范围之内，因此，一个在宗教问题上持守理性主义立场的人必定会否定自然主义立场。因为，对于只有有限理性能力的人来说，否定启示与肯定启示一样是没有充分的理性根据的。由此进一步推论，理性主义也不会拒斥超自然主义立场，尽管它不能肯定地承认超自然的上帝启示是宗教所不可缺少的，但它也不会否认超自然的上帝启示作为引导真宗教的手段有其不可否认的必要性。在理性主义者看来，对超自然的上帝启示所扮演的引导宗教之角色的认知，已经是在人类理性界限之外的事情，任何一位真正敬畏理性的人都会承认，人凭借自己的理性无法对这个问题做出决断。这样，由于理性主义者既不肯定启示在宗教中的作用，也不否定启示在宗教中的作用，而是采取一种限制理性思维的批判态度，那么，在对待纯粹理性主义和超自然主义态度上，就必然出现选择其一的难题。也就是说，要么理性主义者选择赞同纯粹理性主义，

---

① 〔德〕康德：《纯然理性界限内的宗教》，第156~157页。

要么选择赞同超自然主义。所以，康德这样说，"有争议的问题仅仅涉及纯粹的理性主义者和超自然主义者在信仰事务上的相互要求，或者涉及一方或另一方认为是惟一真宗教所必要并且充分的东西，或仅仅是它偶然的东西"①。这就是说，宗教中真正值得关切的问题是，如何摆放启示和理性两者之间的位置，是从属于纯粹的理性主义不否认超自然的上帝启示在宗教中有其位置，但并不认为它对一种真正的宗教信仰具有普遍的有效性呢？还是从属于超自然主义，坚持宗教中超自然的上帝启示具有无法替代的重要性，是一切真宗教信仰的唯一来源呢？

康德本人对这一问题并没有直接给出自己的回答，但康德在这个问题的"缄默"不等于康德没有自己的主张。实际上，在上面我对康德关于启示宗教和自然宗教问题的分析中，已经暗含了康德对这个问题的基本态度。康德断然拒绝在这个问题上采取一种非此即彼的态度，他坚持一种宽容和多元融会的观点——也就是主张在宗教中启示和理性的因素相互纠缠，启示中有理性因素，或者可以成为理性的因素。对待宗教中启示与理性的关系，需要的不是理论理性的知识性界定，而是需要实践理性的应用智慧。

然而，康德在这里所做出的四种立场区分，仍在国际康德学界引出了诸多争论②，这些争论围绕两个问题展开：1，康德为什么提出这四种区分？2，哪种观点代表了康德自己的立场？但争论的焦点是第二个问题，争辩双方的分歧在于康德自己持有什么样的立场。艾伦·伍德认为，康德本人并不愿意明确表明自己的立场，但是，"对大多数诠释者来说，显而易见的是康德否认自然主义和超自然主义。因此，争论一般集中在康德支持理性主义还是纯粹理性主义。更多的肯定神学的解释者倾向于将康德解读为一个纯粹理性主义者，他们认为，由于康德长期信奉基督教，这种立场更加微妙也更加有益。然而，更多的传统解读者从康德哲学的视角出发，认为（将康德看作）纯粹理性主义者和［将其看作］自然主义者或者超自然主义者一样值得怀疑，因此，他们将康德解读为理

---

① 〔德〕康德：《纯然理性界限内的宗教》，第157页。
② 美国学者费尔斯通和雅克布斯在《为康德和宗教辩护》一书中，对国际康德学界有关的争论进行了较为详细的讨论，对此感兴趣的研究者和读者可阅读该书。具体请参见 Chris L. Firestone and Nathan Jacobs, *In Defense of Kant's Religion*, pp. 211–219.

性主义者。"① 艾伦·伍德是将康德解释为理性主义者的最好代表,而约翰·黑尔则给出了康德是一位纯粹理性主义者的最好论证②。

在艾伦·伍德看来,康德明显是一个理性主义者,因为康德的宗教哲学并没有给启示留下合法性空间。在康德看来,理性宗教不需要依靠超自然的上帝启示来发现人对上帝的义务,并且理性宗教也不需要人对上帝尽特殊的义务。所有"合理地应用其理性的"理性存在者都能够合法地表达其宗教观,以遵守道德法则的义务方式取悦于上帝。从这种理性主义立场出发,康德对待超自然的上帝启示的态度十分谨慎,基本上采取与自己的限制理性思维的批判态度,将超自然的上帝启示放在理性界限之外,持一种不可知论的立场。因此,将康德看做是一位纯粹理性主义者的证据不足。如果说康德有着倾向纯粹理性主义的迹象,那也是因为在普鲁士审查制度下康德需要运用修辞学方式缓冲其对于纯粹超自然主义的明显否定,这表现了康德在自然主义和超自然主义之间的模棱两可,力求持论允中的策略性选择。

与艾伦·伍德不同,在约翰·黑尔看来,按照康德的限制理性的观点,自然主义对启示的否定超出了人类理性的洞察力的限制,同样超自然主义将超自然的上帝启示奉为宗教中不可或缺的普遍性因素也同样没有理性根据。纯粹理性主义并不特别突出地强调超自然的上帝启示,也不认为超自然的上帝启示对宗教来说具有不受任何限制的必然性。但是,康德将超自然的上帝启示看作是上帝与人类打交道的媒介,证明了纯粹理性主义在辩证对待启示宗教和自然宗教方面的优势,它表明了纯粹理性主义在康德视域内的可接受性和重要性。就此而言,纯粹理性主义绝不能仅仅被看作是一种表达康德宗教立场及其倾向的代用品。由此可以推知,尽管将康德看作为理性主义者似乎与他对自然主义和超自然主义的拒斥具有更广泛的一致性,但纯粹理性主义者这一名称更适合康德。

除此之外,费尔斯通和雅克布斯还指出了第三种观点,它试图找到一种替代性路径解决康德立场归属这一难题。在第三种视角中,可以把

---

① Chris L. Firestone and Nathan Jacobs, *In Defense of Kant's Religion*, p. 213.
② 有关艾伦·伍德和约翰黑尔的论证,请参见 Chris L. Firestone and Nathan Jacobs, *In Defense of Kant's Religion*, pp. 213 – 214.

自然主义，纯粹理性主义和超自然主义作为副标题置于"理性主义"主标题之下，这样一来就会发现，康德通过对启示宗教和自然宗教错综复杂的交错关系的讨论对宗教中启示和理性关系进行了重新定义，并借此重新解释了宗教中的理性主义。在康德看来，如果我们把宗教中的理性主义与相信道德必然性的自然宗教联系起来，而对启示在宗教中的作用不做明确判断，那么就会出现这样三种情况：1，一个人或许会因为拒斥启示的可能性而被称作自然主义者；2，一个人可能在真正宗教信仰的实例上允许启示的存在，但认为启示对于宗教并不是必须的，这种人可被称为纯粹理性主义者；或者3，一个人认为对于自然宗教的觉醒和建立而言需要启示，这种人被称为超自然主义者。前两种情况无疑可以归入宗教理性主义大的范畴之中去，关键是第三种情况，需要对其是否能够纳入理性主义范畴需要加以分析。可以给出的分析结果是这样的：超自然主义者可能认为宗教真理是理性的且具有原则上的先验性，但是这些真理需要历史启示来唤醒，以免他们在人类理性中持续长眠。因而，超自然主义者与反对自然宗教的纯粹启示宗教持守者不同，它并不反对自然宗教，只不过认为自然宗教不能排斥启示，它本身也需要启示的唤醒与补充，以便在人类理性中扎下根。由此可见，在这种替代性方案中，自然主义、纯粹理性主义和超自然主义各自展示了理性主义的一面，每一种观点都认为履行义务就足以取悦上帝，而不需要特别地事奉。由于理性真理是先验的，每种观点亦认为自然宗教是可能的。他们的差别仅在于对于启示在真正的宗教中发挥作用大小的认识不同而已[①]。

直到今天，有关的争论也没有完结——事实上，学者们也很难在这个问题上达成一致。从学术角度辨析清楚这个问题无疑具有重要的价值，但是有鉴于本书所讨论的主题，我更希望把研究的关注点重新拉回到康

[①] 关于艾伦·伍德和约翰·黑尔有关康德思想倾向的争论，费尔斯通和雅克布斯给出了详尽的分析阐释，作者在这部分中的叙述就是对两位学者分析阐释的归纳与提炼，目的是向读者展示这场学术论争的基本面貌，并为接下来的分析讨论提供学术史的经验支撑。特此向费尔斯通和雅克布斯两位先生表示感谢。他们的更为具体的论述请参见 Chris L. Firestone and Nathan Jacobs, *In Defense of Kant's Religion*, pp. 213–216。

德思想自身，从文本角度解读康德本人讨论问题的逻辑。就此而言，我认为，康德在这里区分与宗教中启示与理性关系相关联的四种立场，主要用意不是要分析它们之间的高低得失，也不是为了宣示自己的立场选择，而是将它们作为一种媒介，一方面将宗教中启示和理性关系的复杂性展示出来，显示正确处理两者之间复杂关系对于理解理性宗教的重要性；另一方面也要表明在两者之间关系问题上奉行单向度思维的危险性。通过对这两个侧重面的强调，平衡宗教中存在的启示与理性关系，并进一步为从现存的启示宗教中发现理性的踪迹而做好理论铺垫。所以，我们看到，当康德通过对启示宗教和自然宗教之间应当存在的一致性关系作出肯定性判断后，他接着提出要把基督教当做分析的实例，将自己对理性宗教的诠释应用到一种特殊的信仰形式——基督教之上。康德这样说：

> 如果我们的意图是谈论一种启示宗教（至少是一种被假定为启示宗教的宗教）的话，倘若不从历史中抽取某个这方面的实例，是无法这样做的，因为我们必须想出一些事件来作为实例，以便弄明白哪些事件的可能性对于我们来说会是有争议的。但是，除了拿起某一部包含着诸如此类的实例的经书，尤其是一部紧密交织着道德的、从而接近理性的学说的经书，作为阐明我们关于一般启示宗教的理念的媒介，我们也不可能有更好的办法。在这种情况下，我们是把这部经书当做众多凭借一种启示的信誉讨论宗教和德性的经书中的一部来作为事例，来说明那种本来就有用的方法，即找出对我们来说在其中可能包含有纯粹的，从而也是普遍的理性宗教的东西，但并不打算干涉那些受委托把这部经书诠释成为实证的启示学说的总和的人们的事务，也不打算借此攻击他们那建立在博学之上的诠释。毋宁说，由于他们与哲学家追求的是同一个目的，即道德上的善，所以，使哲学家凭借自己的理性达到他们想沿着别的途径达到的目的，这对于他们来说是有利的。①

---

① 〔德〕康德：《纯然理性界限内的宗教》，第158~159页。

第二节 双重视角中的基督教

按照上一节的阐释，我们知道，康德将启示宗教一方面看做是倾向于更多地表达理性的道德内容的自然宗教，一方面看做是依赖于文本和历史的博学的宗教。在现存的宗教中，康德将基督教看作是此类启示宗教的典范，拟从自然和博学两个角度去检验基督教，以便看一看基督教信仰中有多少内容可以归属于理性，又有多少内容依赖于历史，进而剖析基督教信仰中存在的剥夺其理性内涵的腐化因素，指出通过批判厘清并消除这些因素的重要性和迫切性。

一 从自然宗教视角对基督教的分析

按照康德的分析，主要为道德而存在的自然宗教与作为人实现终极目的之保证的上帝概念相结合，并联系到人与这整个目的相适宜的不朽概念，就构成一个实践的理性概念。但是，这个在实践上具有积极意义的概念不是因为人的认知而成为可能，而是因为人的实践而成为可能。在认知这个概念方面缺乏能力的人们，必然要求一个具有普遍性资格的信仰共同体引导人们去落实这个实践的理性概念；因而，人们必然需要按照一种纯粹的理性的宗教原则联合为一个可见的教会。在康德看来，可见教会不会自动地从一种一致性中产生，因为人们并没有一种特殊的义务，为了自己的宗教意念而需要与他人结成宗教中的伙伴关系；即使存在促使人们联合起来的权威性的规章性法则，如果缺少一位威望极高的导师，人们愿意联合起来造就一个固定的普遍的可见教会的愿望也不会十分强烈。所以，一位能够缔造教会的导师的出现，对于可见教会的形成至关重要。那么，什么样的人可以成为缔造教会的导师？康德认为，他应当是一位有威望的人，他所具有的威望既要包括种种不同凡响的事迹，也要包括指导信众而富有说服力的纯粹的理性理念。基督教十分幸运，它拥有耶稣这样一位真正的导师。康德正是通过对耶稣作为基督教教会导师作出的分析，得出原初的基督教（耶稣解释的基督教）奠基在理性洞见之上是一种自然宗教之结论。

从自然宗教视角去解释基督教，被费尔斯通和雅克布斯称之为康德在宗教领域进行的第二种思想实验,它应该是这个思想实验的肯定性方面,其目的是要澄清并证实:"1,基督教必然具有纯粹道德学说的理性内核,这一理性内核具有在第一个实验中被详细解释过,并且2,同样,最核心的基督教教义是靠耶稣传播的,而非依赖于犹太教《圣经》"①。康德从分析作为基督教导师的耶稣言论中的道德内涵,和传教实践中的实践智慧,展开他的思想实验。他首先这样描述以导师身份现身的耶稣:

> 现在假定有一位导师,有一段历史(或者至少是普遍的、不能彻底否认的意见)谈到了他,说他甚至不顾一种成为人们负担的、不以道德意图为目的的、占统治地位的教会信仰(其强制性的事奉可以作为其他任何一种在本质上纯然是规章性信仰的样板,诸如此类的信仰当时在世界上比比皆是),最先公开地宣讲了一种纯粹的、所有世人都能够理解的(自然的)、深刻的宗教,因而其教义作为我们所保有的东西,我们自己就可以检验。如果我们发现,他使那种普遍的理性宗教成为每一种宗教信仰的最高的、不可忽略的条件,并附加上一些包含着各种形式和教规的规章,这些形式和教规应该用做实现一个必须建立在这些原则之上的教会的手段,那么,虽然他那以此为目的的规定具有偶然性和任意性,人们还是不能否认这样的教会理应被称做是真正的普遍的教会,也不能否认他本人具有这样的威望,既感召人联合到这样一种教会中来,又不用新的、给人以负担的规定来增加信仰,或者从由他首先作出的规定中产生出一些特殊的、圣洁的、自身作为宗教的一个部分而具有约束力的行动。②

康德通过审查作为导师和真正教会创立者的耶稣所教导的各种观点,揭示出其宣讲内容中所蕴含着的那些道德化宗教信条,以此说明基督教是一种纯粹的、所有世人都能够理解的理性宗教。康德首先指出,人之所以能够得到上帝的喜悦,不是因为他遵循外在的公民义务,也不是因

---

① Chris L. Firestone and Nathan Jacobs, *In Defense of Kant's Religion*, p. 221.
② 〔德〕康德:《纯然理性界限内的宗教》,第 160~161 页。

为他的行为符合规章性的教会义务，而是因为他有着纯洁的道德上的心灵意念，这是人之所以能够取悦上帝的内在的纯粹道德品性。因此缘故，康德特别提及了《圣经·马太福音》第五章到第七章中耶稣基督的"登山宝训"。耶稣基督山上训众论道指出了真正基督教徒所必须遵守的言行准则，我们在《圣经·马太福音》第五章读到这样一些文字："虚心的人有福了，因为天国是他们的。哀恸的人有福了，因为他们必得安慰。温柔的人有福了，因为他们必承受地土。饥渴慕义的人有福了，因为他们必得饱足。怜恤人的人有福了，因为他们必蒙怜恤。清心的人有福了，因为他们必得见神。使人和睦的人有福了，因为他们必称为神的儿子。为义受逼迫的人有福了，因为天国是他们的。人若因我辱骂你们，逼迫你们，捏造各样坏话毁谤你们，你们就有福了。应当欢喜快乐，因为你们在天上的赏赐是大的。在你们以前的先知，人也是这样逼迫他们。"①由此可见，在康德看来，耶稣教导的重点是这样一些训示：在上帝面前，思想中的罪等同于行动，而人类应当追求完全的圣洁。

但是，犹太宗教并没将自己信仰中的这种理性的道德因素阐扬出来，反倒是将这些因素做了工具性使用。费尔斯通和雅克布斯指出，在康德的视野中，耶稣基督批评了犹太教使用律法的不恰当方式，这种方式不是把律法当作心中纯洁道德信仰的表达，而是当作一种外在的惩罚工具。而耶稣基督则通过自己的布道言行证明，在犹太教中以外在性方式呈现出来的律法完全可以转化成理性宗教的纯粹道德信条。譬如，犹太律法中用"以眼还眼"来表征的那种复仇意识，它在坚持历史信仰的宗教中表现为一种能满足报复感的复仇意识，是一种自然的恶。犹太律法纵容这种恶，就意味着它追求一种与生物性存在相关联的自然快感。耶稣基督要求将这种属于人的自然的恶之倾向应当彻底扭转过来，用宽容来取代复仇的快感，将对敌人的仇恨转化为一种出自人的理性本性的宽容善行。不仅如此，耶稣基督还用"窄门"和"小路"，指出人们之所以允许这种对犹太律法的误读存在，是为了回避自己真正的道德义务。许多人把教会看作是方便的"宽门"和"大路"，而对导向善的生活方式的"窄门"和"小路"漠视不理，这些人将礼拜教会和遵行教会规章当成

---

① 《圣经·新旧约全书》（神版），第4页［太5：1~12］。

将自己从迷途中引领回来的导向航标，将外在地履行礼拜教会之仪式看作是对上帝的真正事奉。实际上，人性堕落的愚蠢大众寻求礼拜活动（宽门）而非真正道德的皈依（窄门），真正地遵行犹太律法，是那种对外地在遵行犹太律法的言行进行批判反思的行为的人。这些人与那些投机取巧人有着不同的愿望，他希望"通过在最高立法者的使者的位格上呼唤和赞美"[1] 上帝来补偿那些外在遵行律法、教会规章行为的缺乏，致力于将犹太信仰从一种历史信仰提升为理性信仰，通过对犹太信仰的理性解释而解放犹太信仰中隐藏着的纯粹道德因素，从而成全犹太律法。这里的关键是，一定要清楚一个真正的律法阐释者，不是把犹太律法简单地做书面阐释，而是要对其进行纯粹理性的道德阐释。耶稣基督期望，"传递和散播的这样的意念的微小开端，就像是好田地里的一颗谷种，或者是善的酵母，宗教就由此凭借内在的力量逐渐地扩展为上帝的国"[2]。

这样，耶稣基督就指出了将犹太的律法改造成道德的宗教信条路径，人们据此而将律法上所要求的事奉上帝的礼拜行为转变为道德义务行为。按照康德的分析，耶稣基督将所有义务概括为以下两点："（1）一个**普遍的**规则（这个规则自身既包含了人们内在的道德关系，也包含了人们外在的道德关系）；履行你的义务，除了出自对义务的直接尊重外，不要出自任何其他动机。也就是说，爱上帝（一切义务的立法者）甚于爱一切。（2）一个**特殊的**规则，它作为普遍的义务涉及与其他人的外在关系，即爱每一个人如同爱自己，也就是说，出自直接的、并非从自私的动机引申出来的善意来促进自己的福利。这些诫命不仅是德性法则，而且是我们应当追求的**圣洁性**的命令，但就圣洁性而言，单是这种追求就已经叫做**德性**了"[3]。耶稣基督警告世人，如果谁将自己人性中蕴藏的趋善的原初自然禀赋搁置不用，而以事不关己的漠然态度消极地等待着道德上的善如上天的恩赐那样降临于他，"懒惰地相信一种更高的道德上的影响将会另外弥补自己所缺乏的道德品行和完善"[4]，那么，谁就不可能真正地具有道德的品行，即使他的善的原初禀赋也不能保证他能够道德

---

[1] 〔德〕康德：《纯然理性界限内的宗教》，第163页。
[2] 〔德〕康德：《纯然理性界限内的宗教》，第163页。
[3] 〔德〕康德：《纯然理性界限内的宗教》，第163页。
[4] 〔德〕康德：《纯然理性界限内的宗教》，第163页。

地承担道德义务，而成为上帝所喜悦的义人。

需要注意的是，虽然因为出于鼓励道德实践的缘故，基督教允诺在履行道德义务和幸福之间有一种平衡的对称关系。也就是说，为了使得有德行的人最终获得幸福，基督教允诺酬报一个来世——酬报是为了酬报那些谨守道德义务的人。但是，这种通过允诺酬报来世，在德行和幸福之间建立起一种"配享"关系，毕竟不同于耶稣基督所强调的更高意义上的酬报。这种酬报将人类视为一个命运整体，追求将人类推向一种最高的善。为此，基督教不把酬报当成行为的动机，更是把一个基督徒所应担承的使命从酬报中切割出来，尽管后者可能是出自纯然义务的行为。这样，耶稣基督很好地平衡了使命以及德行和幸福之间的相关性，他借助耶稣将上帝的国中的真正选民描述为那些"仅仅通过义务"实现其道德动机的典范。作为世界的审判者，他宣布："那些为饥寒交迫的人们提供帮助、却根本连想也没想过这事是值得酬报的、并不以为仿佛是通过这他们才与上天在酬报上发生关联的人，正因为他们在这样做时丝毫没有考虑酬报，因而是属于他那个国的真正选民。"① 就此而言，人们就可以清楚地看到，"当福音的导师谈到来世的酬报时，他并没有想由此把酬报说成是行动的动机，而是仅仅（作为引导人类去实现上帝的仁慈和智慧的一种鼓舞灵魂的表象）把它作为对一种在整体上判断人的规定性的理性而表示的最纯粹的敬意和最大的道德上的满意的客体"②。

总结前述，简而言之，康德通过对耶稣基督的言行及教导的分析，一方面清楚地揭示出原始基督教的理性基础——康德确信，将基督教看作是一种自然宗教是理据充分的；另一方面，他认为原初基督教的道德化建构是与耶稣基督对犹太宗教的理性改铸密切相关，耶稣基督的教导使得犹太律法成为纯粹理性的道德教条——就此而言，耶稣基督是一位真正教会的创立者，而真正的教会必然能建立在自然宗教的基础之上。这两个方面的分析，导向一种对宗教做道德诠释思路的正确方向，它至少说明了两点："1，耶稣想要在理性宗教的学说基础上

---

① 〔德〕康德：《纯然理性界限内的宗教》，第164~165页。
② 〔德〕康德：《纯然理性界限内的宗教》，第165页。

建立基督教信仰,以及2,耶稣肯认这个事实:如果不将根植于历史的犹太教信仰作为一种工具来使用,理性宗教就不可能在耶稣的听众中建立起来"[1]。

当然,康德在《纯然理性界限内的宗教》中这样解读基督教和犹太教之间的关系,并不意味着这部书在某种程度上扮演了基督教护教学角色。作为一位坚定的理性主义者,康德不会在没有充分理性根据情况下就将耶稣当作一个历史上实际存在的人物,也不会认为耶稣在建构基督教纯粹理性的道德教条上具有特权;康德借助耶稣这一形象,不过是为了更为生动直观地展示原初基督教的道德内涵。实际上,康德在指出可以对基督教做出理性阐释同时,也看到基督教成为一种历史性信仰的可能性,"在康德看来,原始基督教有可能会腐化堕落。尽管原始基督教有其理性的基础,但如果使其历史的工具性和发展优先于道德信条,那么这些因素将遮蔽而非提高纯粹道德信条。按照康德的观点,很显然,这是一个现实存在的危险"[2]。

二 从博学的宗教视角对基督教的分析

在对基督教进行了自然宗教角度的分析之后,康德将自己的批判视角转移到博学的宗教视角,这种转变是康德对基督教理性基础做出更为全面分析所必然要求的。康德从自然宗教视角进行的考察确认了基督教建立在理性基础之上,但是却没有对这一理性基础的构成,以及基督教本身可能存在的越出理性界限的可能性做出分析——而基督教本身所潜在的越出理性界限可能性之危险,恰恰可能会遮蔽或者破坏基督教的理性根基。就此而言,康德从博学的宗教视角对基督教进行分析就不仅必要,而且重要[3]。

按照康德的观点,基督教既是纯粹的理性信仰,又是启示信仰。作为纯粹的理性信仰,它表现为一种依据基督教的道德原则而来的信仰,

---

[1] Chris L. Firestone and Nathan Jacobs, *In Defense of Kant's Religion*, p. 222.
[2] Chris L. Firestone and Nathan Jacobs, *In Defense of Kant's Religion*, p. 225.
[3] 费尔斯通和雅克布斯在 *In Defense of Kant's Religion* 中从这个角度对康德的相关论述做出了深入分析,有关论述请参见 Chris L. Firestone and Nathan Jacobs, *In Defense of Kant's Religion*, pp. 226–228。笔者深受其启发,在此向他们表示感谢。

第七章 回归真正的信仰

也就是一种"被视为由每一个人自由地接受的信仰（fides elicita［诱导出来的信仰］）"①；作为一种启示的信仰，它表现为一种历史性的信仰，也就是一种"指定的信仰（fides imperata）［规定下来的信仰］"②。由于基督教不是完全建立在纯然理性概念基础上的宗教，启示的神迹以及先知者的事迹对于基督教信仰的形成同样重要，如此一来，基督教不仅仅是信仰基督的宗教，而且还是一种为了一个教会提供基础的基督教信仰。这就是说，基督教不仅需要以耶稣的教导中纯然理性的道德因素为基础，而且需要以基督教中博学者所拥有的《圣经》启示知识为基础，一方面按照根据实践的和道德上的理性概念进行宗教事奉，另一方面依据历史性的信仰的要求对基督教教会做出事奉。基督教就是这样一种将纯粹的理性信仰和启示信仰结合于自身的信仰综合体。在康德看来，基督教所具有的理性和启示两个方面不能被分开，它们各自难以自存自立，启示信仰离不开理性信仰；作为一种宗教信仰的基督教，必然在自身之内包括来自理性的纯然道德方面的要求，毕竟没有道德宗教就不可能，理性信仰离不开启示信仰；作为一种"委托博学者保管的神圣财产"，基督教还需要历史和语言学的知识，才能更好地将自己的价值展示给世人，毕竟博学的信仰对信众所产生的理性的影响要强于信仰方面的知识贫乏者。也就是说，基督教信仰最为理想的状态是，所有信仰者都是饱学之士，博学的信仰就会对所有信仰者产生更为强烈的理性效果；只有对于那些没有基督教信仰知识的盲信者，博学的信仰才会成为被指定的、被动的信仰，即"奴性十足的信仰"。可见，尽管康德情有独钟地致力于在基督教中发现其理性的内核，但他并不打算清除基督教的历史性因素或者说以博学方式表现出来的偶然成分。从消极角度说，其对基督教中的历史性因素的清理若不谨慎，反而会清楚地暴露人类特有的缺点，为怀疑主义和无神论洞开方便大门。从积极方面来说，康德认为，"只有当历史性偶然因素中的信仰成为拯救所必须的义务和条件时，博学要素才能剥夺基督教理性的或'自由'的身份"③。因此，对基督教信仰中两种成分的分析，重要的一点是要清楚，信仰方面的博学在何种意义上有助

---

① ［德］康德：《纯然理性界限内的宗教》，第166页。
② ［德］康德：《纯然理性界限内的宗教》，第166页。
③ Chris L. Firestone and Nathan Jacobs, *In Defense of Kant's Religion*, p. 226.

于宗教理性内涵的发掘与巩固,在何种意义上遮蔽宗教的理性内涵而导致宗教上的盲信,以便将基督教信仰中的理性因素置于其他一切偶然因素之上,强调理性内涵的优先地位。康德这样说:

> 作为**博学的**信仰,基督教信仰是以历史为依据的,并且就它(客观上)以博学为基础而言,它不是一种本来**自由的**、从充足的理论证据的洞识中推导出来的**信仰**(fides elicita [诱导出来的信仰])。假如它是一种纯粹的理性信仰,那么,尽管给它作为对一个神性的立法者的信仰提供基础的道德法则是无条件地颁布命令的,它也必须被视为自由的信仰……。甚至只要人们不把信仰当做义务,如果每一个人都博学多识,它也会有可能作为历史性的信仰,又是一种理论上的自由信仰。但是,如果它对于每一个人,即使是对于无学问的人也应当有效,那么,它就不仅仅是一种指定的信仰,而且也是对诫命的盲目服从,即不探究诫命是否确实是上帝的诫命就去服从信仰(fides servilis [奴性十足的信仰])[①]

康德由此总结说,为保持基督教信仰的真理性,人们的宗教之旅就不能从对被启示的信条的无条件信仰开始,信仰必然开始于信仰者的自由接受,而信仰的最坚实的后盾或者根基也是基于理性的自由信仰。博学的信仰作为防御的措施对付背后袭击的敌人是行之有效的武器,它扮演着信仰的先锋之角色,以丰富的信仰知识和斑斓多彩的神迹向人们展示信仰的价值和意义;而扮演后卫角色,作为信仰最坚固屏障使之安全的则是信仰中的理性学说。这些信仰中的理性成分必须被承认和推崇为最高的、颁布命令的原则,而信仰中的启示因素则发挥着说服、传播、促成理解等功能性作用,实际上是一种纯然的手段,不过是一种对于拓展信仰疆域有着重要意义,因而必须被格外重视并加以精心培植的手段而已。

然而,在基督教的历史发展中,基督教信仰中启示成分和理性成分之间的关系并非总是按照上述状态并存。基督教有着朝向博学的宗教单

[①] 〔德〕康德:《纯然理性界限内的宗教》,第167页。

向度发展的明显趋向,这一趋向通过下列三个步骤在历史中逐渐成为现实。

第一个步骤是,接受犹太教的宗教经典——旧约圣经为基督教的神圣信仰文本。按照康德的分析,在基督教发展的初期,基督教的第一批信徒首先聪明地接受了犹太教中那些对所有时代和所有民族都普遍有效的基本的宗教义理以及传播宗教信仰的方法,基督教徒就像犹太教徒一样相信自己也是"**一个其弥赛亚已经降临的犹太人**"。其次,这些基督教的第一批信徒们虽然并不接受作为规章性的犹太教所具有的那些律法,但却虔诚地接受了犹太民族的旧约圣经,并把旧约圣经"当做上帝的、对于所有人来说都是给定的启示"①。这意味着,基督教徒也承认犹太教是基督教的基础,基督教接受了犹太教的宗教经典,并将自己道德的纯粹理性内容与宗教的神圣经典结合起来。或者说,基督教在为自己的道德的纯粹理性内容"抛去外在戒律的轭具"的同时,又为自己加上了"另一种轭具,即《圣经》故事教义的轭具"②。

第二个步骤是,在接受了犹太经典之后,随之开始经典化接受来的经典。基督教徒经典化旧约圣经的过程是在两个方向上展开的:第一,通过对旧约的解释,证成旧约的历史可信性。犹太教的旧约圣经,一方面是因自身的古老而获得历史的可信性,另一方面是因为它具有一种表述其宗教信仰的普遍的语言即希伯来语。因此,可以说,犹太教之所以能够成为其传播区域和传播时代中重要的信仰,并非因为其原初教导中包含着理性和道德的因素。相对比于犹太教,基督教没有历史的优势,为了证明自己信仰的历史可信性,他们借助犹太经典,学习犹太人的经验,通过自己的宗教学者对希伯来语言的精通,使得基督教信仰的传播有了普遍的语言学基础。也就是说,为了基督教具有世界宗教地位,基督教中产生了一批充分精通希伯来语的教徒,他们把精通希伯来语当成"人们的永福所依赖的事情",而不仅仅是"一般历史科学的事情"③。第二,更重要的是,基督教还努力将信仰建立在理性基础之上,他们通过将基督教改造成为一种非规章性的道德宗教,证成基督教由各种神圣事

---

① 〔德〕康德:《纯然理性界限内的宗教》,第169页。
② 〔德〕康德:《纯然理性界限内的宗教》,第169页页下注。
③ 〔德〕康德:《纯然理性界限内的宗教》,第170页。

件构成的历史是真实可靠的。康德将这种改造行动看成是基督教之于犹太教的优势所在，基督教把圣经的神圣事件与耶稣基督联系在一起，将圣经解释为出自第一导师耶稣之口的经典，并以其对道德强调而把自己与理性紧密结合了起来，并借助理性而无需借助历史性的博学传播至所有民族。然而，基督教这种理性化发展的势头，被传播基督教的第一批基督教徒所终止，这批人将基督教与犹太历史联系在一起，导致基督教丧失了天然的道德优势，完成了基督教博学化最后一个步骤。

第三个步骤是，基督教徒，特别是建立教会的那些基督教徒，通过将基督教与旧约圣经关联起来，完成了基督教博学化过程。按照康德的分析，原初的"基督教的并非依靠其历史基础的可靠性，亦非历史记录的可获得性，而是依靠在地方任何时代可被任何人拥有的仅仅通过运用理性就可以获得的理性基础"①。然而，那些被称之为教会建立者的基督徒并不满足于此，他们企图通过将基督教嫁接在犹太历史上的方法，让基督教获得历史的深厚基础。应该承认，采用这种将基督教犹太历史化的举措传播基督教起初的确是一种聪明的办法，但是，一旦教会的建立者们把这种有效的传播手段和宣传方法纳入根本性信仰之中，"并且要么借助传统，要么从宗教大会获得律法效力，或者借助博学得到证实的诠释来扩充它们"②，那么，原本就是平信徒③也能够拥有的内在的信仰或真实的宗教情感就会所存无几，人们就只能在自己的内在信仰之外寻找宗教，基督教就必然会由一种自然宗教演变成博学的宗教。这样一来，

---

① Chris L. Firestone and Nathan Jacobs, *In Defense of Kant's Religion*, p. 224.
② 〔德〕康德：《纯然理性界限内的宗教》，第 170 页。
③ 平信徒（Layman），即基督教中没有圣职的人，又称为教友，一般定义为"教会中未被授以圣职的成员"。平信徒是在生活中传播福音，所以，平信徒的特点就是"在俗"，他的身份也就是普通信徒。圣职人员和平信徒的分别，在天主教会和正教会（称东正教，或称正统教会，是基督教的主要宗派之一，它是与天主教、新教并立的基督教三大宗派之一）里最为明显，圣公会（英国大公教会的通称，Anglo-Catholic Church）次之。自宗教改革以来，新教教派对这分别不大重视。普世教会合一运动中，着重对平信徒的训练。天主教会圣统制中，《天主教法典》亦有规定平信徒的义务与权利。另外，可能是受到中世纪以来罗马大公教会（Roman Catholic Church，通称天主教会）的影响，平信徒一词有时也会被赋予"凡人"或"俗人"的涵义。不过，这种将神圣、凡俗做严格划分的观点其实正是宗教改革运动时的主要争议点。（参见任继愈主编《宗教词典》，上海辞书出版社，2009，第 249 页。另外请参见百度百科 http://baike.baidu.com/view/8538758.htm?fr=aladdin)

原本是一种允诺人类可以普遍地在上帝面前获得宗教义务的理性的道德宗教，现在却演化成只有通过盲目听从宗教博学者才能获得普遍的宗教义务的规章性宗教。在这种规章性宗教中，历史的偶然因素被提升为人类获得救赎的决定性因素，启示因素超越且压制了理性因素，基督教成为一种"奴性十足的信仰"。

康德对基督教博学化的分析，意在指出基督教信仰的异化的可能性，以及由于这种异化而导致的对教会的伪事奉。根据康德的看法，尽管原初状态的基督教更接近自然宗教，如果将基督教信仰中的历史性因素清除出去，基督教就是一种纯粹道德的、不掺杂任何规章在内的宗教。但是，基督教信仰在纯粹理性道路上并不能走的太久，也不会走得太远。在基督教的历史因素逐渐上升而超越并压制了基督教的理性因素后，基督教就悄然发生了变化——伪事奉进入基督教的理性信条之中，基督教因此必然发生了异化。基督教会不再拥有真正的上帝的仆人，而是拥有高高在上颁布命令的官员；教会对宗教经典的诠释不是为了纯粹理性的道德真理，仅仅是为了教会信仰之需要。就此而言，"他们以这种方式把对教会的**事奉**（ministerium）转化成为对教会成员的**统治**（imperium），尽管他们为了遮掩这种非分要求而使用了事奉这个谦虚的称号。但是，对于理性本来会是很容易的这种统治，现在却给教会造成了严重的后果，即浪费了大量的学问。因为'由于对自然盲目无知，它把整个古代世界捡来顶在头上，把自己埋葬在它下面'"①。可见，宗教中的伪事奉是真正信仰的敌人，它支持的是致力虔诚而非德性的外在信仰，而不支持源自心灵的内在信仰；伪事奉让人们凭借外部事功以邀神恩，将宗教信仰变成获得私利的工具。因此，为了回归真正的信仰，必须对宗教中的伪事奉进行批判。

第三节　事奉上帝的方式

人之所以必然在宗教信仰中事奉上帝，是因为上帝作为人之希望所系的上帝之国的创始人，它给予人以在不断进步中接近尘世中最高至善

---

① 〔德〕康德：《纯然理性界限内的宗教》，第168页。

的希望。当宗教从所有借由规章性经验所确定的信仰仪式和教会的历史性叙说中解放出来,成为借由心灵的转变而走向由恶迁善的道德革命之途后,上帝在万物之上,成为万物之主,就因为纯粹的理性原因而成为对人的神圣启示,以道德的虔敬和虔敬的教义(为了道德和出于道德义务)而敬拜上帝遂成为人的宗教义务。人承担这种的宗教义务之所以具有重要性,是因为康德一再表明,上帝的国在人间降临的最终原因就在于纯粹的宗教信仰,而纯粹的信仰活动必然包含着对上帝的事奉。按照道德宗教的诠释,事奉上帝不过是为了表明人有决心在道德上以圣洁和德行为生活的目标。然而,正像宗教会在博学化过程中腐化堕落一样,事奉也会在错误地建立敬拜与上帝关系中演变成伪事奉,为此,我们首先要了解什么是康德所说的真事奉,什么是康德所说的伪事奉。

一 真事奉与伪事奉

对康德有关事奉的相关论述进行分析可以得知,事奉关系主要是一种敬拜上帝者通过事奉行为所欲建立的、与敬拜对象之间的目的性关系,这种目的性关系通过事奉行为所遵从的原则而得到解释。一般来说,康德把事奉与善的原则联系在一起。按照著名的康德研究专家帕尔玛奎斯特(Stephen R. Palmquist)的说法,凡是将事奉放在善的原则统治下所建立的与上帝之间的关系,就是一种对上帝的直接事奉,而借助神圣的律法、以外在的行为让上帝满意和喜悦的事奉,就是一种间接事奉。直接的事奉,哪怕是通过有形的教会,只要事奉者将有形教会当作普世宗教的工具,其职责旨在为了让那些真正信仰上帝的人——那些经历内心改变而自觉遵行道德义务的人——可以接受善的指导,坚持纯粹的信仰,就是康德所赞许的真事奉[①]。否则,事奉者的事奉就不是直接对上帝表示敬虔,而是为了别的目的。也就是说,事奉虽然直接表现为面对上帝表达的虔诚,但更为重要的是通过事奉而间接实现的欲求与目的,这种事奉自然是一种伪事奉。由此可知,真事奉和伪事奉有如下明显区别:

第一,从事奉所遵循的原则上说,真事奉遵循的是宗教的纯然理性

[①] Stephen R. Palmquist, *Kant's Critical Religion*, pp. 180 – 183.

原则，即善的原则。按照道德宗教的要求，真事奉将宗教建基在道德之上，坚持理性指导下的有条件相信"启示"之原则，让启示信仰从属于宗教，而不是让启示信仰支配宗教。就此而言，真事奉不能表现为一种行动上的仪式和外在的奉献，它是一种不可见的事奉，一种心的事奉。所以，真事奉只能存在于把所有的道德义务（宗教义务）当做上帝的诫命来遵守的意念之中。与真事奉不同，伪事奉遵守的是宗教中的博学原则，它强调启示信仰优先于宗教，将道德奠基在宗教之上，"它使道德秩序本末倒置，无条件地要求人们那仅仅是手段的东西（就好像它是目的似的）。信奉那些无学识的人既不能凭借理性、也不能凭借《圣经》（就《圣经》必须首先得到证实而言）确认的信条，这种信仰将会被当做绝对的义务（fides imperata ［规定下来的信仰］），并且就这样同其他与此关联的戒律一起，被抬高到一种即使没有行动在道德上的规定根据，也作为强制性事奉能够造福于人的信仰的水平上"[①]。可见，伪事奉遵守的指向神秘的启示原则，它的事奉总是要将不可见的东西借助某种可见的东西来体现，以直观化了的、感性方式对敬拜对象进行外在奉献，它重视的不是源自内心真诚的敬拜，而是这种敬拜行为所表现出来的仪礼形式和外在的奉献。

帕尔玛奎斯特用一个具体的事例惟妙惟肖地将真事奉和伪事奉之间的区别说了出来。这个例子是这样的：人们可以想象自己在自己最喜欢的饭馆吃饭，服务员A服务规范，特别是能够严格按照所点菜品的质量为顾客提供美食，但却从不对着顾客微笑或从事与顾客进行友好的谈话；相反，服务员B一直保持对顾客保持着微笑并与顾客热络地聊天，但最终却不能保证提供食物的质量（如让热菜变凉），并大意地将别人的订单送到了你的餐桌。友好的态度、良好的服务显然是受欢迎的，但这是不够的，一种真正的服务还包含比这些更重要的东西。在这个事例中，服务员A执行了"真正的服务"，尽管没有充分显示出对顾客的友好；而服务员B却执行了"伪服务"，且用"伪服务"替换了（友好）良好的服务（按照规定的服务目的和顾客的要求提供服务，如正确上菜

[①] 〔德〕康德：《纯然理性界限内的宗教》，第168页。

等)①。帕尔玛奎斯特所举例子极为形象地说明，真正的服务不是只关心服务行为如何符合外在的形式要求，而是要关心服务的目的，使自己的服务与服务的目的性规定和规范要求相一致，而"伪服务"则只有间接的价值，并且是出自对他方（权威者）意志非理性遵从的一种表演性行为。两种服务行为相比较，可以确定地说，一个在外在表现方面有欠缺的行为，只要满足了服务的目的和规范要求，就是真正的服务。宗教上的真事奉和伪事奉作为一种服务上帝的行为，其判断标准与判断餐馆服务员是否为顾客提供了真服务还是伪服务并无二致。

第二，从事奉本身来看，宗教上的真事奉指向一种善的生活方式，它表现为一种能够在道德上直接让上帝喜悦的敬诚。这就是说，即便人们事奉上帝是为了将这种支配人们命运的、强大的、不可见的力量引导向人们的利益，但是也不能借助与这种伟大力量外在地建立关系的方式达成愿望。如果那样做的话，就是将上帝当成实现自己福祉的工具。人们通过事奉让上帝喜悦，并不是出自一个道德存在者的道德完善之需要，而是出自一个感性存在者的世俗幸福生活之需要。在康德看来，人们对上帝的事奉，如果本身不包含让上帝喜悦的道德因素，而人们却又把这种事奉当成争取上帝对自己直接喜悦的行动，并进一步功利地将其作为实现自己愿望的手段，那么，这种事奉就是一种伪事奉。相对于这种伪事奉，对上帝的真事奉具有以下特点：

1，对上帝的真事奉出自一种纯粹的道德意念。在康德看来，从通古斯萨满到同时治理教会和国家的欧洲高级教士，从乌古伦人和康涅狄克州的高级清教徒以及公理会教徒，尽管在信仰形式及其表现方面有着等级差别，风格有着巨大差异，但却没有原则上的巨大差异——即在对上帝的事奉上，他们处于一个等级；即他们统统将所谓规章性教义、外在的任意诫命、与道德无关的仪式仪礼以及通过强制、恐惧逼迫、感恩谄媚等当做事奉神的手段，独独没有把造就一个更善的人这种事情放进对上帝的事奉之中。所以，"惟有那些认为只能在一种善的生活方式的意念中发现对上帝的事奉的人，才通过超越到一种截然不同的、远远高于前

---

① See Stephen R. Palmquist, *Kant's Critical Religion*, p. 180.

者的原则而与上述的人区别开来"①。可见,人是凭借自己的善的道德意念以及出自这种意念的行为而让上帝所喜悦的。也就是说,人作为道德的理性存在者,"他们凭借自己的理性就会轻而易举地相信,获得它②喜悦的条件必须是自己在道德上善的生活方式,尤其是作为这种生活方式的主观原则的纯粹意念"③④⑤。

2,对上帝的真事奉表现为一种本身就具有道德性的行动。康德提出这样一个问题:真事奉是一种出自纯粹的道德意念而奉祀上帝的行动,"但是,最高的存在者也许在此之外还愿意以这样一种方式被事奉,这种方式是我们单凭理性所不能认识的。也就是说,要凭借这样一些行动,我们虽然从这些行动本身看不出任何道德的东西,但它们却或者是由最高的存在者所要求的,或者是仅仅为了证明我们对它的顺从而由我们任意地采取的。在这两种行事方式中,如果它们构成了系统地安排好的各种活动的一个整体,那么,这些行动就在根本上建立起了对上帝的一种事奉。"然而,这里的问题是,一种行动是对上帝在道德上的事奉,这种行动直接让上帝喜悦,因而是一种真事奉,这没有任何问题。关键是,一种行动本身没有道德价值,但它却能够被用于促进行为中善的因素,就此而言,这种行动作为促成善的行动的手段而让上帝喜悦,那么,这种行动能被看作是真事奉行动吗?问题的复杂性还在于,一种行动不仅是有酬报的事奉,而且是因为自身缘故而让上帝喜悦,这种行动会因为不是自由的事奉而属于计酬的事奉,失去真事奉之资格吗?由于存在这种情况,所以康德认为,"对上帝在道德上的事奉就不能被承认为一切喜悦在人身上的最高条件(一切喜悦已经包含在道德性的概念之中了)。因为在这种情况下,没有人会知道,在眼前的事件中,为了据此对自己的义务作出判断,什么样的事奉是更有价值的;或者,它们是如何相互补充的"。但是,无论情况多么复杂,有一点是清楚的。依据康德的观点,只有本身具有道德价值的行动才是真的事奉行动,而那些仅仅作为其他善的行动实现道德价值之手段的行动,不能为上帝所直接喜悦,因

---

① 〔德〕康德:《纯然理性界限内的宗教》,第180页。
② 即上帝——引者注。
③④⑤ 〔德〕康德:《纯然理性界限内的宗教》,第180~181页。

而这种行动就其自身来言不是真正的事奉上帝的行动。康德本人这样说：

> 自身没有任何道德价值的那些行动，只是就它们作为手段用来促进在行为中直接善的因素（促进道德性）而言，**即为了在道德上事奉上帝的缘故**，才必须被认定为是上帝所喜悦的。①

伪事奉与真事奉针锋相对。我们把出自善的道德意念而做出的、自身就具有道德价值的、对上帝的敬虔行动称之为真事奉；相应地，定义伪事奉的基本原则就是这样一个不证自明的命题："**凡是人自认为为了让上帝喜悦，除了善的生活方式之外还能够做的事情，都是纯然的宗教妄想和对上帝的伪事奉**"②。可见，伪事奉就是一种宗教妄想③，是一种根据规章性宗教而采取的一种自以为是的对上帝的崇敬，而这种崇敬与真正的、由上帝自己所要求的事奉恰恰背道而驰。康德具体分析了伪事奉作为一种宗教妄想所带来的宗教幻象。

在康德看来，伪事奉所造就的宗教妄想，最为典型地表现为把对上帝的事奉转化为一种纯然的物神化（fetishism）。这意味着，一个人对上帝的事奉，并直接获得上帝的喜悦，并不是凭借善的生活方式这样一种积极的意念，而是试图借助某些仪式使得自己得享一种超自然的帮助以弥补自己的无能，"并且出自这一意图认为可以凭借一些虽然

---

① 〔德〕康德：《纯然理性界限内的宗教》，第181页。
② 〔德〕康德：《纯然理性界限内的宗教》，第174页。
③ 在《纯然理性界限内的宗教》第四部分第二章一开篇，康德提出"宗教妄想"这个概念，并加了一个小注对"妄想"概念进行了诠释。康德指出，"妄想是错觉，即把一件事物的纯然表象与事物本身视为等同的。例如一个守财奴就会产生吝啬的妄想，他把只要自己愿意就可以使用一下自己的财产这种表象，视为自己从不使用这些财产的十足的替代品。荣誉妄想重视他人的赞扬，而他人的赞扬其实只不过是对他的（也许内心根本没有的）敬重的外在表象而已，本来他只应该把这种看重放在对他的敬重本身之上。属于此类的还有对头衔和勋章的追求，因为这些东西也只不过是一种对别人拥有优越地位的外在表象罢了。因此，甚至疯狂也有这一称谓，因为它惯于把（想象力的）纯然表象，当做事物本身在场那样来评价。——关于拥有一种达到某个目的的手段的意识（在使用那个手段之前），只不过是在表象中拥有那个手段罢了。因此，满足于这种意识，就好像它真能代替对手段的拥有似的，这是一种实践的妄想。这里所谈的仅仅是这种妄想。"（〔德〕康德：《纯然理性界限内的宗教》，第171页注释①）

没有任何直接的价值、但却可以作为手段来促进那种道德意念的戒律"①，来装饰自己行动的道德性，以便讨好（伪事奉）上帝，满足自己的功利需求。因此，这种事奉上帝的行动，与行为者的内在道德意念无关，它完全是因为伪事奉者有感于自己的自然无能，希望通过自己的表演性行为和外部的物质奉献来讨好某种超自然的东西。也就是说，伪事奉者"不是指望某种由人（通过影响上帝的意志）**造成的**东西，而是指望某种**接受到的**东西，某种他可以希望、但却不能造成的东西"，证明自己"拥有一种通过完全自然的手段来造成超自然的作用的技艺"（类似魔术），来争取上帝对自己的直接喜悦②。由此可见，这种体现为物神化的伪事奉，既是一种把上帝当作手段的事奉，也是一种只为了满足事奉者想象的私欲的事奉，更是一种诉求于超自然作用的事奉。

在事奉上帝问题上之所以会出现物神化，主要原因就在于对宗教本质的错误理解。在批判哲学视域内，宗教所包含的法则无非就是一些道德的实践规则，这些法则由纯粹理性启示出来，具有无条件的必然性。但是，这种对宗教的理性诠释常常为博学的启示宗教所混淆，理性的信仰因之异化为规章性的启示信仰。而"谁把遵循规章性的、需要有一种启示的法则，作为宗教所必需的，并且不是仅仅作为道德意念的手段，而且还作为由此直接让上帝喜悦的客观条件置于前面，把对善的生活方式的追求置于这种历史性的信仰之后（而不是认为这种遵循作为只能**有条件地**让上帝喜悦的东西，必须以惟一**绝对**让上帝喜悦的善的生活方式为准则），他就把对上帝的事奉转化为一种纯然的**物神化**，实行了一种伪事奉"③。由此可见，伪事奉本质上是颠倒了纯粹的宗教信仰（这种信仰奉善的生活方式为圭臬）和历史性的信仰（这种信仰以规章化的诫命、戒律、仪礼等为根本）的次序，历史性的信仰原本不过是纯粹的宗教信仰的象征性体现和促进手段（实现善的道德意念的工具），却被当做了目的本身。

---

① 〔德〕康德：《纯然理性界限内的宗教》，第182页。
② 〔德〕康德：《纯然理性界限内的宗教》，第181~182页。
③ 〔德〕康德：《纯然理性界限内的宗教》，第183页。

由于这种颠倒，伪事奉必定会陷入一种宗教妄想之中。也就是说，伪事奉者对于自己所凭借的超自然的东西既没有自然的能力，也没有一种道德的接受能力，但他却幻想自己可以凭借与道德毫不相干的自然的行动，即或凭借祈祷的仪式礼仪，或凭借认信一种有酬报的信仰，或凭借教会的清规戒律等诸如此类的东西，来事奉上帝，犹如使用魔术来召唤神灵的帮助。如此一来，所谓的事奉就不是一种自由的、道德上的事奉，而是一种地地道道的伪事奉。这种伪事奉"加之于人的就不是上帝的儿女的自由，而是一种法则（规章性法则）的轭具；这种法则由于无条件地迫使人们信仰某种只能历史地认识、从而并非对每一个人来说都是有说服力的东西，所以是一种对于有良知的人们来说可能比加给人们的虔诚戒律的全部废物还沉重得多的轭具"①。

如果这种物神崇拜在一个教会中占据了统治地位，那么，这种教会制度就是所谓的教权制。教权制的出现意味着伪事奉在宗教中盛行而成为教会共同体所接受的信仰方式，并给人们的良知加上了不堪忍受的重负。因为，在教权制中，物神崇拜多种多样，机械呆板，它不仅排挤了所有的道德性，而且排挤了宗教自身，听任专制性诫命、表演性礼仪、各种清规戒律占据宗教的中心，成为宗教的基础和本质。如此一来，教权制强加给人的不是对道德法则的敬重，而是强制性事奉，规制人们顺从地屈服于某种规章。更有甚者，无论教会的体制（教阶制）是君主制、贵族制还是民主制，教权制总是一种专制的体制，独自掌管宗教信条，放逐理性，凭借对心灵的影响而操纵群众，培养顺民，剥夺群众的道德自由，目的是为了在民众习惯了的无条件顺从中捞取自己的好处。可见，"这种虚伪的习惯不知不觉地葬送了臣民的正直和忠诚，使他们变得乖巧起来，甚至在公民义务中也成为假事奉，并且和所有错误地设定的原则一样，造成的恰恰是预期的东西的反面"②。

康德通过对事奉的分析，透视了现存的人类信仰状态。可以说，康德对真事奉的强调和对伪事奉的揭露与批判，意在把善的生活方式引入人类的信仰之中，同时又把预防或者消除宗教妄想当做一个严肃的理性

---

① 〔德〕康德：《纯然理性界限内的宗教》，第183页。
② 〔德〕康德：《纯然理性界限内的宗教》，第185页。

任务提出来。人类理性首先要探明宗教妄想和伪事奉的主观根据，以便有朝一日用理性彻底清除对上帝的伪事奉和宗教妄想。

二 伪事奉的主观根据

神人同形同性论被康德指认为伪事奉和宗教妄想的主观根据。

在康德看来，如果人们仅仅是为了讨论最高神的本质及其表现，且这种讨论并不涉及义务等概念的话，神人同形同性论不过是理解上帝的一种理论，并没有任何危害。但是，如果从人与上帝的意志间存在的实践关系，以及从人的道德本性上看，神人同形同性论就是一种极其危险的理论。人们至少可以从两个方面理解神人同形同性论在实践上可能带来的危害。其一，神人同形同性论对上帝的理解与通常对上帝所做出的理性理解相反对，它不是从纯粹理性角度将上帝理解为一种实践理性的公设，是为了道德而需要的理性理念，而从拟人化角度将上帝理解为一种全知全能全在的存在者，与人同一形象，同一性格，是人最完美的体现，亦是人的最高典型，具有楷模性、典范性的特点。对上帝做出这样的理解对于偶像崇拜的宗教的提升无疑具有重大意义，而对于致力于道德完善的宗教则会构成严重的伤害。其二，"神人同形同性论的形象化描述在人类的心中提升了这样的观点：上帝与尘世的统治者一样。并且，就宗教的神圣事奉其基础类似于世俗膜拜而论，上帝的这些形象的推广就将产生引导偏离理性宗教的潜在危险"[1]。这就是说，上帝在相信神人同形同性的信仰者眼里，是信仰者自己为自己创造出来的一个神——这个神是一个功能神。信仰者创造出这个神，不是为了自己的道德生活，而是为了满足自己的种种欲望。信仰者相信，他们"轻而易举地就可以争取他为我们谋利益，从而免除那种对我们的道德意念的内核有影响的艰辛而又无止境的烦劳"[2]，这样信仰者就可以超越自然加于自身的限制，而借助超自然的力量而满足自己的利益追求。神人同形同性论在实践上所导致的这些危害，也正是它致力加之于上帝身上的实用功能。为了能够在信仰中得到上帝的这种眷顾，信仰者给自己制定了这样的原理：

---

[1] Chris L. Firestone and Nathan Jacobs, *In Defense of Kant's Religion*, p. 229.
[2] 〔德〕康德：《纯然理性界限内的宗教》，第172页。

"借助于我们仅仅为了让神灵喜悦所做的一切（即使它们丝毫无助于道德性，只要它们不那么直接违背道德性就行），我们作为顺从的、并且恰恰因此也是上帝所喜悦的臣民，而向上帝证明了我们的事奉意愿，从而也就（in potentia［潜在地］）事奉了上帝"①。

一般来说，为讨好上帝所进行的外在事奉，看重的是上帝对事奉者所施予的神恩（仁慈）。这些神人同形同性论的信仰者有着这样的宗教妄想：上帝就像人间的最好的统治者，其身上聚合了立法的严明、仁慈的关爱和铁面无私的公正。英明的人间统治者并不会单独地使用它们，力求每一种优秀的品质（统治者的德性）对臣民产生道德影响，以提升臣民的道德性。实际上，英明的统治者是混合地使用这样三种优秀的品质，但对臣民的仁慈即关爱显然是更为基本的品质，人们可以尝试着用这个品质来统合其他两个品质。与人间英明的领导者相类似，上帝也具有三种属性：神圣（圣洁）、仁慈（神圣）和正义（公正）。正如我们可以用仁慈来统合一位优秀的人类统治者所具有的其他两个品质那样，当我们用人间的统治者比类上帝时，同样可以用上帝的第二种属性——神恩（仁慈）来统合其他两种属性。这样，信仰者就陷入一种自欺之中，"作一个好的仆人，这是费力劳神的（在此总是只听到说义务）。因此，他宁可作一个宠儿，这时，他的许多事情都可以得到宽恕，或者，即便他过于严重地违背了义务，也可以凭借某一个在最高的程度上蒙恩的人的调解来补偿一切。"②

人们把希望寄托在神恩之上。为此，为了获得上帝施予自己的仁慈的关爱，人们往往借助各种牺牲行为（无论是物质上的献祭，还是精神上的自虐）去获取上帝对自己的超自然援助，保证自己可以获得相应的回报。也就是说，希望得到上帝神恩眷顾的人认为，"牺牲（忏悔、苦行、朝圣等诸如此类的东西）在任何时候都被看做是更为有力、对上天的神恩更有影响、更适用于涤罪的，因为它们有助于更强烈地证明对上天意志的无限制的（尽管不是道德上的）臣服。这样的自虐越是无用，越是不以人在道德上的普遍改善为目的，就越是显得圣洁。因为正是由

---

① ［德］康德：《纯然理性界限内的宗教》，第172页。
② ［德］康德：《纯然理性界限内的宗教》，第206页。

于它们在这个世界上毫无用处,却又耗费气力,才显得是仅仅以证明对上帝的献身为目的的"①。实际上,这些为获得神恩而做出的牺牲行为不过是一些邀恩手段,它直接扭曲了理性在宗教信仰上的正确使用。因为,依照神人同形同性论在实践上的这种表现,宗教信仰活动中的非道德仪式、象征性视觉符号和实际发生的献祭行动,经常被解释为取悦于上帝的方式,它不仅实际上无助于信仰者的道德性纯洁与提升,而且还鼓励人们以投机心理对待宗教的敬拜对象。可见,这些宗教事奉活动中的道德缺陷十分明显,它远离理性且指示出信仰者盲目服从的迷狂与热情。这种宗教迷狂与热情最终将转换为宗教妄想,使信仰者陷入虚假信仰之中。康德对此给出了如下批评,他指出:

> 在这里,表现出对一种做法的倾向,这种做法自身没有任何道德价值,而只能作为手段把感性的表象能力提高到伴有理智的目的,或者当这种能力可能与理智的目的理念背道而驰时对它作出压抑。然而,我们却根据自己的意见,赋予这种做法以目的自身的价值,或者换句话说也一样,我们赋予接受献身于上帝的意念的心情(被称做虔诚)以这种意念自身的价值。因此,这种做法只不过是一种宗教妄想,这种妄想可能会采取各种各样的形式,在其中的一种形式上,它可能会显得比在另一种形式上更近似于道德。但是,无论在什么样的形式上,它都不只是一个无意中的错觉。相反,它甚至还是一个准则,即把自在的价值不是赋予目的,而是赋予手段。而由于这一准则,这一妄想在所有的形式中都同样是背谬的,并且作为欺骗的隐秘偏好,都是应受谴责的。②

三 伪事奉的典型表现:邀恩与蒙恩

伪事奉的直接对象是上帝,事奉的直接目的是为了获得神的恩典,而终极目的则是私利的满足。因此,伪事奉特别看重宗教的外部经验,

---

① 〔德〕康德:《纯然理性界限内的宗教》,第 173 页。
② 〔德〕康德:《纯然理性界限内的宗教》,第 173~174 页。

希望通过外部经验的不断验证，找到直接获得的上帝喜悦的虔敬方式，在"敬奉－上帝－蒙恩－福报"之间建立可以经验再现的联络方式，以便在获取神恩方面洞开方便之门。

按照康德的分析，伪事奉之所以异化为邀恩的一种手段，原因恰恰在于上帝恩典的隐秘性。在康德看来，宗教所指向的终极目的是至善，也就是德福一致的永福。对于人来说，实现永福的前提条件是以德配福，即过一种善的生活方式是至善能够实现的前提条件。康德将人按照自由律独立地选择善的生活方式的善行称之为本性，而将借助超自然的帮助获得过善的生活方式的行动称之为神恩。对于人来说，从本性上选择善的生活方式毫无神秘可言，它是人的自由意志的一种行动，其根据在于人自身，在于人能够理性地认识到道德法则并且能够自主地遵从道德法则而行动。但是，对于神恩，理性却无能为力。神恩没有可见的、可把握的导线，因此，"**神恩**是否以及什么时候在我们里面起作用，以及起什么作用和起多大作用，对我们来说仍然完全是隐秘的。而理性在这方面，就像在一般的超自然事物（道德性作为**圣洁性**就属于此列）那里一样，对于它的发生所遵循的法则一无所知"[①]。

尽管对于神恩以及人什么时候和什么条件下需要神的恩宠我们一无所知，但是我们十分清楚处理人与神的恩宠之间的关系所应遵守的普遍规定，那就是："凡是本性在我们里面不能造成的，只要我们尽可能地运用我们的本性（即我们自己的力量），神恩就将会造成它"[②]。除此之外，我们决不能期望神恩做任何别的利用。我们必须清楚神恩是一个超越的理念，是一种神圣的东西，人们只能对它敬而远之，以避免以神恩的名义制造宗教妄想，或者听凭自己的惰性，盼望着天上掉下馅饼，在神的恩宠中幻想满足自己不切实际的私欲。就此而言，神恩不过是一种具有手段作用的媒介，是为了让人能够配得上天的帮助而改善自己的道德品质的促动因素。神恩让人更容易"接受本来不为自己所支配的、使这些道德性质符合上帝的喜悦方面的完善"[③]，这就是说，祈求神恩，目的是为了人的道德性存在，对于上帝的事奉也应当与这个目的相适合。因为，

---

① 〔德〕康德：《纯然理性界限内的宗教》，第 196 页。
② 〔德〕康德：《纯然理性界限内的宗教》，第 197 页。
③ 〔德〕康德：《纯然理性界限内的宗教》，第 197 页。

第七章 回归真正的信仰

就其精神实质和真实涵义而言，对上帝的事奉不过意味着"一种专注于在我们里面和我们之外的上帝之国的意念"，它可以理性地划分为对义务的四种遵循方式，并且它们各自还配有与它们原本没有必然联系的各种仪式以作为它们的图型，以感性的方式唤醒和保持我们对真正事奉上帝的注意力。这些立足于促进道德上善的感性的手段分别是："（1）**在我们自身里面坚定地**确立这种善，并且反复地在心灵中唤起它的意念（私下默祷）；（2）通过在法定的礼拜日公共聚会来**向外扩展**这种善，以便让人在那里宣读宗教教义、表达愿望（以及诸如此类的意念），并且普遍地相互传达这些东西（前往教堂）；（3）通过把新加入的成员接纳入信仰团契，而把这种善**灌输**给后代，这也是使他们在其中受到教导的义务（在基督教中就是**洗礼**）；（4）通过反复举行的公共仪式**维护这个团体**，这些公共仪式使这些成员们结成一个伦理实体的那种联合，也就是按照彼此之间权利平等和共享道德上善的成果的原则的那种联合得以存续（领圣餐）"①。

然而，现实中总是一些不以道德完善为目的的宗教信仰者，他们幻想用可见的宗教感性活动来体现不可见的非感性的超越理念，而他们的宗教感性活动不是为了造就更善的人，而是把这些宗教的感性活动当做邀恩手段，祈求通过这些活动而获取上帝的恩宠。于是，他们认为上帝所喜悦的就是这些表达义务的图型，只要按照这些图型所表达的形式事奉上帝，就能够获得上帝的恩宠，上帝的恩典就会满足人们在自然条件下不能满足的愿望。这些人是将本来用于道德完善目的的仪式、手段，当成了邀恩手段，这是一种典型的自欺行为。这种自欺行为不仅庸俗而且对真正的宗教贻害无穷，它直接导致"物神崇拜"，其对上帝的事奉就是伪事奉，纯然属于一种情感的狂热妄想。就此，康德分别对其进行了批判。

第一，关于祈祷。康德指出："**祈祷**被设想为对上帝的一种**内在的、按照程式的**事奉，从而被设想为邀恩手段，它是一种迷信的妄想（一种物神化）。因为它纯然是对一个存在者**宣告出来的愿望**，而这个存在者却不需要对愿望者的内在意作出任何宣告。"② 因此，可以把祈祷的精神实

---

① 〔德〕康德：《纯然理性界限内的宗教》，第198页。
② 〔德〕康德：《纯然理性界限内的宗教》，第200页。

质解释为一种让上帝喜悦我们的一切所作所为的愿望表达，这种愿望表达或采用内心默祷方式，或者借助语词宣告出来。如果祈祷是借助上帝的理念对祈祷者内心发生作用，即让自己得到一种充分的精神振奋，使得自己的道德意念连续不断地得到净化和提高，这种祈祷就是真诚的，有着一种升华灵魂的力量；这种祈祷多表现为内心默祷，它具有在祈祷者内心中振奋其道德意念的手段作用，与上帝的喜悦没有直接联系。而如果祈祷试图借助语词对外宣告出来，并借此对上帝产生作用，那么祈祷就成为人们讨好上帝的方式。因为在这种行为中，祈祷者认为上帝可以被他们所打动，并就此恩宠他们。退一步说，即使这种祈祷对上帝没有作用，上帝没有临在，也没有眷顾他们，他们也没有什么损失。这种语词宣告的祈祷伪称是与上帝直接交谈的手段，借助这种手段来获取上帝赐福，满足自己的愿望。由此可见，语词宣告的祈祷并没有任何内在价值，不过是祈祷者通过想象力还幻出来的邀恩手段，它"是对上帝的虚伪的崇敬，而不是对上帝的一种实践上的事奉"①。

第二，关于前往教堂。这是在一个教堂中对上帝隆重举行的一种外在事奉。在康德看来，教堂是信徒团契信仰的安居之处，它是信众团体的感性体现。在教堂中，教众可以接受信仰的洗礼，是教众个体接受陶冶的媒介、手段，进入教堂因此是每一个以上帝之国公民身份出现的真正教徒所应承担的义务。然而，如果教堂不将自身保持为上帝的圣殿，而异化为偶像崇拜的场所，那么，信众们就会把前往教堂当做邀恩的手段，他们在教堂中向上帝献祭、敬奉上帝，不过是为了通过这种事奉从上帝那里讨得好处，并且自欺地认为在教堂中进行的庆典越是庄重，上帝赐予的特殊神恩就越是丰厚。康德斥责这种事奉是一种妄想，他指出："它虽然与一个**政治共同体**的**好公民**的思维方式和外部体面是一致的，但作为**上帝之国中的公民**，这种妄想不仅不能对他的品质有所增益，而且还会败坏它，用炫目的色彩在他人眼前、甚至在他自己的眼前，掩饰其意念的道德上恶劣的内容。"②

第三，关于加入教会团契的庄重典礼（在基督教中是通过洗礼）。

---

① 〔德〕康德：《纯然理性界限内的宗教》，第 204 页。
② 〔德〕康德：《纯然理性界限内的宗教》，第 205 页。

这是一种接纳教会成员的一种仪式，是一种有意义的庆典。这个庆典的意义是一次确认，即通过这样一次仪式，或者确认加入者应承担的重大责任，或者确认保证者应承担的重大责任。加入者应该能够有自我确认信仰的能力，而保证者应该具有在信仰方面担承教育加入者的能力。庆典的意义还在于，它能够借助神圣的东西把一个人塑造为神圣国家的公民，但不能被理解为邀恩的手段。如果夸大庆典的作用——如最初的希腊教会将洗礼庆典夸大解释为可以涤清一切罪孽的仪式——，庆典就成为一种宗教妄想，这种宗教妄想与异教的迷信就具有了亲缘性。

第四，关于"根据**平等**的法则为庆祝**这个教会团契的复兴、存续和传播**，而反复多次举行的**庆典（领圣餐）**"①。康德认为，以领圣餐这个庆典为例，这个伟大的庆典包含着某些伟大的东西，"这种东西把人们狭隘的、自私的和难以共处的思维方式——尤其是在宗教事务中——扩展成为一种世界公民的**道德团体**的理念。而且，这种庆典也是振奋一个团契，使它达到在其中体现的兄弟之爱的道德意念的一种好手段"②。但是，如果要在这种特殊的庆典中发现上帝的神恩，或者认为通过这种庆典能够通过感性活动来体现不可见的非感性的超越理念，从而获得上帝的直接喜悦，那就把领圣餐这种庆典变成了一种邀恩手段，从而演变成了一种宗教妄想。于是，领圣餐庆典就背离了宗教事奉的精神实质，成为宰制心灵的手段与工具。

总结前述，可以看出，宗教事奉一旦变成邀恩手段，原本作为促进道德上善的感性的手段的各种仪式，也就成为对上帝虚伪崇敬的一种感性体现。这些感性体现颠倒了德性与蒙恩的关系。就像康德所说的那样："从蒙恩前进到德性并不是正确的道路，正确的道路毋宁说是从德性前进到蒙恩。"③

四　宗教事奉的道德根据

批评之后自然是建设性的思考。为此，康德接下来讨论了与宗教妄想相对立的宗教的道德原则。对宗教的道德原则的讨论，实际上是要回

---

① 〔德〕康德：《纯然理性界限内的宗教》，第205页。
② 〔德〕康德：《纯然理性界限内的宗教》，第205页。
③ 〔德〕康德：《纯然理性界限内的宗教》，第207页。

答这样一个问题：如何理性地获得神的恩典。换句话说，神恩降临与道德行为之间如何能够内在地联结在一起。通过对这个问题的回答，构筑通达真正的宗教事奉之路径。

康德将真的宗教事奉与善的生活方式联系在一起，将伪事奉界定为**"为了让上帝喜悦，除了善的生活方式之外还能够做的事情"**①。伪事奉的践行者将这些能够做的事情与上帝的允可以及为上帝所喜悦联系在一起，认为人之所以做这些事情以取悦上帝，是因为上帝的最高智慧向人们启示了如此去做的奥秘。在他们看来，教会将如此去做的奥秘归结为启示，并"认为**信仰**像《圣经》故事给我们叙述的这种启示，并（无论是内在地还是外在地）**认信**这种启示，本身就会是我们让上帝喜悦自己所凭借的东西"②。

但是，在康德看来，这种将伪事奉与上帝作为最高智慧的启示联系在一起，为自己的外在敬虔做合法性辩护的做法在理性上站不住脚，它是一种危险的宗教妄想。因为，这种意见将对上帝的敬虔诠释为由一种威迫（害怕失去利益）或者诱惑（能够获得奖赏）之下的行为，与内在的认信毫无关系，一个内在虔诚而持守真正宗教信仰的人是不会接受这种明显的利益交换式敬拜形式。在真正的信仰者看来，这种敬拜形式将信仰功利化，其要义是向最高智慧要求对自己的事奉而施予相应的回报；而事奉沦陷为事奉者为得到一种消灾解厄、得利获福的超越的力量之帮助的贿赂行为，而这样做的结果终将自己变化成神棍的奴隶。所以，在真事奉者那里，他将伪事奉看作是多余的事情，一种强制性的敬拜行为，与自己的良知相冲突的事情。真事奉者听从内心的道德召唤，认为遵循尘世中与善的生活方式相关联的道德法则就是事奉所需做的事情；真事奉者总是以内在的良知良能面对上帝，这是在宗教信仰中实践上必然可能而在理论上建立神恩与事奉之间理性关系的唯一方式。康德进一步给出了以下三个方面的论证。

首先，事奉是一种实践行为，而不是认知行为，所以，"它宣布，谁为了（至少在向完全符合法则的不断接近中）履行自己的责任，而以真

---

① 〔德〕康德：《纯然理性界限内的宗教》，第174页。
② 〔德〕康德：《纯然理性界限内的宗教》，第174页。

诚的、奉献于义务的意念做他力所能及的事情，他就可以希望最高的智慧**以某种方式**（这种方式能够使这种不断接近的意念成为始终不渝的）补上他力所不能及的事情。"① 这就是说，神恩与事奉之间在理性上无需存在一种认知性联系，理性不强求规定通过对上帝启示的认知而按照认知要求去行动。实际上，上帝充其量有可能在一种象征性的表象中将自己的智慧要求启示出来，但在象征性表象中，我们能够理解的只是实践性的东西；而在理论上，我们并不能在上帝恩典与人之事奉之间确立一种逻辑关系。职是之故，康德指出，如果按照教会的说法，我们能够准确地知道上帝的恩典，即上帝为弥补人类的道德缺陷所采取的方式，并对那些对此一无所知，因而不能认信和接受上帝的恩典，并将其当做宗教原理的那些人给予永久谴责，那么，是那些信赖上帝的恩典却不知道自己希望的东西如何发生的那些人是真正的信仰者呢？还是那些有认知冲动，但在对上帝的恩典没有认知情况下就放弃一切希望的人是真信仰者呢？在康德看来，前者信仰上帝，相信上帝必然施恩于人类，但却不以对上帝恩典的认知为其实践行动的前提；后者似乎重视对上帝启示的奥秘知识的认识，但实际上却并非如此，因为这类人想知道上帝启示的奥秘不是为了满足信仰的需要，而是为了从对奥秘的了解中找到一种讨好上帝的事奉方式，幻想以一种超自然的方式成就一种善的生活，或者为自己所造成的背离道德法则的生活找到一种救济措施。显然，后一种态度是一种假信仰的态度，这种态度实际上从第一批判开始就一而再再而三地遭到康德的批判。

其次，人们若进一步分析那种企图通过认识上帝启示的奥秘而投上帝所好，从而以一种外在的贿赂方式建立人对上帝的事奉关系的做法，就会发现它使得对上帝的事奉成为一种没有原则限制的伪事奉——只要不直接违背道德法则，就可以将信仰所要求的内在确定性放弃掉，事奉变得任意而不严肃。如康德所说，"从他不费吹灰之力的口头上的牺牲，到本来可以更好地用于人们的福利的自然财产的牺牲，直到由于他（作为隐士、苦行僧、修士）自绝于世而造成的他自己的人格的牺牲，他向上帝奉献了一切，惟独没有奉献他的道德意念。而当他说还奉献了自己

---

① 〔德〕康德：《纯然理性界限内的宗教》，第175页。

的心时，他所理解的并不是一种让上帝所喜悦的生活方式的意念，而是一种衷心的愿望，即希望那些牺牲将被接受为那种意念的代用品。"[1] 可见，伪事奉远离道德法则，与善的生活方式无关，它不是人的无条件地自愿奉献，而是有所欲求的交换式奉献。在此意义上，伪事奉所反映出来的信仰关系既不是人对于自身的一种内向度精神关系，也不是一种信仰者在自由意志前提下对道德责任的一种纯然理性的恪守。

最后，伪事奉所造成的对上帝任意妄为的敬虔，会最终使得一切奉献行为变得毫无价值和意义。因为，无论何种事奉方式差别只在外显的形式上，而在奉献的内在品性上并无二致。这种在实质上无法分出奉献价值的事奉方式，所凭借的表明自己的奉献比其他奉献更为高明的惟一的理智原则，是自认为自己的奉献方式比其他的奉献方式更容易避免所谓粗鄙的感性错误，自己的奉献方式更精巧、细致，显得更为优异。于是，对上帝的奉献变成看来在形式方面的花样竞争，而渐渐失去了其表达信仰的真正道德自由之内涵。所以，康德毫不客气地指出："无论是信徒按照规章加入**教会**，还是他前往**劳莱托**或者巴勒斯坦的圣地朝圣，无论他是用**双唇**还是像西藏人那样用一种**经转子**把自己的祈祷定式送达天庭（西藏人相信，这些愿望也能够以书面的形式写下，只要借助于某种东西推动，例如写在旗帜上借助于风推动，或者写在一个密封的盒子中作为转动机械的借助手推动，就可以同样达到其目的），无论在道德上事奉上帝的代用品是什么样的，所有这些都是一路货色，其价值没有什么两样。"[2] 正如康德所分析的那样，这个问题的关键不在于这种种伪事奉在形式上存在着差别，而在于这些伪事奉背离了信仰所要求的理性原则：要么因为事奉行为出自道德法则，仅仅因为源自善的生活方式这样一种道德意念而为上帝所喜悦；要么因为事奉行为因为虔诚的娱乐行为或者无所事事来使上帝喜悦。由于真事奉总是相关于善的道德意念而不会有所例外，因此，与真正的宗教信仰相联系的真正的对上帝的敬虔与奉献总是与德性概念和圣洁的义务概念密切相关，由此给出了我们判别真事奉与伪事奉的理性标准。这个标准在这个部分为康德不厌其烦地强调，

---

[1] 〔德〕康德：《纯然理性界限内的宗教》，第 176 页。
[2] 〔德〕康德：《纯然理性界限内的宗教》，第 176 页。

那就是道德法则、善的生活方式，或者说，纯粹地为促进世上的至善而行动——它拒绝一切靠强迫、靠利诱、靠欺骗来讨好上帝的奉献方式，无论这些方式如何诱人，如何富有感性震撼力。就此而言，教会将人凭借德性原则能够做到的叫做"本性"，而用"神恩"指称因为道德能力不足而只能希望和祈求的东西，并将二者对立起来，并自认为可以在自身中造成神恩的作用，由此导致所谓的宗教狂热。

宗教狂热是一种较宗教迷信更为极端的宗教妄想。如果说宗教迷信还遵循教会的戒律和礼仪，凭借着规章性的教义表达信仰者对上帝的敬拜，力求在宗教认可的理性范围内面对上帝释罪有所作为，只不过宗教迷信使用的是自然手段而非道德的手段而已（就此而言，宗教迷信反倒接近理性，不过因为它总是将作为手段的东西当作直接让上帝喜悦的东西而应当受到谴责）。那么，宗教狂热则仅凭借一种自认的、超感性的、与上帝进行交往的方式，就以为可以获取上帝的神圣恩典，而绝不考虑这种思维中的超感性目的是否能够达到。由是观之。宗教狂热作为极端的宗教妄想，意味着理性在道德上的死亡，而理性的死亡直接宣告宗教的死亡。这样一个残酷的结论警示人们，宗教必须建立在一些基本原则之上。康德具体指出了这些基本原则，而其中最具有根基性的原则是道德性的。康德说：

> 因此，一种教会信仰补救或者预防一切宗教妄想的基本原则是：除了它迄今为止不能完全缺少的那些规章性信条之外，它在自身中还必须包含一种原则，即把善的生活方式的宗教作为真正目的引进来，以便有朝一日能够不要那些信条。①

第四节　良知与信仰

根据上面的分析讨论，我们知道，真正的宗教信仰的理性根据必然是道德性的。康德确信纯粹理性的信仰给人以希望，教导人们通过德性

---

① 〔德〕康德：《纯然理性界限内的宗教》，第179页。

的转变来追求善，只有这样人们才能找到真正的神圣愉悦和宽恕。只要人们关注自己的道德义务，上帝就会伸出援手，赐予人们以良好的道德品性，为真正的道德希望提供根据。为此，道德宗教要求人们必须在道德生活中践行对上帝的真正事奉，唯有那些坚持在善的生活方式的意念中发现对上帝事奉的人，才能够借助为一般的人性规定的法则而纯粹在道德上崇敬上帝，并因此而远远超越且与那些坚持伪事奉的人们区别开来。如此看来，如果上帝被正确地视为一个道德存在，那么善的生活就是唯一正确的取悦上帝的方式，那些认为非道德仪式能够取悦（或者说安抚）至上的存在者的观点就是错误的。从道德地事奉上帝立场出发，必然要求：一方面，根据"德性教义"，人们应当内在地服从实践理性的道德法则；另一方面，根据"虔诚教义"，人们应当内心真诚地敬畏上帝。前者要求人们只能遵循人为自由所订立的法度，并将其作为自己行动的唯一的、充足动机，因此将人们引向一种不仅为单个人所理解，而且为所有人所崇敬的纯粹的信仰。在这种由德性教义所规定的纯粹信仰中，甚至可以没有上帝概念，人们也知道什么是应该做的，什么的行为是出自意志自由而具有道德价值的，以及什么是没有威胁逼迫和利益诱惑的纯粹宗教敬奉。后者则要求人们的虔诚①，而"**虔敬**包含了在与上帝的关系中对道德意念的两个规定：对上帝的**敬畏**就是在出自**应尽的**（臣民的）义务，即出自对法则的尊重而遵循上帝的诫命时的这种意念；而对上帝的爱则是出自自己的**自由选择**和出自对法则的喜悦（出自子女的义务）。"② 可见，虔诚包含着"敬畏"和"**爱**"两个规定性。由于"敬畏"和"爱"都是施为性情感，因此与德性教义不同，虔诚教义必然要求一个上帝概念作为"敬畏"和"爱"的对象。而这样一个最高智慧的存在，是人的道德性存在以及至善能够实现的唯一前提与根据。但

---

① 康德也谈到了虔诚的反面即"伪虔诚"，他把伪虔诚诠释为一种"奴颜婢膝"的邀恩。康德指出："伪虔诚（bigotterie devotio spuria［偏执狂、假虔诚］）是一种习惯，它不是把虔诚的锻炼放在（在履行所有的人类义务方面）上帝所喜悦的行动中，而是放在通过表现出敬畏而直接与上帝交往之中。在这种情况下，这种锻炼就必须被看做强制性事奉（opus operatum，因功生效），只不过要成为迷信，它还需要加上自以为具有超感性的（上天的）情感这种狂热的妄想罢了。"（〔德〕康德：《纯然理性界限内的宗教》，第189页注释①）

② 〔德〕康德：《纯然理性界限内的宗教》，第187页。

需要指出的是，在虔诚教义中，上帝概念不过是一个为了实践而必需的概念，这个作为最高智慧的存在为道德而存在，故不可能为理论理性所把握，既不能为理论理性所证成，也不能为理论理性所否证。上帝的存在及其本性永远在认识的视域之外，决无被理智所规定的任何可能性。就此而言，虔诚教义虽然包含了一个崇高的上帝概念，但是只是为了弥补我们在道德方面的无能为力——这种无能为力特别表现在人实现道德终极目的能力与追求上，我们才理性地推导出这个无条件的绝对概念，以理性地确认这个理性的绝对理念与我们的道德性之间的密切关联。"因此，虔敬教义不能独自构成道德追求的终极目的，而是只能被用作加强那本身构成一个更善的人的东西的手段，即加强德性意念的手段。这种加强作用在于，虔敬教义为德性意念（作为对善，甚至对圣洁性的一种追求）预示和保证了对终极目的的期望，这是德性意念所无法做到的"[①]。

康德由此区分开了虔诚概念和德性概念。与虔诚概念不同，德性概念规定着人的道德性存在的内涵，指称着人存在的自然禀赋，是一种内在的、以道德为核心的、具有卓越特征和生命力量的精神品质。所以，就像康德所说的那样，"德性概念出自人的灵魂"，无需凭借推理玄想，人在自身中就完全可以拥有它；"在德性概念的纯粹性中，在对那种意识——意识到一种我们通常从未猜测到的、能够制伏我们里面的最大障碍的能力——的唤醒中，在人类的尊严——人在自己的人格以及那种为了使人格实现而追求着的人格规定性中必须敬重这种尊严——中，蕴藏着某种升华灵魂、并导向神明本身的东西，这种神明只有凭借其圣洁性和作为德性的立法者，才是值得崇拜的"[②]。由此可见，德性教义是宗教信仰或宗教事奉的实质内涵，而虔诚教义是表达宗教信仰或进行宗教奉祀的手段，其通过虔诚而将道德宗教的要义实现出来。就此而言，虔诚必然是联系着人的道德性对上帝表达的爱和崇敬，也就是说，上帝因为能够保证人的至善实现以及维持着在世的善行而让人发自内心地敬重，而人决不能被诠释为凭借祈祷和阿谀奉承就能够得到上帝的喜悦的存在者。如果是这样，宗教就被异化为偶像崇拜，而人也就把自己的虔诚转

---

① 〔德〕康德：《纯然理性界限内的宗教》，第188页。
② 〔德〕康德：《纯然理性界限内的宗教》，第188页。

化为在一种专制地发布命令的权势面前奴颜婢膝、溜须拍马地屈从于这样一种低级庸俗的事情——此种情况的出现，终将导致人陷入恶的恐惧之中，而失去达于至善的勇气。职是之故，在真正的宗教信仰中，人虔诚地敬奉上帝，是因为德性的可能性依仗上帝。虔诚不是德性的替代品，相反，虔诚是德性的实现；人们虔诚地敬崇上帝，自由地服从道德法则，出自义务地担承在世责任，就是为了最终能够臻于至善、达成希望。从这个意义上说，真正的宗教虔诚是为了完满实现这个理想而进行的加冕礼，通过它人们就会像康德那样，在内心深处确立这样的信念："只有善的生活方式能够在神圣法官面前作为人性的普遍要求毫无保留地展示出来。因此，康德确信，唯一能够被普遍有效地坚定不移地持有的信仰就是意向哲学（dispositional philosophy），这一哲学使得原初意向成为神圣愉悦的唯一确定的来源"①。

现在的问题是，在宗教事务中，是什么将人们引向这种观念？康德的回答是良知。用良知引导宗教事务，特别是将良知用做道德决断的主观根据，而不是相反，成为康德道德宗教的核心议题之一。

康德所说的良知（Gewessen/ Conscience）首先"是一种自身就是义务的意识"，其次是一种"**自己对自己作出裁决的道德判断力**"②。良知作为一种自我指涉的义务意识，意味着良知是一种直接性的、完全内在性的义务意识，具有反身性，或者说自省性，能够在自身的意识活动中自身直接显现自身，无需借助逻辑表象来表现自身、证立自身。如果良知作为意识，必须在对象性活动中，通过一种可能呈现出来的逻辑表象被主体所把握，那么，良知就是一种有条件的意识，只有在自己能够表现为逻辑表象，并且这些逻辑表象能够被我们所反思和澄清时，才能被我们意识到。良知的无条件性和无前提性，决定了它可以直接意识到并内在服膺于这样一种伦理命令："做自己认为正义的事情"。这是一种无条件的义务意识，因为它建立在一个不需要任何证明的道德基本原理——"**切勿冒不义的风险做任何事情**"③之上。根据这个自明性的道德原理，良知发动行动并且在促动行动发生时，就对行动的正义性做出

---

① Chris L. Firestone and Nathan Jacobs, *In Defense of Kant's Religion*, p. 231.
② 〔德〕康德：《纯然理性界限内的宗教》，第 190~191 页。
③ 〔德〕康德：《纯然理性界限内的宗教》，第 190 页。

了判断，不仅直接表明只做正义性的事情之主观态度，而且确知自己的行动不是不义的。这就是说，做正义的事情是良知的一种公设，从这种公设出发，良知将判断一个行动的正义或不义的任务交给了知性，而它只是将做正义的事情当成自己的无条件的义务。

不仅如此，良知在直接获取正义意识同时，也表现为一种能够自我裁决正义之事的判断力，这种能力对于道德决断特别重要。因为这种能力，良知决不会仅仅认为一个行为是正义的就采取这种行为。良知促动一个人如此行动，只因为这样行动必定是正义的。需要指出的是，良知对正义之事的判断与认定，采取的不是理性的认知路线。也就是说，良知裁决（判断）某一种行动是正义的，依据的不是理性的认知原则——通过论证该行动隶属于某种法则，而证成该行动的正义性。良知对行动正义性的意识是一种直接的内在意识，它无须借助理性，凭借一种自明性的识见，就可以裁定行动是否具有正义性。良知对行动正义性的直接意识也是一种反身性意识，"它还把人自己推上**起诉自己**或者**辩白自己**的证人席"[1]，促使人对直接确知的行动的正义性进行自我反思和自我审视。

康德本人对良知概念并没有给出更为具体和细致的分析，在他那个时代，分析哲学式的语义分析尚未登上哲学舞台。为了将良知概念阐释的更明白，康德的做法是借助例证。康德写道："有一个异端审判官，他固执地墨守自己的规章性信仰的惟一性，甚至到了必要时以身殉道的地步。他要对一个被指控犯有不信罪的所谓异端（在其他情况下是一个好的公民）作出判断。在此我要问：如果他判决这个异端死刑，那么，人们是能够说，他是按照自己的（尽管是误入歧途的）良知作出判决的，还是不论他是弄错了还是有意做出了不义的行为，都可以指摘他完全丧失了良知呢？"[2]

康德当然把这种判决视作违背良知的行动，并通过分析其在什么意义上违背了良知而间接定义了良知概念。首先，康德指出，这个异端审判官根本不能确定自己的行为不会有不义的可能，尽管他将自己的判决

---

[1] 〔德〕康德：《纯然理性界限内的宗教》，第191页。
[2] 〔德〕康德：《纯然理性界限内的宗教》，第191页。

依据归结为一种超自然启示出来的上帝意志。但是，且不说这位审判官根本无法证立他依据处死异教徒的教义理据充分，纵然承认哪些启示出来的教义可以提供处死异教徒的充足理据，但因为一个人的宗教信仰而剥夺他的生命，依据良知，其行为毫无疑问是不义的。其次，进一步说，即使因为一种例外，上帝的意志作出了别的安排，以至于可以出于宗教信仰理由而剥夺一个人的生命，但是由于支持这种观点的论据并不理性而充分，因为这是一种将行动的合理性建立在历史性信仰之上的做法。这种做法把自己行动的正义性交由教会的规章来裁定，认为凡是出自或者符合教会规章的行动都必然具有正义性，"但这样一来，他就会冒着做出某种极其不义的事情的危险，而他在这里的行动正好就是没有良知的。对于一切历史性的信仰和现象性信仰来说，情况都是如此。也就是说，总是还留下了在其中发现某种错误的可能性。因此，不顾这种信仰所要求或者所允许的事情也许是不义的这种可能性，也就是冒着违反一种自身确定无疑的人类义务的危险而去接受这种信仰，这是没有良知的"[①]。第三，更进一步说，即使那些积极的启示法则所要求的行动是被允许的，但是，人们仍然会提出这样的疑问：教会的上层或者导师有什么权利和正当的理由把自己确信的教义当做普遍的而责成教众们遵从？人们的理性在审视这些教义的合理性上可以被忽略吗？事实上，如果教会和神职人员利用教权强迫别人相信那些不可理解且存有疑问的教义，那么，教会上层或者所谓导师就是在违背良知做事，这些教会上层及其导师就"必须为从这样一种强制性的信仰中产生的滥施强暴负责"[②]。

　　由此可见，良知应用到宗教事务中，既反对对规章性教义的盲信，也反对教会权威对教众理性的宰制，还反对以教权这样一种强制性力量对信仰自由的干涉；良知意味着在信仰和宗教事务中坚持和捍卫自由立场。这样，康德就提出一种与流行的所谓宗教事务中的安全准则——清除一切宗教认信中的不诚实是确保宗教信仰安全的基本原则，这是完全不同的另外一种宗教安全准则。因为，依照旧有的宗教安全原则，人们并不能达成对宗教信仰之教义的确信，反倒会导致信仰者认信和行动之

---

　　① 〔德〕康德：《纯然理性界限内的宗教》，第192页。
　　② 〔德〕康德：《纯然理性界限内的宗教》，第192页。

间的分离与对峙。如康德本人所说的那样："一部信经的作者，或者一个教会的导师，甚至每一个人，——就他据说在内心中向自己承认确信一些信条是上帝的启示而言——如果他们扪心自问：你敢在知人心者的临在中，冒着丧失所有你认为宝贵和圣洁的东西的危险，来担保这些信条的真实性吗？那么，我将必须对人的（至少不是完全无能为善的）本性形成一个很糟糕的概念，才不会预见到，即便是最大胆的信仰导师，也必然在这里不寒而栗。"① 基于这种识见，康德提出了一种新的、真正的、惟一能够与宗教相统一的宗教安全准则。康德这样表述这个新的准则：

> 作为永福的手段和条件，凡是不能凭借我自己的理性，而是只能凭借启示为我所知，并且仅仅借助于一种历史性的信仰才能为我认信，但除此之外与纯粹的道德基本原则并不矛盾的东西，我虽然不能相信并且保证它是确定无疑的，但也不能把它当做肯定错误的东西予以拒斥。不过，虽然就这方面而言并未规定什么，但我仍然期望其中能够包含着某种能为人降福的东西。如果我不由于缺乏对一种善的生活方式的道德意念而使自己不配享它，它就会给我带来好处。在这一准则中，蕴涵着真正的道德上的安全，即面对良知的安全（对一个人不能要求更多的东西）。②

总之，在良知指导下的宗教信仰，以自由信仰和理性信仰为底色，两种信仰——历史性信仰和纯粹理性信仰——之间的紧张得以化解。一方面，对于不与道德法则相冲突的历史性信仰，可以相信而无须拒斥；另一方面，对于与善的生活方式完全配适的纯粹理性信仰，不仅要真诚信仰，而且还要在现实中践行这种信仰，按照道德法则的要求行动，以使自己得以配享上帝的神圣恩典。由此可见，回归良知指导的宗教信仰，是从现存启示宗教中解放其理性内核的最后也是最重要的一步。

---

① 〔德〕康德：《纯然理性界限内的宗教》，第194页。
② 〔德〕康德：《纯然理性界限内的宗教》，第194页。

康德本人非常看重这一步。在《纯然理性界限内的宗教》这个复杂且充满争议的文本中①，正是由于康德坚持从启示宗教中解放其理性内核这一执着追求，使得他在绝对视域中诠释的道德宗教思想保持了文本上的一致性和深刻性。故而研究者对康德的道德宗教有如下评论："我们发现完善人性的原型也许可以清晰而富有成效地不（或者，不必然）被解读为基督教中的神-人，而是可以被解读为永世存在于上帝之中的完美的神圣的人性典范。只有抓住这个理性宗教信仰中原初的意向，我们才能取悦上帝，获得道德自由和德性上的进步。"②

---

① 费尔斯通和雅克布斯对此有过精到的分析。他们指出："毫无疑问，《宗教》是一个巧妙、复杂、有争议性的文本，足够容纳对其哲学和宗教重要性的多重观点。例如，第一篇的许多段落表明，康德的主要关注点在个人自治和道德哲学上，康德的《宗教》对宗教生活的主要影响可从这些点进行追溯。第二篇给人的印象是，康德的语言和信条都借自基督教，并系统化为理性术语，且置于他的宗教哲学之中或与其宗教哲学并列。如果我们降低第二篇的重要性并抬高第三篇的重要性，一个人就能够将康德的宗教哲学解释为：将对根本恶的解决方案置于人类为建立道德共同体的集体道德努力中。当康德在第四篇中向许多宗教观点和立场的理性优点提出挑战的时候，我们只应该关注这样一点：康德想要排除社会政治场景中的历史宗教，代之以纯粹道德或者"文明"的共同体。毫不奇怪，所有这些观点都可以在当代关于康德的著作中找到。"（Chris L. Firestone and Nathan Jacobs, *In Defense of Kant's Religion*, pp. 209 – 232.）

② Chris L. Firestone and Nathan Jacobs, *In Defense of Kant's Religion*, pp. 233 – 234.

结语　以自由为灵魂的信仰

中国学者张宪在其著作《启示的理性——欧洲哲学与基督宗教思想》中指出，康德《纯然理性界限内的宗教》一书的问世，意味着自1624年通过英国坎特伯雷的爱德华·赫尔伯特主教（Lord Edward Herbert of Cherbury）所发表的著作《论真理》（De Veritate）开启的欧洲基督宗教思想的理性化时代基本完成。"整个基督宗教思想逐渐挣脱中世纪教会的教条桎梏，真正地浸润在一种理性的哲学精神氛围中"，"近代哲学的许多探索主题，如因果必然性、存在与思维、历史合目的性、人类个体独特性、道德律内在化、自由意志、世界与灵魂等等，才得以在理性王国中进一步展开"①。但是，这种启蒙色彩浓重的近代基督宗教理性化过程，在高奏凯歌的同时也暴露出宗教理性化的弊端。张宪指出："如果说，近代基督宗教的理性化在康德的《纯然理性界限内的宗教》中达到自己辉煌的顶点的话，那么，也正是康德的这部著作，给这个时代奏响了最后一曲挽歌。是康德自己，一方面试图给基督宗教的神义论奠定一个道德论的实践理性基础，另一方面却又无情地割断了神义论与传统基督宗教福音启示的纽带。从笛卡儿到康德，他们既需要上帝也不需要上帝。如果说，中世纪的奥古斯丁、波纳文都、托马斯·阿奎那和司各脱对上帝还保留一份实在论的率真虔诚的话，那么，近代哲学家无论嘴里如何说对上帝的忠诚，宗教的信仰中却不免掺杂着'理性的狡诈'。是的，基督宗教的理性化在这些思想家的哲学生涯中，无疑是功过掺半的事业。"②

现实情形也的确如此，正由于包括康德在内的近代哲学家在宗教领域所进行的理性化工作的复杂性，所以他们的宗教思想必然地会成为学术争论的焦点之一，各种观点的激烈交锋是常态。以康德为例，自他的

---

① 张宪:《启示的理性——欧洲哲学与基督宗教思想》，第308~309页。
② 张宪:《启示的理性——欧洲哲学与基督宗教思想》，第309页。

宗教思想问世以来，姑且不论其所直接遭遇到的世俗政治威权的打压[1]，但就学术界而言，赞誉的声音和批评的声音就此起彼伏，不绝于耳，煞是热闹。早在19世纪，康德宗教思想就备受德国著名的诗人思想家海因里希·海涅（Heinrich Heine）的赞誉，他欣赏康德理性化宗教的做法，幻想出世俗化进程中宗教天国在人间实现的未来前景。在《论德国宗教和哲学的历史》中，他以修辞的方式这样写道："假如有一天人类完全恢复了健康，在肉体和灵魂之间重建了和平，肉体和灵魂重新在原始的和谐中互相渗透：那时人们大概不会理解基督教在肉体和灵魂之间所挑起的人为的不和了。将被自由选择的拥抱所产生、将在一个欢乐的宗教中茁壮繁荣起来的、更幸福、更美好的世世代代，必将对这些忧心忡忡、由于摈弃了这花花世界上一切享受、由于扼杀了温暖而多采的感性，而变为褪色的、冷冰冰的幽灵的祖先们，报以怜悯的苦笑。是啊！我要肯定地说，我们的后代子孙一定要比我们美好得多和幸福得多。因为我相信进步，我相信人类注定是要享福的；而关于上帝，我怀着一种比那些臆断上帝创造人类是为了使他们受难的善男信女所抱的见解还要高超。我愿就在这块大地上通过自由的政治制度和产业制度的祝福，建立起那

---

[1] 这是康德平静的生活史中所能发现的唯一的一次波澜。这次波澜表现为一场思想冲突："1790年，康德基本完成批判哲学工作，转入宗教哲学研究。'1792年，他把自己的《论人性中的根本恶》送交柏林当局审查，被负责哲学部分的书报检查官批准发表。紧接着，他寄去的第二篇论文《论善的原则和恶的原则围绕对人类的统治权所进行的斗争》被负责《圣经》部分的书报检查官禁止发表。于是，康德决定绕过书报检查官，请拥有颁发科学著作许可证权利的大学审查。他索回了上述两篇论文，加上新写的两篇论文，汇总为《纯然理性界限内的宗教》，送交哥尼斯贝格大学神学院，请他们鉴定此书应当由神学院还是应当由哲学院审查。当神学院答复可以由哲学院审查时，康德立刻把它寄给了自由派的耶拿大学哲学院，并当即获准出版。'（见李秋零：《康德论哲学与神学的关系》，《江苏行政学院学报》2008年第1期，第19页）《纯然理性界限内的宗教》是一本明显站在世俗理性立场上对基督教教理（教义）进行诠释的宗教哲学著作，它一经出版就引起了普鲁士的宗教事务大臣沃尔纳的强烈不满，这位力主从启蒙的宗教宽容立场退回教保守立场的官员，以国王弗里德里希·威廉二世的名义给康德发去一封私人信件，对哲学家提出严厉斥责，并要求哲学家对此做出解释。'康德迅速地、同样以私人信件的形式，按照国王的要求为自己作了辩解。他否认自己逾越了对宗教作哲学考察的界限，认为自己的作品只是学术界内部的一种商榷，各学科有自由根据自己的最佳知识和良知对商榷的内容公开地作出评判。'（李秋零：《康德论哲学与神学的关系》，《江苏行政学院学报》2008年第1期，第20页）同时向国王做出一个澄清以为自己辩护：自己评论的不是任何现实的启示宗教，而是建立在道德基础上的理性宗教。"（傅永军等著《宗教与哲学：西方视域中的互动关系研究》，第261页）

种为善男信女们误认为只有在世界末日那天，在天堂里才会实现的无上幸福。"①

批评者虽有多种声音，但按照帕尔默奎斯特在《康德的批判宗教》一书中的总结，这些批评多集中在两个方面：一是批评康德的宗教哲学对基督教思想的曲解，二是批评康德的宗教思想缺乏宗教经验的支持。

关于第一个方面，帕尔默奎斯特指出，康德有关宗教的思想并不能成为基督教思想的有机部分，因为在康德那里，他把上帝变成了一个无力的哲学典范。不仅如此，康德还错误地削弱了宗教的神圣内涵，拒绝了奇迹和启示，从而没有在宗教中为基督教思想所主张的上帝的神圣、仁慈和正义留出存在的可能空间。除此之外，帕尔默奎斯特还列举了其他批评者对康德宗教哲学的批判，为自己的观点寻求同盟军。

来自索科尔（Moshe Sokol）的批评指出，康德颠覆了传统有神论将上帝看作终极存在的观点，而将人理解为终极存在。作为哲学家，康德无疑是正确的，因为人的尊严来自人的自由和道德法则；而作为宗教思想家，康德却走向了"伯拉纠主义"（Pelagianism）②，他相信人类可以在不用领受神的恩典情形下得到救赎，而这个观点恰恰是神学家所反对的。

格林（Garrett Green）则批评康德企图将圣经中的本真要旨转换成现代启蒙俗语，尝试用世俗语言表述一种纯然的永恒的宗教真理。然而这种阐释方式远离了历史传统，扭曲了致力于救赎的基督教启示，其做法类似"通过移除心脏来挽救癌症患者"。

---

① 〔德〕亨·海涅：《论德国宗教和哲学的历史》，载《海涅选集·批评卷》，张玉书选编，人民文学出版社，1983，第211页。
② 伯拉纠主义，是由英国人伯拉纠提出的一种理论。伯拉纠（Pelagius, 390 – 418）认为，人类本性是恶的，但可以借着受洗，因着信而得以称义，强调保罗因信称义的观念。伯拉纠主义的理论学说主要包括"人性论"和"拯救论"两部分。其人性论主要内容有：1，人在思想上有自由意志并且在行为上要有应尽的责任义务。2，人是受造物，上帝造人时没有将罪性附在人身上。3，上帝赐人有自由意志选择。关于原罪矛头是指向亚当。其"拯救论"主要内容有：1，教导的恩典：上帝赐给人圣经、理性和基督的榜样来帮助人。2，宽恕的恩典：人如果悔改并且努力行正路又弥补他所行的恶，上帝就给他宽恕的恩典。但这恩典并不帮助他的意志，只是赦免他的罪。3，婴儿洗礼是没有必要的，因为没有原罪。参见维基百科（http：//zh.wikipedia.org/wiki/%E4%BC%AF%E6%8B%89%E7%BA%BE%E4%B8%BB%E7%BE%A9）。

布尔加科夫（S. N. Bulgakov）则认为，康德哲学对宗教理论的阐释可以被描述和解释为"对宗教的异教式研究"。来自圣经神学家的批评主要针对康德的"基督论"，在他们看来，康德从未在耶稣基督之死和为拯救而复活问题上清楚地表达自己的观点，他也从未明确肯定耶稣基督是救赎的主。康德将救赎的希望寄托在人的道德实践上，而不像圣经神学家那样寄托在历史中的个人身上（耶稣基督）。康德将希望与历史性信仰相脱离的想法，意味着他不再把耶稣基督视为基督教信仰的核心。然而，即便圣经神学家不认同康德的主张，但是他们也还承认，尽管康德的思想是不恰当的，却或许能够给我们提供一种接近圣经神学理论的另外途径。

关于第二个方面，批评者指控康德几乎在其宗教学说中忽略了宗教经验。康德不仅在关于宗教体验问题上沉默，而且在心灵改变和灵魂实践等问题上，根本没有根据宗教信众的宗教经验去具体说明人们是如何做到的；而且康德也不把一种个人与上帝的交流看作一个真正的宗教的必要组成部分。由此可见，就如麦卡锡（McCarthy）所断言的那样，康德宗教哲学是一个未完成的宗教哲学，他遗漏了对宗教经验的讨论。当然，并非所有神学家都认为康德忽视了宗教经验，例如，沃尔什（W. H. Walsh）就持一种相反的意见，他试图找到对康德宗教思想有意义且建立在直接经验之道德义务上的因素。但不幸的是，他对如何在康德宗教思想中寻找这些因素并没有给出任何系统性的说明①。

我对这些批评的基本态度是，所有这些对康德宗教哲学的批评对于促进对康德思想的理解以至促进宗教哲学的发展都具有积极的意义，因为，唯有在这种批评性对话中，才能更为准确而充分地揭示出康德宗教哲学内部所蕴含的有启示意义的观点，同时也会发现有意或者无意被特定语境下的诠释者所遮蔽的思想。但是，哲学诠释学也告诉我们，一切理解都是在诠释者"前理解结构"制约下的理解，诠释者作为批评者都是一种具体的存在者，因而带有由具体性而来的偏见。也就是说，批评者作为一种历史的存在，是不可能脱离自己的历史性的，他的批评分析总是一种带有特定历史烙印的批评与分析，不可能存在不通过历史限定而可能的纯粹认识，并通过这种认识达到对被诠释对象的纯然客观的意

---

① 以上综述内容请参见 Stephen R. Palmquist, *Kant's Critical Religion*, pp. 283 – 296。

义把握。就此而言，对康德宗教哲学的任何一种诠释与批评本质上是一种效果历史产物，也就是特定批评者的视界进入了被批评文本的视界，同时又将这种融合在一起的视界带入批评者所处的具体历史－时代氛围中形成的视界所造就的历史效果。据此，批评者作为理解者和诠释者对康德宗教哲学的兴趣，同样也是在这种历史意识中形成的，是一种效果历史事件。换句话说，效果历史构成了对批评者的意识的限制，它决定了批评者只是对康德宗教哲学中能够引起其兴趣的问题投入关注。而所有的关注，就其关注自身说，都是一种"偏见"。这就是说，一方面，对于宗教哲学研究来说，既没有一种最全面或最重要的对康德宗教哲学的批评，也没有一种不重要或无意义的批评。任何一位后来的研究者必须同等地对待前此的一切批评。另一方面，任何一种新的对康德宗教哲学的讨论都构成一种新的历史意识，需要一种新的视域融合以开启新的意义世界。因此，新的讨论的重心不应是对已有批评分析的批评分析，而应是研究者以不同的方式去理解，即基于自己的视域而形成对问题的不同关注。有鉴于此，下面的讨论将转向我本人对康德宗教哲学的特殊关注。

我所关注的问题是：康德对宗教信仰的理解以及对康德理解的理解。

如康德本人所言，宗教因为道德而可能。无疑，这个命题是启蒙的现代性精神的体现。它一方面在宗教和道德之间做出明确区分，让道德真正独立，不再不加批判地依赖于宗教，在自身之外寻求自身合理性与合法性的基础。道德奠基在纯粹实践理性之上，其规范及其规范的客观有效性根源自先验理性。另一方面，它又必然要求重构道德与宗教之间的关系。尽管从这个命题推不出道德与宗教的完全分离，但是，在传统中存在的道德与宗教之间的条件性关系却被彻底颠倒过来。传统上，人们用宗教来为道德的合理性进行辩解，现在却是宗教需要通过道德（也就是理性）为自己提供合理性辩护。也就是说，康德提出了这样的一个论证："道德信念在理性上是与宗教信仰相连的——一个追求道德生活的理性人会信奉上帝为道德的统治力量，且上帝提供了道德的终极目标能实现的希望"[①]。康德的诉求十分明显，他不仅以此来化解道德化的宗教

[①] 〔美〕C. 斯蒂芬·埃文斯：《宗教信仰是一个公共价值：一个基督教的观点》，翁开心译，载江丕盛、杨思言、梁媛媛编《宗教价值与公共领域：公共宗教的中西文化对话》，中国社会科学出版社，2008，第89页。

与现实的启示宗教在理念上可能存在的冲突,关键还是能将基督教信仰中的许多内容在一个以理性为基础的宗教中保留下来,并最终能够从纯粹理性中发展出宗教信仰的理性本质。

一般来说,康德之前的西方宗教信仰主要是基督教信仰,它主要表现为一种私人化或者个人化的宗教实践——尽管基督教有这一个共同的信经,具有强烈的公开认信的色彩,但总起来说,信仰主要还是私人性的。基督信仰可以一般地被理解为宗教于个人的临在,也就是说,宗教信仰作为一种个人认信的价值观,它存在于私人领域,临在于个人主观性的精神世界中;宗教信仰往往可以化约为"祈祷"、"内心默想"和"个人灵修"等"灵性"操练,将自己从世俗生活中剥离出来,进入人的内心世界,满足精神需求。所以,传统意义上的宗教信仰一是关心"日常生活中由神的在场所得到的宁静感,以至人神合一的神秘体验"①,二是关心从经验层面跃升到超越层面而产生的更为一般性的问题——"以象征性语言和故事向信徒们传达对上帝或终极存在的广泛理解"②。用世俗语言来说,宗教信仰关心人性,关心人的生活的意义,渴望获得那种使得信仰者能够理解自己的生命、此岸生活与彼岸生活的神圣知识,从而使得信仰者能坚持维护精神的崇高价值,坚持一种价值生活的重要性,以拒绝精神堕落和随波逐流而拘囚自己于生活琐事之中。如黑格尔所说:"……宗教是一种有教养的心灵,一种唤醒了觉性的精神,一种经过发展教导的内容。……宗教不断地愈益收缩了它广阔的教化内容,而且常将一个内容显得贫乏枯燥的情感引回到深厚的虔敬或情感。"③

针对基督教信仰的私人性质,康德要求从纯粹理性中发展出宗教信仰的理性本质。这是一个有着革命意义的举措,它意味着康德更为强调宗教信仰的非私人性,希望宗教信仰不仅仅是单纯限于私人领域的一种精神力量,而且应该成为一种能够参与塑造人类生活的有效信仰,从而突出宗教信仰于社会临在的实践理性诉求。为了论证这种宗教信仰的正

---

① M. Peterson, W. Hasker, B. Reichenbach, and D. Basinger, *Reason & Religious Belief: An Introduction to the Philosophy of Religion*, New York/Oxford: Oxford University Press, 2003, p. 6.

② M. Peterson, W. Hasker, B. Reichenbach, and D. Basinger, *Reason & Religious Belief: An Introduction to the Philosophy of Religion*, p. 6.

③ 〔德〕黑格尔:《小逻辑》,"第二版序言",第 12~13 页。

当性,康德不仅提出了一种与当时宗教人士通常所具有的观念相反的观点:宗教不是道德基础,反到是道德的结果,而且将这种观点进一步应用于对一种现实的宗教即基督教的理性改造上面。康德提出了一种"纯然理性界限内的宗教"和"真正的教会"概念,与它们相匹配的是一种"纯粹的宗教信仰"。尽管这种宗教、这种教会以及这种信仰在现实世界中很难找到一个实例,但这并不妨碍康德借助它们来表达自己理性地改造现存宗教的决心。实际上,康德更在意的是自己能否对宗教及其信仰的新理解给出理据充分的论证,并揭示出宗教更为广阔的公共价值,从而在不否认个人信仰前提下,引宗教出离私人领域而进入公共领域,将宗教进一步阐释为一种具有公共价值的公共宗教。从公共宗教立场出发,宗教的核心本质被理性地规定并表现为理性人的自由选择。这样,一种"真正的教会"就是自律的道德个体的联合,并在道德目的论之下彼此之间构成一种"自由原则下的互为目的关系",这种关系既涵盖自由状态下伦理共同体成员内部的关系(德性和法权意义下的国家共同体中的公民伦理-法治联合),也涵盖自由状态下不同共同体之间的外部关系(法权意义下的国际联盟中的世界公民之间的法治联合)。这样,宗教信仰不仅是个人的,而且是公共的,不仅包括内部的公共性,而且还包含外部的公共性,从而为自由而平等的权利社会的秩序维护提供信仰上的支持。

我总体上赞同康德的观点,但却不会无条件地赞同康德有关宗教信仰的所有主张。在我看来,康德从道德角度奠基宗教是重要而有意义的,正如法国著名历史学家弗朗索瓦·皮埃尔·吉尧姆·基佐(François Pierre Guillaume Guizot)在其著作《欧洲文明史》中所分析的那样,如果从人类天性和人类命运角度分析宗教的起源,从单纯的宗教感情角度分析是恰切的。可以说,宗教信仰总是关联着那些不属于可见世界的事情,它执着于人类灵魂的安宁与静谧,开掘人的纯粹的和虔敬的本性或者心灵结构,相信一个超越而正义的神圣心灵和神圣意志;它帮助人或者是人的存在目标,人必须通过自己的信仰行动以达致拯救或解放。这可以被看作宗教的第一目的和第一个根源,道德则是引导人们达到信奉宗教的另一路径。基佐指出:

有另一条路引导人们达到信奉宗教。对你们中已多少广泛地研究过哲学的人来说,我想,十分明显,道德是独立于宗教思想而存在的。道德上善与恶的区别,避恶而行善的义务,两者都是规律,它们像逻辑规律一样,是人在自己的本性中发现的,它们的原动力是人的自身的原则,正像它们的应用在人的实际生活中一样。但是这些事实一经决定,道德的独立性一经承认,人类思想中就产生一个问题——道德是从哪里来的呢?它通往哪里?这个赖其自身而存在的行善义务是一个孤立的事实吗?既没有创造者,也没有目的的吗?它是否隐瞒了或毋宁说,它是否向人类启示了一个处在这个世界之外的命运?这是一个自发的和不可避免的问题,通过这个问题,道德必然会引导人类到达宗教之门,并向人类展示一个他没有从那里借取道德的领域。

因此,一方面在关于我们的天性问题中,另一方面在必须为道德找到准许的来源和目的这个必要性中,我们找到了宗教的可靠而丰富的源泉。它以非常不同于有些人所说的那种纯粹是一个工具的面貌出现于人们面前。它作为一个集合体出现——首先,作为人类在自己内心发现的种种问题所引发出来的一组教义;其次,作为符合于那些教义的、并给予自然道德以一种意义和一种准许的一组戒律;第三,作为对人类未来希望的诺言而出现在人们面前。这是真正构成宗教的东西,这是宗教的底蕴,而不是仅仅一种情感形式、一种想象力的飞跃和一种诗歌。①

但是,康德单纯从纯然理性角度为宗教奠基,以及单纯从理性角度诠释宗教的本质的观点却有许多值得商榷之处。

按照康德的观点,真正的宗教将上帝的诫命看作人的道德义务,它不是某些作为上帝的启示的学说的总和,而是作为上帝的诫命的一般义务的总和。从义务到道德行为,从道德行为到道德的终极目的,这是将实践理性的"应该"问题发展为"希望"问题的基本步骤。康德通过对希望问题的结构分析,证明了人类理性中必然出现的宗教关怀,是因为

---

① 〔法〕基佐:《欧洲文明史》,程洪逵、沅芷译,商务印书馆,2005,第91~92页。

实践理性之至善追求的需要而具有了理性的必然和现实性的,这就是所谓宗教必然奠基在道德之上的核心论证。

对康德的论证进行分析可以发现,康德论证的关键是,道德之所以能够成为宗教的基础,是因为道德是一种已经得到先验理性辩护的普适价值。因为,为宗教奠基的道德是与先验理性要求相一致的形式化的道德命令,这种道德命令是没有任何内容的道德法则的条件性表达,因而能够为所有理性的存在者所拥有,是一种具有绝对价值的先验真理。然而,根据哲学诠释学,康德的这个论证是高度可疑的。哲学诠释学认为,任何真理都是在特定历史文化语境中存在的真理,都是一种表现为一种效果历史的真理;只具有有限理性的人不可能超越自己的限制性而认知和把握去除了时间性或历史性的绝对真理,特别是道德真理,因为道德真理是一种人类自从有了知识概念,就与习惯、风俗等可变化因素直接相关的真理。退一步说,即使我们从条件角度将具有绝对性的道德真理规定为只涉及逻辑表达形式的真理,与本性上必然具有时间限制的内容无关,也不能为其提供有效的理性辩护。因为,道德的形式命令也只有在具体的历史文化环境中得以落实,才能将自己的真理本性显露出来;而历史文化语境的差异必然对道德的形式命令产生影响,从而使得其真理性只能以历史性的方式表现出来,而成为一种效果历史事件。

不仅理论分析如此,而且也没有经验事实证明,人类能够拥有脱离特定历史和文化传统的先验道德真理。实际上,每一个个体所拥有的具有绝对性的道德真理或者道德的普遍原则,总是在特定的共同体和特定的历史文化境遇中成立的,并且它的普遍性或者真理性也不是形而上学地建立在一种超验基础之上,而是通过理性的话语交往而形成的"重叠共识"(在这个问题上,我认同哈贝马斯的观点)。也就是说,每一个人或者每一个共同体(甚至可以普遍至全球人类生存共同体)所拥有的绝对的价值和值得尊重的道德原则并不是在人的直觉中自明性地呈现,实际上,它是在特定的历史文化传统所提供的社会交往规范和知识范型下,以主体身份出现的个人或者共同体相互作用的历史效果,其真理性存在于交互主体的理性共识之中。就此而言,将宗教建基在以纯粹实践理性为根据的先验道德原则之上只是先验哲学家的美好愿望,正像一种切实可行的普遍的道德体系依赖于特定的历史文化语境那样,某种道德系能否为宗教提供坚实的存在基础同样需要进入一种历史性批判中寻求证成。

对宗教奠基的这种诠释学批判，同样也适用于去批判分析康德有关宗教信仰本质的观点。

我们知道，康德强调宗教信仰的理性本质。他将宗教信仰的本质与普遍的道德原则联系在一起，实际上就是一种基于实践理性的信仰——也就是说，宗教信仰的本质在于道德。由于康德在道德领域不仅强调行为者个人的自律的重要性，同时也强调在所有行为者之间建立基于自由原则的道德关系的重要性，因此，康德意下的道德法则作为规定行为道德性的根据必然具有形式化的普遍特征，它要求所有的意志主体必须无条件地服从；并且，也只有一切具有自由意志的行动者在互为目的原则支配下，认同道德法则的普遍规范作用，道德的目的王国才能够成为一切理性化的存在者的汇集。在目的王国中，这些理性化的存在者既肯定自我，又肯定大全。由此可知，在康德的道德哲学中，道德是个人的自律行为，而任何个人的自律性道德行为又总是与他人相关，包含着一种有理性的存在者之间公共秩序的道德化建立（一个道德的目的王国的形成），因而包含一种对社会的共同责任，是一种具有公共性的实践。道德的这种公共性必然要传递给以道德为本质的宗教信仰，公共的临在必然属于康德的宗教哲学，而这种临在主要体现在康德的伦理共同体之上，这是希望之所系。

应该承认，康德强调宗教信仰的公共性，但并没有否认宗教信仰的私人性。我之所以在这个问题上质疑康德，是因为康德将宗教信仰的公共性完全道德化，而忽视了宗教信仰的神圣维度，特别是忽视了宗教信仰的神圣维度所具有的公共性。在实际的信仰生活中，信仰者的生活方式和宗教实践绝不仅仅体现为践行德性的生活，它更多地体现为一种不能脱离与神同行的信仰生活；在这种生活中，即使有许多指向善德修为的信仰教条，它也未必能够转化成为道德的行为规范，或许它只是个人修养和自我拯救的一种方式，这决定了信仰者更为重视的是"宗教"而不是"道德"。如汉斯·G. 乌瑞希（Hans G. Ulrich）所说："'与神同活'不能被约化为一些有普遍法则的道德，因为它也包括一种生活方式和实践——在其中对神的信心和信任被活出来：摆脱自私的自由，为他人设想的正义,对神的临在的盼望,和对邻舍的爱。这些或许可称为'价值',事实上它们是群体生活下的一种宗教生活形式的特色。"[①] 由此可见,较之宗教的道德公共性,宗教神圣维度的公共性更接近宗教信仰的本真状态,从某种意义上说,这种神圣维度的公共性是宗教传统所造就且仍然留存在自身之中的"文化资本",它隐含着所有人与生俱来的最高价值:(摆脱自私的)自由与尊严。

据此,我们必须从康德再出发。

从康德再出发,我们可以把康德"为了道德的信仰"转换成"为了自由的信仰"。

"为了道德的信仰"是一种对上帝的存在充满道德敬畏心的信仰。它不关心如何理解上帝存在的基本性质,只是把上帝的存在当作实践理性的必然的信仰,用来沟通自然与自由、幸福与德性、此岸与彼岸的二元区隔,让至善成为一种现实的希望。这是一种使道德终极成为可能(不仅是自律地去做,而且德福一致的至善将由希望的对象变成现实的伦理状态)的宗教。

"为了自由的信仰"则是一种对上帝的存在充满生命关切的信仰。它以自由为宗教信仰的本质,强调自由必须被信仰,任何人都必须发自内心地信仰自由、追求自由和捍卫自由,并终将以自由为至上的公共价值去构建一种信念系统。这种信念系统是实践性的,它参与社会生活的塑造,影响公共领域,是一种以自由为灵魂、捍卫人所具有的在世权利的公共宗教。

自由的宗教首先是一种以自由为信仰本质的宗教,它是一种关于自由的特殊的信以为真的方式。自由与宗教之间亲缘关系的超验基础来自超越存在的神圣、仁慈和公正:上帝是良知的源泉,良心是上帝的眼睛;上帝给了人类以自由之躯,人通过自己的努力就能成为具有自由灵魂的人。这些认信必然地能够析取出在神的面前众生平等之观念,它是对人类自由及其潜力的发现,是真正个人的发现;它开创了一种新的传统,开启了一场道德革命,为自由作为一种绝对价值提供了内在的道德支撑、

[①] 〔德〕汉斯·G. 乌瑞希:《公共宗教、宗教价值和公共论坛——东西方的对话》,关启文译,载江丕盛、杨思言、梁媛媛编《宗教价值与公共领域:公共宗教的中西文化对话》,第7页。

超越的精神归宿和外在的约束边界。就此而言，把超验因素注入自由生活，让自由生活奠基在超验的神圣正义之上，是自由的宗教为自由在信仰维度上进行的形而上学奠基。

自由的宗教理应进入公共领域，成为一种公共宗教。自由的宗教并不排除自己可以是一种个体信仰的形式。个体以自由为信仰的最高原则是弥足珍贵的，这也是一个现代人必须具有的意识。正如阿克顿勋爵（Lord Acton）所说："不仅是个人对上帝的一种责任感使得我们需要自由，而且也是一种其他的责任感———一种对自以为是所可能产生的祸害的敬畏感，更使我们天然地拥护和热爱自由。"①

但是，我更为强调，成为一种公共宗教的自由的宗教的实践价值。自由的宗教所追求的事业"也就是正义和德性所追求的事业———反对自由也就是反对正义和德性，也就是在捍卫错误和罪行"②。尽管自由的宗教所强调的自由具有超验的性质，是最为纯粹的应然的自由，是历史的人不甘沉沦于有限状态中而努力超拔所希望达致的境界；它不是一种政治秩序可以直接依赖的现实原则，但因为自己的形而上学根底性，而成为现代法治社会的超验根基。也就是说，这种自由的宗教提供给我们的是基于超验根基的正义与德性的规范系统，它证成了"自由的理念是最宝贵的价值理想———它是人类社会生活中至高无上的法律"③。

基于上述识见，我最后强调的是，自由的宗教作为一种公共宗教，它必须进入公共领域，传播公共价值。职是之故，自由的宗教在当下社会所必须承担的最重要的使命，就是要更加坚定地去完成先贤们所号召的启蒙工作，即"教育人们去追求自由，去理解自由，去获得自由"④。

---

① 〔英〕阿克顿：《自由与权力》，侯建、范亚峰译，商务印书馆，2001，第308页。
② 〔英〕阿克顿：《自由与权力》，第308页。
③ 〔英〕阿克顿：《自由与权力》，第307页。
④ 〔英〕阿克顿：《自由与权力》，第307页。

参考文献*

一 康德的著作

1. 〔德〕康德：《纯粹理性批判》，李秋零译，中国人民大学出版社，2004。
2. 〔德〕康德：《学科之争》，李秋零译，载《康德著作全集》第7卷，中国人民大学出版社，2008。
3. 〔德〕康德：《实践理性批判》，李秋零译，载《康德著作全集》第5卷，中国人民大学出版社，2007。
4. 〔德〕康德：《逻辑学》，李秋零译，载《康德著作全集》第9卷，中国人民大学出版社，2010。
5. 〔德〕康德：《赖因霍尔德·伯恩斯坦·雅赫曼的〈康德宗教哲学检验〉前言》，李秋零译，载《康德著作全集》第8卷，中国人民大学出版社，2010。
6. 〔德〕康德：《论目的论原则在哲学中的应用》，李秋零译，载《康德著作全集》第8卷，中国人民大学出版社，2010。
7. 〔德〕康德：《判断力批判》，李秋零译，载《康德著作全集》第5卷，中国人民大学出版社，2007。
8. 〔德〕康德：《什么叫做在思维中确定方向？》，李秋零译，载《康德著作全集》第8卷，中国人民大学出版社，2010。
9. 〔德〕康德：《回答这个问题：什么是启蒙？》，李秋零译，载《康德著作全集》第8卷，中国人民大学出版社，2010。
10. Immanuel Kant, *Opus Postumum*, ed., Eckart Forster, trans., E. Forster and Michael Rosen, Cambridge: Cambridge University Press, 1993.
11. 〔德〕康德：《纯然理性界限内的宗教》，李秋零译，载《康德著作全集》第6卷，中国人民大学出版社，2007。

---

* 康德论著单列，其他参考文献按著作、论文分类，均以在正文中第一次出现为序排列。

12. 〔德〕康德:《证明上帝存在唯一可能的根据》,李秋零译,载《康德著作全集》,第 2 卷,中国人民大学出版社,2004。

13. 〔德〕康德:《道德形而上学的奠基》,李秋零译,载《康德著作全集》第 4 卷,中国人民大学出版社,2005。

14. Immanuel Kant, *Lectures on Philosophical Theology*, trans., Allen W. Wood and Gertrude M. Clark, Ithaca and London: Cornell University Press, 1978.

15. 〔德〕康德:《致约翰·卡斯帕尔·拉法特》,载《康德论上帝与宗教》,李秋零编译,中国人民大学出版社,2004。

16. 康德:《论神义论中一切哲学尝试的失败》,李秋零译,载《康德著作全集》第 8 卷,中国人民大学出版社,2010。

17. Immanuel Kant, *Lectures on Ethics*, trans., Peter Heath, London: Cambridge University Press, 1997.

18. 〔德〕康德:《康德历史哲学论文集》,李明辉译注,联经出版事业公司,2002。

19. 〔德〕康德:《关于一种世界公民观点的普遍历史的理念》,李秋零译,载《康德著作全集》第 8 卷,中国人民大学出版社,2010。

20. 〔德〕康德:《论出自人类之爱而说谎的所谓法权》,李秋零译,载《康德著作全集》第 8 卷,中国人民大学出版社,2010。

21. 〔德〕康德:《道德形而上学》,张荣、李秋零译,载《康德著作全集》第 6 卷,中国人民大学出版社,2007。

22. 〔德〕康德:《论永久和平——一个哲学策划》,李秋零译,载《康德著作全集》第 8 卷,中国人民大学出版社,2010。

二 中外文著作

1. 〔德〕奥特弗里德·赫费:《康德:生平、著作与影响》,郑伊倩译,人民出版社,2007。

2. Chris L. Firestone and Stephen R. Palmquist, eds., *Kant and the New Philosophy of Religion*, "Foreword", Bloomington and Indianapolis: Indiana University Press, 2006.

3. 〔德〕汉斯·M. 包姆嘉特纳: (Hans Michael Baumgartner:)《康德

《纯粹理性批判〉导读》,李明辉译,联经出版事业股份有限公司,1988。

4. 〔德〕奥特弗里德·赫费:《康德的〈纯粹理性批判〉》,郭大为译,人民出版社,2008。

5. Allen W. Wood, "Rational Theology, Moral Faith, and Religion," in Paul Guyer, ed., *The Cambridge Companion to Kant*, Cambridge: Cambridge University Press, 1992.

6. Allen W. Wood, *Kant's Moral Religion*, Ithaca and London: Cornell University Press, 1970.

7. 〔德〕黑格尔:《哲学史讲演录》第二卷,贺麟、王太庆译,商务印书馆,1997。

8. 〔古希腊〕亚里士多德:《形而上学》,苗力田译,载《亚里士多德全集》第七卷,中国人民大学出版社,1993。

9. 张志伟主编:《形而上学的历史演变》,中国人民大学出版社,2010。

10. 〔德〕卡西勒:《启蒙哲学》,顾伟铭、杨光仲、郑楚宣译,山东人民出版社,1988。

11. Daniel Garber and Michael Ayers, *The Cambridge History of Seventeenth-Century Philosophy*, Cambridge: Cambridge University Press, 1988.

12. 〔英〕霍布斯:《利维坦》,黎思复、黎廷弼译,杨昌裕校,商务印书馆,1985。

13. 〔美〕布鲁斯·昂:《形而上学》,田园、陈高华译,中国人民大学出版社,2006。

14. Gilles Deleuze, *Kant's Critical Philosophy: The Doctrine of Faculties*, trans., Hugh Tomlinson and Barbara Habberjam, London: Athlone Press, 1984.

15. 〔德〕马克斯·韦伯:《社会科学方法论》,韩水法、莫茜译,中央编译出版社,1999。

16. Clement C. T. Webb, *Kant's Philosophy of Religion*, London: Oxford University Press, 1926.

17. 余纪元、张志伟主编《哲学》,中国人民大学出版社,2008。

18. Chris L. Firestone and Nathan Jacobs, *In Defense of Kant's Religion*,

Bloomington & Indianapolis: Indiana University Press, 2008.

19. Allen W. Wood, *Kant's Rational Theology*, Ithaca and London: Cornell University Press, 1978.

20. 〔美〕查尔斯·塔列弗罗:《证据与信仰——17 世纪以来的西方哲学与宗教》,傅永军、铁省林译,山东人民出版社,2011。

21.《圣经·新旧约全书》(神版),中国基督教协会印发,1989。

22. 〔英〕尼古拉斯·布宁、余纪元编著《西方哲学英汉对照辞典》,人民出版社,2001。

23. 张雪珠:《哲学家论上帝——亚里士多德、多玛斯、康德、黑格尔论证上帝》,唐山出版社,2013。

24. Max Wundt, *Kant als Metaphysiker*, *Ein Beitrag Zur Geschichte der Philosophie im 18*, *Jahrhundert*, Hildesheiim Zurich New Yo oge rk: GerOlms Verlag, 1984.

25. 赖贤宗:《康德、费希特和青年黑格尔论伦理神学》,桂冠图书公司,1998。

26. 鄺芷人:《康德伦理学原理》,文津出版社,1992。

27. 〔美〕约翰·罗尔斯:《道德哲学史讲义》,张国清译,上海三联书店,2003。

28. 〔美〕亨利·E. 阿利森:《康德的自由理论》,陈虎平译,辽宁教育出版社,2001。

29. 〔法〕贝尔纳·布尔乔亚:《德国古典哲学》。邓刚译,人民出版社,2103。

30. 〔美〕刘易斯·贝克:《〈实践理性批判〉通释》,黄涛译,华东师范大学出版社,2011。

31. 〔加拿大〕约翰·华特生:《康德哲学讲解》,韦卓民译,华中师范大学出版社,2006。

32. Peter Byrne, *Kant on God*, Hampshire & Burlington: Ashgate Publishing Limited/ Ashgate Publishing Company, 2007.

33. Hermann Noack, "Die Entwicklung der Religionsphilosophie bis 1792," in Kant, Immanuel, *Die Religion innerhalb der Grenzen der bloβen Vernunft*, Hamburg: Felix Meiner, 1978.

34. 〔德〕里夏德·克朗纳:《论康德与黑格尔》,关子尹译,同济大学出版社,2004。

35. 〔德〕尤尔根·哈贝马斯:《在自然主义和宗教之间》,郁喆隽译,上海世纪出版集团/上海人民出版社,2013。

36. Pamela Sue Anderson and Jordan Bell, *Kant and Thelology*, London & New York: T & T Clark International 2010.

37. 邓晓芒:《康德〈判断力批判〉释义》,生活·读书·新知三联书店,2008。

38. 赵广明:《康德的信仰》,凤凰出版传媒公司/江苏人民出版社,2008。

39. 李艳辉:《康德的上帝观》,北京师范大学出版集团/北京师范大学出版社,2010。

40. 〔德〕潘能伯格:《神学与哲学:从它们共同的历史看它们的关系》,李秋零译,道风书社,2006。

41. 张志刚:《宗教哲学研究:当代观念、关键环节及其方法论批判》,中国人民大学出版社,2009。

42. 〔瑞士〕汉斯·昆:《论基督徒》,杨德友译,生活·读书·新知三联书店,1995。

43. 〔美〕普兰丁格:《基督教信念的知识地位》,邢滔滔、徐向东、张国栋、梁骏译,北京大学出版社,2004。

44. 〔德〕黑格尔:《小逻辑》,贺麟译,商务印书馆,1980。

45. 〔美〕罗伯特·所罗门:《大问题:简明哲学导论》,张卜天译,广西师范大学出版社,2004。

46. 〔英〕麦格拉思:《基督教概论》,马树林、孙毅译,北京大学出版社,2003。

47. 美国大不例颠百科全书出版公司编《西方大观念》,陈嘉映等译,华夏出版社,2008。

48. 〔美〕麦克·彼得森、威廉·哈斯克、布鲁斯·莱欣巴赫、大卫·巴辛格:《理性与宗教理念——宗教哲学导论》,孙毅、游斌译,中国人民大学出版社,2005。

49. 〔古罗马〕奥古斯丁:《忏悔录》,第11卷,第13章,周士良译,商务印书馆，1996。

50. 〔加拿大〕许志伟：《基督教神学思想导论》，中国社会科学出版社，2001。

51. Stephen R. Palmquist, *Kant's Critical Religion*, Burlington: Ashgate Publishing Company, 2000.

52. 《柏拉图全集》第三卷，王晓朝译，人民出版社，2003。

53. 张荣：《自由、心灵与时间——奥古斯丁心灵转向问题的文本学研究》，江苏人民出版社，2011。

54. E. Cassirer, *Kant's Life And Thought*, trans. James Haden, New Haven and London: Yale University Press, 1981.

55. 〔德〕莱布尼茨：《神义论》，朱雁冰译，生活·读书·新知三联书店，2007。

56. 〔英〕约翰·希克：《上帝与信仰的世界：宗教哲学论文集》，王志成、朱彩虹译，中国人民大学出版社，2006。

57. 〔瑞士〕汉斯·昆：《上帝和苦难》，邓晓芒译，载刘小枫主编《20世纪西方宗教哲学文选》，上海三联书店，1991。

58. 〔法〕保罗·利科：《解释的冲突——解释学文集》，莫伟民译，商务印书馆，2008。

59. 〔德〕黑格尔：《宗教哲学》，上卷，魏庆征译，中国社会出版社，1999。

60. 〔德〕T. S. 阿多诺：《道德哲学的问题》，谢地坤、王彤译，人民出版社，2007。

61. 傅永军等：《宗教与哲学：西方视域中的互动关系研究》，山东大学出版社，2014。

62. 〔美〕奥尔森：《基督教神学思想史》，吴瑞诚、徐成德译，北京大学出版社，2003。

63. 李秋零编译《康德书信百封》，上海人民出版社，1992。

64. Anderso-Gold and Pablo Muchnik, eds., *Kant's Anatomy of Evil*, Cambridge: Cambridge University Press, 2010.

65. 〔美〕查尔斯.L. 坎默：《基督教伦理学》，中国社会科学出版社，1994。

66. 张宪：《启示的理性——欧洲哲学与基督宗教思想》，四川出版集团/巴蜀书社，2006。

67. 〔美〕尼布尔：《人的本性与命运》，汤清、杨懋春、汤毅仁译，宗教文化出版社，2011。

68. 张庆熊：《基督教神学范畴——历史的和文化比较的考察》，上海人民出版社，2003。

69. 〔古罗马〕奥古斯丁：《论意志自由：奥古斯丁对话录二篇》，成官泯译，上海世纪出版集团，上海人民出版社，2010。

70. 〔日〕安培能成：《康德实践哲学》，于凤梧、王宏文译，福建人民出版社，1984。

71. 〔德〕约瑟夫·拉辛格：《基督教导论》，静也译，上海三联书店，2002。

72. 〔美〕涛慕思·博格：《康德、罗尔斯与全球正义》，刘莘、徐向东译，上海译文出版社，2010。

73. 〔德〕马克斯·韦伯：《新教伦理与资本主义精神》，康乐、简惠美译，载《韦伯作品集》（XII），广西师范大学出版社，2007。

74. 任继愈主编《宗教词典》，上海辞书出版社，2009。

75. 〔英〕H. S. 赖斯编《康德政治著作选》，"前言"，金威译，中国政法大学出版社，2013。

76. 李梅：《权利与正义：康德政治哲学研究》，社会科学文献出版社，2000

77. 黄裕生：《真理与自由——康德哲学的存在论阐释》，江苏人民出版社，2002。

78. 〔美〕莱斯利·阿瑟·马尔霍兰：《康德的权利体系》，赵明、黄涛译，商务印书馆，2011。

79. 〔德〕亨·海涅：《论德国宗教和哲学的历史》，载《海涅选集·批评卷》，张玉书选编，人民文学出版社，1983

80. M. Peterson, W. Hasker, B. Reichenbach, D. Basinger, *Reason & Religious Belief*: *An Introduction to the Philosophy of Religion*, New York/Oxford: Oxford University Press, 2003.

81. 〔法〕基佐：《欧洲文明史》，程洪逵，沅芷译，商务印书馆，2005。

82. 〔英〕阿克顿：《自由与权力》，侯建、范亚峰译，商务印书馆，2001。

三 中外文论文

1. 李秋零：《道德并不必然导致宗教——康德宗教哲学辩难》，载金泽、赵广明主编《宗教与哲学》第二辑，社会科学文献出版社，2013。

2. Allen W. Wood, "Kant's Deism," in Philip J. Rossi and Michael Wreen, eds., *Kant's Philosophy of Religion Reconsidered*, Bloomington and Indianapolis: Indiana University Press, 1991.

3. 王志铭:《道德神学在道德上是必然的吗?》,《台大哲学评论》,第29期,2005。

4. 傅永军、尚文华:《道德情感与心灵改善——兼论康德理性宗教的道德奠基》,《山东大学学报》(哲学社会科学版),2012年第5期。

5. 汪文圣:《对康德的自然科学哲学之探讨》,《哲学与文化》,革新号第357期,2004。

6. 〔美〕大卫·高蒂尔:《理性的统一:对康德的颠覆性重释》,载徐向东编《实践理性》,浙江大学出版社,2011。

7. Christopher McCammon, "Overcoming Deism: Hope Incarnate in Kant's Rational Religion," in Chris L. Firestone and Stephen R. Palmquist, eds., *Kant and the New Philosophy of Religion*, Bloomington and Indianapolis: Indiana University Press, 2006.

8. 〔法〕雅克·德里达:《信仰和知识——纯然理性限度内的宗教的两个来源》,载〔法〕雅克·德里达、〔意〕基阿尼·瓦蒂莫主编《宗教》,商务印书馆,2006。

9. 傅永军:《宗教与哲学互动关系刍议》,《求是学刊》2014年第1期。

10. 〔英〕劳德斯:《康德与约伯的安慰》,张宪译,载刘小枫、陈少明主编《康德与启蒙——纪念康德逝世二百周年》,华夏出版社,2004。

11. 朱华甫:《欲成义人,先做善人——康德对道德与宗教关系的处理》,《现代哲学》2010年第3期。

12. 傅永军:《基督教信仰的理性诠释——康德"哲学释经原理"批判》,《武汉大学学报》(人文科学版)2012年第5期。

13. 尚文化、傅永军:《康德对奥古斯丁神恩思想的颠覆与克服》,《东岳论丛》2011年第9期。

14. 杨风岗:《路德对康德的影响—兼论神学与宗教哲学的关系》,《中国人民大学学报》1988年第6期。

15. 张晓梅:《已然未然之间:康德的"上帝之国"》,载许志伟主编《基督教思想评论》(第一辑),上海人民出版社,2004。

16. 李明辉:《康德的"历史"概念》,《中国文哲研究集刊》1995年第7期。
17. 李秋零:《康德论哲学与神学的关系》,《江苏行政学院学报》2008年第1期。
18. 〔美〕C. 斯蒂芬·埃文斯:《宗教信仰是一个公共价值:一个基督教的观点》,翁开心译,载江丕盛、杨思言、梁媛媛编《宗教价值与公共领域:公共宗教的中西文化对话》,中国社会科学出版社,2008。

索 引

人名

奥特弗里德·赫费（Otfried Höffe） 2，5~6，11，24，26，35，36，39，41，45，290~292，296~297

艾伦·W. 伍德（Allen W. Wood） 9

里夏德·克朗纳（Richard. Jacob Kroner） 61~62，64，67

鲍姆加登（Alexander Gottlieb Baumgarten） 74

戴维多维奇（Adina Davidovich） 32，74~75

约翰·希克（John Hick） 131

汉斯·昆（Hans Kung） 107，142

莱布尼茨（Gottfried Wilhelm Leibniz） 40，127，129~130，158，

保罗·利科（Paul Ricoeur） 149，184，188

安培能成 221~222，245

霍布斯（Thomas Hobbes） 20~21，252，302

约翰·黑尔 314~315

费尔斯通（Chris L. Firestone） 34，75，167，174，225，234，243，313~315，317，319，322，352

雅克布斯（Nathan Jacobs） 225，313~315，317，319，322，352

帕尔默奎斯特（Stephen R. Palmquist） 177，355

海因里希·海涅（Heinrich Heine） 354

奥古斯丁 119，128，203，213，215~216，241，353

约翰·罗尔斯（John Rawls） 50，200~201，208

黑格尔（Georg Wilhelm Friedrich Hegel） 18，43，51~52，62，64，67~68，71，86，90~91，93，109，113，145，147，154，358，

卡西尔（Ernst Cassirer） 19，129，154

马克斯·韦伯（Max Weber） 26~27，180

亚里士多德（Aristotle） 17~20，35，40，43，51~52，67~68，71~72，86，90~91，93

主要术语

希望 1~7，9~11，15，23，26~27，29，31~32，54，57，59~60，63，66，68，75，81~82，89，91~92，94，110~111，113，115，124~125，127，133~138，147，149~150，153，155，159~160，168，183，187~191，199，208，216~217，222，225，229，233~234，237~238，242~244，246~247，249，255，268，274~276，278，281，284~291，293，295~297，302~303，306~308，315，320，327~328，333，336，338，343~346，348，356~

索引

358，360，362~364

信仰 4，6，9，11，23，26~27，30~32，34~37，44，47~48，51，59~60，64，74，81，96，106~108，110~114，117，119~121，131，139~149，153~177，183~184，186，190，207，220~222，224~226，228~229，238~239，241，245，248，255，260~274

义务 8~9，31，49，53~54，56~59，65~67，91，93~95，104~106，108，112，114，124~125，127，135，143，146，148~149，154，159，161，164，168，177，179~182，187，196，204~205，211，213，222，224~225，227，230~232，234~238，244，247，249~251，253~259，263~264，266，270，272~273，275，278~279，282~283，287~288，291，297，299，305~306，308~312，314~315，317~321，323~324，326~329，331，334~336，339~340，343~344，346，348~350，355~356，360

责任 1~2，27，33，54，58~59，62~63，65~67，91，93，95~96，104，106~108，111，121~122，124~125，128，133，140，144，149，157，161，163，166，174，179~180，184，190~191，198~199，203~205，207~209，215~217，228，230~237，240，244，248，254，259，297，299~300，311，341~342，344，348，355，362，364

绝对 2，10，26，30~33，36，38，40~42，44，48~54，56，58，60，63~65，82，90，92~93，95~96，104，106，108~110，112~113，115，118~120，122，124~125，127，129，131~132，134，136~138，140，145，153~155，158，160~161，164，166，172，174，181，186~187，196~197，200~201，203~204，209，211，226，229，231，236，238，248，251，253，255~257，263，273，278，296，298~302，304，306~308，329，333，347，352，361，363

幸福 3~9，22，32，49，51~60，65~67，73，86，88~89，91~98，107，115，121，124~125，128，131，133~137，149~150，175，189，199，227~229，235，243~244，253，255，274，289，294，296，307，321，330，354~355，363

配享 3~7，9，32，56~57，59，65，94，124，134，150，182，234，243~244，255，257，276~279，281，321，351

显象 1，4，24，30，70，79，83，228，293

自由 1~4，8，17，19，24，29~33，36，47，49~55，58，62~73，75~76，78，86~87，89~90，92~93，95~98，100，104，106，108~113，115，119，124~125，127~128，137，140，143~144，147~148，153，161，163~164，172，174，177，179~180，183，186~195，197~198，201，203，205~212，214~221，226，229~236，238~256，259~261，265~266，268，272~274，277，281，283，286，288，290~297

律法 63，65，132，176，205，217~

220，222，235，248~250，252，255~
256，258~259，264，275，281，303，
309，319~321，325~326，328

意志自由　1，8，50~51，53~54，58，
62，89，93~95，97，104，113，179，
186~187，190~191，193，195，197~
198，201，203，205，209，215，231~
233，235~236，238~244，247，254~
255，259，283，288，293，302，
306，346

准则　49~51，63，82~83，88，94~
95，97，104，125，186~187，192~
197，200，202~211，213，215~220，
231，233~238，241，255，278，280，
299，319，333，337，350~351

绝对命令　32~33，49~51，54，63，
104，108，164，204，211，226，231，
248，256~257，299~300，306

道德法则　2~3，5~6，8，32，34，49~
52，54~59，64~67，75，87~91，
93~95，97~99，104~105，107~113，
121~122，125~126，136，146，148~
149，161，164，169，177，179~180，
187，190~191，193~197，199~201，
203~211，213，217，219，226~227，
230~231，233~238，244，246~248，
251，253~255，257，260，264，273，
291，295，299，301，308，314，324，
334，338，342~346，348，251，355，
361~362

道德感情　50，153，199，238

至善　4~11，15~18，23，28~29，31~
34，43，46，51~52，55~59，65~67，
75，81，87~93，95~97，100，105，
107~108，111，115~116，121，127~
129，133，135，147，149~150，153，
160~162，164，172，174，181，187，
191，217，230，246~247，253~255，
258，261，281，287，289~291，303，
307~308，327，338，345~348，361，
363

机械论　19~22，84

目的论　2，4，10，15，17~20，22~
29，31~34，39，48~49，60，70~72，
74~75，77~85，87，89~90，92，99，
101~102，105~106，109，112，114~
115，158，161，164~165,291，359

自然目的论　15，34，71~72，78，81~
82，84，90，92，101~102，105，112，
114~115，158

道德目的论　10，15，34，71~72，81~
82，84，87，89~90，92，99，102，
106，112，114~115，161，359

判断力　10，15，17，22，25，27~28，
30，48，52，60，68~71，73~91，93~
95，97~105,109，112，114~115，121，
126~127，147~148，161~162，291，
348~349

目的　2~4，6，9~10，15~36，39，
41，44~46，48~50，52，56~58，60，
65~94

合目的性　23~24，28~30，33，39，
41，46，67，69~71，76~85，90，94，
99，353

自然的合目的性　30，33，70，79~80

自然的形式合目的性　70，77~78

终极目的　6，15~16，18，33，50，56，
58，66~67，70~71，84~90，93~95，

97～99，105，114～115，121，126～127，129，147～149，160～162，170，258，264，288，291～292，317，337～338，347，360

审美判断 74～78

反思判断力 17，30，52，70～71，76～79，81～82，84，90～91，99，102

道德绝望 92，94～95，98，228

自然神学 10，33，35，37～42，44，47，60，67，71，101～102，112，114，137，157～158

伦理神学 9～11，13，15，26，32～36，39，47～48，51～52，60～61，65，67，71，89，109，111～112，114～115，117，123，126～127，132，144～147，150，153，155，157，159～162，174～175，184

本体论证明 40～44，106

自然神学证明 39～42

宇宙论证明 40～42，106

上帝存在的道德证明 48，52，61，92，96～97，106，146～147

神圣 10，36～37，48，51，58～59，62，65～66，74，93～94，104，107，110，116，119，122～127，130～132，137～138，143，145，149，154～159，163，169，172～173，175～176，185，224～225，227，230，233，238～239，244，247，254～255，257，266～267，281，283，300，304，323，325～326，328，335～336，338，341，345～346，348，351～352，355，358～359，362～364

仁慈 37，48，60，66，86，116，118～119，122～128，130～134，137～138，140～144，149，170，174～176，181～182，186，222，227，238～239，242～244，257，262，321，336，355，363

正义 11，35，38，60，65～66，93，96，108，116～117，122～131，133，135～138，140～145，158，175，184，186，189，228，235，240，244～245，257，297，299，302，336，348～350，355，359，363～364

神义论 11，23，116～117，122，124，127～138，140～145，147，183～184，353

经典神义论 127～129，132～137

确实可信的神义论 128～129，138，142，144

道德宗教 6，9，11，15，26～27，34～35，39，87，117，123～124，129，145，150～151，153～155，159～163，167～168，174～177，182，184，187，196，229～230，234，236，239，242～246，254，257，262，265～266，268，270～271，273，275，279，282～283，285～286，288～289，291，308～309，323，325，327～328，346～348，352

永福 5，15，54，123，133～135，181～182，243，275，277～279，325，338，351

以德配福 66，89，95，125，137，147，177，291，338

良知 135～136，140，143，163，166，173，181～182，228，334，342，345，348～351，354，363

上帝的诫命 64，154，187，222，255，257～258，263，266，270，273，283，309～310，324，329，346，360

基督教信仰　59，163，167～168，172，183，186，239，284，317，322～325，327，356，358

哲学释经原理　168，170～172，186

教义性诠释　171

真理性诠释　171

天职　178～180

拣选　24，178，180～182，185，218，225，265

恩典　9，11，60，116，145，156，174～175，177，181～182，184，186，189～190，222～225，229～230，238～244，275～276，279，281，283，337～339，342～343，345，351，355

善　1～11，15～18，22～23，27～34，36，38，43～53，55～60，64～67，70～73，75～76，81，85，87～98，100，105，107～111，113～116，118～119，121～124，126～136，138～140，146～147，149～150，153，158，160～162，164，167，170～172，174～178，181～182，184～187，189～195

恶　2，27，52，54，64，89，91，94，119～120，122，124～125，127～136，138～142，149，160～161，174～175，177，180～212

人性　3，5，7，50～51，53，74，89，91，133，144，170，177，184，186～187，189～211，216～217，221～227，229～234，238，242，246，248，262，272，279，285～286，320，346，348，352，354～355，358，362

救赎　11，53，59，96，113，120，133，145，147，149，155，157～158，160，172，174～175，178，180～187，189～190，217，222，225，229～230，233～234，238～244，275～280，288～289，297，327，355～356

自我救赎　11，149，184，186，189～190，222，230，233～234，238～239，244，279

道德救赎　160，222，244

原初禀赋　189，198，200～201，203，205，217，221，230，232～233，243，293～294，320

恶的倾向　189～190，197～198，201，203～208，214～215，217，219，222，227～228，231，234，246

根本恶　206～208，211，238，306，352，354

道德革命　220，227～228，230，233，236～238，273，328，363

心灵转变　27，156，236～238

道德共同体　56，246，248，251，261，266，274，284，352

伦理的自然状态　249～254

伦理共同体　89，149，166，172，247～249，251，254～262，276，281～282，287～288，291，303，308，359，362

律法共同体　255～256，258～259

律法的－公民状态　249

伦理的－公民状态　249

真正的教会　259～262，269，274，276，308，321，359

不可见的教会　245，259～260

可见的教会　245，259～260，317

历史性信仰　262，265～268，274，322，350～351，356

索 引

纯粹的理性信仰 264，267，308，322～324

教会信仰 168～170，262，264，266～271，273～276，278，280～282，284～288，308，318，327，345

圣经的诠释 272

信仰的二律背反 274，279，282

上帝之国 9，146，180～182，187，228，230，247～248，261～262，274，276，281～291，307～308，327，339～340

法治 296～299，301～306，359，364

法权 26，69，252，296，299～302，304～306，359

公民社会 254，258，297～299，303，305

共和制 302，304

永久和平 245，291，302～307

启示 27，31，35，37～40，53，59，64，92，96，112～114，120，153，155，157，159，163～164，168～170，172～173，177，190，255，262，264～265，267～272，274，279，285，287，289，309～317，322～325，327～329，333，342～343，350～356，358，360

事奉 64，165，175～176，178，263，267，278～279，308～309，315，318，320，323，327～344，346～347

伪事奉 278，308～309，327～330，332～335，337～339，342～344，346

真事奉 328～332，334，342，344

自然宗教 36～37，309～317，321～322，326～327

启示宗教 27，37～38，40，53，92，96，177，262，264，285，289，309～311，313～317，333，351～352，354，358

博学的宗教 309～310，317，322，324，326

宗教妄想 309，332，334～338，341～342，345

物神化 332～333，339

神人同形同性论 100，126，176，335～337

神恩 59，64，150，155～156，170，185～186，230，239，241，244，327，336～338，340～343，345

邀恩 186，241，337～341，346

蒙恩 223，336～338，341

虔诚 4，128，139，141～142，156，163，173，179，222，276，325，327～328，334，337，342，344，346～348，353

伪虔诚 346

认信 138～139，143～145，174，241，267，334，341～343，350～351，358，363

宗教经验 6，37～38，355～356

伯拉纠主义 355

前理解结构 178，356

视界 357

视域融合 357

重叠共识 361

公共宗教 357，359，363～364

自由的信仰 324，363

后　记

　　2007年7月中旬，我结束了在英国巴斯大学的学术访问，从伦敦飞抵北京，目的是去社会科学文献出版社，就我的著作《法兰克福学派的现代性理论》出版事宜，与责任编辑交流意见。抵达北京的当晚，与我的学生赵广明和成官泯欢聚。席间话题自然不离学术。学术道友，同声相应，同气相求，繁弦急管，红飞翠舞，纵谈甚乐。谈论最多的是康德的宗教哲学。我们都觉得时下国内学界对康德宗教哲学以及信仰问题关注不够，热爱康德哲学如我们者，应该在这个方面有所作为。广明于是与我相约，我们各自独立展开对康德宗教哲学的研究，然后分别写作一本研究康德宗教哲学的著作。一年之后，广明推出了自己研究康德宗教哲学的力作——《康德的信仰：康德的自由、自然和上帝理念批判》。赵广明君的专书可谓别开康德宗教信仰研究之生面，于陈编中推出睿见，芳草鲜美，春在枝头。然而，我则未能按照约定完成我的研究。这部分因为我当时还处在所谓"双肩挑"状态，担任着山东大学文史哲研究院院长和《山东大学学报》哲学社会科学编辑部主任、学报主编，主理着两个单位的管理事务，行政工作较繁杂；部分则因为我手头还承担着教育部人文社会科学重点研究基地重大项目"宗教与哲学互动关系研究"及其他社会科学研究基金项目的研究任务，同时还承担着本科生及研究生教学工作，日常的学术研究和教学工作也较繁重。这种种"借口"给了自己将康德宗教哲学研究工作往后拖延的"充分理由"。谁知道这一拖就是数年，直到2011年，康德宗教哲学才再次成为我研究的重心。那个时候，我主持的"宗教与哲学互动关系研究"项目正处在即将完成的最后阶段，我邀请我的学生尚文华参与康德部分研究。在我们合作完成了康德有关宗教与哲学互动关系问题的研究之后，我向尚文华谈起了我有关康德宗教哲学的研究计划。文华当时正在山东大学准备博士研究生考试，他对这个计划有兴趣，于是，他投入极大精力于这个项目的研究中，并在我们的讨论中完成了有关康德宗教哲学的大部分内容的初步写作。2012年9月，以我为项目主持人，尚文华作为项目研究合作者，将初步完成的研究成果以"真理·自由·希望——绝对视域中的康德宗教哲学"为项目名称申报了国家社会科学基金后期资助项目，并获准立项。

立项之后，我全身心投入康德宗教哲学的研究与写作之中。根据专家提出的意见以及进一步研究之后对康德宗教哲学形成的新理解，特别是借鉴英语世界对康德宗教哲学研究的新成果，我重新定位了研究目标，调整了研究思路。在重新解读批判哲学时期康德复杂的宗教文本前提下，观照其历史、法权－政治哲学文本，嵌入康德后期广义实践哲学（包括道德哲学、宗教哲学、历史哲学以及法权－政治哲学等）之整体脉络，解读康德宗教哲学的学术关切，并在与国外学术界有关研究的对话中，探讨康德宗教哲学的学术旨趣、体系构成和思想发展，既对康德宗教哲学的基本概念、基本命题和基本思想做出分析与诠释，也对康德宗教哲学所造成的学术效应进行辨正与批评。也就是说，我对康德宗教哲学的研究，致力于提出一种关于康德宗教哲学的诠释范式（尽管现在看来我的研究离这个目标还有相当距离），它虽总体上属于哲学史研究范畴，但研究中必然涉及"哲学"立场，不只是对康德宗教思想的叙述，而且要努力体现出一种对康德宗教哲学思想进行创造阐释的理论追求。本此追求，自立项后，我又用了两年多时间，才最终完成了本书的写作。在拙著行将问世之际，尽管我内心惴惴不安，但我仍然怀着虔诚的心情，期待着睿智的学术同道以及读者诸君的批评指正。

本书的主题是康德宗教哲学。当我在电脑上敲完书稿的最后一个字，对着电脑屏幕长长地吐出一口气时，万千感触、缤纷情感瞬间涌上了心头。我想起了30多年前在中国人民大学攻读硕士学位时的恩师李质明教授，想起了跟随恩师一字一句研读康德《纯粹理性批判》的日子。那个时候，读书颇为艰辛，虽无负箧曳屣之苦，却有晨兴夜寐之累。当然，更多的还是日就月将之乐。我在纪念恩师苗公力田先生的文章中曾描述过跟随李质明师读书时的情境，兹摘录如下：

> 李质明老师带着我们逐字逐句地研读《纯粹理性批判》，每次上课前，我们必须读完规定的部分。当然不能像读小说那样读。他

要求我们准备一个 16 开的本子，每页分成三个部分，分别用来做读书笔记。一个部分写下我们研读《纯粹理性批判》原著时所理解的康德本人论证的思路；一个部分写下著名康德专家主要是外国学者关于康德思想的评述；一个部分写下我们自己在研读时发现的问题以及读书心得。没有这样的读书笔记，李老师是绝对不会给我们上课的，而在上课时，李老师也从来不给我们什么面子。理解错了，他会尖锐地指出。每次上李老师的课，我们都有点紧张。这迫使我们在课下下足了功夫去啃原著，看资料，不敢有半点偷懒。现在回想起来，我从内心中感激我的导师。如果没有他这种严格的训练，我现在一定还是那样马马虎虎，不知要走多少弯路才能步入学问的坦途。

如今，恩师长已矣，我心独怅然。近 30 年来，每年秋季学期我总是像恩师一样带着学生们读《纯粹理性批判》。一到那个时刻，抚书开卷，顷刻感到一种庄严和神圣，恩师的形象浮现在我的脑海中，一喷一醒，莫敢懈怠。我惟有藏修游息，盈科后进，方能以学愈愚，以冀薪火递续之功。而今可以告慰恩师的是，彼时的亿辛万苦伴随着此时的些许收获，已经洗尽苦涩，惟余神与书游之乐。正可谓："登山则情满于山，观海则意溢于海。"我当饮胆尝血，朝乾夕惕，承恩师之精神，传恩师之学问，法恩师之德行，携未振之后学，求学索理，阐扬天道。

在本书的写作过程中，我从中国社会科学院世界宗教研究所研究员赵广明那里获益良多。我与广明，亦师亦友，学术上为同道中人，又有着深厚的私谊。如前所述，本书写作的一个重要缘由是我们两人的一次学术约定。而我完成书稿后，广明虽日不暇给，刺促不休，但仍然于百忙之中惠览拙作，为修补完善我的观点贡献了许多真知灼见。他关于康德意义下上帝如何降临的观点，对"Recht"（right）中文译法的建议，对于我从经验主义立场对康德理性宗教批评的批评，以及他关于康德自由概念的独特理解，对我解决康德宗教哲学中的一些难题，以及澄清我对康德问题思考中的一些困惑，都非常有价值。我真挚地感谢他的帮助。

有两个挚友，我必须向他们特别说出我发自内心真诚的感谢。他们是日本东日本国际大学理事长绿川浩司先生和田村立波教授。作为一所以儒学立校的大学的"掌门人",绿川浩司先生性格豪爽,忠厚儒雅,神近古风山东人。2010年经韩国成均馆大学儒教文化研究所崔一凡教授介绍,当时由我主理的山东大学文史哲研究院与东日本国际大学东洋研究所、儒学研究所建立了学术交流-合作关系。我们在济南一见面,立刻有一种倾盖如故之感,相视莫逆。当时,田村立波教授担任我们会谈的翻译。短短几天的接触,我与他心照神交,遂相与友。

2014年2月田村立波教授到山东大学进行为期一个月的学术访问,那时我正为没有整块的时间进行本书的写作而苦恼,就将这种苦恼倾诉于田村。绿川理事长通过田村知道了我的情况,遂邀请我到东日本国际大学做一个月的学术访问,同时邀请我太太随行以方便照顾我的生活。2014年10月中旬,我们从济南转机韩国首尔飞抵日本东京的成田机场。田村教授亲自驱车200多公里把我们从成田机场接至位于福岛县磐城市的东日本国际大学,开始了在东日本国际大学的学术交流兼写作生活。绿川理事长给我们以他所能给予的最大帮助。为我们提供了宽裕舒适的公寓,留足了自由支配的交流和写作时间,各种资源使用也很方便。田村教授则在日常生活上给予我们无微不至的照顾,使得我们在磐城的生活惬意而丰富多彩,我得以心无旁骛地静心思考与写作。

磐城美丽静谧,稀见现代高层建筑,是一座主要由典型的日本式"独门独院"型住宅组成的小城。透过一座座民宅,秋季日本的"性格"展露无遗。枫叶的火红,银杏的金黄,松柏的翠绿,秋樱的粉嫩,以及香气扑鼻的各种鲜花,逞妍斗色,错杂灿烂,高情逸态,真的是景色不枉美誉。在这样的环境中思考与写作,效率自然是极高的。一个月的时间,我不仅完成了文稿剩余部分的写作,而且还对杀青后的书稿进行了初步的通稿。衷心感谢绿川理事长和田村教授,没有你们的无私帮助和高情厚谊,本书的写作不会如此顺利。这本书是我们之间深厚友谊的见证,也是两校之间友好学术交流的一种表征。

还有许多人为我的研究和写作提供了让我难以忘怀的帮助。黄裕生、郭大为、谢文郁三位教授,他们不仅欣然为项目的申报撰写专家推荐意见,而且还以不同方式为项目研究提供宝贵建议。学术乃天下之公器,学问乃求真致善之志业,这种精神在他们身上体现得淋漓尽致。对他们说声"谢谢",只能传递出我真诚的敬意,但不足以表达我心中深深的感动。山东大学哲学与社会发展学院的卞绍斌教授利用在加拿大访学的机会为我收集了许多亟需的外文研究著作,给我的研究带来不少便利和有力的支持,专此致谢。我的学生陈磊、杨东东、陈太明、伊兰在暑热难耐之时,沐雨栉风,停辛贮苦,对拙著中的引文进行了仔细的核对,同时也对文稿清样进行了初校,全始全终,一丝不苟,令我镌心铭骨,铭感五内。还有那一届届与我一起苦读康德原典的硕士生们和博士生们,我衷心地感谢你们。你们用行动诠释了这句话——"快乐地享受思辨生活"——的真理性。

作为教育部人文社会科学重点研究基地"山东大学犹太教与跨宗教研究中心"的研究人员,我的研究得到了基地主任傅有德教授以及基地其他学术同仁的大力支持。从研究资料的提供到学术交流的支持,基地为我提供了最好的学术服务。虽我之于基地"事轻葭莩,功薄蝉翼",但我愿为基地的学术发展恪尽绵薄之力。

还要感谢以我为首席专家的"山东大学诠释学研究团队"的诸位学术同仁,他们是陈治国副教授、黄启祥副教授、蔡祥元副教授和李章印教授。陈治国副教授为我分担了《中国诠释学》编辑的绝大部分工作,而各位同仁以学术为慧命,惟日孜孜,无敢逸豫,筚路蓝缕,使得山东大学的诠释学研究风生水起,屡获赞誉。正是你们出色的学术工作,让我能够安心、从容和顺利地开展康德宗教哲学研究,对此我将铭记于心。

社会科学文献出版社的杨春花女士为本书的出版操劳数月,付出了辛苦劳动,她的认真负责令人敬佩,本人心存感激,特表谢意。

拙著的研究在许多方面都仰赖于学术前辈和道中同仁所奠定的学问基础,这里无法一一列举致谢,谨借此向这些学术前辈和道中同仁致敬,表达本人对他们学术成就的敬佩之情。

我踏入学术路途自研习康德哲学开始,至今兴趣未减。某种意义上说,康德已经成为我的"学术图腾"。虽然近年来我的学术研究从近代哲学逐渐转向现代哲学,在哈贝马斯哲学、批判理论的现代性、诠释学与中国经典诠释传统的现代化以及西方宗教哲学诸方向上用力更多,但康德哲学总会不时引发我的学术热情。关注康德的法政哲学和历史哲学,并将对这些问题的关注与对哈贝马斯法哲学的研究联系起来，也许会成为我今后一段时间内学术研究的重心。

"学无止境，气有浩然"是山东大学建校百年时重新确定的校训。我辈学者，当自勉之。以有限之生涯，追无穷之学问，实乃人间愉快之乐事。

傅永军
2015年夏于济南寓所

图书在版编目(CIP)数据

绝对视域中的康德宗教哲学:从伦理神学到道德宗教/傅永军著.—北京:社会科学文献出版社,2015.11(2016.11重印)
国家社科基金后期资助项目
ISBN 978-7-5097-8020-6

Ⅰ.①绝… Ⅱ.①傅… Ⅲ.①康德,Ⅰ.(1724~1804)-宗教哲学-研究 Ⅳ.①B516.31 ②B920

中国版本图书馆 CIP 数据核字（2015）第 208924 号

国家社科基金后期资助项目

绝对视域中的康德宗教哲学

从伦理神学到道德宗教

著　者 / 傅永军

出 版 人 / 谢寿光
项目统筹 / 宋月华　杨春花
责任编辑 / 周志宽　刘云萍

出　　版 / 社会科学文献出版社·人文分社(010)59367215
　　　　　地址:北京市北三环中路甲29号院华龙大厦 邮编:100029
　　　　　网址:www.ssap.com.cn
发　　行 / 市场营销中心(010)59367081　59367018
印　　装 / 北京京华虎彩印刷有限公司

规　　格 / 开本:787mm×1092mm 1/16
　　　　　印张:24.5　字数:384千字
版　　次 / 2015年11月第1版 2016年11月第2次印刷
书　　号 / ISBN 978-7-5097-8020-6
定　　价 / 98.00元

本书如有印装质量问题,请与读者服务中心(010-59367028)联系

▲ 版权所有 翻印必究